吉林省普通本科高校省级重点教材

吉林省旅游管理类专业教学指导委员会推荐教材

21世纪经济管理新形态教材·旅游管理系列

酒店管理概论

主　编 ◎ 孙国霞

清華大学出版社

北　京

内 容 提 要

《酒店管理概论》立足于立德树人的根本任务,以管理学理论为指导,以酒店各职能部门管理为线索,紧密对接酒店行业企业发展规律、发展现状、发展趋势及岗位职业能力要求,研究酒店管理过程中战略管理、组织管理、各职能部门管理的基本规律、基本方法,力争以新理念、新技术、新方法解决中国酒店行业发展中的实践问题。教材内容具备理论与实践结合、教材形式书面化与数字化结合的特点。

本教材可作为高等院校酒店管理、旅游管理专业教学用书,亦可作为酒店行业培训教材。

图书在版编目(CIP)数据

酒店管理概论 / 孙国霞主编. —— 北京:清华大学出版社,2025.8.
(21世纪经济管理新形态教材). —— ISBN 978-7-302-69720-6

Ⅰ. F719.2

中国国家版本馆 CIP 数据核字第 2025VX7018 号

责任编辑:徐永杰
封面设计:汉风唐韵
责任校对:宋玉莲
责任印制:宋 林

出版发行:清华大学出版社
      网 址:https://www.tup.com.cn,https://www.wqxuetang.com
      地 址:北京清华大学学研大厦 A 座   邮 编:100084
      社 总 机:010-83470000   邮 购:010-62786544
      投稿与读者服务:010-62776969,c-service@tup.tsinghua.edu.cn
      质量反馈:010-62772015,zhiliang@tup.tsinghua.edu.cn
印 装 者:涿州市般润文化传播有限公司
经 销:全国新华书店
开 本:185mm×260mm   印 张:21.5   字 数:368千字
版 次:2025年8月第1版   印 次:2025年8月第1次印刷
定 价:66.00元

产品编号:096998-01

序

我们所呈现的这套教材，是伴随着新时代旅游教育的需求应运而生的，具体来说，是植根于党的二十大报告中的两个"首次"！

第一个"首次"，是党的二十大报告首次写入"旅游"的内容。党的二十大报告中，两次提到了"旅游"：在第八部分"推进文化自信自强，铸就社会主义文化新辉煌"中，提出"建好用好国家文化公园。坚持以文塑旅、以旅彰文，推进文化和旅游深度融合发展"；在第十三部分"坚持和完善'一国两制'，推进祖国统一"中，提出"巩固提升香港、澳门在国际金融、贸易、航运航空、创新科技、文化旅游等领域的地位"。这是旅游业内容首次被写入党的二十大报告中，充分体现了党和国家对旅游业的高度重视。

第二个"首次"，是党的二十大报告首次提出"加强教材建设和管理"，彰显了教材工作在党和国家教育事业发展全局中的重要地位，体现了以习近平同志为核心的党中央对教材工作的高度重视和对"尺寸课本，国之大者"的殷切期望。响应党中央的号召，遵从时代的高要求，建设高质量旅游系列教材，是高等教育工作者责无旁贷的天职，也是我们编写该系列教材的初心！

自1979年上海旅游高等专科学校成立至今，我国的旅游高等教育已经走过了40多年的历程。经过前辈们的不懈努力，旅游高等教育取得了丰硕成果，编写出一大批高质量的旅游专业教材，为旅游专业高等教育事业发展作出巨大的贡献。然而，与新时代对旅游教育的要求相比，特别是对照应用型旅游人才培养目标，旅游教材建设仍然存在一定的差距。

一方面，旅游发展已经进入一个崭新的时代，新技术、新文化、新休闲、新媒体、新游客等旅游发展新常态赋予旅游教育新的时代要求；另一方面，自2015年提出地方本科高校向应用型转变策略至今，全国 500 余所开设旅游相关专业的地方本科高校积极行动实现了向应用型教育的转型。与这一形势变化相比，现有部分旅游管理类专业教材则略显陈旧，没有跟上时代的步伐，表现为应用型本科教材数量少、精品少、应用性不足等问题，特别是集课程思政、实战应用以及数字化于一体的教材更是一个空白，教材编写和建设的压力仍然存在。

正是在这样的背景下，清华大学出版社委托吉林省旅游管理类专业教学指导委员会组织省内 14 所高校 76 名教师，围绕旅游管理专业的教材体系构成、教材内容设计、课程思政等问题进行多次研讨，形成了全新的教材编写理念——为新时代应用型旅游高等教育教学提供既有实际应用价值又充分融入数字化技术，并具有较强思政性的教材。该系列教材前期主要包括《旅游接待业》《旅游消费者行为》《旅游目的地管理》《旅游经济学》《旅游规划与开发》《旅游法规》《旅游财务管理》《旅游市场营销》《导游业务》《中国传统茶文化》《酒店管理概论》《旅游专业英语》等。该系列教材编写宗旨是培养具备高尚的职业道德、较强的数字化思维能力以及专业素养的应用型、复合型旅游管理类人才，以促进旅游业可持续发展和国家软实力的提升。

该系列教材凸显以下三个特点。

1. 思政性

旅游管理不仅是一门应用科学，也是一门服务和领导的艺术，更涉及伦理、社会责任等众多道德和思想层面的问题。该系列教材以习近平新时代中国特色社会主义思想和党的二十大精神为指导，涵盖新质生产力、伦理决策、文化尊重以及可持续旅游等议题，致力于培养道德水准高、社会责任感强的旅游管理人才。

2. 应用性

满足应用型旅游专业高等教育需求，是我们编写该系列教材的另一重要目的。旅游管理是一个实践性极强的领域，只有灵活应用所学知识，解决实际问题，才能满足行业需求。因此，该系列教材重点突出实际案例、业界最佳实践以及实际操作指南等内容，以帮助学生在毕业后能够顺利适应和成功应对旅游企业的各种挑战，在职业发展中脱颖而出。

3. 数字化

数字化技术是当前旅游管理类专业学生必备的技能之一，也是该系列教材不可或缺的部分。从在线预订到数据分析，从社交媒体营销到智能化旅游体验，数字化正在全面改变旅游产业，旅游高等教育必须适应这一变化。该系列教材积极引导学生了解和掌握数字化工具与技术，胜任不断变化的职业发展要求，更好地适应并推动行业发展。

在该系列教材中，我们致力于将思政性、应用性和数字化相结合，以帮助学生在旅游管理领域取得成功。学生将在教材中学到有关旅游业的基本知识，了解行业最新趋势，并获得实际操作经验。每本教材的每个章节都包含导入案例、本章小节、即测即练和思考题，以促进学生的学习和思考，培养他们解决问题的能力，为其提供实际工作所需的技能和知识，帮助他们取得成功，并积极承担社会责任。

我们希望该系列教材能被广大学生和教师使用，能为旅游从业者提供借鉴，帮助他们更好地理解相关知识，从容应对旅游业发展中的挑战，促进行业的可持续发展。愿该系列教材能成为学生的良师益友，引领学生踏上成功之路！

最后，我们要感谢所有为该系列教材付出努力的人，特别是我们的编辑团队、同行评审专家和众多行业专家，他们的专业知识和热情参与使该系列教材得以顺利出版。

愿我们共同努力，一起开创旅游管理类专业领域的美好未来！

吉林省旅游管理类专业教学指导委员会

2025 年 4 月 20 日

前　言

当今的大变革时代，给酒店业带来颠覆性的变化、前所未有的挑战，也对酒店管理教育教学提出了全新的要求。

为适应新形势的要求，我们创新构建、精心编写了这本《酒店管理概论》。

作为现代服务业的重要组成部分，酒店业是旅游业最主要的支柱产业。大力发展酒店业，不仅可为游客提供优质的消费体验，促进旅游业的产业升级，同时也可以提供大量的就业机会，带动经济社会的发展。

随着全球旅游业的恢复和发展，以及大数据、人工智能等现代科技赋能酒店业产业升级，现代酒店管理在战略、内容、方法、流程上发生了巨大变化，对从业人员提出了更高的要求。为应对这一形势的变化，酒店管理教育教学需要及时做出相应调整，而教材的构建，无疑是最迫切需要迈出的第一步！

"酒店管理概论"作为旅游管理专业和酒店管理专业的核心课程，内容庞杂而系统——在高屋建瓴地对"酒店及酒店业概述""酒店管理理论与方法"以及"酒店战略管理"等酒店管理全局性问题展开理论探究的基础上，对"酒店组织管理""酒店业务管理""酒店服务质量管理""酒店营销管理""酒店公共关系管理""酒店人力资源管理""酒店财务管理""酒店物资与设备管理""酒店安全与危机管理"等涵盖多个业务职能部门和支持性职能部门的综合管理问题进行系统的研究与介绍，最后探讨了酒店业的发展趋势。

本书重点突出"系统""创新"四个字，既能够全面反映酒店业总体发展趋势及其管理理论前沿引领，也能够对酒店管理局部深入创新剖析；既包括对酒店战略、组织结构和运营模式的全面把握，又注重对酒店业务部门经营知识和技能的掌握，着力打造一本集服务流程、运营管理和战略管理于一体，内容全面而又综合的管理类教材。

本书编写团队经过多次研讨分析,最终确定编写指导思想、编写原则、编写大纲和特色等重要内容。具体编写呈现三方面特色。

1. 突出以金钥匙服务哲学为特点的课程思政理念

本书针对编委会提出的课程思政指导思想,以党的二十大精神为立足点和出发点,围绕社会主义核心发展理念、国家战略、核心价值观等内涵,结合酒店行业金钥匙服务哲学、服务理念、服务精神等金钥匙服务核心思想,设计教材课程思政主线,以弘扬中国式服务为出发点,深入挖掘每一章节的课程思政元素,通过对典型人物代表、金钥匙服务案例、服务故事等的阐述,形成对学生课程思政的全面培养。

2. 紧紧把握以应用性为特征的教材内容和形式要求

本书为满足应用型旅游高等教育需求,特邀请企业专家对酒店管理课程应用性进行深入研讨和指导,参照酒店各部门、各岗位用人标准,确定课程标准,确定各章节学习目标和学习内容;聘请酒店行业专家共同确定编写大纲、编写内容、编写案例等,以充分保证教材作为应用型人才培养这一重要及关键环节的应用实现。

3. 紧密对接数字化为引领的酒店行业发展趋势要求

本书充分考虑科技赋能文旅产业,深入研究数字化酒店人才培养亟须解决的瓶颈问题,全面梳理各业务部门和各职能部门所需数字化技能,围绕酒店在线预订操作、酒店大数据,以及收益分析、酒店数字化营销和酒店智能体验等重要内容,进行深入研讨。除考虑教材内容的数字化外,关注教育数字化发展要求,在教材使用形式和呈现形式方面实现一定程度的数字化。教材每章设置二维码,将知识链接、音频、视频、案例等形式融于一体的丰富媒体资源呈现给读者。读者可以通过创建手机互联网课堂,实现线下自主与线上互动、随时随地交互的学习模式。

本书不仅能满足旅游院校同仁及学生学习酒店管理概论知识的需求,也能满足业界新人或从业者加强学习酒店管理业务知识的实际需要。

本书由孙国霞担任主编,曹晶担任副主编,由孙国霞负责总纂定稿。编写工作具体分工为:孙国霞编写第一章、第二章、第六章、第九章;曹晶负责编写第三章、第四章、第五章;杨春梅负责编写第七章;李雪负责编写第八章;张伟负责编写第十一章、第十二章;花立明负责编写第十三章;陈雯负责编写第十章。

本书承蒙清华大学出版社在思想、理念和技术等方面的正确引领和鼎力支持,凝结的是学界和业界人士的真诚交流所碰撞出来的智慧火花和责任意识,希望本书能被广大学生和教师使用，能为酒店从业者提供借鉴，帮助他们更好地理解相关知识，从容应对酒店工作中面临的挑战。在本书即将出版之际，谨向参与编写以及为本书的出版作出贡献的全体同仁及清华大学出版社的领导与编辑，致以诚挚的感谢！

由于编者水平有限，书中疏漏之处在所难免，恳请专家、学者、同仁不吝赐教。

编　者

2025 年 4 月

目　　录

第 1 章　酒店及酒店业概述 ……………………………………………… 1

1.1　酒店概述 ……………………………………………………… 3

1.2　酒店业发展历史 ……………………………………………… 7

1.3　酒店的分类与等级 …………………………………………… 13

1.4　世界权威酒店业组织 ………………………………………… 20

第 2 章　酒店管理理论与方法 ………………………………… 28

2.1　酒店管理概述 ………………………………………………… 30

2.2　酒店管理理论与方法 ………………………………………… 34

2.3　酒店管理新理念 ……………………………………………… 45

第 3 章　酒店战略管理 ………………………………………… 56

3.1　酒店战略管理概述 …………………………………………… 58

3.2　酒店发展战略 ………………………………………………… 61

3.3　酒店竞争战略 ………………………………………………… 66

第 4 章　酒店组织管理 ‥‥‥‥‥‥‥‥‥‥‥‥‥‥‥‥‥‥‥‥‥‥ **74**

4.1　酒店组织管理概述 ‥‥‥‥‥‥‥‥‥‥‥‥‥‥‥‥‥‥‥ 75

4.2　酒店组织结构设计与创新 ‥‥‥‥‥‥‥‥‥‥‥‥‥ 81

4.3　现代酒店组织管理体系 ‥‥‥‥‥‥‥‥‥‥‥‥‥‥ 89

第 5 章　酒店业务管理 ‥‥‥‥‥‥‥‥‥‥‥‥‥‥‥‥‥‥‥‥‥‥ **97**

5.1　酒店前厅部服务与管理 ‥‥‥‥‥‥‥‥‥‥‥‥‥‥ 100

5.2　酒店客房部服务与管理 ‥‥‥‥‥‥‥‥‥‥‥‥‥‥ 118

5.3　酒店餐饮部服务与管理 ‥‥‥‥‥‥‥‥‥‥‥‥‥‥ 128

第 6 章　酒店服务质量管理 ‥‥‥‥‥‥‥‥‥‥‥‥‥‥‥‥‥‥ **149**

6.1　酒店服务质量概述 ‥‥‥‥‥‥‥‥‥‥‥‥‥‥‥‥‥ 151

6.2　酒店服务质量管理体系 ‥‥‥‥‥‥‥‥‥‥‥‥‥‥ 156

6.3　建立酒店服务优势 ‥‥‥‥‥‥‥‥‥‥‥‥‥‥‥‥‥ 165

第 7 章　酒店营销管理 ‥‥‥‥‥‥‥‥‥‥‥‥‥‥‥‥‥‥‥‥‥ **170**

7.1　酒店市场营销管理概述 ‥‥‥‥‥‥‥‥‥‥‥‥‥‥ 172

7.2　酒店营销组合策略 ‥‥‥‥‥‥‥‥‥‥‥‥‥‥‥‥‥ 178

7.3　酒店营销的新理念与新方式 ‥‥‥‥‥‥‥‥‥‥‥ 187

第 8 章　酒店公共关系管理 ‥‥‥‥‥‥‥‥‥‥‥‥‥‥‥‥‥‥ **200**

8.1　酒店公共关系管理概述 ‥‥‥‥‥‥‥‥‥‥‥‥‥‥ 201

8.2　酒店公共关系管理构成要素 ‥‥‥‥‥‥‥‥‥‥‥ 211

第 9 章　酒店人力资源管理 ························· **218**

9.1　酒店人力资源管理概述 ················· 219

9.2　酒店人力资源的开发与利用 ············· 224

9.3　酒店人力资源的激励 ·················· 234

第 10 章　酒店财务管理 ······················ **239**

10.1　酒店财务管理概述 ··················· 240

10.2　酒店的营业收入与利润、收益管理 ········· 244

10.3　酒店的财务分析 ···················· 248

第 11 章　酒店物资与设备管理 ·················· **253**

11.1　酒店物资管理 ····················· 256

11.2　酒店设备管理 ····················· 280

第 12 章　酒店安全与危机管理 ·················· **293**

12.1　酒店安全管理 ····················· 294

12.2　酒店危机管理 ····················· 302

第 13 章　酒店业发展趋势 ····················· **307**

13.1　中国旅游业发展趋势 ················· 308

13.2　中国酒店业发展趋势 ················· 312

第1章 酒店及酒店业概述

【学习目标】

1. 了解酒店的地位和作用；

2. 了解中外酒店业发展的历史；

3. 掌握酒店的分类与等级。

【能力目标】

1. 掌握酒店的分类与等级，使学生具备判断酒店管理水平、服务水平的能力；

2. 结合中国酒店业的发展趋势，使学生具备分析和判断酒店运营管理过程中管理问题的能力。

【思维导图】

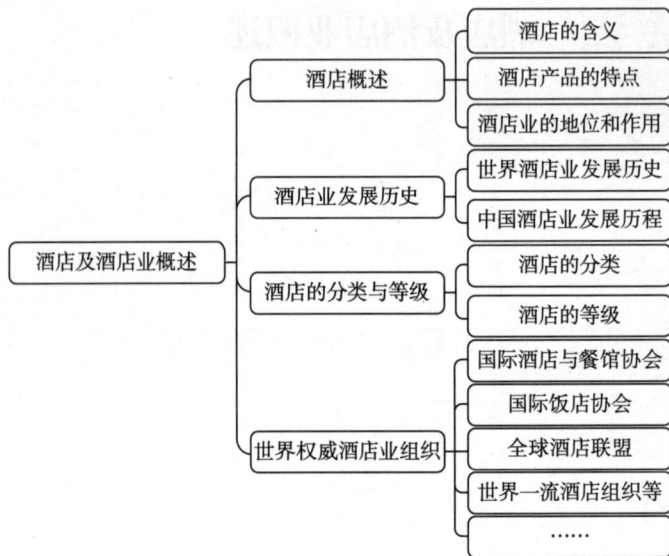

【导入案例】

《精英旅游》(Elite Traveler) 先前更新了全球 100 强酒店名单，增加了一些全新的内容。这些新增的酒店来自全球各地，从澳大利亚到中国，从摩洛哥到加拿大均有入榜酒店，现在介绍其中的三个。

加拿大纽芬兰的福戈岛旅店。福戈岛酒店是一座架空建筑，29 间客房全部都拥有绝美的风景。但是游客们得慎重选择出游的时间，网站说明显示，福戈岛上有 7 个明显区分开的观赏季，温暖的夏季（7 月 1 日—8 月 31 日）、多雪的冬季（12 月 1 日—2 月 28 日）、壮观的浮冰季（3 月 1 日—31 日）、生机勃勃的春季（4 月 1 日—5 月 31 日）、六月的停泊季（6 月 1 日—30 日）、浆果采摘季（9 月 1 日—10 月 31 日）以及喜怒无常的深秋（11 月 1 日—30 日）。每个观赏季都有不同的活动可以体验，从游船、骑行、陶艺、海钓、徒步、造船、制作果酱、观鲸、观星到冰上摩托车，这里的活动丰富多样，让你从不同的视角感知这座小岛的魅力。

中国杭州西子湖四季酒店。杭州西子湖四季酒店坐落在西湖边上的静谧花园之中，它将中国的传统建筑与世界上最负盛名酒店的奢侈融为一体。围绕在酒店周围的是广阔的园林，林中有竹林、蜿蜒的礁湖以及曲曲折折的林间小道。

法国巴黎的瑞瑟夫酒店。瑞瑟夫酒店位于法国巴黎圣奥诺雷街与蒙田大道之间，可以一览包括埃菲尔铁塔、巴黎大皇宫以及世界著名的万神庙在内的美丽景色，可想而知瑞瑟夫酒店为什么能在众多酒店中脱颖而出了。此外，瑞瑟夫酒店还拥有一家二星级米其林餐厅——乐加布里埃尔。

思考题：

1. 以上酒店属于哪种类型的酒店？

2. 你了解的新类型酒店还有哪些？

1.1　酒店概述

1.1.1　酒店的含义

酒店（hotel）一词来源于法语，最初是指法国贵族接待贵宾的乡间别墅，后被欧美国家酒店业沿用泛指所有商业性的住宿设施。汉语中与酒店相近的名词很多，按不同习惯称为宾馆、旅馆、度假村、俱乐部等。对于酒店的定义，国外的一些权威词典这样界定。

"酒店一般地说是为公众提供住宿、膳食和服务的建筑与机构。"（《科利尔百科全书》*Collier' Encyclopedia*）

"酒店是装备好的公共住宿设施，它一般都提供膳食、酒类与饮料以及其他的服务。"（《美利坚百科全书》*Encyclopedia Americana*）

"酒店是在商业性的基础上向公众提供住宿、也往往提供膳食的建筑物。"（《大不列颠百科全书》*Encyclopedia Britannica*）

"酒店是提供住宿、膳食等服务而收取费用的住所。"（《牛津插图英语辞典》*Oxford Picture Dictionary*）

"酒店是提供住宿，也经常提供膳食与某些其他服务的设施，以接待外出旅游者和非永久居住的人。"（《韦氏新世界美语词典》*Webster's New World College Dictionary*）

通过上述定义可以总结，作为酒店必须同时具备以下四个条件。

（1）酒店是由建筑物及装备好的设施组成的接待场所。酒店可以由一个或多个建筑群组成，具备一定的接待设施、设备及用品等。

（2）酒店必须提供餐饮、住宿或同时提供食宿以及其他服务。酒店是一种服务性企业，它除提供满足宾客饮食旅居的基本物质需求以外，还提供满足宾客心理方面的精神需求。

（3）酒店的服务对象是公众。酒店以接待外地旅游者为主，同时也接待本地居民和其他消费者。

（4）酒店主要是商业性的，以盈利为目的，所以使用者要支付一定的费用。

酒店作为为客人提供综合服务的场所，通过和客人互动的结果，获取一定的经济收益，同时也会创造出未来赖以生存发展的社会效益和生态效益。但像政府事业、慈善公益等性质的食宿单位，其经营支出和收益不一定是纯商业性的、以营利为目的的。

综上所述，酒店是指经政府主管部门批准，向公众提供住宿、餐饮以及康乐休闲等综合服务的商业性的建筑机构与设施。

1.1.2　酒店产品的特点

1. 无形性

酒店产品主要包括有形的设施、设备和各种用品以及无形的服务、文化及环境氛围等。酒店产品的无形性主要是指依托于设施设备等有形产品基础上的服务产品。这些服务产品是无形的，是不可触摸的。它无法像实物产品一样进行有形的描述和展示，当客人购买酒店产品时，除了一些可带走的实物外，大部分产品都在酒店就地消费了。由于酒店产品的无形性，要求酒店管理人员要准确地把握客人的消费心理和行为，采取有效的营销方法和策略，不断赢得客人的满意，利用客人的口碑相传，才能树立酒店良好的声誉和形象，才能使酒店在竞争中立于不败之地。

2. 不可储存性

酒店产品的使用价值是有时间段的，在特定的时间段里产品未被使用，该时间段产品的使用价值和价值就损失掉了。酒店产品不可能像工厂、商店那样把销售的产品贮存起来，以满足未来的需求。像客房产品，若当天不能售出，它今天的价值就永远失去了，并且永远不能得到补偿。同样，顾客也不可能把酒店产品储存起来等待以后消费或使用。因此，酒店管理者要采用灵活的经营方式，采用科学的管理方法协调淡旺季矛盾，充分利用酒店的固定设施和接待能力，以合适的价格将酒店产品销售出去，以提高酒店设施的利用率，并最大化利用酒店的使用权，从而使酒店获得最大收益。

3. 不可转移性

酒店产品是不可转移的。它和普通商品不同，顾客在购买普通商品后可以带走该商品，商品不仅发生了空间位置的转移，而且商品的所有权也发生了根本性的转变。而酒店产品通常是以建筑和设施设备为依托的，并由相应的服务人员提供服务，这样的产品决定了只能在酒店现场进行消费，不可能从一个地方转移到另一个地方，其所有权也无法进行转让，客人消费所买到的仅是某一段时间的住宿权和享受权。因此，管理者在经营中应努力提高酒店形象，吸引顾客前来消费并保持有较多的回头客，这样才能实现酒店的经济效益。

4. 生产与消费同步

酒店产品和普通商品在生产和消费环节是不同的。普通商品的生产和消费环节通常是分离的，生产环节客人基本是不能参与的，客人购买商品即消费时，才能看到最终商品。而酒店产品的生产、销售和消费过程几乎是同步的，并且是不可分离的。酒店产品生产的过程也是客人消费的过程，它是边生产、边消费的。也就是说，只有当宾客购买并在现场消费时，酒店的服务和设施相结合才能成为酒店产品。这就要求酒店不仅要有一个良好的服务环境和条件来吸引客人，并积极引导客人在酒店消费，还要不断提高酒店服务质量，注意和顾客接触的每一个关键时刻，这才能实现酒店产品的生产与消费的和谐统一。

5. 质量评价主观性

酒店产品的提供者和接受者分别是服务人员和顾客，这使得酒店产品不能像其他商品那样用机械或物理性指标来衡量，而是由受心理因素影响很大的人的主观标准来衡量的，结果导致酒店产品质量评价不一致。来自不同国家、地区的不同类型的宾客，由于他们所处的社会经济环境不同，民族习惯、经历、消费水平和结构不同，对服务接待的要求也不尽相同，他们对服务质量的感受往往带有较浓的个人主观色彩。因此，酒店服务人员在提供标准化服务的同时更应注重个性化服务的提供。

6. 综合性

酒店产品与普通商品不同，它所提供的产品是多种产品的组合，以满足宾客的食、住、行、购、娱等多种需求。这些产品同时具有生存、享受和发展等功能，是满足宾客多层次消费的综合性产品。酒店产品既有有形产品，又有无形产品；既有一次性消费产品，又有多次性、连续性消费产品。酒店产品的综合性决定了酒店管理者要围绕着宾客的多层次需求不断研究开发多种组合产品，重视产品质量综合性和整体性的提升。

1.1.3 酒店业的地位和作用

酒店业是旅游业的重要组成部分，作为服务业从属于第三产业。随着人们生活水平的提高以及现代交通业的发达，人们外出旅游、探亲、文化交流、经商等旅行活动日益频繁，这些活动客观上促进了酒店业的繁荣与发展，使其在国民经济中的地位越来越重要，逐渐成为国民经济的重要支柱，对促进国民经济发展也具有重要作用，具体表现在以下几个方面。

1. 酒店是人们旅游及社交活动的重要场所

酒店对于旅游者来说是非常重要的活动场所，旅游者在旅游活动过程中的食、住、行、游、购、娱等活动大部分都是在酒店完成的。酒店不仅能为旅游者提供最基本的住宿、餐饮服务，还尽可能为旅游者提供交通、娱乐、商务、电信、金融汇兑等各项服务。因此，旅游者在目的地的一切旅游活动，基本上是以酒店为依托而进行的，是旅游者进行旅游活动的基地。同时，现代酒店还是人们保健、社交、会议、消遣与购物的重要场所，人们在酒店可以享受到在家庭和其他地方享受不到的产品和服务，它逐渐成为人们社交活动的中心。

2. 酒店业是创造旅游收入和创造外汇的重要行业

酒店是旅游者的重要活动场所，在整个旅游活动中，酒店消费占了绝大部分。据国内外统计资料表明，酒店业收入一般要占到旅游总收入一半以上。同时，现代酒店的接待对象有很多是外国人、华侨、港澳同胞和台湾同胞、外籍华人等，他们在酒店住宿、餐饮、娱乐和购物等方面的消费都可以以外汇方式支付和结算，这样酒店业就成为创汇的重要行业。

3. 酒店业能够带动其他相关行业的发展

酒店业是一个综合性的行业，酒店的发展能够直接带动相关行业的发展。一家大型星级酒店的落成，由于其规模较大，拥有前厅、客房、餐饮、康乐、工程、销售、安全等多个部门，相应地会带动建筑业、制造业、装修业、家私业、纺织业、食品加工业、化工业等行业的发展。

4. 酒店业为社会创造了大量的就业机会

酒店业是以提供服务为主的行业，是一种劳动密集型行业。酒店业的发展必然为社会提供大量的就业岗位，吸纳大量的劳动力。国外有关研究表明，酒店每间客房可以为 1.5 人提供就业岗位。目前我国酒店业根据酒店等级、类型、规模不同，员工与客房数比例（以下简称人房比）会有很大差异，经济型酒店人房比大大低于高星级酒店，但由于我国酒店业规模化、集团化趋势明显，酒店业仍然可以为当地提供大量的就业机会。同时，由于酒店的建造和经营活动的开展，能够带动其他行业，同时也就间接提供了更多的就业机会，这大大活跃了整体劳动力市场。

1.2　酒店业发展历史

1.2.1　世界酒店业发展历史

1. 客栈时期

客栈时期大约是 11—18 世纪，其中以 15—18 世纪最为盛行，并以英国和法国的客栈最为发达，客栈在英文中有两种表达，英国称为 Inn，美国称为 Tavern，主要是供过往客人寄宿的小客店，客栈大多设在古道边、车马道路边或是驿站附近。前者以提供住宿为主，也提供饮料和食物。早期客栈规模小、设施简陋，一幢大房子内设几间房间，房间里摆了一些床，旅客们往往挤在一起睡，仅提供基本食宿；服务项目少、质量差、价格十分低廉；客栈都是单家独户经营，客人住宿的房舍往往就是家庭住宅的一部分，也无须专门的客栈管理人员。当时的客栈声誉差，被认为是赖以糊口谋生的低级行业，客人在客栈内缺乏安全感，诸如抢劫之类的不法事情时有发生。到 15 世纪以后，随着商业和贸易活动的兴旺和发展，人们对客栈的需求增加，对客栈的服务要求也有所提高，于是客栈的规模开始扩大，有的客栈已发展到拥有 30～40 间客房。同时，客栈的设施也有所改善，备有专门的厨房、餐厅和酒窖；具有带壁炉的宴会厅和舞厅；客栈的环境条件也有很大改善，有供客人休憩的花园草坪等；并且开始雇用专门的服务人员和管理人员，具备了现代酒店的雏形。

2. 大酒店时期

大酒店时期是从 18 世纪末到 19 世纪末期。18 世纪后半期，随着工业革命的到来，西欧、北美等一些国家相继进入工业化时期，并形成了群众性的消费社会。为适应现代工业化发展和经济贸易发展的需要，酒店业从客栈时期过渡到大酒店时期。

1794 年在美国纽约建成的第一座酒店——都市酒店标志着大酒店时期的到来。

都市酒店拥有 73 间普通房间，是当时美国最大的酒店。1829 年 10 月，在美国波士顿落成的特里蒙特酒店堪称第一座现代化酒店，其拥有 170 套客房，是美国有史以来建筑最大、造价最昂贵的大楼。该酒店设有前厅，负责登记入住宾客；为不愿受干扰的宾客开设了单人和双人房间，并加上门锁；免费提供脸盆、水壶和肥皂等；专门设置了一个拥有 200 个餐位的餐厅，并首次提供法式菜肴；对服务人员进行专门训练以提供礼貌、周到的服务等。7 年后，1836 年开张的纽约阿斯特酒店同样堪称美国早期酒店的代表。之后相继出现了芝加哥的太平洋酒店和希尔曼酒店、圣路易的普朗特斯酒店、奥马哈的帕克斯顿酒店、旧金山的宫殿酒店等。在美国酒店业迅速发展的同时，欧洲国家的酒店业也蓬勃发展，18 世纪末各国相继建成了一些豪华的大酒店，如 1874 年在柏林建成的恺撒大酒店，1876 年开业的法兰克福大酒店，1880 年建成的巴黎大酒店，1885 年建成的卢浮宫大酒店。其中，1889 年开业的伦敦萨沃伊酒店在大酒店时期具有特殊的地位，它雇用享有世界声誉的酒店管理奇才恺撒·里兹（César Ritz）和一代名厨埃斯考菲尔（Escoffier），他们在这里创造了极其豪华、非常时髦的酒店服务氛围以及精美绝伦、无可比拟的菜肴。这些酒店都是一些建筑规模宏大、设施豪华、装饰讲究、服务一流的酒店。由于这些酒店都设置了单独的私人房间，配备了各种娱乐厅、餐厅、阅览室，附设了带游廊的花园、喷泉等，因而吸引了许多王室、贵族、官宦、巨富和社会名流前往住宿和娱乐。

这一时期的酒店投资者、经营者的立足点是取悦于社会上流，求得社会声誉，往往不太注重经营成本。这一时期的主要代表人物有瑞士人恺撒·里兹（César Ritz），他提出了"客人永远是对的"这样的酒店经营格言。

3. 商业酒店时期

商业酒店时期大约从 20 世纪初期到 40 年代末。这一时期由于汽车、火车、飞机等交通工具的普及和交通更为便利，许多酒店都设在城市中心、公路边等。随着经商旅游者大量增加，当时世界上最大的酒店业主埃尔斯活思·弥尔顿·斯塔特勒（Ellsworth Milton Statler）为适应这一趋势，凭自己多年从事酒店业的经验和对市场需求的了解，立志要建造一种"在一般公众能负担的价格之内提供必要的舒适与方便、优质的服务与清洁卫生"的酒店，亮出了"平民化、大众化"的旗号。

1908 年，他在美国纽约州水牛城建造了第一家由他亲自设计并用自己名字命名的斯塔特勒酒店，一个带卫生间的客房房价仅为 1 美元 50 美分，它被看作是酒店业历史上的一座里程碑。斯塔特勒酒店是首批现代商业性酒店，其主要顾客是商务旅行者，它提供下列服务：每间客房都有私人浴室；每间客房都有电话；每间客房都有带照明设施的衣柜；每天早上都为客人送去一份免费报纸；等等。同时，斯塔特勒还亲自制定了《斯塔特勒服务守则》，注意服务水平的提高，讲究经营艺术，等等，这开创了现代酒店的先河。

斯塔特勒提出了酒店经营成功的根本要素是"地点、地点、地点"的原则，他提出了"酒店从根本上来说，只销售一样东西，这就是服务"等至理名言，斯塔特勒也被后人公认为商业酒店的创始人。商业酒店时期，服务对象主要是商务旅行者，服务设施与服务项目讲求舒适、方便、清洁、安全与实用、价格合理，而不是刻意追求豪华与奢侈。经营管理上讲究经营艺术，不断改善管理，注重服务规范化和质量标准化，降低成本以获取最佳利润；出现了专门培养酒店管理人才的学校（院）。

知识拓展1-2

4. 现代酒店时期

从 20 世纪 50 年代开始，酒店业进入现代酒店时期。第二次世界大战结束后，世界范围内的经济得以恢复和繁荣，人口迅速增长，空中交通及高速公路日益普及，人们在国内、国外的旅行和旅游活动日益频繁。城市大中型酒店数量不断倍增，公路旁汽车旅馆也更是密集。

大型酒店集团以签订管理合同、授让特许经营权等形式不断进行跨国连锁经营，逐渐形成一大批使用统一名称、统一标识，在酒店建造、设备设施、服务程序、管理方式等方面实行统一标准，联网进行宣传促销、客房预订、物资采购与人才培训的酒店联号公司。其中最早崛起并在 20 世纪七八十年代相当活跃的大型豪华酒店联号公司有：希尔顿酒店公司、希尔顿国际酒店公司、喜来登酒店公司、凯悦国际酒店公司、威斯汀酒店公司等；拥有中小型酒店或汽车旅馆的酒店联号公司有：假日酒店集团、华美达酒店集团、雅高集团等。20 世纪 90 年代后，经过大规模兼并和收购，又出现了拥有各种档次、系列品牌的大型酒店联号集团，如巴斯公司、万豪集团、喜达屋集团等。

现代酒店除注重规模效益、连锁经营外，还表现在为满足现代人的需求，其功能日益多样化，酒店不再是仅仅向客人提供吃、住的场所，还要满足客人娱乐、健身、购物、通信、商务等多种需求，酒店也是当地社交、会议、展览、表演等活动的场所；在经营管理上，注重用科学的手段进行市场促销、成本控制、人力资源管理等；在设备设施上，注意运用适合客人需求的酒店服务及各种高新科技产品。在社会上，为酒店业配套服务的专业公司也日臻完善，有酒店管理咨询公司、酒店订房代理公司、酒店建筑事务所、酒店设备用品公司，以及开设服务管理专业的各类院校等。

1.2.2　中国酒店业发展历程

1. 中国古代酒店业

中国古代酒店以官办的驿站、迎宾馆和民间客栈（旅店）为主。

中国最古老的官方住宿设施是驿站。在中国古代，各种信息的传递，如统治者政令的下达、各级政府间公文的传递以及各地区之间的书信往来等，都要靠专人来递送。为了有效地实施统治，必须保持信息畅通，一直沿袭了驿传制度。与驿传制度相适应的驿站应运而生。驿站是专门为公差人员和信使提供车、马交通工具的官办住宿设施。驿站刚建立时仅接待公差和信使，秦汉后开始接待过往的官员；至唐代，广泛接待文人雅士；到明清则开始接待一般的旅客。驿站堪称中国历史上最古老的酒店设施，从商代中期到清光绪二十二年（1896 年）止，驿站长存三千余年。

迎宾馆是中国古代另一类官办住宿设施。它以接待各国使者、各民族代表及商客等为主，为他们提供接待服务。迎宾馆的称谓在不同朝代各不相同，如春秋战国时称"诸侯馆"和"传舍"，两汉时称"蛮夷邸"，南北朝时称"四夷馆"，唐、宋时称"四方馆"，元、明时称"会同馆"，至清朝时改称为"迎宾馆"。迎宾馆作为我国古代官方接待外国使者和交往人员的重要设施，不仅满足了我国古代对外交往的客观需要，而且对促进我国古代政治、经济和文化的交流起了十分重要的作用。

我国古代民间旅店业早在春秋战国时期就已产生。据文字记载，在商周时期就有专为过往旅客提供旅途中休息、住宿、饮食的场所，古籍中称之为"逆旅"或"旅次"，民间则称之为"客栈"。秦汉时期，由于商业和贸易活动的兴旺发达，民间旅店业有了较快的发展，城镇郊区、集市和主要道路口都出现了各种各样的旅店。汉代以后，随着我国城市的形成和发展，民间旅店广泛分布于城内繁华地带。除了一般提供食、宿的酒店之外，适应我国古代科举制度的要求，在京城和一些较大的城市还出现了各种接待科举应试人员的会馆，这些会馆也成为当时酒店业的重要组成部分。

2. 中国近代酒店业

鸦片战争后，由于西方列强的入侵，中国酒店业除传统的旅馆之外，还出现了西式酒店和中西式酒店。西式酒店是 19 世纪初由外国资本家建造和经营的。与中国传统旅馆不同，西式酒店规模宏大、装饰华丽、设备先进，接待对象主要以来华外国人为主，也包括当时上层社会人物及达官贵人，管理人员皆来自英、法、德等国。客房分等经营，按质论价；餐厅向客人提供法国菜、德国菜、英美菜和俄国菜等。早期著名的西式酒店有上海的理查酒店、北京的六国饭店和天津的利顺德大饭店等。西式酒店服务日趋注重文明礼貌、规范化、标准化。这类酒店在建筑式样和风格、设备设施、酒店内部装修、经营方式、服务对象上等都与中国传统客店不同，是中国近代酒店业的外来成分。

20 世纪 20 年代开始，受西式酒店的影响，中国民族资本向酒店业投资，各地相继兴建了一大批具有半中半西风格的新式酒店。这些酒店在建筑式样、店内设备、服务项目和经营方式上都接受了西式酒店的影响，多为楼房建筑，一改中国传统酒店的庭院式或园林式建筑风格；实行酒店、交通、银行等行业联营方式，这对中国酒店业具有深远的影响的。典型的中西式酒店有上海的金门酒店、静安宾馆、东方酒店和华懋酒店等，其中以华懋饭店最为知名。华懋饭店又称沙逊大厦，是今天的上海和平饭店的前身。

3. 中国现代酒店业

1978 年我国开始实行对外开放政策以来，大力发展旅游业，这为我国现代酒店业的兴起和发展创造了良好机会。我国现代酒店业大体经历了四个发展阶段。

（1）第一阶段（1978—1983 年），由事业单位招待型管理走向企业单位经营型管理。这一时期的酒店基本上是从以前政府的高级招待所转变来的，在财政上实行统收统支、实报实销的制度，基本没有上缴利润，没有任何风险，服务上只提供简单的食宿，谈不上满足客人要求的各种服务项目；经营上既没有指标，也没有计划，这样的酒店既没有压力，也没有活力，无法满足国际旅游业的发展。这一时期旅游行政管理部门重点围绕如何使我国酒店业从招待型管理转轨为企业型管理、如何提高酒店管理水平和服务水平、如何提高管理人员素质等方面做了大量的工作，并提出了酒店应实现经营、管理的企业化，建立岗位责任制，增加服务项目，开展多种经营的具体改革措施。在管理队伍建设方面，着手抓管理人员的培训和知识更新。经过几年努力，一大批原来的事业单位初步实现了企业化，酒店经营水平有了明显变化，服务质量有了显著提高。

（2）第二阶段（1984—1987年），由经验型管理走向科学管理。1984年，我国酒店业在全行业推广北京建国饭店科学管理方法，走上与国际接轨的科学管理的轨道。从1984年3月开始，全国选定102家酒店分两批进行试点，试点的主要内容是：第一，推行总经理负责制及部门经理逐级负责制；第二，推行岗位责任制，抓好职工培训；第三，推行严格奖惩制度，打破"大锅饭"和"铁饭碗"，调动职工积极性，保证服务质量稳步提高；第四，推行充分利用经济手段，开展多种经营，增收节支，提高经济效益。在102家试点单位带动下，我国酒店业在经营管理和服务上都发生了深刻变化，迈上了科学管理之路。

（3）第三阶段（1988—1994年），推行星级评定制度，进入了国际现代化管理新阶段。为使我国酒店业与国际酒店业标准接轨，1988年9月，经国务院批准，国家旅游局（现中华人民共和国文化和旅游部）颁布了酒店星级标准，并开始对旅游涉外酒店进行星级评定。我国的酒店星级标准是在对国内外酒店业进行大量调查研究的基础上，参照国际通行标准并结合我国实际情况，在世界旅游组织派来的专家指导下制定出来的。1993年，经国家技术监督局（现国家市场监督总局）批准，定为国家标准。我国酒店业实行星级制度，可以促使酒店的服务和管理符合国际惯例和国际标准。星级评定既是客观形势发展的需要，也是使我国酒店业进入规范化、国际化、现代化管理的新阶段的需要。

知识拓展1-3

（4）第四阶段（1995年至今），酒店业逐步向专业化、集团化、集约化经营管理迈进。20世纪80年代以来，国际上许多知名酒店管理集团纷纷进入中国酒店市场，向我国酒店业展示了专业化、集团化管理的优越性以及现代酒店发展的趋势。1994年，我国的酒店业已形成了一定的产业规模。经国家旅游局批准，我国成立了第一批酒店管理公司，如锦江国际酒店管理公司［现为锦江国际酒店管理有限公司，其母公司为锦江国际（集团）有限公司］、凯莱国际酒店管理（北京）有限公司。这为迅速崛起的中国酒店业注入了新的活力，引导我国酒店业向专业化、集团化管理的发展方向。

知识拓展1-4

1.3 酒店的分类与等级

1.3.1 酒店的分类

1. 根据市场及宾客特点划分

（1）商务型酒店。商务型酒店主要为从事商业贸易活动的客人提供住宿、餐饮和商务服务，多位于城市的中心或商业区，以接待商务客人为主。这类酒店不仅讲究外观，也注重内部设施的富丽堂皇。为方便商务客人开展各种商务活动，酒店往往设有商务中心，为客人提供打字、复印、传真、秘书、翻译等服务，并提供各类会议室供商务洽谈之用，或在客房内提供办公用品、传真机、宽带上网设施等。部分酒店会设置"商务楼层"，专门为有需要的客人提供服务，并在商务楼层上配有总台、商务套房和商务中心。

（2）度假型酒店。度假型酒店以接待休闲度假、疗养及游玩的宾客为主，此类酒店多位于海滨、山区、温泉、海岛、森林等地方，设有各种娱乐设施和娱乐项目，如滑雪、骑马、狩猎、垂钓、划船、潜水、冲浪、高尔夫球、网球等，并以阳光充足、空气新鲜等良好的自然环境条件来吸引游客。度假型酒店因易受淡、旺季的影响而采取较为灵活的经营方式，如实行淡季、旺季差价。不少度假型酒店为了吸引客人，还增设了会议设施。商务与度假相结合，是度假型酒店发展的一种趋势。

（3）长住型酒店。长住型酒店也称为公寓型酒店，适合住宿期较长、在当地短期工作或休假的客人或家庭居住。长住型酒店的设施及管理较其他类型的酒店简单，除了提供住宿外，也可根据客人的需要提供餐饮及其他辅助性服务。酒店与客人签订租约，确定租赁关系。长住型酒店的客房多采用家庭式布局，以套房为主，配备适合客人长住的家具、电器及厨房设备。在服务上讲究家庭式氛围，特点是亲切、周到、针对性强，酒店的组织机构、管理和服务较为简单。

目前，很多商务型酒店、度假型酒店、经济型酒店为满足不同客人的需要，在酒店设置公寓楼层，为长住型客人提供服务。

（4）会议型酒店。会议型酒店主要接待各种会议团体，为其开展各种展销会、博览会、国际会议、经贸洽谈会、研讨会等提供综合服务。此类酒店通常设在大都市和政治、文化中心，或交通方便的游览胜地。酒店设有多种规格的会议厅或多功能厅，并配有各种会议设施，如投影仪、幻灯机、扩音设备、摄放像设备、视听设备、电子投票系统、同声传译装置等。酒店还配置工作人员协助会议组织者工作，提供高效率的接待服务。

（5）汽车酒店。汽车酒店是以接待自驾车旅游者为主，大多酒店位于国家公路干线旁和城市边缘。这类酒店通常配有停车场和加油站，酒店设施简单，规模较小，只有简单的住宿服务，甚至没有正规的餐厅和酒吧，服务的对象以自驾车旅游者和从事长途贩运的卡车司机为主。现在的汽车酒店已发生很大变化，房间装修豪华，设施完善，可提供现代化的综合服务。1925 年，第一家世界汽车酒店在美国圣路易斯·奥比斯波（San Luis Obispo）地区的圣迭戈至旧金山国家公路旁诞生。在我国，随着经济的发展，私人汽车的逐渐增多，驾车旅行成为时尚，从而也出现一批汽车酒店。如 2003 年 5 月，中国首家汽车酒店"莫泰"（Motel）在上海吴中路汽车贸易一条街正式营业。

除了上述 5 种传统的分类外，我国酒店业也出现了如家庭旅馆、青年旅馆、民宿等非标类酒店。

2. 根据酒店计价方式划分

（1）欧式计价酒店。欧式计价酒店是指酒店客房价格仅包括房租，不含食品、饮料等其他费用。世界上绝大多数酒店均属此类。

（2）美式计价酒店。美式计价酒店的客房价格包括房租和一日三餐的费用。目前，尚有一些度假型酒店采用此种计价方式，主要服务于各类团队。

（3）修正美式计价酒店。修正美式计价酒店的客房价格包括房租和早餐以及午餐或晚餐的费用，以便宾客有较大的自由安排白天的活动。

（4）欧陆式计价酒店。欧陆式计价酒店的客房价格包括房租及一份简单的早餐费用，即咖啡、面包和果汁。此类酒店一般不设置餐厅或者设置简单的餐厅。

（5）百慕大计价酒店。百慕大计价酒店的客房价格包括房租及美式早餐的费用。

3. 根据酒店规模划分

（1）大型酒店。大型酒店是指拥有 500 间以上客房的酒店。大型酒店由于客房数量多，客人每天的流量非常大，每个客人的消费需求不同，所以大型酒店的服务项目非常齐全，服务的标准化程度高。大型酒店由于投资大，回收期长，经营风险较大，一般应定位于豪华酒店。

（2）中型酒店。中型酒店是指拥有 200～500 间客房的酒店。这种酒店由于规模适中，适用于商务、会议、度假等多种类型的酒店经营。可以是豪华酒店，也可以是中档酒店（大多数为中档酒店）。中型酒店价格合理，服务项目比较齐全，设施相对现代化，所以其目标市场为大众消费者。

（3）小型酒店。小型酒店是指拥有 200 间以下客房的酒店。一般酒店内的设施和服务能基本满足旅游酒店的标准和要求，由于规模小，服务设施有限，所以仅提供酒店常规服务，价格比较低廉，多数属于经济型酒店。

4. 按酒店经营方式划分

（1）独立经营酒店。独立经营酒店是指由投资者自主经营、自负盈亏的单体酒店经营企业。这类酒店在我国酒店业所占比重较大。此种经营方式可以在小而精上做文章，管理相对简单容易；但缺乏强有力的市场竞争力，难与大型酒店集团竞争。

（2）集团经营酒店。集团经营酒店是指由多个子酒店组成，由管理集团对其进行统一管理的酒店集合体。酒店集团化经营是现代化大生产的产物，可以有效地节约人力、物力、财力。

（3）联合经营酒店。联合经营酒店是指由许多单体酒店企业联合起来的酒店，以应对日益激烈的市场竞争。联合经营酒店是在保持各酒店产权独立、自主经营的基础上，实行统一订房系统、质量标准和公认的标识，并进行联合宣传、促销和互送客源等相关经营策略。

5. 根据其他标准分类

1）根据酒店客房价格或建筑费用划分

（1）经济酒店。经济酒店不同于经济型酒店，主要是指酒店投资成本低，从而以较低客房价格出售酒店产品和服务的酒店。经济酒店一般每个标准间的建筑造价在 2 万～3 万美元，标准间面积约 25m²，平均房价每间低于 30 美元/天。在我国，经济酒店每间房的平均房价一般低于 200 元/天。

（2）中价酒店。中价酒店介于经济酒店与豪华酒店之间，每个标准间的建筑造价大约在 4 万～6 万美元，标准间面积约 36m²，平均房价每间在 60～80 美元/天。我国因为旅游淡旺季以及城市间消费水平差异等，中价酒店每间房的价格跨度比较大，平均房价一般在 300～800 元/天。

（3）豪华酒店。豪华酒店一般建筑设施造价很高，每个标准间的建筑造价大约在 8 万～10 万美元，标准间面积约 47m²，平均房价每间在 120～150 美元/天，有的豪华套房高达数千美元。我国的豪华酒店平均房价每间一般在 900～2000 元/天。

2）根据酒店所处位置划分

按地理位置分类是酒店分类的另一重要方法，其对于界定消费者市场，确定经营服务对象具有重要意义。一般将酒店分为中心城市酒店、城郊酒店、风景区酒店、公路酒店、机场酒店、乡村酒店等。

3）根据酒店经济类型划分

根据酒店经济类型划分（中国特有的一种旅游酒店分类方法），可分为国有经济酒店、集体经济酒店、私营经济酒店、联营经济酒店、股份制经济酒店、中外合资经济酒店、外商投资经济酒店、港澳台投资经济酒店等。

知识拓展1-5

6. 现代酒店新形态

社会进步、经济发展和现代科学技术的突飞猛进，为酒店业的客源市场、管理方式、建筑风格等提供了更多的选择，现代酒店出现了多种新型业态，可以用更多的标准来划分类别。

1）主题酒店

主题酒店也称为"特色酒店"，是以某一特定的主题，来营造酒店的建筑风格和装饰艺术，以及特定的文化氛围，让顾客获得富有个性的文化感受；同时将服务项目融入主题，以个性化的服务取代一般化的服务，让顾客获得欢乐、知识和刺激。历史、文化、城市、自然、神话童话故事等都可成为酒店借以发挥的主题。主题酒店在国外已有近50年的历史。1958年，美国加利福尼亚的玛丹娜酒店率先推出12间主题客房，后来发展到109间，成为美国最早、最具有代表性的主题酒店。主题酒店的一般类型有以下几种。

（1）自然风光酒店。此种酒店超越了以自然景观为环境背景的基础阶段，而是把富有特色的自然景观搬进酒店，营造一个身临其境的场景。比如位于野象谷热带原始雨林深处的西双版纳树上旅馆，它的主题创意来源于科学考察队为了更深入地观察野象的生活习性。

（2）历史文化酒店。设计者依托酒店建筑，最大限度地还原古代世界，以时光倒流般的心理感受作为吸引游客的主要卖点。顾客一走进酒店，就能切身感受到历史文化的浓郁氛围。如玛利亚酒店推出的史前山顶洞人房，抓住"石"做主题性文章，利用天然的岩石做成地板、墙壁和天花板，房间内还挂有瀑布，而且沐浴喷洒由岩石制成，浴缸也是石制的。

（3）城市特色酒店。这类酒店通常以历史悠久、具有浓厚文化特点的城市为蓝本，以局部模拟的形式和微缩仿造的方法再现城市的风采。如我国首家主题酒店深圳威尼斯酒店就属于这类，酒店以世界著名水城威尼斯文化为设计理念，利用众多可反映威尼斯文化的建筑元素，充分展现地中海风情和威尼斯水城文化。

（4）名人文化酒店。以人们熟悉的政治或文艺界名人的经历为主题是名人文化酒店的主要特色，这些酒店很多是由名人工作生活过的地方改造的。如杭州西子宾馆，由于毛泽东 27 次下榻于此，陈云从 1979 年至 1990 年每年来此休养，著名作家巴金也曾在此长期休养，所以杭州西子宾馆推出了主席楼、陈云套房和巴金套房，房间保留了当时的物品陈设。

（5）艺术特色酒店。凡属艺术领域的音乐、电影、美术、建筑等特色都可成为这类酒店的主题。玛丹娜酒店就有以电影《美国丽人》为背景的美国丽人玫瑰房可供选择。位于八达岭长城脚下的公社酒店则以独特建筑取胜，它是由亚洲 12 名建筑师设计的 11 幢别墅和 1 个俱乐部组成的建筑群，每栋房子均配有设计独特的家具，训练有素的管家随时可以为客人提供高度个性化的服务，住客可以在此充分体验亚洲一流建筑师在这里展现的非同寻常的建筑美学和全新的生活方式。

2）全套房酒店

全套房酒店是指客房的类型以套房为主的酒店。套房由卧室和客厅两部分组成，服务设施齐备、等级较高，公共区域面积相对较少。传统的全套房是专门为长住宾客设计的。现代酒店将全套房概念应用于不同类别的消费者和居住时间长度不同的消费者，并创造出不同的全套房品牌，如假日的住宅旅馆、万豪的马里奥特套房、乔伊斯的质量与舒适套房等都是全套房品牌。全套房酒店对许多投资者有着强烈的吸引力，因为它的周末出租率很高，收益也高。它的主要客人有商务客人、长期但非永久性外出作业的职员、旅游家庭等。

3）卡仙奴酒店

卡仙奴酒店是指以博彩娱乐为主要经营内容的酒店。这是一些国家博彩业合法化的结果。这类酒店的营业情况与其他酒店有所不同，酒店主要收入来源是博彩业的收入，而不是客房和餐饮的销售额。因此，卡仙奴酒店一般提供特别周到细致的服务，以吸引更多的卡仙奴玩家。

知识拓展1-6

　　由于一家酒店常常具有多种特点，往往可以同时被归入上述几种类型，因此要确定一家酒店的类型，应该根据酒店的主要特点进行划分。

1.3.2　酒店的等级

　　1. 国际上的酒店等级制度

　　酒店等级制度是国际旅游业的通用语言，是世界旅游发达国家通行的一项制度。为了控制旅游产品的质量，维护国家作为旅游目的地的对外形象和保护消费者的权益，各国都很重视酒店等级的评定工作。全世界有数十种酒店等级评定系统，不同国家和地区采用的等级标准不同，有的是政府部门制定，有的是各地酒店协会或相关协会制定，用以表示级别的标志与名称也不一样。具体有以下几种。

　　（1）星级制。星级制是把酒店根据一定的标准分成不同的等级并分别用星号（★）表示出来，以区别其等级的制度。比较流行的是五星，级别星越多，等级越高。一般来说，五星级酒店属于豪华酒店或超豪华酒店，四星级属于上等酒店亦称一流酒店，三星级为中档或中高档酒店，二星级为一般等级或中低档的酒店，一星级为低档等级的酒店。这种星级制在世界上，尤其是欧洲，采用得最为广泛。

知识拓展1-7

　　（2）字母表示法。许多国家将酒店的等级用英文字母表示，即 A、B、C、D、E 五级，A 为最高级，E 为最低级。

　　（3）数字表示法。用数字表示酒店等级的方法，一般采用最高级用豪华表示，继豪华之后由高到低依次为第一级、第二级、第三级、第四级的五级制，数字越大，档次越低。

知识拓展1-8

　　2. 我国酒店等级评定制度

　　我国酒店等级评定采用星级制。1988 年 8 月，国家旅游局（现文化和旅游部）颁布了《中华人民共和国评定旅游涉外饭店的规定和标准》，并于当年 9 月 1 日开始执行；1993 年 9 月 1 日，国家技术监督局发布了《旅游涉外饭店星级的划分与评定》为国家标准（GB/T 14308—1993）；1997 年 10 月，国家技术监督局批准了国家旅游局修订的《旅游涉外饭店星级的划分与评定》（GB/T 14308—1997），以替代1993 年起执行的国家标准；2003 年、2010 年和 2023 年国家旅游局对上述标准先后进行了修订。现行标准《旅游饭店星级的划分与评定》（GB/T 14308—2023），其主要内容如下。

1）星级与标志

旅游饭店星级分为五个级别，由低到高为一星级、二星级、三星级、四星级、五星级。星级标志由长城与五角星图案构成，用星的数量和颜色表示旅游饭店的星级。一颗金色五角星表示一星级，两颗金色五角星表示二星级，三颗金色五角星表示三星级，四颗金色五角星表示四星级，五颗金色五角星表示五星级。

2）基本要求

（1）应坚持社会主义核心价值观，诚信经营。

（2）应符合治安、消防、卫生、环境保护、安全等有关要求。

（3）应坚持新发展理念，落实低碳节能、绿色环保、制止餐饮浪费、垃圾分类、塑料污染治理等相关要求。

（4）应坚持文旅深度融合发展，弘扬优秀文化，发挥文化传播窗口作用。

（5）应按要求向文化和旅游行政主管部门报送统计调查资料，根据规定向相关部门上报突发事件等信息。

（6）饭店内所有区域应达到同一星级的运营规范和管理要求。饭店评定星级时不应因为某一区域所有权或经营权的分离，或建筑物的分隔而被区别对待。

（7）饭店开业一年后可申请评定星级，经相应星级评定机构评定合格后取得星级标志，有效期为 5 年。

3）星级的划分条件与评定办法

（1）必备项目。各星级旅游饭店应具备的硬件设施和服务项目按照该标准附录 A 的要求执行。评定检查时，逐项确认达标后，依据附录 B 和附录 C 评分。

该标准中，表 A.1 为一星级旅游饭店必备项目，表 A.2 为二星级旅游饭店必备项目，表 A.3 为三星级旅游饭店必备项目，表 A.4 为四星级旅游饭店必备项目，表 A.5 为五星级旅游饭店必备项目。

（2）设施设备及其他项目。各星级旅游饭店的位置、结构、数量、面积、功能、材质、设计、装饰等和其他项目按照该标准附录 B 的要求执行。评定检查时，依据表 B.1 逐项评分。一星级、二星级旅游饭店得分不做要求；三星级、四星级、五星级旅游饭店规定最低得分值：三星级 220 分，四星级 320 分，五星级 420 分。

（3）饭店运营质量。各星级旅游饭店的管理制度与规范、服务质量、清洁卫生、维护保养等运营质量按照该标准附录 C 的要求执行。评定检查时，依据表 C.1 逐项评分。三星级和四星级旅游饭店总分 525 分（不计算网络分值），五星级旅游饭店总分600分。

　　饭店运营质量的评价内容分为总体要求、前厅、客房、餐饮、其他服务项目与公共区域、周围环境与后台区域6个大项。评分时按"优""良""中""差"打分并计算得分率。其中，五星级旅游饭店在前厅、客房、餐饮、其他服务项目与公共区域部分引入宾客网络评价数据。

　　一星级、二星级旅游饭店得分率不做要求。三星级、四星级、五星级旅游饭店规定各项最低得分率：三星级70%，四星级80%，五星级85%。

　　除相应星级必备项目要求外，如饭店不具备表C.1中的项目，计算得分率时应在分母中去掉该项分值。

　　（4）其他。饭店取得星级标志每满5年后应进行评定性复核，评定性复核未达到相应星级的要求，按规定给与前期整改或取消星级处理。

知识拓展1-9

　　该标准还包括了其他要求以及细则。

1.4　世界权威酒店业组织

1.4.1　国际酒店与餐馆协会

　　国际酒店与餐馆协会（International Hotel and Restaurant Association，IH&RA）成立于1947年，是全球唯一被联合国认可的全球酒店与餐饮行业权威性国际组织。其总部设在瑞士洛桑，是一个非营利性组织，致力于推动全球酒店与餐饮行业的规范制定、行业标准、职业资格认证等。

　　IH&RA的会员包括来自世界各地的酒店和餐馆协会、国际酒店集团以及国内或国际的酒店连锁企业，目前拥有约35万家酒店和900万家餐馆，覆盖7 000万名员工。

　　IH&RA与联合国世界旅游组织、世界银行、联合国粮食与农业组织等多个国际机构合作，共同推动全球旅游业的发展。

1.4.2　国际饭店协会

　　国际饭店协会（International Hotel Association，IHA）成立于1947年，总部设在

法国巴黎。它是全球最早的饭店业国际性组织之一，旨在促进各国饭店协会之间的联系与合作。

IHA 的宗旨是联络各国饭店协会，研究饭店业与国际旅游者交往的问题，促进技术合作，并维护饭店业的利益。IHA 曾参与全球饭店业标准的制定，并与联合国世界旅游组织等机构合作。

1997 年 11 月 1 日，国际饭店协会（IH&RA）与国际饭店协会（IHA）合并，成立了国际饭店与餐饮协会（IHRA），并得到了联合国的认可。这一合并不仅在名称上进行了统一，还在组织结构上进行了整合，使得两个组织的资源和职能得到了更高效的利用。

1.4.3　全球酒店联盟

全球酒店联盟（Global Hotel Alliance，GHA）成立于 2004 年，是世界上最大的独立酒店集团联盟，成员包括安娜塔、凯宾斯基、马哥孛罗等。全球酒店联盟的宗旨是：在数量日益增加的系列酒店内，通过个体区域性品牌的管理，使宾客获得更大选择余地和更强的认可度；这些个体区域性品牌通过其酒店产品与服务反映和尊重当地传统与文化，从而赢得国内市场的尊重。全球酒店联盟作为世界知名的独立酒店品牌联盟，拥有超过 420 间会员酒店，遍布全球 63 个国家和地区。每间酒店均提供结合独特地方色彩、生活风格及文化的设施及服务，为宾客带来更精彩的住宿选择。

加入这个联盟，对酒店来说可以增加收益，节省成本，还可以拥有全球的合作伙伴，提高品牌的知名度；对宾客来说，可以有更便捷的预订方式，更多的酒店选择，更好的旅游体验。GHA 成员达成一致并相互间认知的忠诚项目共识，即：互相承认每个品牌成员的宾客优惠活动。GHA 是可以免费加入的，有金卡、白金卡、黑卡、红卡四个会员级别。登录全球酒店联盟网站，可以便利预订并获得旅游信息。

1.4.4　世界一流酒店组织

世界一流酒店组织（The Leading Hotels of the World，LHW）是世界一流的酒店和订房组织。1928 年在瑞士成立，创办时有 38 家成员，总部设在美国纽约。其宗旨是：吸收世界上最佳酒店为成员，促进世界各地一流酒店保持和提高其卓越地位、一流服务和优良传统。该组织每年召开一次年会，交流经验，相互学习，相互促进；组织成员之间相互介绍宾客。该组织主要由欧洲国家投资，委托美国管理集团进行管理。为方便宾客预订房间，各地的办事处通过全球卫星通信系统联结，能非常正确、及时地提供 LHW 中每个酒店的客房信息，并能处理、确认宾客的预订。

　　该组织设有股东会、执委会、国际顾委会等机构，是一个自我管理的组织，每个酒店成员必须定期接受检查，并由该组织的执行委员会进行监督，检查不合格的将被除名，以保持酒店具有一定水准，为宾客提供最高水平的服务，从而维护会员酒店的形象和声誉。目前，该组织已有 200 多个成员，拥有约 5.4 万间客房、600多个大餐厅、30 多个高尔夫球场、500 多个大小网球场及 400 多个室内外游泳池等。它们分布在 40 个国家和地区，有 140 多个城市酒店和 80 个左右的乡村旅馆或休养胜地。要申请成为 LHW 的成员，必须在位置、组织、管理、服务、烹饪、装饰和环境等方面都具备最佳条件和最高标准，并具有设备先进、管理技术现代化、格调高雅、豪华、舒适的优质服务等条件以及达到最高的服务水平，经过专门的严格检查和审定，包括现场考察后提交执委会讨论通过，合格者才能被接纳。

1.4.5　世界小型奢华精品酒店组织

　　世界小型奢华精品酒店联盟（Small Luxury Hotels of the World，SLH）是一种松散的精品独立豪华饭店联盟组织，成立于 1991 年，注册地在英国，总部设在伦敦。SLH 集中了世界近 70 个国家和地区的 480 多家独立经营的豪华高级酒店，这些酒店在风格和精致程度上都经过严格甄选，更有诸多获奖酒店，包括 SPA 水疗中心、乡村别墅、高尔夫度假村、岛屿度假地、闹市庇护所和野奢旅馆等。SLH 格外重视旗下每一家酒店的独立个性，这是其核心价值观之一，也是品牌持续取得成功的基石。SLH 品牌的实力和信誉来源于旗下每一家酒店的品质，通过严格的控制措施确保品牌只接纳最优秀、追求最高标准的酒店，进而保证宾客在任何一家 SLH 加盟酒店都能获得始终如一的高品质体验。

　　当无数的国际性酒店集团都在全球极力扩张生意，酒店越建越大的时候，SLH经营者们却恪守着"小的，却是最好的"之生存守则，充满浓郁异国情调的小型奢侈酒店更在意标榜自己身上独特的当地文化缩影，努力把每一个环节都做到极致以不负精品之名，"小"具有空间上的局限，同时也暗示了令人向往的私密性。SLH的出现将那些客房数量在 100 间之内、设施精致、服务个性化的度假酒店全盘招至麾下。此外，酒店的服务人员不能少于一个下限，这就标志着每一个宾客都会得到最贴身、最细致、最尊贵的服务。

1.4.6　国际青年旅舍联盟

国际青年旅舍联盟（Hotelling International，HI），也简称为 IYHF（International YouthHostel Federation），是一个超过 90 个青年旅舍协会的联盟，成立于 1932 年，分布在 80 多个国家和地区，是联合国教科文组织成员，总部现设在靠近伦敦的韦尔文市，并注册为一家非营利机构。其小屋及冷杉标志是经过联合国欧洲经济公署道路安全工作委员会允许后，进入了国际公共交通标志系统。而蓝三角加上小屋及冷杉更是一个世界性的品牌和注册商标。

青年旅舍的基本结构以安全经济、卫生、隐私、环保为特点，室内设备简朴，备有高架床、硬床垫和被褥、带锁的个人储藏柜、小桌椅、公共浴室和洗手间，有的还有自助餐厅、公共活动室，受到了青年人的广泛欢迎。今天，HI 已成为当今世界上最大的住宿连锁组织，世界上有 1 000 万青年旅游者在使用青年旅舍。1999 年，中国第一家青年旅舍协会——广东省青年旅舍协会正式成立，并成为 IYHF 会员，2000 年北京市青年旅舍协会成立，促进了中国内地青年旅舍网络的发展。同时，IYHF 品牌标志已在中国完成注册，目前我国各地已建立了 150 多家青年旅舍，初步形成了覆盖全国主要旅游城市的青年旅舍网络。

1.4.7　国际金钥匙组织

国际金钥匙组织（Union International Les Clefs d´Or，UICO）成立于 1952 年，总部设在巴黎，主要创始人为斐迪南·吉列特（Ferdinand Gillet），是以酒店礼宾司个人身份自愿加入的民间组织。1929 年 10 月 6 日，11 位来自巴黎各大酒店的礼宾司聚集在一起，建立友谊和协作，这就是金钥匙组织的雏形。1952 年 4 月 25 日，欧洲金钥匙组织成立，1972 年该组织发展成为一个国际性的组织。如今 UICO 是一个全球性的协会，目前已分布在全球 39 个国家和地区，拥有数千名会员。中国于1995 年加入该协会，是 UICO 的第 31 个成员国，中国金钥匙现有会员约 5 000 名，覆盖到全国 190 个城市、1 200 多家高星级酒店和高档物业，金钥匙服务已被文化和旅游部列入国家星级饭店标准。

国际金钥匙组织的国际性标志为垂直交叉的两把金钥匙，代表两种主要的职能：

一把金钥匙用于开启酒店综合服务的大门，另一把金钥匙用于开启城市综合服务的大门。也就是说，酒店金钥匙成为酒店内外综合服务的总代理。酒店金钥匙的服务宗旨是：在不违反国家法律的前提下，使宾客获得满意惊喜的服务。

1.4.8　美洲酒店与汽车旅馆联合会

美洲酒店与汽车旅馆联合会（America Hotel & Motel Association，AHMA）是美洲酒店业及有关行业中规模最大、历史最悠久的专业组织。该联合会是由美国、加拿大、墨西哥及中南美洲等国家和地区酒店协会所组成的联合会。

该联合会教育部的专业课程为全世界酒店业所广泛采用，每年有许多酒店业从业人员进修这些专业课程，经考核后可取得高等文凭。

1.4.9　中国旅游饭店业协会

中国旅游饭店业协会（China Tourist Hotels Association，CTHA）是经中华人民共和国民政部批准成立的行业协会，是为全国酒店与酒店管理企业、相关院校、供应商、产业链企业服务的全国性行业组织。该协会成立于1986年2月25日，经民政部登记注册，具有独立法人资格，当时主管单位为国家旅游局，现为文化和旅游部。CTHA是中国境内的酒店和地方酒店协会、酒店管理公司、酒店用品供应厂商等相关单位，按照平等自愿的原则结成的全国性的行业协会。

CTHA会员聚集了全国酒店业中知名度高、影响力大、服务规范、信誉良好的星级酒店，国际著名酒店集团在内地管理的酒店基本上都已成为协会会员。

1.4.10　香港酒店业协会

香港酒店业协会（Hong Kong Hotels Association，HKHA）于1961年成立，旨在保障中国香港酒店业的合法权益，并致力于加强业内会员的团结和合作性，同时通过为会员提供与酒店业相关的统计资料及讯息，从而提升业内的专业性。

作为中国香港酒店从业人员的正式发言机构，HKHA代表业界反映一切有关影响酒店业的综合性意见，同时扮演顾问角色，协助政府立法及检讨有关酒店业的政策和措施。HKHA的重要功能之一是通过培训课程和讲座，为酒店各级从业人员提供在职进修机会，有些课程更邀请国际顶级酒店学院的教授亲临主讲，此举广受各会员及业界认同。该协会的另一主要目标是确保及贯彻服务与品质标准，并通过引进新科技和管理技术来提升酒店业的国际声誉。

1.4.11　联合国旅游组织

联合国旅游组织（UN Tourism），原名为世界旅游组织，2024 年 1 月更名。它是联合国系统下的政府间国际组织，是旅游领域的领导性国际组织，其前身为国际官方旅游联盟，后于 1975 年改为现名，总部位于西班牙首都马德里。联合国旅游组织主要职责是收集和分析旅游数据，定期向成员国提供统计资料、研究报告，制定国际性旅游公约、宣言、规则、范本，研究全球旅游政策。其宗旨是：促进和发展旅游事业，使之有利于经济发展、国际相互了解、和平与繁荣以及不分种族、性别、语言或宗教信仰、尊重人权和人的基本自由，并强调在贯彻这一宗旨时要特别注意发展中国家在旅游事业方面的利益。

联合国旅游组织成员分为正式成员（主权国家政府旅游部门）、联系成员（无外交实权的领地）和附属成员（直接从事旅游业或与旅游业有关的组织、企业和机构），联系成员和附属成员对联合国旅游组织事务无决策权。联合国旅游组织的成员包括 160 个正式会员，6 个准成员和 400 多个附属会员（代表私营部门、教育机构、旅游协会和当地旅游部门）。

1.4.12　亚太旅游协会

亚太旅游协会（Pacife Asia Travel Association，PATA），世界三大旅游组织之一，是亚太地区的一个权威性、非营利性的团体会员旅游机构，多年来一直致力于支持、推动并引领亚太地区旅游及旅游业的可持续发展。该协会成立于 1951 年，总部设在泰国曼谷，1953 年协会的创始人在夏威夷檀香山的第二届年会上正式将组织名称确定为亚太旅游协会。

亚太旅游协会以其独特的组织结构，借助与官方及民间旅游机构的伙伴关系，借助与会员的独特伙伴关系以及会员间的协作，不断推动往来于本地区及区域内的旅游及旅游业可持续增长、价值和品质的提升。通过整合并宣传本地资源力量，目前引领着近 100 个国家和地区及城市的旅游机构、省级旅游部门，55 个国际航空公司、机场和邮轮公司以及数百家旅游企业。此外，还有数千名旅游专业人士分属于遍布世界的将近 40 个 PATA 分会。

1.4.13　国际旅游协会

国际旅游协会（International Association of Tourism, IAT）成立于1951年，办事机构设在摩纳哥的蒙特卡罗。该协会的成员是一些国家和地区的协会和个人，现有成员120多名。协会的宗旨是：在发展国际旅游业的文化和人文领域，创立一套为大家所接受的旅游词汇。会员大会每年召开一次，出版发行《述评》（*Review*）和《旅游词典》（*Travel Dictionarg*）等专业书刊。

【本章小结】

酒店是经政府主管部门批准，向公众提供住宿、餐饮以及康乐休闲等综合服务的商业性的建筑机构与设施。酒店产品具有无形性、不可储存性、不可转移性、生产与消费同步、质量评价主观性、综合性等特点。酒店业是旅游业的支柱产业之一，对促进国民经济发展起着重要作用。酒店业的历史由来已久，国际酒店业经历了客栈时期、大酒店时期、商业酒店时期、现代酒店时期四个阶段；中国酒店业经历了古代、近代、现代酒店业三个时期的发展。酒店等级制度是世界旅游发达国家通行的一项制度，全世界有数十种酒店等级评定系统，我国采用星级制。目前，在国际酒店业中，有世界权威酒店业组织二十余个，其中包括我国的中国旅游饭店业协会（CTHA）和中国香港酒店业协会（HKHA）。

【即测即练】

【思考题】

1. 什么是酒店？开设酒店必须具备的条件有哪些？
2. 酒店产品的特点有哪些？
3. 简述世界酒店业发展的历史。

4. 简述中国酒店业发展的历史。

5. 酒店的类型哪有哪些?

【参考文献及资源】

[1]潘俊.国际酒店品牌文化[M].上海:上海交通大学出版社,2019.

[2]游上,梁海燕.酒店管理概论[M].北京:高等教育出版社,2017.

[3]陈江伟.现代酒店经营管理实务[M].北京:中国人民大学出版社,2020.

[4]迈点网(https://www.meadin.com/jd/).

[5]酒店焦点资讯(https://www.wxkol.com/show/3091537648.html).

第2章　酒店管理理论与方法

【学习目标】

1. 了解酒店经营与酒店管理之间的关系；

2. 掌握酒店管理的概念；

3. 掌握酒店管理的内容、职能；

4. 掌握酒店管理理论与基本方法。

【能力目标】

1. 能够运用酒店管理的理论分析问题；

2. 能够运用酒店管理的理论解决问题。

【思维导图】

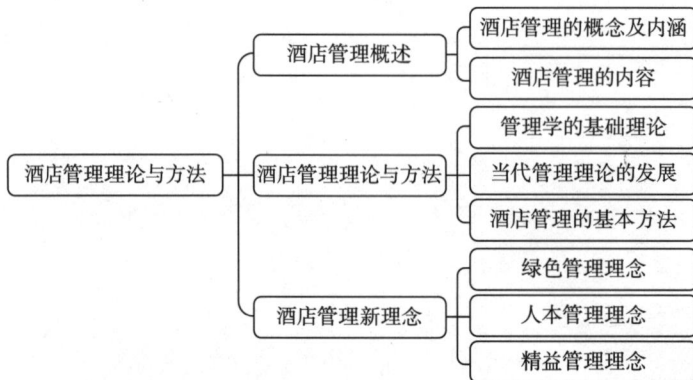

🔍【导入案例】

　　法国雅高集团是世界著名的酒店集团，其品牌遍及豪华、经济、商务、度假、赌场等酒店业绝大多数领域，其麾下酒店遍布欧洲、北美、亚太等世界各地，经营管理独具特色。一是"双头管理"。雅高集团的创始人保罗·杜布吕（Paul Dubrule）和杰拉德·贝里松（Gérard Pélisson）是各具特色的经济学家。保罗擅长产品战略和营销，而杰拉德是行政管理和金融财务方面的专家。二人之间的管理理念经常发生分歧，但他们能够求同存异，取长补短，互相尊重，共同发展。二是以员工为本。一般酒店都遵循"宾客就是上帝"的理念，却忽视了员工和股东的利益。保罗和杰拉德认为，宾客、员工和股东是现代酒店的三大支柱，而最重要的还是员工。因为员工满意才会向宾客提供更好的服务，这样宾客才会满意；宾客满意了，才会给酒店带来更多的生意；酒店生意好了，才会给股东带来更多的投资回报，这样股东们就会有新的投资；新的投资又会给员工提供更多的发展机会，员工有发展就会更好地工作——这样才会形成了一种良性循环的发展模式。三是鼓励创新。集团总部的管理主要集中于四个方面：金融财务、人力资源、内部资源和外部关系。保罗和杰拉德总是着眼于这四个方面的宏观管理。他们虽然也经常视察酒店和餐厅，但从来不从细节上监控。他们大胆放权，鼓励各个酒店的各个层次的管理人员和服务人员在各自岗位上大胆创新，不断提高酒店的工作质量和工作效率。四是人尽其才。集团没有正式公布过公司的组织机构图。雅高是一个"人的组织"，而不是刻板角色的组织。杰拉德解释说："我们需要为每个人设计工作，而不是把人放在一个已经存在的盒子里，人是不会适应一个盒子的，它要么太大要么太小。我们尽量定制盒子来适应人。工作应该像一套合身的衣服，虽然贵些，但更合体，用得也更长久。"

　　问题：

　　（1）雅高集团的管理有哪些特色？

　　（2）它对我国酒店业的发展有哪些启示？

2.1　酒店管理概述

2.1.1　酒店管理的概念及内涵

1. 酒店管理的概念

酒店管理是指酒店管理者在了解市场需求的前提下，为实现酒店经营目标，依据一定的管理原则和管理制度，运用科学的管理方法对酒店所拥有的资源进行有效的计划、组织、指挥、协调和控制等一系列管理活动的总和。酒店管理的概念可以从酒店管理的目的、手段、要素和职能等方面来进行理解。

（1）酒店管理目的。酒店管理的目的是实现酒店目标，包括经济效益、社会效益和生态效益。酒店的经济效益是指酒店通过经营管理活动所带来的投资增值额；酒店的社会效益是指酒店的经营管理活动带给社会的功用和影响；酒店的生态效益是指酒店为社会提供舒适、安全、有利于人体健康的产品与服务，并且在整体经营管理过程中，坚持以对社会、环境、资源负责任的态度，进行有效利用资源、保护生态环境、引导宾客合理消费等一系列活动所实现的酒店的稳定、协调和持续发展。

（2）酒店管理手段。酒店管理的手段就是酒店管理者在管理过程中要遵循一定的管理原则和管理制度，把酒店管理的基础理论、原理等通过一定形式和方法转化为实际的运作过程，以提高酒店的管理成效，从而实现酒店的目标。

（3）酒店管理要素。酒店管理的要素就是指酒店所拥有的人力资源、财力资源、物力资源、信息资源和时间资源等。在酒店管理所有要素中，人力资源最为重要，它是酒店的主体，酒店管理成功的关键，也是酒店效益的创造者；财力资源是指酒店的资金运作状况，是酒店得以正常运转的基本保证；物力资源主要是指酒店运转所必需的物资以及各种技术设备，它是酒店运转的基础；信息资源是酒店管理者制订计划和进行决策的依据，现代酒店处于瞬息万变的经营环境中，获得信息、利用信息越来越成为酒店管理最为重要的活动之一；时间资源也是酒店不可忽视的重要资源，在"时间就是金钱"的今天，增强对时间价值的认识和加强对时间的有效管理，对于酒店目标的实现具有重要意义。

（4）酒店管理职能。酒店管理职能有决策与计划、组织、指挥、协调、控制、激励、沟通和创新等多项职能。酒店管理就是管理者通过执行这些职能来实现酒店内外各要素不断调整并取得和谐的动态过程，缺少任何一个职能，酒店管理目标都难以实现。

2. 酒店管理的内涵

通过以上对酒店管理概念的解读，可以看出酒店管理实质是酒店经营管理。它包括经营和管理两个方面。所谓经营，是指酒店要以市场为中心，对市场进行调查、预测与分析，充分认识市场的客观规律，确定酒店的经营方向、经营目标和经营策略的全部活动。酒店经营的主要内容有：市场调查和状况分析，目标市场的选择与定位，酒店产品的创新与组合，巩固与开拓客源市场，从市场的角度来运用资金和进行产品成本、利润、价格的分析等。所谓管理，是从酒店内部条件出发，对酒店的各种要素资源进行合理而有效的配置，以实现最佳的经济效益。酒店管理主要内容有：按科学管理的要求计划、组织和调配酒店人、财、物，使酒店各项业务正常运转；在业务运转过程中保证和控制服务质量，激励并保持员工工作积极性以提高工作效率；加强成本控制，严格控制管理费用等，并通过核算工作，保证达到酒店经营的经济目标，即要以最小的投入获取最大的产出。

从上述对经营和管理的认识，可以看出经营的侧重点是市场——根据市场需求的变化，努力使酒店经营业务符合宾客的需求，更积极地参与市场竞争，从而实现酒店的目标。管理的侧重点是酒店内部资源的整合和应用——针对酒店具体的业务活动，即酒店管理者通过计划、组织、指挥、协调、控制等管理手段使酒店的人、财、物等资源投入达到最优配置，从而实现酒店目标。事实上，经营决定着管理、制约着管理，管理又是经营的必备条件；经营中蕴涵着管理，管理中也蕴涵着经营。

2.1.2　酒店管理的内容

1. 酒店组织管理

酒店组织管理是指酒店根据经营目标，建立有效的组织结构，合理分配人员，明确责任和权力，协调各种关系，以达到酒店经营的目标。具体内容包括酒店部门的设置和层次的划分、各部门职责的划分和责权的匹配、部门业务联系、指挥与协调、信息沟通的网络和途径的设置、管理人员的配备与选定及酒店规章制度的制定等。在酒店的运转过程中，根据业务发展的需要，还要对组织的各个方面进行必要的调整和改进。酒店组织管理是实现酒店所有者利益、顾客满意和员工价值的保证；是调动酒店员工积极性，激发其潜能，进而提高酒店核心竞争力的重要途径。酒店组织管理工作通常由酒店的行政办公室或总经理办公室及人力资源部门具体负责。

2. 酒店人力资源管理

人力资源是酒店五大资源（人、财、物、时间和信息）中最重要的资源，人力资源具有能动性，它能够能动地创造一切资源。酒店业是劳动密集型行业，在酒店管理中加强人力资源管理具有重要意义。酒店人力资源管理是指运用现代管理学中的计划、组织、指挥、协调、控制等职能，对酒店的人力资源进行有效的开发、利用和激励，使其得到最优的配置，使其积极性得到最大限度发挥，从而提高酒店劳动效率的一种管理。酒店人力资源管理主要包括酒店员工工作分析、人力资源规划、员工招聘与甄选、员工培训与开发、员工绩效管理、薪酬与福利管理以及职业生涯管理等内容。人力资源管理一般由酒店的人力资源部门具体负责。

3. 酒店市场营销管理

酒店市场营销管理是酒店管理者为使宾客得到满足并实现酒店经营目标而开展的一系列有计划、有组织的活动的过程。其主要内容包括：市场调查分析，确定营销计划；针对市场进行酒店产品设计、产品组合、价格组合；开拓市场，引导客人消费，满足客人的需求，扩大市场占有率。其宗旨是满足市场的需求，协调酒店和市场的供求关系。市场营销管理是酒店管理的核心内容。酒店市场营销管理工作主要由市场营销部负责，一般下设市场销售部和公共关系部两个分部门。

4. 酒店服务质量管理

质量是企业的生命线，它决定了企业的生存与发展。酒店产品主要由有形产品、设施设备、无形服务和环境所构成。因此，要想提高酒店服务质量，除了注重酒店硬件设施设备的维护与保养外，还更应加强软件即服务质量水平的提高，通过制定酒店服务规程、建立酒店服务质量管理保证体系、掌握有效的服务质量管理方法、明确酒店服务质量管理效果评价，保证酒店服务质量整体水平不断提高。酒店服务质量管理工作是全员、全过程、全方位的管理，通常由质检部主要负责监督，酒店各业务部门和职能部门共同完成。

5. 酒店财务管理

酒店属于资金密集型企业，酒店的建立、生产与运营过程都需要大量的资金，对整个资金运行过程的管理就是财务管理。酒店财务管理包括酒店筹资管理，酒店投资决策，酒店流动资产、固定资产及无形资产管理，酒店成本费用管理，酒店营业收入、税金和利润管理，酒店预算与控制管理以及酒店财务分析等。财务管理由酒店财务部（有的酒店也称为计划财务部）归口管理。

6. 酒店安全管理

安全是宾客的第一要求，是酒店各项经营活动的前提和基础，只有在安全的环境下，对宾客的服务工作和管理工作才可能得以顺利开展，酒店才可能取得理想的社会效益和经济效益。酒店安全管理包括三个方面的内容：

（1）酒店客人、员工的人身及酒店的财物安全管理。

（2）酒店内部的服务及经营活动秩序、工作及生产秩序、公共场所秩序的维持。

（3）酒店内部各种导致对酒店客人及员工的人身和财物不受侵害的潜在因素的消除。

具体表现为酒店护卫管理、酒店治安管理、酒店消防管理、酒店内违法犯罪案件及意外事故的处理等。安全管理工作由酒店保安部（有的酒店称之为保卫部）具体负责。

7. 酒店工程设备管理

酒店工程设备是酒店提供服务的物质基础，也是向宾客提供优质服务的重要载体。酒店工程设备管理涉及酒店内全部动力、照明、供水、供电、空调、冷冻、通信、计算机、电梯等机器设备和客房、餐厅、办公室内设备，以及酒店建筑结构等维修保养等各个方面工作。酒店工程管理包括工程及设备的设计、选购、安装、保养、维修、迁移、改造、更新、报废以及统计与事故分析。其主要任务是保证运营（能源供应顺畅、维修及时）、科学改造（酒店装修、设备更新）和降低能耗、提高效率。工程及设备管理由酒店工程部（有的酒店称为动力部）具体负责。

8. 酒店物资管理

酒店的物资供应与产品销售与酒店的生产经营活动密切相关。一方面，酒店不断向社会提供适销对路的产品和服务；另一方面，酒店又不断地消耗着各种物资，所以物资管理对酒店生产经营有着非常重要的作用。酒店物资管理主要包括各种物资消耗定额和储备定额的制定，编制和执行物资供应计划，物资的采购、验收、保管、发放、盘点，以及物资的节约和修旧利废等方面的管理。物资由酒店采购部统一采购，各个使用部门配合管理，有的酒店财务部下设采购部门，以方便成本控制。

9. 酒店信息管理

随着科技、信息技术的飞速发展，酒店的信息系统成为现代酒店科学管理的重要内容，是酒店经营中不可缺少的工具，它大大提高了酒店管理的效率。酒店信息管理的主要内容包括：对酒店经营活动中各种信息的收集、处理、加工；建立各部门的信息管理系统；维护信息系统的正常运行，保证信息安全。酒店信息管理工作涉及各个部门，在现代化星级酒店里通常由酒店信息化部负责，大型酒店集团在总部会设置单独的技术部门为集团内的酒店提供技术支持。

10. 酒店业务管理

酒店业务管理是指对前厅、客房、餐饮、康乐、商店、旅游等"一线"部门的管理。酒店业务部门主要有前厅部、客房部、餐饮部、康乐部和会议部等。业务管理的主要内容包括：确定各部门的业务内容与范围；对酒店各业务进行设计布置；对业务运行全过程进行管理，保证业务顺利进行。

酒店房务管理是指为宾客提供良好的住宿服务的一系列管理活动，包括酒店客房类型设计与选择、宾客入住的接待工作、宾客住店期间的服务、宾客退房的结账等，还包括对宾客住店意见调查与统计工作。房务工作由酒店的房务部具体负责，房务部一般由客房部和前厅部组成，有的酒店把客房部称为管家部。

餐饮管理包括餐厅厨房规划设计、餐饮原材料供应管理、餐饮产品生产管理、餐饮服务管理、餐饮销售管理、餐饮成本控制管理、餐饮卫生与安全控制等。餐饮服务与管理工作由酒店餐饮部负责，根据酒店的情况，餐饮部下属多个餐厅及厨房等分部门。

除以上业务管理内容还包括康乐、会务等内容。

2.2　酒店管理理论与方法

2.2.1　管理学的基础理论

1. 古典管理理论

1）泰勒的科学管理理论

科学管理是 19 世纪末 20 世纪初在美国形成的。科学管理的产生是管理发展史中的重大事件，也是管理由经验走向科学的第一步。

科学管理的创始人是美国人弗雷德里克·温斯洛·泰勒（Frederick Winslow Taylor，1856—1915 年），他于 1911 年发表了《科学管理原理》（*The Principles of Scientific Management*）一书，提出了用科学的管理方法解决管理问题。泰勒的科学管理主要有两大贡献：一是管理要走向科学；二是劳资双方的精神革命。泰勒认为，科学管理的根本目的是谋求最高的劳动生产率，而最高的工作效率是雇主和雇员达到共同富裕的基础，要达到最高的工作效率的重要手段是用科学化的、标准化的管理方法代替经验管理。泰勒研究的范围主要是基层的作业管理，即研究生产车间如何提高劳动生产率的问题，其内容主要有以下几点。

（1）对工人操作的每个动作进行科学研究。动作研究的目的在于为工作寻找科学、合理、有效的操作工具、程序和动作，使工人在不增加劳动强度的情况下能大幅度地提高生产效率。

（2）实行差别计件工资制。按照作业标准和时间定额，规定不同的工资率。对完成工作定额的工人以较高的工资率计件支付工资，对没有完成定额的工人则按较低的工资率支付工资，这样可以极大地调动工人完成任务的积极性。

（3）科学地选择和培训工人。泰勒认为，每个工人都有自身的特点，管理者应为员工找到最适合他们的工作，并对其进行培训，激励他们努力工作。

（4）作业人员和管理者的分工协调。泰勒主张工人与管理部门实行分工，把计划职能从工人的工作中分离出来，由专业的计划部门去做，从而提高计划的科学性、可行性，也便于工人去执行。

泰勒的科学管理方法的最大特点就是实行标准化管理。这种管理方法可以在酒店管理的某些方面加以运用。尽管泰勒的科学管理理论产生于工业化的初期，一个世纪以来，社会的各个方面都发生了很大的变化，但其中的很多观点、方法对今天的企业还是有很多值得借鉴的地方。

2）组织管理理论

1916 年，和泰勒同时代的法国人亨利·法约尔（Henri Fayol，1841—1925 年）从 1866 年开始在法国的一家大型煤矿公司担任高层领导职务，在大企业的管理方面积累了丰富的经验。他与泰勒的经历不同，所以，两人研究企业管理问题的侧重点也就不同。与泰勒的基层作业管理研究相比，法约尔则侧重于从中高层管理者的角度去剖析一般性的管理，因此被称为"一般管理理论"。《工业管理和一般管理》

（*Administration Indusrielle Et Générale*）是他的代表作，其主要内容有以下三点。

（1）从企业经营活动中提炼出"管理活动"。企业的经营活动包括六种基本活动，即技术活动、经营活动、财务活动、安全活动、会计活动、管理活动。法约尔认为，要经营好一个企业，不仅要改进生产现场的管理，而且要注意改善企业经营六个方面的活动。他把经营和管理分为两个不同的概念，认为管理就是执行计划、组织、指挥、协调、控制五项职能，管理不是独立存在的，它融合在五项职能中。

（2）明确了管理的定义。法约尔认为管理就是实施计划、组织、指挥、协调和控制五项职能。

（3）提出了企业管理中组织管理的十四项原则，即劳动分工、权力与责任、纪律、统一指挥、统一领导、个人利益服从集体利益、人员报酬、集中、等级链、秩序、公平、人员的稳定、首创精神、人员的团结。

法约尔第一次从一般的角度阐述了管理理论，构建了管理理论的基本框架，这对之后管理理论的发展产生了巨大影响，该理论也成为酒店管理的基本理论基础。

2. 行为科学理论

古典管理理论的共同特点是强调组织和管理的科学性、精密性，而忽视了人的因素。因而，古典管理理论在提高劳动生产率方面虽然取得了显著的成绩，却激起了工人，特别是工会的反抗，使得欧美等国的统治阶级感到单纯用科学管理等传统的管理理论和方法已不能有效地控制工人，不能达到提高生产率和利润的目的，必须有新的企业管理理论来缓和矛盾，促进生产率的提高。在这种情况下，行为科学理论应运而生。

行为科学是研究人的行为的一门综合性科学，它研究人的行为产生的原因和影响行为的因素，目的在于激发人的积极性、创造性，以达到组织目标。酒店员工除了具有人的一般行为特征之外，还由于酒店属于服务行业，酒店服务的强劳动特征和行业服务人员的地位属性在很大程度上造成酒店一线服务人员极大的流动性，而这与其心理、行为都有关。于是，酒店日常管理如能更好地考虑一线服务人员的心理需求问题将在很大程度上决定着酒店服务质量的好坏、员工的稳定性。行为科学理论对于酒店管理的实践意义很大。

1）梅奥的人际关系学说

美国哈佛大学的教授乔治·埃尔顿·梅奥（George Elton Mayol，1880—1949年）是人际关系学说的创始人。1924—1932 年，梅奥应美国西方电器公司的邀请，在该公司设在芝加哥附近霍桑地区的工厂进行了著名的"霍桑试验"。通过这次试验，梅奥等人提出了人际关系学说，其主要论点如下。

（1）职工是"社会人"。工厂中的工人并非只是单纯地追求金钱，他们还有社会、心理方面的需求，也就是追求人与人之间的友情、安全感、归属感和受人尊重等。

（2）企业中存在着"非正式组织"。企业职工在共同的生产和工作中必然会产生相互之间的人群关系，产生共同的感情，这自然形成一种行为准则，要求个人服从。这就构成了"非正式组织"。这种"非正式组织"对于工人的行为影响很大，是影响生产效率的重要原因。

（3）满足工人的社会欲望、提高工人的士气是提高生产效率的关键。梅奥等人认为，"士气"高低取决于安全感、归属感等社会、心理方面的欲望的满足程度，满足程度越高，"士气"就越高，生产效率也就越高。

（4）企业应采用新型的领导方法。新型的领导方法主要是组织好集体工作，通过提高职工的满足度来提高职工的士气，从而达到提高生产率的目的。这就要求人们转变管理观念，重视"人的因素"，采用以"人"为中心的管理方式。

人际关系理论是行为科学学派的早期思想，它只是强调了要重视人的因素，此后的行为科学学派经过进一步的研究，找出了产生不同行为的影响因素，并深入探讨如何控制人的行为以达到预定的目标。

2）马斯洛的需求层次论

美国威斯康星大学的心理学家亚伯拉罕·马斯洛（Abraham Maslow，1908—1970 年）于 1943 年提出了关于人的需要结构理论——需求层次论。他认为大多数人的需要可分为五类：生理需要，这是人类最原始的基本需要，包括食物、衣物、住房、异性等生理机能的需要，这些需要如不能得到满足，人类的生存就成为问题；安全需要，包括摆脱失业、疾病、暴力的威胁，年老时有保障等；社交需要，包括人与人之间的友谊、忠诚以及归属某一个群体、组织的需要等；尊重的需要，包括对一定的社会地位、名望、个人能力及成就得到社会承认，能独立自主地工作和生活等方面的需要；自我实现的需要，是指实现个人理想抱负，最大限度地发挥自己的才干的需要，由于个人抱负的不同，满足自我实现的需要所采取的途径也不同。

马斯洛认为，上述五种需要是按次序逐级上升的，下一级需要得到基本满足以后，上一级的需要就成为行为的主要驱动力，人在不同的时期表现出来的各种需要的迫切程度是不同的；只有满足较低层次的需要，高层次需要才能发挥激励作用，每一层次的需要基本得到满足以后，它的激励作用就会降低；高层次的需要比低层次的需要具有更大的价值。

3）赫茨伯格的双因素理论

美国心理学家弗雷德里克·赫茨伯格（Frederick Herzberg）认为，影响人的工作动机的主要因素有两类，即满意因素和不满意因素。满意因素指可以使人得到满足和激励的因素，也就是激励因素；不满意因素是指如果缺少它就容易产生意见和消极影响的因素，也就是保健因素。保健因素属于员工工作环境和工作关系方面的因素，如工资报酬、工作条件、人际关系、企业政策与企业管理等方面，这些因素能防止员工产生不满，但不能激发职工提高工作效率。激励因素属于员工工作本身和工作内容方面的因素，如工作成就、被重用、富有挑战性的工作和光明的前途等，这些因素能对员工构成激励，使员工对工作感到满足。

赫茨伯格的激励因素相当于马斯洛的较高层次的需要，保健因素相当于较低层次的需要，但两者的侧重点有所不同，马斯洛侧重分析需要或动机，赫茨伯格侧重分析满足这些需要的目标或诱因。这两种理论都没有把个人需要的满足同组织目标的达成这两点联系起来。

4）麦格雷戈的 X 理论和 Y 理论

人的本性问题历来就是伦理学家们争论的核心问题，也是管理学研究的一个中心课题。早在古典管理理论时期就有人探讨这个问题，到了后期，行为科学理论对此进行了比较深入的研究。在人性理论研究方面，美国麻省理工学院的教授道格拉斯·麦格雷戈（Douglas Mc Gregor）的 X 理论和 Y 理论有很高的地位。

麦格雷戈认为，传统的管理理论有很多缺陷，根本在于对人的看法不正确，对人性做了错误的假设。他把传统的管理观称为 X 理论。X 理论有三种观点：①一般人有一种不喜欢工作的本性，只要可能，他就会逃避工作。②由于人类具有不喜欢工作的本性，对于绝大多数人必须加以强迫、控制、指挥，以惩罚相威胁，以便使他们为实现组织目标而付出适当的努力。③一般人宁愿受指挥，希望逃避责任，较少有野心，对安全的需要高于一切。

麦格雷戈认为，与 X 理论相反的 Y 理论应作为传统的 X 理论的替代物。Y 理论的主要观点是人并不是懒惰的，他们对工作的喜欢和憎恶取决于这个工作对他是一种满足还是一种惩罚；在正常情况下，人们愿意承担责任，人都热衷于发挥自己的才能和创造性。

对比 X 理论和 Y 理论可以发现，它们的差别在于对人的需要看法不同，因此采用的管理方法也不同。据 X 理论来看，对于工人的需要，管理者就要采取严格的控制和强制的方式；如果按 Y 理论，管理者就要创造一个能多方面满足工人需要的环境，使人们的智慧和能力得以充分发挥，以更好地实现组织目标和个人目标。

3. 现代管理理论

现代管理理论是继科学管理理论、行为科学理论之后，西方管理理论和思想发展的又一阶段。科学技术的进步，生产力的发展，使企业生产过程更为复杂，企业与社会的联系更为广泛，管理理论亦随之变化，以适应企业发展的要求，现代管理理论由此产生。现代管理理论主要有系统管理理论、决策理论、权变理论、经验主义学派、管理科学等，下面对前三个理论进行简单介绍。

1）系统管理理论

系统管理理论被认为是 20 世纪最伟大的成就之一，是人类认识史上的一次飞跃。这一理论是卡斯特（F. E. Kast）、罗森茨威克（J. E. Rosenzweig）和约翰逊（R. A. Johnson）等美国管理学家在一般系统论的基础上建立起来的。其主要要点如下。

（1）企业是由人、物资、机器和其他资源在一定的目标下组成的一体化系统，它的成长和发展同时受到这些组成要素的影响。在这些要素的相互关系中，人是主体，其他要素则是被动的。

（2）企业是一个由许多子系统组成的、开放的社会技术系统。企业是社会这个大系统中的一个子系统，它受到周围环境（顾客、竞争者、供货者、政府等）的影响，同时也影响着环境，它只有在与环境的相互影响中才能达到动态平衡。

（3）在企业内部又包含着若干子系统，主要有决策和目标子系统、业务技术子系统、社会心理子系统、组织结构子系统和外界联系子系统，各子系统之间互相作用、互相联系、互相制约、互相促进。

（4）强调系统的整体性，只要整体目标是最优的，就不强调子系统目标的最优。同时，系统理论还确定了系统为实现系统目标所要完成的任务，确定了个人在子系统及总系统中的作用。

2）决策理论

美国的赫伯特·西蒙（Herbert A. Simon）、詹姆斯·马奇（James March）等人是决策理论的代表人物。该理论的主要内容如下。

（1）企业管理的中心是决策。计划的过程是决策，组织机构的形成、职权的划分是决策，决策贯穿于整个企业管理活动中，管理的过程其实就是不断决策的过程。因此，管理就是决策。

（2）决策是一个过程，而不是一次简单的行动。它包括四个阶段：收集情报、拟订计划、选定计划、评价计划。这四个阶段中的每一个阶段本身就是一个复杂的决策过程。

（3）在决策原则上，用"满意"原则代替了"最优"原则。

（4）决策的类型可分为程序化决策和非程序化决策，确定型决策、风险型决策和不确定型决策。

3）权变理论

权变理论认为，在企业管理中要根据企业所处的内外条件随机应变，一成不变、普遍适用的管理理论和方法是不存在的。强调灵活应变的权变观点的基本含义是：成功的管理无定式，一定要因时、因地、因人而异。这种观点是针对系统管理学派中的学者们认为管理模式是万能的而提出的。

酒店是一个开放的系统，它在对外经营时需要外界提供信息、能源、各种设施、原材料及客源。当外部社会的环境发生变化时，酒店应及时调整经营战略，顺应变化的环境，以保证企业经营目标的实现。

2.2.2　当代管理理论的发展

当代管理理论是指20世纪70年代开始的管理理论，这一时期，国外的管理理论有了新的发展。

1. 20世纪70—90年代的理论发展

（1）战略管理理论。如果说，在20世纪50年代以前企业管理的重心是生产，60年代的重心是市场，70年代的重心是财务，那么，自80年代起，重心已转移到战略管理。这是现代社会生产力发展水平提高和经济社会发展的必然结果。企业依靠过去那种传统的计划方法来制订未来的计划已经显得不合时宜，而应该高瞻远瞩，审时度势，对外部环境的可能变化做出预测和判断，并在此基础上制订出企业的战略计划，从而谋求长远的生存和发展。

（2）企业文化理论。20 世纪 80 年代，管理理论的另一个新发展是注重比较管理学和管理哲学，强调的重点是企业文化。通常认为，企业文化热的直接动因是，在美国企业全球统治地位受到日本企业威胁的情况下人们对管理的一种反思。企业文化的研究主要集中在把企业看作一种特殊的社会组织，并承认文化现象普遍存在于不同组织之中，这些文化代表着组织成员所共同拥有的信仰、期待、思想、价值观、态度和行为等，它是企业最稳定的核心部分，体现了企业的行为方式和经营风格。

2. 20 世纪 90 年代后管理理论的新发展

（1）学习型组织理论。企业组织的管理模式问题一直是管理理论研究的核心问题之一。20 世纪 80 年代以来，随着信息革命、知识经济时代进程的加快，企业面临着前所未有的竞争环境的变化，传统的组织模式和管理理念已越来越不适合新的环境。因此，研究企业组织如何适应新的知识经济环境，增强自身的竞争能力，延长组织寿命，成为世界企业界和理论界关注的焦点。

美国人彼得·圣吉（Peter Senge）于 1990 年出版了《第五项修炼——学习型组织的艺术与实务》（*The Fifth Discipline：The Art And Practice of The Leax*）。圣吉认为，要使企业茁壮成长，必须建立学习型组织，也就是将企业变成一种学习型的组织，以增强企业的整体能力，提高整体素质。

学习型组织，是指通过培养弥漫于整个组织的学习气氛，充分发挥员工的创造性思维能力而建立起来的一种有机的、高度柔性的、扁平的、符合人性的、能够持续发展的组织。通过培育学习型组织的工作氛围和企业文化，引领人们不断学习、不断进步、不断调整观念，从而使组织具有更加长盛不衰的生命力。

学习型组织，一方面可以使企业组织具备不断改进的能力，提高企业组织的竞争力；另一方面，可以实现个人与工作的真正融合，使人们在工作中体会到生命的意义。当然，建立学习型组织并非易事，它需要突破以往的线性思维方式，排除个人及群体的学习障碍，重新就管理的价值观念、管理的方式方法进行革新。为此，彼得·圣吉提出了建立学习型组织的五项修炼。

第一项修炼：自我超越。它是学习型组织的精神基础，要求人们不断深入学习并加入个人的愿望，集中精力，培养耐心，并客观地观察现实。自我超越需要人们不断认识自己，认识外界的变化，不断赋予自己新的目标，并由此超越过去，超越自我，迎接未来。

第二项修炼：改善心智模式。心智模式在心中是根深蒂固的，它决定我们如何了解这个世界，以及如何采取行动的许多假设、成见，甚至图像、印象等。个人和组织往往不了解自己的心智模式，故而对自己的一些行为无法认识和把握。第二项修炼就是要把镜子转向自己，先修炼自己的心智。

第三项修炼：建立共同愿景。共同愿景，是指一个组织中各个成员发自内心的共同目标。如果有一项理念能够一直在组织中鼓舞人心，那么这个组织就有了一个共同的愿景，就能够保证企业组织充满活力，长盛不衰。

第四项修炼：团队学习。团体的智慧总是高于个人的智慧。当团队真正开始学习的时候，不仅团队能产生出色的效果，带来的其个别成员的成长速度也比其他学习方式更快。

第五项修炼：系统思考。企业和人类的其他活动一样都是一个系统，都受到细微且息息相关的行为的牵连，并彼此影响着。因此，必须进行系统思考修炼。系统思考修炼是建立学习型组织最重要的修炼。

学习型组织的出现不是简单地依靠各项修炼，而是由五项修炼整合而成的。它的基本理念不仅有助于企业的改革与发展，而且对其他组织的创新与发展也有启示。人们可以运用学习型组织的基本理念去开发各自所置身的组织，创造未来的潜能，反省当前存在于社会的种种学习障碍，思考如何使社会早日向学习型社会迈进，这才是学习型组织所产生的更深远的影响。

（2）企业再造理论。企业再造也译为"公司再造""再造工程"（Reengineering）。它是1993年开始在美国出现的关于企业经营管理方式的一种新的理论和方法。企业再造是指为了在衡量绩效的关键指标上取得显著改善，从根本上重新思考、彻底改造业务流程。其中，衡量绩效的关键指标包括产品质量和服务质量、顾客满意度、成本、员工工作效率等。

"再造工程"在欧美的企业中已经受到高度重视，因而得到迅速推广，不仅带来了显著的经济效益，而且涌现出大批成功的范例。企业再造理论顺应了通过变革创造企业新活力的需要，这使越来越多的学者加入到流程再造的研究中来。作为一个新的管理理论和方法，企业再造理论仍在继续发展。

知识拓展2-3

2.2.3　酒店管理的基本方法

1. 经济方法

经济方法是指采用价格、工资、利润、利息、税收、奖金和罚款等经济手段，按照客观经济规律的要求来管理酒店。采用经济方法管理酒店的基本内容包括：按照"国家调节市场，市场引导酒店"的新经济运行机制把酒店的经济活动纳入国民经济运行的轨道；同时，根据市场需求制定酒店的经营目标；以经济效益为酒店经营管理活动的出发点，根据经济效益的高低来评定酒店经营目标、方法和措施的优劣；正确处理国家利益和酒店利益、酒店利益和职工利益之间的关系，建立酒店内部经济责任制，把经济利益和经济责任结合起来，并根据工作好坏、经济效益大小，给予酒店员工必要的奖罚。

知识拓展2-4

2. 行政方法

行政方法是指依靠酒店各级组织及管理者的权威，用指令性的计划手段、行政法规、命令以及各种具体规定等强制性的手段，按民主集中制的原则来管理酒店。行政方法包括制定酒店经营管理的方针、政策、规章、制度，发布行政命令、指示，下达指令性计划等。它以权威和服从为前提，具有强制性、无偿性和直接性的特点。其不稳定的因素在于，行政方法的管理效率高低与管理者的管理水平密切关联。

3. 思想教育方法

思想教育方法是通过政治思想工作来激发酒店员工的工作热情，从而达到经营管理酒店的目的。国外称此方法为"伦理学法"。酒店的伦理与人们的思想道德观念有关，它指导着酒店各部门和所有员工的行为，它要求员工要有良好的职业道德和品德，能自觉处理好自己的工作。思想教育方法的主要内容是采用远大理想教育、思想品行教育、职业道德教育、爱我酒店教育、榜样教育等手段，培养员工的事业心和责任感，而这正是员工持久的激励因素，这种激励因素所产生的效果远远超过经济手段所产生的效果。

4. 现场管理方法

现场管理方法就是根据现场问题的需要进行即时管理的一种管理方法。现场管理方法的实质是：管理者在现场发现问题，就在现场即时解决问题。走动式管理是现场管理的一种主要形式。走动式管理是指酒店管理者通过深入基层、接触员工，进而在酒店内部建立起广泛的、非正式的、公开的信息沟通网络，以此体察下情、沟通意见、解决问题，达到酒店管理目的的一种管理方式。现场管理是一种随机的管理，其管理水平与管理质量主要由管理者的个人知识、经验、心情和心理决定，并在很大程度上与管理者的个人兴趣、爱好、能力和影响力有关。

5. 目标管理方法

目标管理方法是一种能使组织中的上下级一致达到组织的共同目标，并由此决定上下级的责任和分目标，同时把这些目标作为经营、评估和奖励每个部门与个人贡献的标准和程序的过程。重视人的因素以及建立目标链与目标体系是目标管理的实质，多劳多得、贡献大就受益多是目标管理的基础。

6. 柔性管理方法

柔性管理方法是指酒店以管理信息系统为基础，以市场为导向进行产品设计与开发以及提供服务的一种灵活管理方式。柔性管理方法是以权变管理和系统管理为基础的新管理模式。柔性管理方法主要体现在以下三个方面：①提供个性化产品和服务。②组织管理的柔性。③以人为本的管理方式。酒店可采取尊重人性的工作方式（如弹性工作、远程工作和灵活工作等）以及尊重人性的管理思想（如合作关系、伙伴关系、平等关系、奖励措施等）来提高员工的积极性。

7. 表单管理方法

酒店表单管理方法，就是通过表单的设计制作和传递处理来控制酒店经营活动的一种方法。表单管理方法的关键是设计一套科学完善的表单体系。酒店表单一般可分为三大类：①上级部门向下级部门发布的各种业务指令。②各部门之间传递信息的业务表单。③下级向上级部门呈递的各种报表。

8. "6S"管理方法

"6S"管理方法由日本企业的"5S"扩展而来，是现代酒店质量行之有效的现场管理理念和方法，其作用包括：提高效率、保证质量、使工作环境整洁有序、预防为主、保证安全。其主要内容为：

（1）整理（seiri）。将工作场所的任何物品区分为有必要和没有必要两种，除了有必要的留下来，其他的都消除掉。目的是腾出空间，用活空间，防止误用，塑造清爽的工作场所。

（2）整顿（seiton）。把留下来的必要的物品依规定位置摆放，并放置整齐加以标示。目的：工作场所一目了然，减少寻找物品的时间，工作环境整整齐齐，消除过多的积压物品。

（3）清扫（seiso）。将工作场所内看得见与看不见的地方清扫干净，保持工作场所干净、明亮的环境。目的：稳定品质，减少工业伤害。

（4）清洁（seiketsu）。维持上面的"3S"成果。

（5）素养（shitsuke）。每位成员养成良好的习惯，并遵守规则做事，培养积极主动的精神（也称习惯性）。目的：培养有好习惯，员工遵守规则，营造团队精神。

（6）安全（security）。重视全员安全教育，每时每刻都有安全第一观念，防患于未然，目的：建立起安全生产的环境，保证所有的工作应建立在安全的前提下。

9. "六常" 管理方法

"六常" 管理方法在酒店餐饮业被广泛应用，其思想源于"6S"管理，但更加针对酒店企业的服务质量管理。"六常" 管理的 "六常" 是指常分类、常整理、常清洁、常维护、常规范和常教育。

2.3　酒店管理新理念

从上至下一致的管理理念是酒店正常运转、实现目标的基本保证，它决定并指导着酒店所有管理者的各种行为。中国酒店业已经历了由卖方市场向买方市场转变的重大转折，酒店管理的理论创新正成为指导酒店取得相对优势的迫切需要。

知识拓展2-5

2.3.1　绿色管理理念

"绿色管理"译自英文 "green management"，是20世纪90年代初随着西方绿色运动的浪潮，"绿色"这一修饰语被套用到企业经营管理领域而产生的。用"绿色"来修饰酒店管理，是目前一种通行的做法，当一个与绿颜色无关的名词被"绿色"所修饰时，就表示该事物与环境保护发生了特殊性关系。

1. 酒店绿色管理的含义

酒店绿色管理是指酒店在宾客日益增长的绿色消费需求和环境问题的压力下，在政府适当的激励与约束条件下，根据经济社会可持续发展的要求，把生态环境保护观念融入酒店的生产、经营与管理之中，从酒店经营的各个环节着手来控制污染与节约能源，以实现酒店的可持续增长，达到酒店经济效益、社会效益和环境效益的有机统一。

2. 酒店绿色管理的内容

酒店绿色管理是知识经济时代的一种崭新的管理思想，其要点是融生态环境保护观念于酒店的经营管理之中，就其基本内容而言，可以概括为以下几个方面。

（1）树立绿色服务意识，培育绿色价值观。酒店应转变观念，深化绿色酒店的创建工作。国内酒店在创建绿色酒店的初期，在绿色环保的基础工作上做文章，侧重于绿色理念的推广普及，多停留在通过降低酒店成本，节能降耗等手段开展绿色酒店的建设工作。然而，完整意义上的绿色酒店是要与周围环境和谐共生，要将环境保护意识融入整个经营管理过程中，建立环境管理体系。

（2）遵循经济效益和环境保护协调原则，实行绿色设计。绿色酒店在环境与建筑设计的实施中要严格按照国家环境保护部（现生态环境部）的生态住宅项目品牌要求，并结合酒店实际情况，依据《中国生态住宅技术评估手册（2003 版）》和2007 年 11 月起实施的《环境标志产品技术要求：生态住宅（住区）》（HJ/T 351—2007），在酒店环境规划、能源与环境、室内环境质量、酒店环境水平以及材料与能源五个方面进行建设，以保证酒店环境与建筑设计最终达到有效节约能源与资源、减少环境影响、创造健康舒适的居住环境、与周围生态环境相融合共生的基本目标。

同时，酒店是以物质产品为基础、劳务服务为核心的企业，绿色酒店的生产与服务流程设计要以方便员工的操作、方便宾客的消费、方便酒店管理者的管理为原则，注重不断地优化与提高，并能体现有利于资源节约、环境保护效益最大化等。

（3）结合行业标准《绿色旅游酒店》（LB/T 007—2015）采用绿色环保技术。绿色环保技术，是指能够节约资源，避免和减少环境污染的技术，是解决资源耗费和环境污染的主要方法。

（4）构建环境管理体系，提升绿色管理水平。一是酒店将绿色理念纳入战略规划中，形成环境管理体系；二是全员参与环境管理工作；三是强化全过程管理。

（5）实施绿色营销策略，引导绿色消费习惯。绿色营销是在一般营销理论基础上，兼顾酒店、市场和社会环境三者利益的策略营销和方法。

（6）推出绿色产品和服务，提升竞争优势。酒店的绿色产品主要包括"绿色"客房、"绿色"餐饮和"绿色"服务等。绿色客房从设计开始到提供产品的全过程所涉及的环境行为必须符合环保要求；绿色餐饮主要是无公害、无污染、安全、新鲜的绿色食品和有机食品；绿色服务是指酒店提供的服务是以保护自然资源、生态环境和人类健康为宗旨的，并能满足绿色消费者要求的服务。

2.3.2　人本管理理念

现代企业竞争归根到底是人的竞争，酒店也一样，要想获得竞争优势，竞争要素必须从硬件转向软件进而转向"人件"即人本管理。总体来说，人本管理是建立在"社会人"基础之上的，它要求理解人、尊重人、满足人，充分发挥人的主动性、积极性和创造性。

1. 人本管理的含义

人本管理是指以人为中心的管理思想，这是管理理论发展到 20 世纪末的主要特点。人本管理的含义，有诸多不同观点，较为全面的一种解释是：人本管理是一种把"人"作为管理活动的核心和组织最重要的资源，把组织全体成员作为管理的主体，围绕着如何充分利用和开发组织的人力资源，服务于组织内外的利益相关者，从而同时实现组织目标和组织成员个人目标的管理理论和管理实践活动的总称。

首先，人是企业中最重要的资源，是管理活动的核心；其次，人本管理不是管理制度，不是管理技术，也不是为了提高劳动生产率而实行的管理方式，而是管理目标，人本管理是管理模式发展的必然阶段，是管理理念、管理制度、管理技术、管理方式的一次彻底转变和提升。

2. 人本管理在酒店中的运用

酒店经营管理水平的竞争实际上是人的竞争。酒店业是"人的行业"，更应重视人的作用。酒店运作中涉及的人包含了酒店经营与管理分别指向的目标——外部宾客与内部员工。

酒店价值的实现与员工价值、宾客价值的实现相互依存、紧密相连，形成一个价值体系。员工价值是产生宾客价值的前提，而宾客价值的实现又是酒店价值实现的基础，企业价值的实现能够使酒店更好地为宾客服务。

自 20 世纪后半叶起，酒店业就已经意识到了宾客价值、员工价值对于实现酒店价值的重要性。酒店业的人本管理主要体现在两个方面：以宾客为本和以员工为本。酒店的人本策略——CS＋ES 应运而生。

1)"人本管理——宾客满意 CS 策略"在酒店管理中的运用

宾客满意是一种以宾客利益为本位的行为导向。借助宾客满意策略，酒店可以获得发展的原动力。事实证明，在宾客满意方面取得成功的酒店，通常可以获得许多关键性的竞争优势，使这些酒店得以战胜竞争对手并取得长期的成功。建立宾客满意的人性化管理体系就是通过确立以宾客为中心的价值体系，进行以人为本的服务设置和宾客服务过程的质量控制，完善宾客满意的分析反馈系统等，确保在使宾客满意的前提下获取酒店良好经济效益的管理系统。

（1）确立以宾客为中心的价值体系。价值体系影响着管理者的管理行为、对个人的激励以及群体表现。酒店建立以宾客为中心的价值体系，即认识到酒店与员工的成功均有赖于宾客满意。把宾客满意置于所有目标之上，能产生以人为本的企业文化，在经营过程中试行完全的宾客导向，把宾客满意作为经营目标及处理宾客关系的基本准则。

（2）建立客史档案。宾客是酒店的宝贵财富，掌握数量可观的客户资源可以引导酒店占据有利的竞争地位。酒店业的普遍做法是建立常客项目或客史档案，追踪宾客偏好，满足宾客的个性化需求，并使之标准化，提供人情味、个性化的服务，从而提高服务质量，留住宾客。

（3）进行以人为本的服务设置。进行以人为本的服务设置就是在市场调研的基础上，掌握宾客的需求，以宾客满意为目标，进行准确的市场定位，并利用各种有效信息，全方位设置可以满足目标市场宾客需求的服务，从宾客满意中获取效益。

（4）注重对客服务过程的质量控制，形成以提高宾客满意度为目标的质量管理体系。在"宾客至上"的服务体系中，服务过程的质量控制就是要求酒店以宾客为中心，以服务产品为主线，去构筑一个完整的服务质量管理系统，这个系统的终极目标即是充分理解宾客当前和未来的需求，满足宾客的需求，并争取超越宾客期望，使宾客得到最大限度的满意。为了完成这个系统，酒店除了制订员工手册、岗位职责、服务规程及检查制度等具体的强制性的行为准则外，还必须建立实施教育和加强所期望行为的支持系统，以便将以宾客为中心的理念转化为行为。这就要对员工进行专业化训练，把服务系统的弹性提高到最高可能的程度，变"符合性质量"服务为"适用性质量"服务。

（5）完善宾客满意的分析反馈系统。宾客的意见和建议是酒店改进服务质量的依据。酒店应认真进行宾客意见调查、分析，并及时反馈给相关部门，通过完善宾客满意反馈系统，形成良性循环。需要强调的是：这些工作都应纳入有关部门和员工的岗位职责中，并使之经常化、制度化和规范化。

2）"人本管理——员工满意 ES 策略"在酒店管理中的运用

员工满意策略是指酒店以员工为本，在考虑员工需求的基础上结合酒店自身特点来确定管理理念、方针，并以恰当的沟通方式与员工达成良好的认同，使员工满意，进而形成宾客满意。员工满意策略在酒店中的运用主要体现在以下几个方面：

（1）培训制度。培训是员工满意的开始，通过培训可以教会员工知识和技能，使每位员工资源含金量得到扩充，能详尽了解酒店服务战略的具体运作，以及每个人与其他人、其他职能部门及宾客相联系情况下的角色和作用，具备解决宾客问题的能力，由此也提高其自信心与自尊。有些培训，如交叉培训，除了有助于酒店保持人员素质优势、更加有效地控制成本外，还可以使员工增加新鲜感，减少长期重复同样工作而产生的厌烦情绪，提高工作效率，增加员工的满意程度。因此，酒店应制定科学的培训制度，既要保证每位员工的岗位培训，又要提供有利于自身发展的培训机会，为员工的晋升与发展奠定基础。

（2）用人制度。合理的用人制度包括鼓励员工参与决策的机制和对每一位员工职业发展的规划。一个鼓励员工参与决策的机制，体现了对员工意见、价值观与能力的尊敬与信任，可以激发员工对酒店的归属感，提高员工的工作能力、信心和责任心。酒店管理者一旦确信自己已把最合适的人选安排在合理的岗位上，就应授予他一定的权力，为员工创造参与酒店管理的机会，调动员工主动性和创造性，满足其精神上高层次的需求。卡尔顿酒店集团推出的"自我导向工作团队"措施，就是通过授权员工行使原上一级管理人员的权力，为员工营造自由发挥的空间，增强员工的责任心和使命感，极大地提高整个酒店的服务质量和工作效率。对每一位员工职业发展的规划则是根据员工的性格特点和兴趣爱好，确定一套明确的规划方案，通过合理岗位搭配与职位变动，使员工的工作最适于他们的才能，并为员工提供职业发展的机会。员工职业生涯规划可以让员工看到未来发展的方向和目标，增强员工的忠诚度，能为酒店创造出优秀的管理人才。

（3）薪酬制度。研究表明，薪酬是影响酒店业员工满意度和忠诚度的重要因素。在薪酬制度制定时不仅要注意绝对薪酬，更要注意相对薪酬。实际上，员工之间的比较往往是造成不满的直接原因。因此制定薪酬制度时，要解决好员工的期望与分配的公平合理两个方面的问题，确定合理的薪酬级别和奖罚分明的制度，并建立科学透明的评估体系。

（4）工作环境。假日酒店集团的创始人凯蒙斯·威尔逊（Kemmons Wilson）曾说过：没有满意的员工，就没有满意的宾客；没有令员工满意的工作环境，就没有令宾客满意的享受环境。只有当员工在工作环境中觉得舒适时，他才会将这种感觉带到工作中，然后令宾客满意。酒店必须提供给员工良好的生活与工作条件，使员工得以全身心地投入工作。

（5）企业文化。和谐的企业文化氛围能使员工对酒店产生认同感和归属感，形成自觉遵守的价值观。一般情况下，良好的企业文化能使员工在物质生活和精神生活两方面都能感受到酒店的温暖。它包含着兼容性、学习性和战略性等特征。能吸收和接纳不同管理模式的精髓，容忍员工个性上的缺陷和不足；能以比竞争对手更快的速度进行学习，并不断创造新的经营管理理念；注重酒店发展的长期效应，具有使员工信服的公平、公开、公正的评估系统；擅长并主动帮助解决员工的困难和要求等。对企业文化进行深度开发，能充分体现酒店的个性和特色，而有"文化"的酒店更能够提高员工的满意度和忠诚度。

（6）沟通渠道。沟通渠道的畅通程度直接影响酒店的工作效率。一般来说，顺畅的沟通与交流可以使酒店与员工之间产生最大限度的相互信任、尊敬和对对方满意程度的共同关心，使不同等级与工种之间的沟通简便易行，提高员工的密切协作程度，增强集体荣誉感，并因配合默契而提高效率。只有这样，酒店的运作才会更有效，员工满意度也更高，而处于良好沟通状况下的员工也更愿意致力于与宾客之间的沟通，提高顾客满意度。

2.3.3　精益管理理念

精益管理源于精益生产，是美国麻省理工学院教授詹姆斯·P. 沃麦克（James P. Womack）等专家通过大量实地考察与研究，在对西方大量生产方式与日本丰田生产方式对比分析的基础上，于1990年提出的管理方式。精益管理最初在生产系统的管理实践中取得成功，并由此逐步延伸到企业的各项管理业务中，也由最初的具体业务管理方法，上升为战略管理理念。它通过提高宾客满意度、降低成本、提高质量、加快流程速度和改善资本投入，使股东价值实现最大化。它在世界企业管理领域掀起一场新的变革热潮。

1. 精益管理的内涵

精益管理中的"精"意指精干，"益"的含义是效益。"精益"就是要以最小的投入，取得最大的产出，用最快的速度设计生产，以最低的成本、合理的价格在市场上销售，以明显的竞争优势，以全面、灵活、优质的服务和产品为宾客提供满意的服务，把成果最终落实到经济效益上。用一句话概括：精益即消除无效劳动和不必要的成本。其特点有以下几方面。

（1）精益管理是一个哲理命题。精益管理追求零库存、无缺点、无浪费、准时反应等极限目标，使企业及其产品达到理想境界。这一理念不但是生产制造业赢得竞争的法宝，也值得现代服务业等其他产业学习。

（2）精益管理强调过程管理。精益管理不是一副现成的医治企业百病的灵丹妙药，它要求企业全体员工团结一致、群策群力永无止境地追求，并在这个过程中，使企业变得强大。

（3）精益管理的核心是赢得最大的市场竞争力。精益管理要求通过彻底排除浪费，降低成本，提高生产率，赢得最大的市场竞争力。它以企业内部挖潜、强化管理为主扩大再生产，力求按需、准时生产出成本最低、质量最好的产品。

（4）精益管理强调以"人"为中心。精益管理强调一专多能，强调协作精神，使员工置身于一种企业主人而非雇员的环境中，变过去那种上下等级森严、彼此相处紧张的人际关系为上下互通、彼此尊重、互相协作的人文气氛，充分调动员工的积极性。精益管理从人的思想入手，提高人的素质，建立共同的价值观念，培养集体荣誉感，创造和睦的氛围。

（5）精益管理注重全面质量管理。精益管理强调质量是生产出来而非检验出来的，由生产中的质量管理来保证最终质量。精益管理重在培养每位员工的质量意识，在每一道工序中注意质量的检测与控制，保证及时发现质量问题。如果在生产过程中发现质量问题，根据情况，可以立即停止生产，直至解决问题，从而保证不出现对不合格品的无效加工，全面追求尽善尽美。

针对上述特点，我们可以把精益管理理论概括为"一个目标""一大基础"和"两大支柱"。"一个目标"是指低成本、高效率、高质量地进行生产，最大限度地使宾客满意；"一大基础"是指从局部到整体的连续性的、旨在消除一切浪费的生产；"两大支柱"是实施准时化生产和人员的自觉化工作。

2. 酒店精益管理的内容

（1）科学定岗定员。酒店业属于劳动密集型服务性企业，活劳动在成本中的比重甚大。酒店精益管理把传统方式中"以物为中心"的管理变为"以人为中心"的管理，这是酒店管理思想认识上的一次飞跃。根据精益化原则，"酒店即人"，无人即止。一要为宾客生产高质量、低成本的产品并提供优质服务；二要为员工创造舒适的工作条件与环境。

（2）一切以宾客为中心。酒店精益管理以宾客为中心，不仅向宾客提供服务，而且把宾客看作经营过程的组成部分。对于宾客而言，酒店精益管理注重寻求并维护一种长期稳定的合作关系，把长远利益放在第一位，有时甚至牺牲部分短期利益。同时，精益管理还要求酒店在市场调查时要深入到宾客，全面了解其需求并将有关内容反馈到设计过程，主动销售，宾客第一。

（3）追求服务的有效性。酒店服务有有效与无效之分。精益管理方式认为，只有能增加价值和附加价值的服务才是有效的，否则就是一种浪费。用精益管理的观点来分析酒店的经营管理过程，可以发现很多地方存在着浪费，如用人过多、超量生产、资产闲置，不合理的工作流程等。精益管理就要使这些无效服务和浪费清楚地表现出来，促使酒店决策者和管理者动脑筋、想办法，通过改进、改良、改造和加强管理，最大限度地消除无效服务和浪费。

（4）推行准时化服务。酒店中传统的服务过程是在宾客的要求下进行的，可以称之为"推式"服务。而精益管理要求服务过程采用的是一种"拉式"服务，其核心是准时服务制 JIT（just - in - time）。要求"在宾客需要的时候未等宾客提出来就按照宾客的需要为宾客提供服务"，而这种准时化的服务是靠"拉式"管理模式和观察发出指令而实现的。

（5）改进经营服务流程。根据精益管理，合理化的酒店经营服务流程可采用以下几个标准：产品按需确保供应；产品或服务流程清晰、明确，环节减少却又不致引起混乱，或影响服务质量；前后作业连贯，却又避免重叠和无效服务；流程既符合规则，又有一定的灵活性，便于自我调节。

（6）追求尽善尽美。精益管理将目标定在尽善尽美，追求即时服务、低成本、高效率及良好的人际氛围。精益管理理论认为，一个酒店如果存在服务质量方面的缺陷，会造成很多问题的出现。例如，因服务不规范造成时间耽搁，因服务质量差造成宾客投诉等。精益管理的最终目标是追求无缺陷，追求完美，追求卓越以及永无止境地对尽善尽美的追求，使之成为推动酒店管理向更高境界发展的重要通道。

3. 精益管理在现代酒店业中的应用

精益管理是适用于现代企业的组织管理方式，以整体优化的方式，科学、合理地组织与配置企业拥有的生产要素，消除生产中的无效劳动，以"人"为中心，以"简化"为手段，以"尽善尽美"为最终目标，使企业进一步提高适应市场变化的能力。但是，酒店在应用精益管理时，应更多考虑中国情境。

1）问题

（1）员工。员工的素质不高制约了精益管理向下推行。一方面，管理层对精益理论缺乏深刻的理解，他们无法培训员工迅速提高服务技能；另一方面，经济的飞速发展，酒店数量的急速增加等原因亦造成中国酒店业人才的频繁流动，这也可能使已经起步的精益管理陷入困境。

（2）文化。实施精益管理的酒店必须对个人进行充分的授权，让员工尽可能多地提出各种管理方案。中国酒店的政策通常由上层管理者制定，一名普通员工在正式的管理链中通常不会主动去打破这种层级关系，而只是服从上一层领导的命令和控制。缺乏授权，持续改进是不可能实现的，而如果没有持续的改进，精益也就只是纸上谈兵而已。

（3）质量。产品与服务质量标准可能与管理层的期望不符，这是我国酒店业实施精益管理所面临的普遍问题。精益管理的理念总是存在改进的空间。换句话说，在没有实现完美的产品、流程或服务之前，有些事情可以做得更好。

2）对策

（1）转变思想观念。成功实施精益管理的基础之一在于中高层管理者的支持。首先要转变管理层的思想，强调"第一次就做对"非常重要。精益管理的最终目标是追求无缺陷，追求完美，永无止境地对尽善尽美的追求，使精益管理模式焕发出强大的生命力。

（2）以员工为中心。不要随意支配员工的观念，约束员工的思想。采取适当的激励方式激发员工超越个体的责任感。例如，可以采取使用意见箱集思广益，或者公开表扬那些参与行动并提出能够提高服务质量方案的员工。

（3）服务的高质量化。酒店服务的高质量化是精益管理的前提条件之一。酒店要尽可能地对员工进行有序的布置，缩短服务时间、缩短生产周期、节省人力、降低产品成本、提高服务效率。

（4）建立一整套严密的切实可行的规章制度。精益管理推行"及时""主动化""高质量""少投诉"等非常优化的服务管理理念，没有一整套严密的规章制度是不可设想的，任何一个环节不严格按规定做都可能导致宾客的投诉。因此，依赖一套严密的规章程序运行是必需的。

（5）酒店组织的扁平化。长期以来，酒店习惯于采用传统的梯阶控制结构来构造组织机构，层次分明、高度集权，认为管理幅度的增加会减少组织的控制力而使

知识拓展2-6

管理效能下降。然而，这种按职能分工的分层组织结构已被实践证明是造成目前我国酒店业效益低下、缺乏市场竞争能力的主要原因。计算机技术和通信技术为减少管理层次奠定了坚实基础，而精益管理中以人为本的管理思想使得酒店组织扁平化成为酒店增强凝聚力、提高工作效率和经济效益的有力武器。精益管理中提倡的面向对象的组织（object – oriented – organization）是以一种多功能"项目组"的形式表现的，它针对不同项目集中了多方面的人员，大大减少了中间管理层，提高了员工参与管理的程度，实现了酒店内部信息的有效沟通，适应了现代信息社会的变革。这种扁平化的网状组织结构的不断优化，使得酒店组织更加灵活、敏捷、高效。

在市场需求多样化和酒店竞争日趋激烈的今天，我国酒店业应把转机建制、联合兼并、建立集团作为契机，走精益服务和精益管理之路。

【本章小结】

酒店管理是以科学的管理理论为基础，结合酒店的实际情况和特色而形成的一门独立学科。管理学理论的不断丰富和变化带动了酒店管理理论的不断进步，广义的酒店管理包含了酒店经营与酒店管理。酒店管理的职能有计划、组织、指挥、协调、控制等。随着时代的发展，酒店管理理论在不断地充实和完善，酒店管理内容也在不断发生着变化。一致的管理理念是酒店正常运转、实现目标的基本保证，它决定并指导着酒店所有管理者的各种行为。中国酒店业已经历了由卖方市场向买方市场转变的重大转折，酒店管理的理念创新正成为指导酒店取得相对优势的迫切需要。因此，现代酒店经营管理者应该掌握科学的思维方式，不断更新观念，以此促进酒店决策与经营管理水平的提高和酒店业的发展。

【即测即练】

即测即练

【思考题】

1. 什么是酒店管理？如何理解酒店管理的内涵？

2. 酒店管理有哪些基本内容？

3. 酒店管理职能有哪些？

4. 酒店管理理论有哪些？

5. 酒店管理的基本方法有哪些？

6. 酒店管理新理念有哪些？

【参考文献及资源】

[1] 游上，梁海燕．酒店管理概论 [M]．北京：高等教育出版社，2017.

[2] 陈江伟．现代酒店经营管理实务 [M]．北京：中国人民大学出版社，2020.

第3章 酒店战略管理

【学习目标】

1. 熟悉企业战略管理的发展历程；

2. 掌握酒店战略管理的概念和特征；

3. 熟悉酒店战略管理的基本框架；

4. 掌握酒店的发展战略；

5. 掌握酒店的竞争战略。

【能力目标】

1. 掌握酒店战略管理，使学生具备市场调研能力；

2. 掌握酒店战略管理，培养学生的酒店战略分析能力。

🔍【思维导图】

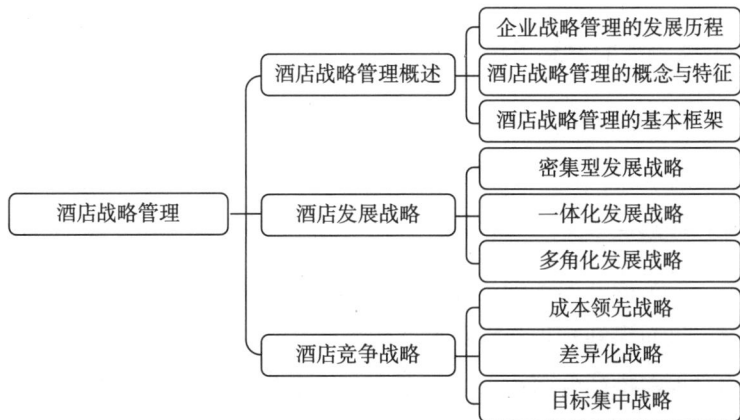

🔍【导入案例】

抛弃传统价格战 利用收益管理思想提升酒店竞争力

近年来，酒店业的竞争压力日益增大。在面对市场竞争时，有些酒店通过大幅降价来吸引客人，以提高客房入住率。但是，酒店之间的价格战并没有增加客源总量，客人只不过从一个酒店转移到另一个酒店，结果是酒店业的利润率普遍下降。如有些酒店在价格竞争中推出了团队价格、合作价格等多种优惠价；有些酒店废除门市价，对预订客房的客人和没有预订而入住的客人提供优惠价格与服务。酒店公开门市价本该代表酒店星级标准和服务的实际价值，但由于废除门市价或经常性的低价促销，实际上将酒店的收费标准大大降低了。这种竞争态势下，某些地区的许多酒店投资回收就变得非常困难，而且酒店市场的价格混乱会造成不良的声誉，不利于提升酒店业的竞争力。

酒店可以根据市场需求情况，制定不同的价格方案，并对价格进行灵活调整，优化房间销售策略，同时利用先进的收益管理系统和技术工具，进行数据分析和预测，实现自动化的房价调整和销售决策。通过科技手段，可以更准确地把握市场动态和客户需求，提升收益管理的效率和精确度，以此提高酒店的竞争力。

思考题：

1. 思考价格竞争的优缺点？

2. 讨论在当前的经营环境下，如何运用收益管理思想使酒店获得长期的竞争优势与较好的经济效益？

3.1　酒店战略管理概述

3.1.1　企业战略管理的发展历程

"战略"一词，最早是出自军事方面。在中国，"战"指战争，"略"指谋略、施诈，中国最早对战略进行全局谋划的书籍就是春秋时期孙武所著的《孙子兵法》一书。在西方，战略一词为"strategy"，源于希腊语"strategos"，意为军事将领、地方行政长官。后来演变成军事术语，指军事将领指挥军队作战的谋略。战略是一种从全局考虑，进而谋划实现最终目标的规划。

企业战略管理理论的发展史是伴随着西方企业管理理论而逐渐形成的。20世纪初期，企业战略管理思想的萌芽开始出现，后来有学者和企业家从组织与环境的匹配度去考虑企业的生存与发展问题。从企业战略管理的发展来看，可以分为三个阶段。

1. 萌芽阶段（20世纪初—20世纪50年代）

早期出现的战略思想缺乏系统性，但依旧可以为20世纪60年代以来各种战略流派的发展提供一定的借鉴，主要表现为企业经营者对财务预算计划、长期计划的重视。

20世纪初期，被誉为"管理理论之父"的亨利·法约尔（Henri Fayol），提出了管理的五项职能，即计划、组织、指挥、协调、控制，其中计划职能是企业管理的首要职能，这是最早出现的战略思维。美国著名管理学家、近代管理理论奠基人切斯特·巴纳德（Chester Irving Barnard），在《经理人员职能》（*The Functions of the Excutive*）一书中，首次将战略概念引入管理领域，他认为管理和战略是与领导人有关的工作。

2. 古典战略理论阶段（20世纪60年代—20世纪80年代）

20世纪60年代，企业战略管理形成了一个相对完整的理论体系。在20世纪60—80年代期间，出现了战略研究的第一个高潮，形成了多个战略管理的理论流派。这些学派的观点为战略管理成为一门管理学科奠定了基础，并从多种视角对战略管理进行了研究。

知识拓展3-1

亨利·明茨伯格（Henry Mintzberg）将古典战略理论阶段的流派

概括为"十大流派"，即设计学派、计划学派、定位学派、企业学派、认知学派、学习学派、权力学派、文化学派、环境学派和结构学派。

3. 竞争战略理论阶段（20 世纪 80 年代至今）

随着企业战略理论和生产经营实践的发展，到了 20 世纪 70 年代后期，西方很多国家的企业开始认识到企业规模扩张与盲目多元化给企业发展带来的风险，开始重视企业竞争力，把战略问题的焦点转移到了如何从竞争中获得优势上来，理论界也将企业竞争战略作为重点进行研究，促进了企业竞争战略理论的发展。

企业竞争战略理论主要有三大主要战略思想，即行业结构观点、能力观与资源观。哈佛大学的迈克尔·波特（Micheal E. Poter）教授利用产业组织理论提出的"结构—行为—绩效"模式，成为战略理论的重大突破。战略思考从企业外部转向内部是基于资源与能力战略观点的出现，其中格兰特（Grant）是以资源为基础的战略理论流派的代表人物，普拉哈拉德（Prahalad）和哈默（Hamel）从能力层面提出了核心能力理论。

3.1.2　酒店战略管理的概念与特征

1. 酒店战略管理的概念

战略管理作为一个管理学中的术语，从不同的角度，可以有不同的阐述和理解。奎因（J. B. Quinn）认为战略是将一个组织的主要目标、政策或行动按照一定的结构整合成一个整体的方式或计划。美国著名的管理学家安索夫（I. Ansoff）把企业战略界定为贯穿于企业经营与产品和市场之间的一条共同经营主线，决定着企业目前所从事的或者计划从事的经营业务的基本性质。钱德勒（A. D. Chandler）认为战略是长期目的或目标的决策、行动过程中的抉择以及完成目标所需资源的分析。亨利·明茨伯格认为战略是关于计划、计策、模式、定位、观念等的某种恰当组合。

任何人、单位、企业乃至国家，都离不开战略管理，酒店也是如此。综合上述学者对于战略管理的定义，可以得出，酒店战略管理是指酒店为了在市场竞争中提高竞争力，在分析和预测各种内外部环境的基础上，所确立的企业发展目标及为了达到目标而实施的各种策略的组合。

2. 酒店战略管理的特征

酒店战略管理是设立酒店未来发展的目标，它反映了酒店的根本要求，也是酒店制订各种计划和决策的基础。酒店战略管理的特征应具备以下几点。

（1）全局性。酒店战略既反映酒店内部的各种利益，也是酒店根据所处的经营环境，分析自身竞争力与优势后制定的综合性策略。它是酒店制定经营策略的基础，可为酒店的发展指明方向，并统筹酒店的整体经营活动。

（2）长远性。酒店战略要有一定的前瞻性，要考虑的是酒店未来发展问题。酒店能否实现长期目标是评价酒店战略的重要标准之一。酒店着眼于长期生存和发展的视角，确立远景目标，并制定实现远景目标的战略措施，除根据市场变化对策略进行必要的调整之外，制定的战略不能朝令夕改，应具备长效性、稳定性。

（3）竞争性。竞争是市场经济中最常态的表现，也正是由于竞争，酒店才应该确定战略管理在经营管理中的主导地位。因为制定战略的目的就是要与竞争对手抗衡，获得更大的市场份额。酒店企业应主动制定科学合理的竞争战略规划，敢于创新，形成自己的经营特色，使酒店在市场竞争中占有有利地位。

（4）风险性。酒店企业处在一个复杂多变的市场中，环境的不可预测性和竞争对手的隐蔽性，增加了酒店企业制定战略规划和实施的难度。任何的决策和策略都伴随着风险，酒店战略的制定，要遵循科学的方法，对于未来的发展能够做出分析和预测，能够更好地面对各种突发情况。

（5）利益性。酒店作为一个企业，追求效益是无可厚非的。制定酒店战略的目的也是为了更好地实现企业的经济利益和社会利益。所以利益指标也是衡量酒店战略管理优劣的标准之一。酒店在制定战略时，要充分考虑市场需要，与各个方面的利益相关者合作，以便追求更高的利益。

3.1.3　酒店战略管理的基本框架

酒店战略管理是一个需要不断调整、不断发展的连续过程。酒店管理者要确定酒店发展的使命与目标，即要成为一个什么样的酒店。然后对酒店所处的经营环境和经营能力进行分析，即做酒店的外部环境和内部环境分析，明确酒店的机会与威胁、优势与劣势。在此基础上，确定酒店的战略目标，把酒店的企业使命分解成一系列具体的经营目标。结合目标，管理者配置合理的资源与能力实施既定的战略。在酒店战略实施的过程中，还要对战略实施的成果和效益进行评价和总结，并加以修正，使酒店战略的实施可以一直保持有效性，保证其发挥对酒店经营活动的指导作用。结合这样的思路，可以概括出酒店战略管理的基本框架，如图3-1所示。

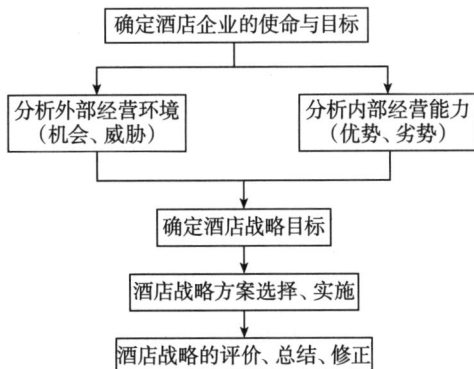

图 3-1　酒店战略管理的基本框架

3.2　酒店发展战略

酒店发展战略就是一定时期内对酒店发展方向、发展速度与质量、发展点及发展能力的重大选择、规划及策略，可以帮助酒店指引长远发展方向、明确发展目标、指明发展点，并确定酒店需要的发展能力，帮助酒店解决发展问题，实现酒店快速、健康、持续发展。

知识拓展3-2

3.2.1　密集型发展战略

密集型发展战略是指企业在原有业务范围内，充分利用在产品和市场方面的潜力求得成长的战略。具体而言，就是将企业的营销目标集中到某一特定细分市场，这一特定的细分市场可以是特定的顾客群，可以是特定的地区，也可以是特定用途的产品等。其形式主要有以下三种。

1．市场渗透战略

市场渗透战略是指实现市场逐步扩张的拓展战略。组织通过扩大生产规模，提高生产能力、增加产品功能、改进产品用途、拓宽销售渠道、开发新市场、降低产品成本、集中资源优势等单一策略或组合策略进行市场渗透。此战略核心主要体现在利用现有产品开辟新市场实现渗透、向现有市场提供新产品实现渗透两个方面。

市场渗透战略主要包括以下三种战略形式。

（1）成本领先战略。加强成本控制来实施市场渗透战略，使企业总体经营成本处于行业最低水平的战略。

（2）差异化战略。企业采取的有别于竞争对手的经营特色（产品、品牌、服务方式、发展策略等方面）的战略。

（3）集中化战略。企业通过集中资源形成专业化优势（服务专业市场或立足某一区域市场等）的战略。

市场渗透的目标是扩大现有产品在现有市场上的销售，以维护或巩固其市场地位。某种产品的销售量可用如下公式表示：销售量＝产品使用人数×每个使用人的平均使用量。该公式以最直接的方式告诉人们，实施市场渗透战略的两大主要途径是：增加产品使用人的数量、提高每位顾客的使用量。

市场渗透战略是酒店通过充分开发现有的产品市场，从而促进企业的发展。实施市场渗透战略不但有助于提高每个产品市场组合在其整个生命周期内为企业创造的价值，而且有助于优化企业的整体业务组合，与企业的成败密切相关。在任何时期，对市场渗透的忽视都可能使企业蒙受巨大损失。

2. 市场开发战略

市场开发战略是由现有产品和新市场组合而产生的战略，即企业用现有的产品开辟新的市场领域的一种战略。适用于现有产品在原有市场的需求量已经趋于饱和情况下的企业，它是通过拓展现有产品的新顾客群，从而扩大产品销售量的战略。通过这一战略，它可以使企业得到新的、可靠的、经济的和高质量的销售渠道，对于企业的生存发展具有重要的意义。市场发展可以分为区域性发展、国内市场发展和国际市场发展等。企业要开拓某一新市场，首先应要掌握该市场的特点和要求，选择合适的销售渠道，采用正确的营销手段和方法，尽量避免遭受风险和损失。

3. 产品开发战略

产品开发战略是指在现有市场上通过改良现有产品或开发新产品来扩大销量的战略。产品开发战略是建立在市场观念和社会观念的基础上，企业向现有市场提供新产品，以满足顾客需要，增加销售的一种战略。

这种战略的核心内容是激发顾客的新需求，以高质量的新品种引导消费潮流。企业以现有顾客为其新产品的销售市场，应特别注意了解他们对现有产品的意见和建议，根据他们的需要去开发新的产品，增加产品性能或者开发不同质量、不同规格的系列产品，充分满足他们的需要，达到扩大销售的目的。

产品开发战略是企业对市场机遇与挑战、内部资源能力的优势和劣势所进行的全面的、前瞻性的思考和认识，也是做出的深思熟虑的选择和决定。产品开发战略能避免企业临时地、随意地、盲目地开发和生产一些没有市场价值的产品，而忽视了那些真正能够提升市场竞争力的产品和机会。产品开发战略是企业产品开发的"军事路线图"，指引产品开发的方向和路标。

3.2.2　一体化发展战略

一体化发展战略是指企业利用社会化生产链中的直接关系来扩大经营范围和经营规模，在供应链、产销方面实行纵向或横向联合的战略，可以分为一体化扩张和多样化扩张。一体化扩张又可以分为纵向一体化和横向一体化，纵向一体化又可以分为前向一体化和后向一体化。

1. 纵向一体化

纵向一体化是扩大单一的经营范围，向后延伸进入原材料供应经营范围，向前延伸可以直接向最终使用者提供最终产品。纵向一体化的目的是为了加强核心企业对原材料供应、产品制造、分销和销售全过程的控制，使企业能在市场竞争中掌握主动，从而达到增加各个业务活动节点的利润，包括前向一体化和后向一体化战略。前向一体化，是通过资产纽带或契约方式，企业与输出端企业联合，形成一个统一的经济组织，从而达到降低市场交易费用及其成本、提高经济效益目的的战略。例如，酒店业通过参股、控股线上第三方平台，进入酒店产品销售前端，就属于前向一体化。后向一体化，是企业自己供应并生产现有产品或服务所需要的全部或部分原材料或半成品，例如酒店企业通过设立预制菜公司，为酒店餐饮提供半成品。

纵向一体化的优势主要表现在以下几方面。

（1）经济性。经济性包括内容控制和协调的经济性，信息的经济性，节约交易成本的经济性，稳定关系的经济性。

（2）有助于开拓技术。通过纵向一体化战略，可以进一步熟悉上游或下游经营的相关技术。这种技术信息对基础经营技术的开拓与发展非常重要。

（3）确保供给和需求。纵向一体化可以让企业在产品供应紧缺时得到充足的供应，或者在总需求很低时能有一个畅通的产品输出渠道，纵向一体化能减少上下游企业随意中止交易的不确定性。

（4）削弱供货商及顾客的价格谈判能力。如果一个企业在与供应商和顾客交易时，供应商和顾客有较强的价格谈判能力，并且投资收益超过了资本的机会成本，那么，即使不会带来其他的益处，企业也值得去实施一体化战略。因为一体化削弱了对手的价格谈判能力，这不仅会降低采购成本，或者提高产品价格，还可以通过减少谈判的投入提高效益。

（5）提高差异化能力。纵向一体化可以通过在管理层控制的范围内提供一系列额外价值，来改进本企业区别于其他企业的差异化能力。例如葡萄酒厂拥有自己的葡萄产地就是一体化的例子。同样，有些企业在销售自己技术复杂的产品时，也需要拥有自己的销售网点，以便提供标准的售后服务。

（6）提高进入壁垒。企业实行一体化战略，可以控制关键的投入资源和销售渠道，增加新进入竞争对手的难度。企业既可以保护自己原有的经营范围，扩大经营业务，又可以限制所在行业的竞争程度，使企业可以有更大的自主权，获取更高的利益。

2. 横向一体化

横向一体化也被称为水平一体化战略，是指为了扩大生产规模、降低成本、巩固企业的市场地位、提高企业竞争优势、增强企业实力而与同行业企业进行联合的一种战略。资本在同一产业和部门内的集中，目的是实现扩大规模、降低产品生产成本、巩固市场地位。其中，国际化经营是横向一体化的一种形式，中国酒店业经过多年的发展，目前已有多家酒店集团通过国际化经营，获得了较强的竞争优势。

横向一体化战略适用的准则是：

（1）规模的扩大可以提供更大的竞争优势。

（2）企业具有成功管理更大规模企业所需要的资金和人才。

（3）竞争者经营不善而发展缓慢或停滞。

3.2.3　多角化发展战略

多角化发展战略是指企业跨行业生产经营多种产品、项目，以扩大生产和市场规模。采取这一战略有利于充分利用企业的人力、物力、财力等资源，充分发挥企业的特长，提高企业的经营效益。同时，可以避免由于产品单一而可能遇到的经营风险，保证企业能继续生存和发展，因而是大企业或企业集团通常采用的发展战略。

1. 多角化发展战略的分类

（1）同心多角化经营战略。同心多角化经营战略也称集中多角化经营战略，是指企业利用原有的生产技术条件，制造与原产品用途不同的新产品。同心多角化经营的特点是原产品与新产品的基本功能不同，却有很强的技术关联性。

（2）水平多角化经营战略。水平多角化经营战略也称横向多角化经营战略，是指企业生产新产品销售给原市场的顾客，以满足他们的新需求。水平多角化经营的特点是原产品与新产品的基本功能不同，却有着密切的销售关联性。

（3）垂直多角化经营战略。垂直多角化经营战略也称纵向多角化经营战略，原产品与新产品的基本功能不同，却有着密切的产品加工阶段关联性或生产与流通关联性。

（4）整体多角化经营战略。整体多角化经营战略也称混合式多角化经营战略，是指企业向与原产品、技术、市场无关的经营范围扩展。这种经营策略，需要充足的资金和其他资源，一般是实力雄厚的大型企业才会采取的战略。

2. 多角化发展战略的特质

企业采用多角化发展战略是在现有经营状况下增加市场或行业差异性的产品或产业的一种经营发展战略，是企业将能力与市场机会进行组合的结果。可以是企业经营业务分布在多个产业的状态，强调的是一种经营方式；也可以是进入新的产业的行为，是企业的一种成长行为。

3. 多角化经营的作用

（1）分散风险提高经营安全性。商业循环的起伏、市场行情的变化、竞争局势的演变，都直接影响企业的生存和发展。例如，某企业的生产经营活动仅限于一类产品或集中于某个行业，则风险性大。所以，一些企业采用了多角化经营战略。如生产耐用消费品的企业兼营收益较稳定的食品加工业，以分散风险，增强适应外部环境的应变能力。目前，酒店集团实行多角化战略的较多。

（2）有利于企业向前景好的新兴行业转移。由于新技术革命的影响，陆续产生了一些高新技术新兴产业。企业实行多角化经营，在原基础上向新兴产业扩展，既可以减轻原市场的竞争压力，又可以逐步从增长较慢、收益率低的行业向收益率高的行业转移。

（3）有利于促进企业原业务的发展。不少行业有互相促进的作用，特别是产业链条紧密相连的行业之间，这种促进作用会更加显著。通过多角化经营，扩展服务项目，往往可以达到促进原业务发展的作用。

3.3　酒店竞争战略

竞争战略是企业战略的一部分，是在企业总体战略的制约下，指导和管理具体战略经营单位的计划和行动。企业竞争战略要解决的核心问题是，如何通过确定顾客需求、竞争者产品及该企业产品这三者之间的关系，来奠定该产品在酒店市场上的特定地位并维持这一地位。

战略管理大师迈克尔·波特在《竞争战略》（*Competitive Strategy*）一书中介绍了三大通用的竞争战略，即成本领先战略、差异化战略和目标集中战略。也是酒店在面对不同的竞争环境时可以选择的三种竞争战略。

3.3.1　成本领先战略

成本领先战略也称价格竞争战略。从竞争的角度看，不论采取何种战略，成本问题始终是企业战略制定、选择和实施过程中需要考虑的重点问题。如何为企业赢得成本优势和竞争优势，是企业战略管理的重要内容，也是成本领先战略的动因。

1. 成本领先战略的目标

（1）降低酒店成本。用最低的成本实现特定的经营目标是每个酒店都追求的，当影响利润变化的其他因素不变时，降低成本始终是首要的。成本是酒店经营活动的制约因素，降低成本需要酒店中每一个人都受到成本约束，因此，实施成本控制，加强成本管理，是酒店管理中的一个重要环节。在既定的外在条件不变的情况下，挖掘酒店内部潜力，通过降低消耗、提高工作效率等措施降低酒店成本，以便达到成本领先战略的最低要求。

（2）增加酒店利润。在其他条件不变的条件下，降低成本可以增加利润，这是降低成本最直接的目的。成本的变动往往与各方面的因素相关联，若成本降低导致质量下降、价格降低、销量减少，则反而会减少企业的利润。因而成本管理不能仅仅着眼于成本本身，要利用成本、质量、价格、销量等因素之间的相互关系，以合适的成本达到维系质量、维持或提高价格、扩大市场份额等目的，使酒店能够最大限度地获得利润。同时，成本还具有代偿性特征，在不同的成本要素之间，一种成本的降低可能导致另一种成本的增加；在成本与收入之间，降低成本可能导致收入下降，通过高成本维持高质量可提高收入，也有可能获得高利润。

（3）酒店保持竞争优势。战略的选择与实施是酒店的根本利益之所在，降低成本必须以不损害酒店基本战略的选择和实施为前提，并要有利于酒店管理措施的实施。成本管理要围绕酒店为取得和保持竞争优势所选择的战略而进行，要适应酒店实施各种战略对成本及成本管理的需要，在酒店发展战略许可的范围内，在实施企业战略的过程中引导企业走向成本最低化，这是成本领先战略的最终目标，也是成本领先战略的最高境界。

2. 成本领先战略的适用条件

（1）企业所在的市场为完全竞争的市场。

（2）在顾客心中，价格差别比产品差别更重要。

（3）酒店之间的产品几乎是同质的，且大多数顾客的需求相似。

（4）随着酒店规模的扩大，服务项目的增加，能有效提高酒店吸引力，可以迅速降低产品平均成本。

（5）酒店与现实的竞争对手处于同一档次。

（6）酒店产品需求弹性较大，降低价格能有效刺激需求。

3. 成本领先战略的风险

（1）采用此战略可能会使竞争者效法，降低了成本领先带来的优势，进而压低了整个酒店业的盈利水平。

（2）顾客的价格敏感性可能下降，大多数人一般不愿意反复享用缺乏特色的同种产品转而寻求更新颖、更高质量的服务。

（3）为使成本最低而进行的投资，可能会使酒店企业局限于目前的战略计划中，难以适应外部环境和顾客需求的变化。

4. 成本领先战略的实施途径

实施成本领先可以通过以下途径获得：从事产品生产或者服务的企业，通过上游市场获得质优价廉的资源；在生产或服务过程中，通过有效的成本控制等手段，尽可能地降低资源转化成本；在下游市场的产品或者服务的销售过程中，尽可能地减少推销成本和扩大销售规模，使自己的产品或服务的总成本达到最低，从而保证在适度的利润目标下，使自己的产品或服务在下游市场上价格最低；采用价格战方式，以价格上的竞争优势击败竞争对手，占据较多的市场份额。

3.3.2　差异化战略

差异化战略又称别具一格战略，是指将公司提供的产品或服务差异化，形成一些在全行业范围中具有独特性的特质。差异化战略并不意味着公司可以忽略成本，但此时成本不是公司的首要战略目标。

产品差异化带来较高的收益，可以用来面对供方压力，同时可以缓解买方压力。当客户缺乏选择余地时，其价格敏感性也不高。采用差异化战略来赢得顾客忠诚的企业，在面对替代品威胁时，其所处地位比其他竞争对手更为有利。

1. 差异化战略的作用

（1）建立起顾客对企业的忠诚。酒店实施顾客忠诚度计划，从而形成稳定的客户群体，进而有针对性地实施差异化战略。

（2）形成强有力的产业进入障碍。通过提高产品的边际收益，增强企业对供应商讨价还价的能力。

（3）削弱购买商讨价还价的能力。企业通过差异化战略使购买商缺乏可比较的产品选择，降低购买商对价格的敏感度；通过产品差异化，使购买商具有较高的转换成本，使其对企业产生更强的依赖性。

（4）由于差异化战略使企业建立起顾客忠诚度，使得替代品无法在性能上与之竞争。

2. 差异化战略的适用条件

（1）酒店对消费者行为有深层次的把握。酒店了解不同消费者的需要，并能进行针对性的满足与改进，使之既符合消费者需求，又与竞争者的产品相区别。

（2）酒店的差异化能最大限度地吸引更多的消费者。这使得酒店通过规模经济可以一定程度上解决差异化所带来的成本问题。顾客对商品的选择主要考虑两点：一是顾客从商品中的收益；二是顾客为获得商品而支付的成本。因此，酒店要获得差异化优势，必须从顾客认知的角度增加对企业产品或服务差异化价值的感知，即在保持顾客消费成本不变的前提下，增加顾客感知到的差异化利益。

（3）差异化要有一定的知识技术含量，并有相关的法律制度保障，这使得本酒店创造的独特优势，不易被模仿或侵权。

（4）差异化战略的实现要求酒店企业必须进行持续的顾客价值创新，使顾客感受到企业致力于以更好的方式、更好的产品、更好的服务为他们创造价值。这就需要经营者具有一流的洞察力、勇于开拓的创新精神，并能对有潜力的差异化酒店产品与服务进行持续的支持，形成品牌体系，产生品牌效应，最终获得竞争优势。

3. 差异化经营战略的风险

差异化经营战略会让酒店面临的风险主要有以下几点。

（1）了解顾客需求与满足顾客需求之间的矛盾。酒店要想真正弄清自己的优势，并准确了解目标顾客群的真正需求，从而创造性地将本身的优势与目标顾客群的真正需求结合起来这非常有难度。

（2）产品创新成本高与新产品易模仿之间的矛盾。酒店产品差别有赖于酒店的创新能力，创新意味着有成本付出，但竞争对手可能会以很低的代价来模仿。当许多酒店的产品都开始拥有某种特色时，差异化就不存在了。

（3）创新产品价格提升与顾客流失之间的矛盾。酒店为使产品具有特色所进行的投资会导致成本增加引起价格上升从而使顾客转向低成本的竞争对手。

（4）顾客需求变化与产品迭代成本之间的矛盾。顾客的需求发生改变，不再需要酒店企业提供的差异化产品或服务，或竞争对手开发出更具差异化的产品或服务，并通过产品、服务、营销创新等手段，使顾客感觉到竞争对手的特色更符合其需求，那么原有顾客中的大部分就会见异思迁。

4. 差异化经营战略的实施途径

酒店差异化战略实施的关键在于提供与竞争对手不同的差异化产品。酒店产品是组合产品，即酒店的经营者凭借着物质、非物质的产品向顾客提供的服务的总和。顾客在酒店的消费是在酒店下榻期间得到的一组综合产品，包括物资产品部分、感官享受部分和心理感受部分。顾客对酒店产品质量的评价实质上就是对上述三部分的综合评价。酒店产品的差异化就是根据目标市场中潜在的消费者对于某种产品属性的偏好程度，确定本酒店产品的特色、功能、质量、营销组合方法，形成与众不同的差异化和特色，提高产品的不可比性，从而开发新的市场。主要实施途径如下。

（1）有形产品差异化。包括客人在消费过程中使用的有形设施设备，如酒店的硬件环境、餐饮部的菜肴酒水、康乐部的娱乐设施等。

（2）无形服务差异化。酒店的标准化服务是所有同档次、同星级酒店都应具备的服务要求，客人从中只能达到满意的心理感受，但无法形成印象深刻的惊喜。差异化的服务是在标准化服务的基础上的一种进化。酒店服务的差异化可以体现在服务模式、服务方式方法以及主题服务活动中。很多的酒店品牌，都有自己独具特色的服务主题，如香格里拉酒店的"殷勤好客亚洲情"。这些服务主题及活动，能够更好地提升酒店的服务品质，让客人在感受服务的过程中得到惊喜。

（3）营销策略差异化。酒店在营销过程中所采用的区别于其他酒店的营销方式，就是营销策略差异化。酒店通过独特和系统的营销主题以及活动来展现自己独特的营销策略，使客人印象深刻并产生购买意愿。

3.3.3　目标集中战略

目标集中战略，也叫作集聚战略、专一化战略、集中化战略，它是主攻某个特殊的客户群体、某产品线的一个细分区域或某一地区市场。业务的集中化能够以更高的效率、更好的效果为某一特定的战略对象服务，从而超越竞争对手。

1. 目标集中战略的作用

采用目标集中战略可以使酒店有效抵御来自市场各个方面的压力与威胁：①以客人消费偏好为基础，提供专业化服务，可以增加客人的满意程度，降低客人对价格的敏感性。②针对目标市场所涉及的专业服务及其经验会形成有效的进入壁垒，增加了竞争者的进入难度。③专业化分工可大幅提高服务效率并降低成本，使酒店获得较高利润，在市场竞争中处于有利的地位。

目标集中战略可以帮助酒店走上良性运行的轨道，专业化分工带来的服务特色与效率，使酒店可以稳固自己的目标市场，由此得到较为理想的收益；而收益的保障，又为进一步推动酒店产品创新，形成自己经营活动与产品的鲜明特色提供了必要条件，实现良性循环。

2. 目标集中战略的适用条件

（1）客户群体中存在特殊需要的群体。酒店业中确有特殊需要的顾客存在，或在某一地区有特殊需求的顾客存在。

（2）无竞争对手。没有其他竞争对手试图在上述目标细分市场中采取目标集中战略。

（3）酒店经营实力较弱。这种情况下，酒店的综合条件不允许其追求广泛的市场目标，但可以在某些特定市场中具有一定的市场吸引力。

（4）酒店已经形成了规模效益。酒店有一定的规模，有良好的增长潜力。

（5）酒店产品线丰富。酒店产品在各细分市场的规模、成长速度、获利能力、竞争强度等方面有较大的差别，因而使部分细分市场有一定的吸引力。

3. 目标集中战略的风险

市场细分使得酒店经营的市场范围缩小，这就要求酒店通过提高自己在目标市场的份额来增加销售收入和利润。针对目标市场设计服务产品应该能够有效增加吸引力，目标客人愿意以更高的价格或更多的数量来购买酒店的产品，如果无法做到这点，那么酒店经营就会面临较大的风险。

由于市场集中，酒店的经营好坏直接与自己的目标市场相联系，这种较紧密的联系，无疑会增加酒店经营活动的风险。酒店提供的专业化服务增加了其他竞争者替代的难度，但一旦目标市场衰落或消费者需求发生改变，本酒店的产品进入其他细分市场的难度也同样增加了。

竞争者可能在较小的目标市场内分解出更小的市场群，并以此为目标来实施重点集中战略，从而向酒店原有部分顾客提供更为专业化的、针对性的产品和服务，瓜分酒店原有市场。

在酒店产品适用范围变窄、专业性要求变强时，如何建立有效的、与目标市场相联系的销售渠道显得尤为重要。客人的偏好和需求经常会发生变化，而集中化战略往往缺少随机应变的能力。如果不能将酒店的产品有效地传递给特定的客人，酒店经营将面临风险的增加。

以更宽泛的市场为目标的竞争对手，突然发现该酒店的细分市场非常具有吸引力，于是把原有市场进一步细化，并针对该细分市场模仿该酒店的现有竞争战略，或提供更具有特色的产品或服务，将会加剧竞争程度，从而带来经营风险。

4. 目标集中战略的实施途径

（1）酒店设施针对性。实施目标集中战略的酒店，所有的设施与功能设计都应该基于特定目标客人的需求与偏好。例如，酒店客房，客人在外居住期间，客房是最长时间停留的地方。客房的设施设备应该功能齐全，使用方便，布局合理，客房服务应该从客人需要出发进行设置，保证能够满足客人的居住需要。作为采取目标集中战略的酒店，客房定位必须因自己的目标客人而定，很多主题客房，如商务客房、亲子客房、老年客房等，都是围绕目标市场进行客房设计的。

（2）利益诉求专一性。实施目标集中战略的酒店，利益诉求必须能够满足特定目标客人的诉求，具有专一、独特性。

（3）服务标准专门化。实施目标集中战略的酒店，其服务标准必须以目标客人的需求为设计出发点。通过专门化、个性化的服务策略，更好地吸引目标客人，让其产生购买欲望，并在体验后使客人产生忠诚度。

🔍【任务训练】

1. 任务名称

酒店集团战略分析

2. 任务目的

(1) 选择某一酒店集团，收集资料。

(2) 结合所学专业知识，分析该酒店集团实施的战略类型。

3. 任务训练要求

(1) 多渠道收集资料，甄别选择与酒店战略相关的信息

(2) 陈述该酒店集团所采用的经营战略。

4. 任务训练方法

(1) 小组训练法。将学生分成若干小组，每组成员 5~6 人。每组设立组长一名。

(2) 调研法。

5. 任务评价

填写《任务评价表》，如表 3-1 所示。

表 3-1　任务评价表

项目	标准	满分	得分
前期准备	小组成员准备充分，有较好的默契度	10	
资料收集	资料客观真实，能够从中甄选出与战略管理相关信息	20	
小组陈述	语言得体、适当，双向沟通	10	
团队合作	共同研讨、分析，得出小组意见	30	
预期效果	小组研讨结果能够结合所学准确分析酒店战略	30	

🔍【本章小结】

知识拓展3-3

本章围绕酒店战略管理，在掌握企业战略管理的发展历程和酒店战略管理的概念、特征及基本框架的基础上，重点学习了酒店发展战略（密集发展战略、一体化战略、多角化战略）和酒店竞争战略（成本领先战略、差异化战略、目标集中战略）。战略管理在洞悉酒店环境变化的基础上，进行资源合理配置，优化资源结构，使酒店能够在市场竞争中长久发展。

【即测即练】

【思考题】

1. 酒店战略管理的特征是什么？

2. 市场渗透战略的三种形式有哪些？

3. 纵向一体化的优势有哪些？

4. 横向一体化战略适用准则是什么？

5. 多角化发展战略的分类有哪些？

6. 成本领先战略的适用条件是什么？

7. 请简要阐述差异化战略的实施途径。

8. 请简要阐述目标集中战略的实施途径。

【参考文献及资源】

1. 战略管理 – HR 人力资源案例网（https：//hrsee.com）.

2. 战略管理频道（Trategy：vsharing.com）.

3. 知乎：项目管理与战略管理（https：//www.zhihu.com/）.

第4章 酒店组织管理

【学习目标】

1. 掌握酒店组织管理的定义；

2. 了解酒店组织管理的特性和原则；

3. 掌握酒店组织管理的要求；

4. 熟悉酒店组织结构设置的原则和依据；

5. 掌握酒店组织结构的类型；

6. 了解酒店组织管理机构；

7. 掌握酒店组织管理的内容和制度。

【能力目标】

1. 了解酒店组织管理的特性，使学生具备沟通能力；

2. 熟悉酒店结构设置，培养学生逻辑思维能力；

3. 熟悉酒店组织结构创新，培养学生创新思维能力。

🔍【思维导图】

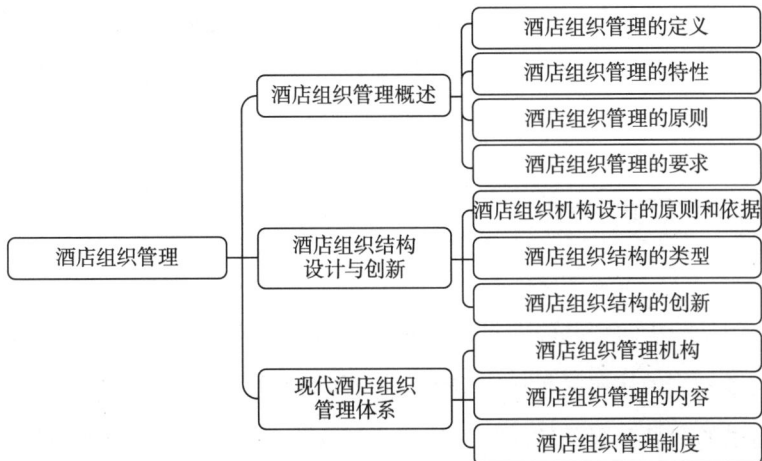

🔍【导入案例】

如家的扁平化组织结构

在组织机构设计上，经济型酒店比星级酒店少两个管理层，没有部门经理和领班，大小事务基本由店长负责，在人员配比（即员工与客房数的比例）上，如家一直控制在 0.3 ~ 0.35，而星级酒店大多在 1 以上，这极大降低了如家的人房比。采用扁平化组织结构，达到更低的管理成本以及更高的组织效率，体现了如家控制成本的经营策略。

思考：星级酒店的组织结构设计和如家酒店有何区别？星级酒店是否也可以采取扁平化组织结构？

4.1 酒店组织管理概述

4.1.1 酒店组织管理的定义

组织是对完成特定使命的人们的系统性安排。生活中到处可以看到组织，如大学、医院、政府机构、企业、公司等都是组织。组织是一个系统的机构，是一群人为了达到一个共同的目标，通过人为的分工、协作和对职能的分化，运用不同层次的权力和职责，充分利用这一群人的人力资源和智力资源的团体。

组织管理就是通过制定合理的组织结构，并设立组织的规章制度、行为规范、监督机制等将组织的人力、物力和财力以及各种资源进行有效的整合利用，从而形成一个完整的系统机构，促进组织目标的实现。

酒店组织管理是指科学地设置酒店管理机构，建立优化的组织系统和劳动组织，把酒店经营活动的各个环节、各个要素有机结合起来，达到提高工作效率，实现酒店经营目标的过程。

4.1.2　酒店组织管理的特性

1. 整体性

酒店组织是酒店实现其经营目标的载体，组织中不同层次的员工构成了领导与被领导的关系，这种从属关系在一定程度上影响到员工的心理反应，进而影响到员工为顾客提供的产品和服务的质量。从这个意义上说，有效率的组织必须确保员工心理上的统一和力量上的凝结。同时，酒店组织目标的实现不是依靠任何一个人完成的，它是酒店全体员工整体智慧的结晶和努力的结果，尤其是酒店组织内部不同层次管理者以及基层员工之间的团结和努力发挥了巨大效力。

2. 目标性

组织是为目标而存在的，酒店组织根据经营管理目标，明确具体的工作任务，并对目标任务进行分解，同时充分利用组织的各类资源，进行组织设计、组织协调和沟通等，有计划、有步骤地实施组织管理，逐步实现组织目标。

3. 应变性

酒店组织必须做到内部信息快速顺畅流通，组织内部要相互联系、相互作用，各部门之间有效配合。在此基础上，酒店组织才能够对饭店内部和外部不断变化的环境做出快速反应，形成高效组织，以提高企业经营效益，确保企业经营活力。

4. 创新性

酒店组织需要与时俱进，不断创新。酒店行业是不断发展的，酒店组织也需要不断创新管理方法，要能够不断发现组织管理中存在的问题，并迎合市场需求的变化，创新酒店的组织结构和组织形式，促进组织管理的不断完善。

4.1.3　酒店组织管理的原则

酒店组织管理就是通过运用各种管理方法和技术，发挥酒店组织中人力资源的作用，把酒店中有限的资金、物资和信息等资源转化为可供出售、有形的或无形的酒店产品，以达到酒店管理的目标。一般情况下，酒店组织管理应遵循以下几个基本原则。

1. 目标导向原则

在组织职能运作过程中，每一项工作均应为总目标服务。也就是说，酒店组织部门的划分应以企业经营目标为导向，酒店的组织形式必须要以能产生最佳效益为原则，组织层次和岗位设置必须以符合酒店经营管理需要、提高经营运作效率为依据，对于任何妨碍目标实现的部门或岗位都应予以撤销、合并或改造。在总目标导向下，组织会将任务层层分解，所以在组织结构设计中要求"以任务建机构，以任务设职务，以任务配人员"。同时，考虑到酒店提供的服务和产品的复杂性和灵活性，在具体的酒店服务工作实践中有时候会无法真正找到与职位要求完全相符的人员，因此酒店组织在遵循"因事设人"原则的前提下，应根据员工的具体情况，适当地调整职务的位置，以利于发挥每一位员工的主观能动性。

2. 等级链原则

法约尔在《工业管理与一般管理》一书中阐述了一般管理的 14 条原则并提出了著名的"等级链和跳板"原则，它形象地表述了企业的组织原则，即从最上级到最下级各层权力联成的等级结构，是一条权力链，用以贯彻执行统一的命令和保证信息传递的秩序。酒店组织结构的层次性、等级性使得等级链原则成为酒店组织必须遵循的重要准则。对酒店来说，等级链原则包含三个重要的内容：①等级链是组织系统从上到下形成的各管理层次的链条结构，因此，酒店高层在向各个部门发布命令时，对酒店各部门和各管理层而言必须是统一的，各项指令之间不能有任何的冲突和矛盾，否则就会影响酒店组织的正常运行；同时，任何下一级对上级发布的命令必须严格执行，因为等级链一环接一环，中间任何层次的断裂都会影响到整个组织工作的进行。②等级链表明了各级管理层的权力和职责。等级链本身就是一条权力线，是从酒店组织的最高权威逐层下放到下面的各管理层的一条"指挥链"，酒店组织中每个管理层以及每一个工作岗位的成员都必须清楚自己该对谁负责，该承担什么义务和职责，责、权、利非常清楚明了。③等级链反映了上级的决策、指令和工作任务由上至下逐层传递的过程，也反映了基层人员工作的执行情况，以及将信息反馈给上一级领导的信息传递路线。等级链越明确，酒店组织的决策、信息传递以及工作效率和效果就会越好。

3. 控制跨度原则

由于管理者素质、下属素质、工作复杂程度等原因，每个管理人员直接管辖的下属人数应该有一定的范围，不可能无限多，也不能太少。控制跨度原则就涉及对特定管理人员直接管辖和控制下属人数范围的确定问题，即管理跨度的大小问题。跨度太大，管理人员管辖下属的人数过多，会影响信息的传递，容易造成人浮于事，效率低下；而跨度太小容易造成组织任务不明确，工作任务执行不力，同样也会影响组织的运作效率。因此，正确控制管理跨度，是提高酒店工作效率、促进组织活动顺利开展的重要保障。管理跨度与管理者的岗位和管理者本人的素质有关，它受到个人能力、业务的复杂程度、任务量、机构空间分布等多方因素的影响，还要考虑上下级之间接触的频繁程度、上级的交际与领导能力等多方面的因素。一般来说，针对酒店服务和产品的特点，高层管理人员的管理跨度小于中层管理人员的管理跨度，中层管理人员的管理跨度又小于基层管理人员的管理跨度。例如，一个部门经理管理5~6位部门主管，而一个客房部主管则可以管理10位客房服务员。因此，管理跨度的确定必须综合考虑各方面因素，且需要在实践中不断进行调整。

4. 分工协作原则

在社会化大生产中，适度的分工可以提高工作专业化程度，进而达到提高劳动生产率的目的。酒店提供的服务产品的复杂性和机动灵活性要求酒店组织对具体的工作任务进行合理分工，并进行有效的协调，分工与协作是促进组织任务顺利完成的保障，也是酒店组织要遵循的重要原则。组织分工有利于提高人员的工作技能、工作责任心，提高服务质量和效率。但是，分工过细往往导致协作困难，协作搞不好，分工再合理也难以取得良好的整体效益。因而在具体职责权限划分中，在依据需要设置岗位的基础上，应秉承提高工作效率的原则，灵活地进行工作分配和任务安排，给员工以足够的自我展示空间，同时也要安排中间协调机构，做好中间协调与整合工作，促进组织内部的良好合作。

5. 有效制约原则

酒店组织作为一个整体，它的各项业务的运转离不开各部门的分工与合作，在分工协作原则的基础上，还应对这种由分工所引发出的部门与岗位彼此间关系的牵制与约束。适当的约束机制可以确保各部门按计划顺利完成目标任务，实现组织的总目标。有效的制约机制不仅包括上级对下级的有效监督和制约，还包括下级对上级的监督和制约。上级对下级的制约可以促进员工更好地完成本职工作，提高工作效率与服务质量；下级对上级的监督和制约是通过员工层或低一级的管理层对上级的监督，从而提高酒店管理层的决策和执行能力，例如对领导者的约束机制可以避免其独断专行，对财务工作进行监督可以避免财务漏洞等。下级对上级的有效制约必须是在下级对上级的命令坚决执行的前提下进行的，以确保酒店的组织运作有序。

6. 动态适应原则

动态适应原则要求酒店组织在发展过程中，以动态的眼光看待环境变化和组织调整问题，当变化的外部环境要求组织进行适度调整甚至变革时，组织要有能力做出相应的反应，组织结构要进行调整、人员岗位要进行变动。改变要及时，从而得以应对竞争加剧的外部环境。组织结构的动态适应，可以不断优化酒店的组织结构，提高酒店的日常经营管理能力，提供更优质的酒店产品和服务，从而提高酒店的综合竞争力。现代酒店组织面临组织内部人员流动率高、人员素质参差不齐、人工成本高；组织外部技术更迭速度快、行业内部竞争加剧等问题。动态变化的原则使得酒店在组织管理过程中，不仅更能适应变化，同时可以更快速地对内外部环境变化做出反应，避免风险出现。

4.1.4　酒店组织管理的要求

酒店组织管理是指通过制定合理的组织结构和组织形式，并设立组织的规章制度、行为规范、监督机制将酒店的人力、物力和财力以及其他各种资源进行有效的整合，形成一个完整系统，促进组织目标的实现。所以作为酒店组织管理系统，应该具备以下要求。

1. 产权清晰，组织管理系统化

产权清晰是指酒店组织机构的最高层要由投资主体、投资人代表构成，主要负责酒店重大问题的决策和经济监督作用。投资主体不直接从事具体的酒店服务和管理工作，一般会聘请专业的酒店经理人来承担酒店经营管理工作。这种产权人负责产权利益，不参与经营管理，经营者关注经营好坏，不拥有酒店财产所有权，只根据他们的能力和绩效获得报酬的方式，体现了产权清晰的要求。

组织管理系统化是指基于系统管理思想，以整体利益为着眼点，做好酒店组织机构设计、人员安排、职权分配，制定酒店管理制度、议事规则、各岗位人员的职责规范等，使酒店的各项管理和工作成为一个系统的整体。

2. 职责明确，岗位职责制度化

酒店通过明确的职务描述，在一定程度上固化各岗位的职责，形成科学的、有规律的岗位职责管理机制，并依据酒店内外部环境变化动态调整各岗位职责。明确岗位职责是酒店科学化管理的具体体现，其好处主要表现为：有利于规范操作行为，从而提高组织效率；有利于提高领导的分配效率；有效防止因职务重叠而发生的工作扯皮现象等。

3. 等级清楚，管理幅度合理化

酒店组织机构的等级要根据企业规模来确定，不同等级和同一等级的各岗位管理人员的职权划分要清楚、明确，不能出现权力不清、职权交叉、互相冲突的情况。正常情况下，一个下级只能有一个上级领导，不能出现多头领导、下级无所适从等现象。除此之外，酒店的管理幅度还应根据实际需要来确定。

4. 机构精简，管理工作效率化

精简和效率是现代企业组织管理的基本要求。管理工作中要注意因事设人，保证各岗人员工作量饱满，防止人浮于事的现象。还应该建立健全组织管理的信息系统。酒店组织管理必须具有通畅的信息沟通渠道。通畅的意见、沟通渠道是针对组织机构的信息系统而言的。在酒店管理中，若无内部的信息沟通，管理人员之间必然发生信息阻塞，使得决策失误、管理效率下降，严重影响服务质量和经济效益。对重要工作和信息传递要规定明确的完成时限，这样才能使各级管理人员树立强烈的时间观念，进而提高工作效率。

5. 团队合作，组织管理协同化

团队精神是对员工的要求，也是对管理者的要求。它是组织文化的重要部分，也是组织管理的有效途径，对管理者实现组织目标起着重要的作用。团队精神的培养可以使酒店内员工齐心协力，朝着共同的目标努力。团队精神还可以产生控制功能，通过团队内部所形成的观念的力量、氛围的影响去约束、规范、影响员工的个体行为。这种影响由影响员工的行为，转向影响员工的意识，从而对员工的价值观产生长远影响，最终形成团队共同认可的价值观以及共同遵守的行为规范。

4.2　酒店组织结构设计与创新

4.2.1　酒店组织结构设计的原则和依据

组织结构是组织在职、责、权方面的动态结构体系，其本质是为实现组织战略目标而采取的一种分工协作体系。酒店组织结构是酒店管理体制、各管理层次的职责权限、管理和作业的分工协作以及酒店管理的规章制度等。酒店组织结构设计是对组织活动和组织结构的设计过程，是把任务、权力和责任进行有效组合和协调的活动。组织结构设计的基本功能是协调组织中人员与任务之间的关系，使组织保持灵活性与适应性，从而最有效地实现组织目标。

1. 酒店组织结构设计的原则

（1）组织结构设计要符合经营需要。酒店组织根据市场需求、决策目标、饭店规模等情况，将酒店业务按照工作性质、内容分类，并确定部门的归属。部门的形成构成酒店组织管理的横向结构。酒店还要根据规模来确定各部门层次的划分以及各个层次的组织跨度，这是酒店的纵向结构。横向结构和纵向结构构成酒店的组织结构。

（2）组织结构的设计要服从效益目标。酒店经营的最大目标是争取经济效益的最大化和资源的优化配置。为达到效益目标，酒店的组织结构设计要以产生最佳效益为目标。为此，酒店在组织结构的设计和组织管理上，应根据跨度原则和实际需要来确定酒店的组织结构，按需设岗，还应该精兵简政，精减人员，从而使成本最大限度地降低。尽量选拔那些经过考验的德才兼备的人员到管理岗位上来，然后再由人去创造效益。

（3）组织结构的设计要考虑人的工作效率。通常，人的工作效率只有在某种限度的工作时间内才是最高的，超过此限度，效率就会降低。因此，组织结构的设置和工作设计要适合人的生理和心理需要，工作和职责的划分应该具有弹性，使员工在工作岗位上有自由发挥才能的机会。

（4）因事设人和因人设事相结合。组织结构的设计应该将因事设人和因人设事结合，其核心是因材施用。因事设人，指的是一个正确的岗位设定准则应该是先确定需要什么样的岗位，然后根据该岗位设定相应的人选。只有这样，才能较好地发挥员工的长处，避开其短处，为员工进一步成才创造充分的条件。因人设事是为了酒店的总体目标以及部门的目标,根据人才特点来设置或提供相应的平台,为员工提供更多的机会,这样才能较好地达到人尽其才的效果。

2. 酒店组织结构设计的依据

组织结构是构成体系本身以及经营管理的重要组成部分,是质量体系、各个要素彼此之间协调联系的结构纽带和组织手段。组织结构的设计主要取决于组织的规模和组织的质量目标。

(1)酒店的规模和类型。在酒店管理组织领导体制确定的基础上,其管理组织机构的大小和形式是由酒店规模、档次和接待对象决定的。酒店规模一般以酒店的客房和床位的数量多少、餐厅类型、商场分割面积和康体娱乐服务项目的多少为依据,客房数量越多,规模越大。酒店规模直接决定酒店组织管理的层次多少、管理幅度、机构大小和部门设置、用人多少等各个方面,是酒店组织结构设计的重要依据。酒店类型越多,专业化分工越细,部门越多,组织结构的规模就越大。

(2)酒店等级高低。酒店等级越高,设备越豪华,经营管理和服务质量的要求越高、越细致,所需员工的数量也就越多,必然加大酒店组织结构规模。所以,规模相同的酒店,等级高低、豪华程度不同,其组织结构的形式、岗位设置和组织管理也会有较大的差别。

(3)酒店专业化程度和服务项目的多少。酒店专业化经营是集中经营的一种,以增加专业运营独立性的方式强化其经营管理职能,最大限度地发挥资源的优势作用,实现效能业绩的最大化。实施专业化经营方式,便于集中所有人力、物力和财力,发展主力产品,这样所需的资金量相对较少,资金使用效率较高。然而,专业化经营也有其局限性,不利于酒店迅速扩大规模。同时,如果选择的专业方向本身市场前景狭窄,实施专业化经营的核心竞争力不够,会严重影响酒店的发展,因此也会影响组织结构的设置。

(4)酒店投资结构和经营市场环境。投资结构决定酒店组织管理模式和组织结构的形式。投资结构不同,反映投资主体意识和要求的酒店高层管理人员的结构也不同,他们必然决定和影响酒店组织结构设置及其管理工作,所以投资结构是酒店管理、组织结构设计的主要依据之一。

酒店处于不同的市场环境和不同的发展时期,就会有不同的经营战略规划和策略实施,也就有不同的组织结构设计。酒店只有对市场环境能够精准地事前预测,并对其变化进行相应的组织结构设置变化,才能够长久发展下去。

4.2.2　酒店组织结构的类型

组织结构类型是指组织中相对稳定和规范的工作关系模式，如岗位设定、职位安排、工作任务分工、沟通配合等。酒店组织结构类型受诸多外部与内部因素的影响，外部因素是指酒店所处的竞争环境、客源、市场需求、国家宏观政策等；内部因素如酒店的类型、规模、经营特色等。一般来说，酒店主要的组织结构类型有以下几种。

1. 直线型组织结构

直线型是最简单的组织结构模式。它的特点是垂直领导，层层负责，通常主要由管理层、执行层和操作层组成（图 4-1），部门经理向总经理负责，部门主管人员向部门经理负责，基层管理人员向主管负责。各层次负责人往往身兼数职，负责本部门的一切事务。直线型组织结构的优点是便于管理，各层管理人员管理权限明确，由于层次简单明了，信息传递非常方便快捷，各层次间沟通与协作也较容易；缺点是各个层次的管理人员由于身兼数职，管理的事务比较多，任务重，工作起来较为辛苦，有一定的难度。直线型组织结构常见于规模小的中小型酒店。

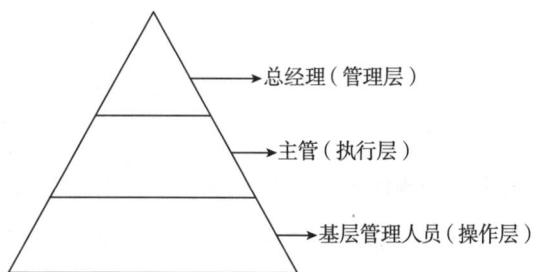

图 4-1　直线型组织结构

2. 职能型组织结构

这种组织结构模式授予各职能部门一定的指挥和指导权，允许它们在自己的业务范围内对下面各部门实施此项权力。一般，当酒店的业务扩大，服务和管理趋向复杂化和高标准化时，简单的直线型组织结构将不能适应酒店发展的需要，酒店必须划分出相应的职能部门进行规范化管理，酒店的组织结构也因此要进行进一步的细化和分工，即采用职能型的组织结构（图 4-2）。职能型组织结构的优点是加强了各部门的业务监督和专业性指导，使各职能部门注意力集中，便于高效率完成本部门职责；缺点则在于常常出现多头指挥，而使执行部门无所适从。

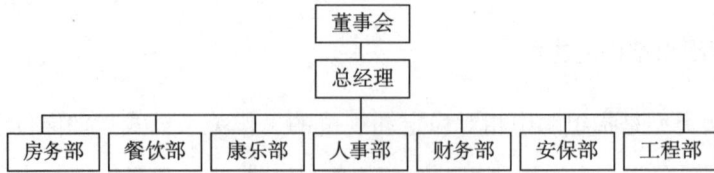

图4-2　职能型组织结构

3. 直线—职能型组织结构

　　直线—职能型组织结构是直线型组织结构和职能型组织结构结合的产物。它以直线型组织结构的垂直领导和严密控制为基础，同时又吸收职能型组织结构中划分职能部门以有利于各部门集中注意力进行专业化服务、监督和管理的特点，形成的一种能兼具两者优点的组织结构模式，以利于酒店正常的经营和管理（图4-3）。但是，该组织结构模式也有不足之处，直线部门与职能部门之间往往在各自的目标不一致时会产生摩擦，影响工作的顺利开展，不利于整个组织系统的运作。

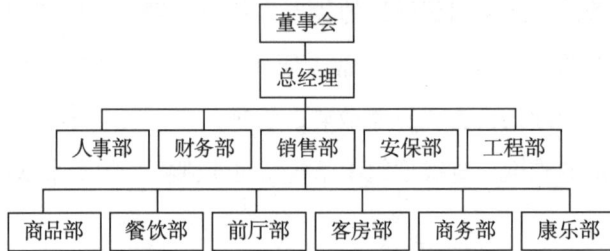

图4-3　直线—职能型组织结构

4. 事业部制组织结构

　　事业部制组织结构所体现的是"集中政策，分散经营"的指导思想。我国酒店业公司化、集团化程度越来越高，许多大型的酒店集团采用了多元化事业部制组织结构（图4-4）。总公司总体指导各个事业部，主要控制人事、财务、战略、投资等，总裁下面设置若干副总裁，每人分管若干个事业部。各个事业部的经营有相当的自主权，可以在总公司的总体指导方针范围内独立经营、独立核算。事业部制组织结构的优点是不仅可以减轻酒店高层管理人员的负担，使之集中精力于酒店的发展战略和重大经营决策，而且也有利于各事业部针对本地区的实际做出快速反应，利于公司的专业化分工，提高生产率。但同时它也具有一定的局限性，这种组织结构模式需要雇用更多的专业人才，雇用更多的员工，经营成本会有所增加，各事业部也可能会过分强调本部门的利益而影响整个企业经营的统一指挥。如锦江国际集团采用的是事业部制的组织机构，如图4-5所示。

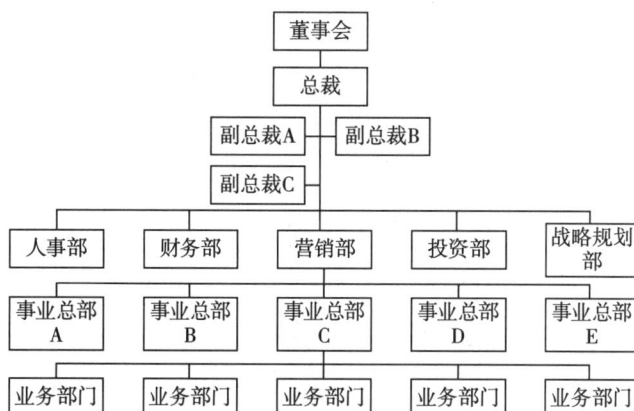

图 4 - 4　事业部制组织结构

图 4 - 5　锦江国际集团组织架构图

5. 区域型组织结构

区域型组织结构多见于国外的大型旅游酒店集团，酒店集团因为发展的需要而不断向国内市场纵深发展或者向国际市场延伸，实施全球扩张战略，为酒店提供产品或服务的全部生产活动都基于地理位置而集中，因此产生了酒店的区域型组织结构模式，如图 4 - 6 所示。这种结构的设置一般针对酒店主要目标市场的销售区域来建立。区域型组织结构有较强的灵活性，它将权利和责任授予基层管理层，能较好地适应各个不同地区的竞争情况，增进区域内营销、组织、财务等活动的协调。但该结构模式也可能增加了酒店集团在保持发展战略一致性上的困难，有些机构的重复设置也可能导致成本的增加。如华住集团于 2022—2023 年完成了由事业部制组织机构向区域型组织机构的调整工作。

4.2.3　酒店组织结构的创新

酒店组织是酒店管理的载体，是酒店管理政策实施的通道。随着酒店业的发展，

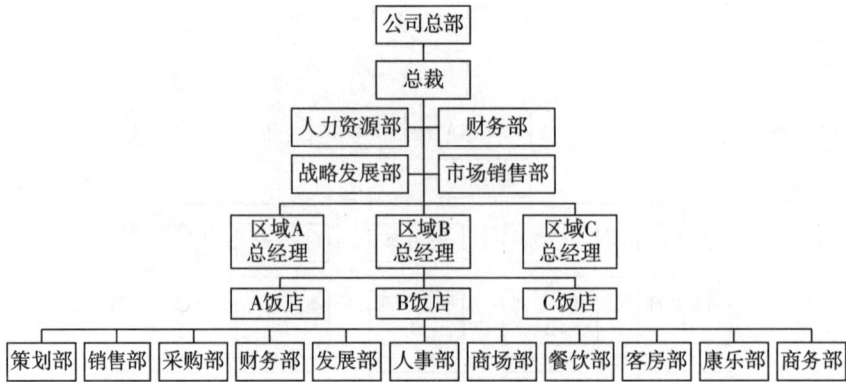

图 4-6 区域型组织结构

面对复杂多变的市场竞争环境，传统的酒店组织模式受到严峻的考验。正因为如此，酒店对组织结构不断进行变革和创新，以实现组织和其他管理要素的优化组合，达成既定的经营与管理目标，这也是酒店组织结构创新的必然趋势。

现代酒店组织结构创新主要体现在三个方面。

1. 从竖式结构向扁式结构转变

传统的竖式结构的组织结构，酒店形成层级的垂直体系，从上到下严格分工。这种垂直体系由于层级多，严重影响了酒店内部的信息传递和流转，并且容易在传递过程中造成信息的失真。扁平式组织结构会最大限度地削减中间层，使组织结构从顶端到底部的层级数量减少，每层的管理幅度增加，从而形成酒店组织结构从"高深"向"扁平"的转变。扁平化组织机构主要包括矩阵型、项目团队型、网络型三种形式。在酒店组织管理中，可根据酒店、酒店集团的产品情况、经营情况完成对组织机构的创新。其中，矩阵型组织结构通过职能团队恒定、项目团队变化，项目团队为主、职能团队为辅的运营方式，实现酒店组织管理目标。

一般情况下，在扁平式组织结构会适当进行分权，特别是给予一线员工更大的权限范围，如"首问责任制"的出现体现了分权带来的结果。由于一线员工接触客人最多，更多的权限可以增加对客服务的灵活性，提高客人对服务的满意度。通过扁平式组织结构的创新改革，既可以为酒店精减人员，降低管理成本，又可以提高内部管理信息传递的有效性和精准度。这种组织结构更能适应酒店内外部环境，有利于酒店的高层管理者了解客人，从而提高酒店管理决策的准确度，提升酒店的服务质量。

2. 项目团队式组织结构

项目团队式组织结构是指那些一切工作都围绕项目进行、通过项目创造价值并达成自身战略目标的组织。这种形式的组织结构具有时间性、专业性、过程标准化等特点，如图 4-7 所示。

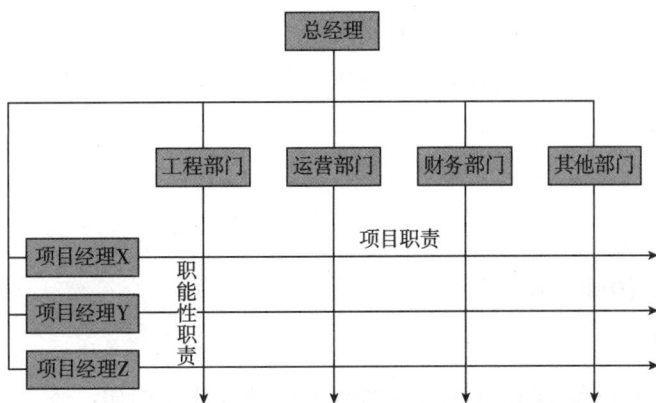

图 4-7　项目团队式组织结构

3. 从金字塔结构向葫芦形结构转变

随着科技水平的发展，酒店管理信息系统在酒店业中得到普及应用，原来被认为是理想组织结构的金字塔结构，也暴露出了很多的缺点。电子计算机和管理信息系统的建立，使酒店业组织又恢复成集权制，即企业的重要决策再度集中于高层管理者。高层管理者将决策结果及命令直接下达给基层管理者，甚至直接下达给作业层的服务人员和操作人员，由此形成了葫芦形组织结构，如图 4-8 所示。

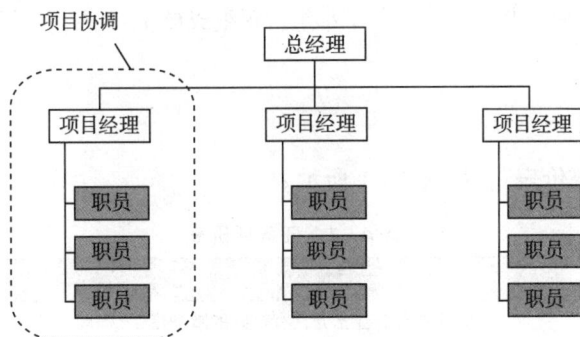

（灰框表示参与项目活动的职员）

图 4-8　葫芦形组织结构

这种新型酒店组织结构的特点是加大两头，削减中间层。由于互联网和管理信息系统的广泛普及，酒店最高决策层可以随时获得客户信息、市场竞争信息等，并能够及时做出相应的管理决策和相应的决策调整实施，所以，最高决策层团队必须得到充实，必须在人力资源配置等方面不断加强。同时，为了更好地服务客人，为客人提供细致入微的个性化服务，必须要加强执行作业层的管理。通过信息化、数字化取代中间层上传下达等职能，而中间层和一些职能部门将实行合并和作业整合，中间层的管理人员可适当缩减。这种新型酒店组织结构要求酒店的从业人员一专多能，具备综合素质，具备实行酒店作业重组和作业程序再造的能力。

【任务训练】

1．任务名称

不同类型酒店的组织结构设计

2．任务目的

（1）调研不同类型酒店目前的组织结构设计现状（例如：经济型酒店、星级酒店中的商务型酒店、度假型酒店）。

（2）分析不同类型酒店的组织结构的不同之处以及原因。

3．任务训练要求

（1）根据调研，画出不同酒店的组织结构设计图。

（2）列出不同之处。

（3）分析原因。

4．任务训练方法

（1）小组训练法。将学生分成若干小组，每组成员5~6人，每组设立组长一名。

（2）调研法。

5．任务评价

填写"任务评价表"，如表4-1所示。

表4-1　任务评价表

项目	标准	满分	得分
准备	小组成员准备充分，有较好的默契度	10	
调研	酒店定位准确，画出组织机构图	30	
陈述	分析准确，观点创新	30	
团队合作	分工明确，讨论积极	10	
预期效果	能够结合专业知识，得出相应结论	20	

4.3　现代酒店组织管理体系

现代酒店为了维持系统的正常运转，需要依靠一套科学、严密的组织管理体系，这是一个庞大而复杂的系统。饭店组织为了实现组织目标和经营计划，需要制定一系列的规章制度，建立相应的管理机构，通过管理机构的计划、组织、指挥、控制和协调，有效地执行管理制度，来保证酒店管理目标的有效实现。

4.3.1　酒店组织管理机构

酒店组织管理机构是酒店组织设计的结构，是为执行酒店经营战略和策略而建立的决策、指挥和协调机构。酒店组织管理机构主要包括以下几种。

1. 董事会

董事会是现代酒店企业在所有权和经营权分离的条件下，酒店资产的所有者为了追求和保护自身利益而设立的酒店经营管理体系中的核心组织。董事会通常不会干涉酒店日常的经营管理活动，在酒店经营中主要起到激励和制约的作用。这里说的激励功能是指董事会代表全体股东，授权酒店经理层，使其充分发挥经营管理的智慧和才能，完成资本增值的目的，使股东的收益达到最大化；制约功能是指酒店股东为了保证投资安全，赋予董事会对酒店经理进行监督和制衡的权利，如遇到重大资本运作、大额资金支付等情况时进行审议和对经理层进行规定等。

董事会作为现代酒店的最高决策机构，在酒店经营活动中的主要职权体现在以下几个方面：

（1）决定召开股东大会并向股东大会做报告。

（2）执行股东大会决议，协调酒店与股东之间的关系。

（3）选聘、任免酒店的总经理及其他高级职员（如副总经理、财务总监等）。

（4）对酒店的经营发展战略、发展方向和目标等做出决策和计划。

（5）决定酒店的筹资方式并制订计划，审定酒店投资项目及大额资金的使用。

（6）检查酒店的经营和财务状况，审议酒店的年度财务预算、决算。

（7）决定酒店的分立、合并、承包、终止等重大事项。

（8）决定酒店的章程及履行相应职权。

酒店董事会应定期召开会议，对酒店经营中的重大问题做出决策。董事会会议召开时，所有董事都应出席，履行自己的职责权限。因故不能出席的，应书面委托其他董事代理，并写明授权范围。董事会由董事长主持召开，董事会会议的内容要有所记录以便后期查询。董事会会议做出的决策，由酒店总经理负责执行，并将执行结果在下一次会议上进行报告。

2. 监事会

监事会是现代酒店经营管理的监督机构，负责监督、检查酒店资本运营及经营管理的状况，并对酒店董事会及经理层行使监督职能。由于监事会成员也是由股东或所有者选举产生的，并且与董事会相分离，因此监事会的监督活动具有独立性，从而保证监事会工作的公正性和客观性。现代酒店监事会的主要职权有：

（1）列席董事会会议。

（2）监督董事、经理人员有无违法、违纪行为。

（3）检查酒店业务、财务的执行情况。

（4）审核董事会提交股东大会的各种报告，对存在的问题进行复查。

（5）对酒店不称职的经营管理人员提出处分和罢免的建议。

（6）可建议召开临时股东大会，并代表股东与董事交涉或起诉董事。

综上所述，监事会最根本的任务就是防止董事会和经理层滥用职权、牟取私利甚至侵害酒店股东的权益，使酒店在有效监督的条件下，健康地运营与发展。

3. 经理层

现代酒店的经理层，是指以酒店总经理为代表的酒店管理层。在由酒店决策层、管理层、督导层和操作层组成的四级酒店组织机构中，经理层包括前三个层次。经理层应全面贯彻执行董事会做出的各种决策和决定，并对董事会负责。同时，以总经理为主对酒店的一切经营活动进行指挥、协调和控制。为了确保经理层指挥的权威性，使酒店的经营活动能够有效地进行，现代酒店通常采取经理负责制，即由总经理统一领导和指挥整个酒店的经营管理活动，酒店的其他副总经理和高级管理人员，均由总经理提名，由董事会任命，协助总经理履行各部门的职责。

经理层人员的选择，要综合考虑知识素质、心理素质、智能素质和身体素质等多方面，确保经理层人员在上任后，能够有效地履行自己的职责，完成酒店经营与管理目标。

4. 职工代表大会

职工代表大会是酒店民主管理的主要形式，是员工行使民主管理权力的机构。

酒店董事会和经理层分别代表酒店所有者和酒店经营者对酒店的生产经营进行管理，而职工代表大会则是代表劳动者对酒店的经营实行民主管理，审议酒店的各项规划和策划，监督各级管理人员，维护酒店全体员工的利益。应充分发挥职工代表大会的相关职能，能够使所有员工以主人翁的姿态全身心地投入工作，为酒店的发展带来更多益处。

4.3.2　酒店组织管理的内容

1. 设计组织结构

酒店的组织结构通常用组织结构图表示。酒店的各个部门、各部门的层次以及它们之间的相互关系共同构成了酒店的组织结构。

（1）部门的设置。酒店根据经营管理需要将酒店分成不同的部门，通常划分为业务部门和职能部门两大类别。业务部门包括前厅部、客房部和餐饮部三大主要部门。职能部门在不同的酒店有不同的划分，较主要的有人事部、工程部、财务部、康乐部、安全部、市场销售部及其他职能部门。各个部门有自己的职责权限和业务归属，并在具体的酒店经营管理中相互协作配合，共同维护酒店的正常运转。

（2）结构层次的划分。酒店各组织部门都有一定的跨度，有横向的跨度，也有纵向的跨度。由于业务范围的不同，在横向的跨度上就形成了部门，纵向的跨度则从上至下形成不同的层次划分，层次的划分主要通过岗位的设置来确立。以酒店客房部为例，从上至下依次是部门经理、经理助理、主管，再到下面的领班、服务员以及基层的清扫员。他们在管理范围上都有自己的权限和职责，从而形成了组织机构上的层次等级，各个层次通过等级链连接起来，从而形成了酒店的组织结构框架。

（3）建立岗位责任制。形成酒店组织结构框架后，还需要把酒店的具体业务工作落实到各个部门和岗位。需要建立岗位责任制，以明确各个岗位的工作内容、工作任务、作业规范、岗位职责、权利和义务。使酒店的各项工作都有具体的岗位负责，防止多头管理以及管理漏洞的发生。此外，酒店组织内的各个岗位和部门之间以及从上至下各个层级之间都要进行有效的衔接，以形成畅通的运作流程，并通过制定相关的规章制度进行约束和督导，从而保证酒店的业务正常运转。

2. 实施员工配置

员工配置是指在具体的组织或企业中，为了提高工作效率、实现人力资源的最优化而实行的对组织或企业的人力资源进行科学合理的配置。人力资源管理部门以人与事匹配、人与人匹配、事与事匹配、动态调节等基本原则，最大限度地发挥人力资源的作用。在这个过程中，主要关注以下两点。

（1）用人标准和人数。管理人员的配备要根据岗位的需要和业务量的大小确定合理的用人标准和具体的人数配备。一般说来，管理人员除了要具备过硬的专业技能，能够胜任本职工作以外，还必须具备一定的道德素质、品德素养、言谈气质等。酒店用人有自己制定的标准，通常通过设定具体的用人标准进行考核，或考核专业知识、业务能力，或考核个人的思想品德、言谈气质和行为等。酒店的用人关系到酒店的生存和发展，人员的选拔录用非常重要，必须由专门的考核人员进行选拔考核，只有通过了考核，达到部门和岗位的要求，才能录用和上任。管理人员人数的配备则要依据部门和岗位工作量或业务量的大小来确定，不同的酒店有不同的编制定员的方法和标准，或通过定量的分析来确定人员数量，或通过岗位排班与日工作量来确定，或以班组为单位进行确定等。总之，应以切实适合酒店的需要为宜，配备人员过多或过少都会影响酒店的正常经营。

（2）人员选配和使用。科学用人是酒店顺利经营运转的关键，酒店可以通过人力资源管理策略的实施，实现人才潜能的高效发挥。酒店人力资源管理部门首先通过科学的流程与方法招聘、甄选、配置员工，通过绩效与薪酬管理、培训、激励、员工职业生涯规划、员工关系管理等策略为员工创造良好的发展环境。

3. 设计劳动组织形式

劳动组织形式是酒店运营与管理目标得以实现的重要组织载体。酒店根据各个职能部门产品特点和运行特点设计科学而有效的劳动组织形式，酒店劳动组织形式包含两层含义。从微观上看，它将酒店各个微小的岗位有效地连接，形成酒店的班组，具体包括班组数量、班组岗位设置、班组人员配备、班组轮班安排等。以酒店客房部楼层服务为例，一般来说，酒店客房部 24 小时为顾客提供完善周到的服务，它由早、中、晚三班服务员在时段上有效衔接。从宏观上看，劳动组织将酒店各个重要的业务部门和职能部门有效地整合，形成整个酒店的经营运作体系，为所有顾客提供全面周到的服务。劳动组织形式不仅在纵向上使得酒店每个岗位的工作内容和工作结果有了连贯性和递进性，同时也使饭店各个岗位在横向上的业务关系更加清晰和明确，每个岗位的工作任务和工作内容变得更加细致，从而使各项业务工作执行得更有效。

酒店的劳动组织形式需要将酒店各个工作岗位有效整合，组建酒店的业务流程并协调各个岗位和部门之间的协作，这中间需要制订各岗位的作业内容、岗位服务规程、岗位的排班、业务的作业程序、信息的传递方式等。由于酒店的业务内容很多，各业务工作又复杂多变，因此，酒店劳动组织形式的设计也是一项非常复杂的工作，需要酒店各级管理者慎重对待。

4.3.3　酒店组织管理制度

现代酒店组织管理制度，是用文字形式对酒店各项组织管理工作和组织活动做出的规定，是酒店管理的基础和全体员工的行为准则，是现代酒店进行有效经营活动必不可少的规范。酒店组织管理制度的类型主要有以下六种：有关所有制和产权关系的制度、有关体制和组织结构的制度、部门制度、专业制度、饭店行政工作制度、饭店内部基本制度。在本节中已经介绍了董事会、监事会等组织管理机构的基本制度，下面将选取酒店组织管理制度和岗位职责中的部分内容进行介绍。

1. 总经理负责制

1）基本含义

总经理负责制是指适应酒店现代化管理的一种集权领导制度。总经理是酒店的法人代表，拥有酒店行政的最高决策权力，负责酒店的计划制订并组织具体实施。总经理承担酒店全部业务的经营管理职责，对酒店的发展负有全部责任。

2）主要的职责

（1）在国家政策法律法规所允许的范围内主持酒店的经营活动，制定酒店的经营发展战略，主持召开有关酒店发展方向性问题的大型的重要会议，认真执行董事会对酒店发展战略的指令，并充分调动酒店所有资源，为实现酒店战略目标而不懈努力。正确处理并协调好国家政策、酒店发展与员工之间的利益关系。

（2）对酒店负有经营决策权，制订酒店的发展计划并组织具体实施。建设酒店组织结构，制定酒店组织管理制度，全面指挥酒店各职能部门和业务部门的经营运作，能任意调派和使用酒店的资金、设备、设施、物资等资源以实现组织目标，同时对酒店全部资产负有责任。

（3）负责酒店管理人员的使用、任命、调配以及人力资源的开发；负责酒店的各项接待任务，严格履行经济合同；对酒店提供的产品和服务质量负全权责任，保证酒店服务质量达到应有的水平。

（4）对酒店的资金分配、投资、成本费用等有决策权和管理权；对工资、福利等均有决策权。

（5）负责酒店企业文化建设，保障酒店职工代表大会和工会的权利，支持酒店各个组织的活动，不断改善酒店员工的劳动作业条件，维护酒店良好的工作环境及和谐的工作氛围。

总经理的主要职责与其所拥有的权力是相匹配的，各项职责之所以能够履行，需要以总经理的权利作为保证。与职责相对应，酒店总经理所拥有的权力主要包括酒店的制定决策权、经营管理权、财务监督权、人事分配权、奖惩权等。总经理负有的职责只有当与其拥有的权利良好配合时，酒店总经理责任制才能发挥出最好的作用，为酒店创造最高的效益。

2. 酒店岗位责任制

（1）基本含义。岗位责任制是指在定编、定员的前提下，根据"精简、统一、效能"的原则，对各单位和每个岗位在管理过程中应承担的工作内容、数量和质量，完成工作的程序、标准和时限，应有的权力和应负的责任等进行明确的规定。

（2）基本内容。岗位责任制通常以岗位责任说明书或职务说明书的形式进行下达，它具体规定了酒店每个岗位员工的岗位身份、工作内容、完成标准等，明确该岗位员工所要做的事情以及如何去做。制定岗位责任说明书或职务说明书是酒店岗位责任制的重要表现形式，岗位说明书必须全面、清楚，明确各岗位人员的权利、责任和义务，防止岗位之间产生摩擦，影响组织工作的顺利进行。

3. 员工手册

（1）基本含义。员工手册主要是企业内部的人事制度管理规范，包含企业规章制度和企业文化，并涵盖企业的发展信息。员工手册是企业规章制度、企业文化与企业战略的浓缩，是企业内的"法律法规"，同时还起到了展示企业形象、传播企业文化的作用。

（2）基本内容。酒店员工手册是酒店全体员工应共同遵守的行为规范的条文文件。酒店员工手册的内容包括序言、总则、组织管理、劳动条例、计划方法、组织结构、职工福利、劳动纪律、奖励、纪律处分和安全守则等。

员工手册对每个酒店都是必不可少的，它规定了酒店全体员工共同拥有的权利和义务，规定了全体员工必须遵守的行为规范，只要是酒店员工，在酒店的工作（包括外表形象、言行举止等）中都要受员工手册上条款的约束。员工手册对酒店的意义重大，是保证酒店有效运作的基本制度。员工手册的内容必须通俗易懂，便于员工操作，从而真正发挥作用。

4. 业务技术规范制度

（1）基本含义。业务技术规范制度是酒店下属业务部门根据自身的业务及其运作特点为规范部门行为而制定的相关管理制度。

（2）基本内容。业务技术规范制度包括业务运作制度、服务质量标准、劳动考核制度等。业务运作制度包括业务流程，服务质量检查，考评制度，排班、替班、交接班制度，卫生制度等；服务质量标准是酒店在根据酒店等级、规模以及整体管理水平定位的基础上而制定的提供产品和服务的质量标准；劳动考核制度是对酒店员工的考勤、任务分配、奖惩、违规违纪处理等日常业务工作进行规范。

知识拓展4-1

【本章小结】

组织管理是酒店管理职能的组成部分。本章主要介绍了酒店组织管理的基本含义、特性、原则与要求，酒店组织结构设计的原则和依据，几种常见的组织结构类型，创新型组织结构类型，以及酒店组织管理的体系，包括机构、内容和管理制度。通过以上内容的学习，我们知道酒店组织管理是一个动态的过程，酒店从业人员应依据管理学关于组织管理的基本理论知识，结合酒店经营与管理实践，在具有弹性、可创新的组织机构载体上，实施组织管理策略。

【即测即练】

即测即练

【思考题】

1. 酒店组织管理的特性是什么？

2. 酒店组织管理的原则和要求有哪些？

3. 酒店组织结构设计的原则是什么？

4. 酒店组织结构设计的依据有哪些?

5. 酒店董事会的主要职权是什么?

6. 酒店监事会的主要职权有哪些?

7. 业务技术规范制度包括的内容有哪些?

【参考文献及资源】

[1]马勇. 饭店管理概论[M]. 北京:清华大学出版社,2016.

[2]林壁属. 现代饭店管理概论[M]. 大连:东北财经大学出版社,2016.

[3]简书 – 组织管理(https://www.jianshu.com).

[4]MBA 智库 – 组织管理(https://www.mbalib.com).

[5]网易云课堂(组织设计与管理板块):网易云课堂—领先的实用技能学习平台(https://study.163.com).

第5章 酒店业务管理

【学习目标】

1. 了解酒店前厅部各组织机构及业务范围；

2. 掌握酒店前厅部预订业务管理和接待业务管理；

3. 熟悉酒店前厅部日常服务管理和客账业务管理；

4. 了解酒店客房产品设计、客房部组织结构及业务职能；

5. 掌握酒店客房部清洁卫生管理和客房部服务管理；

6. 了解酒店餐饮部的地位与作用、组织机构及业务职能；

7. 掌握酒店餐饮部原料采购与供应管理、厨房业务管理和餐饮部服务管理。

【能力目标】

1. 掌握酒店业务部门管理方法，培养学生对客服务能力；

2. 了解客人心理需求及变化规律，培养学生对客服务能力；

3. 掌握对客服务技巧与方法，培养学生沟通能力。

【思维导图】

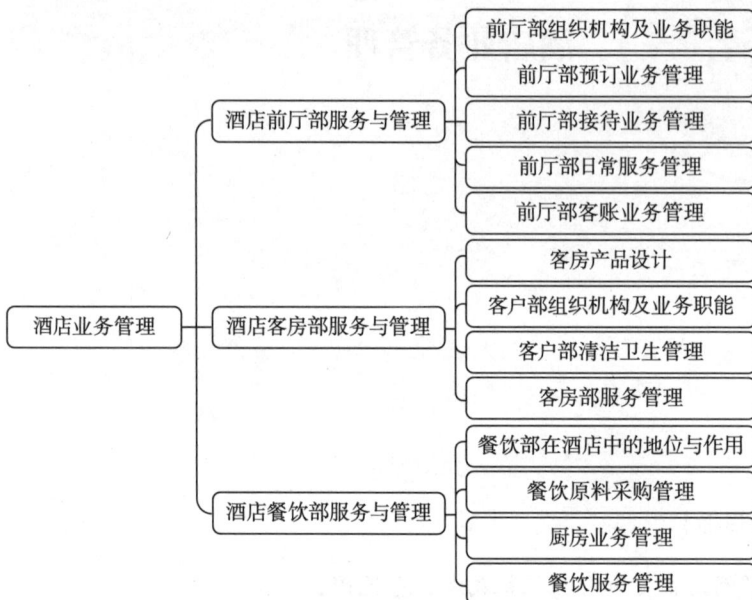

【导入案例】

服务的真谛——满意 + 惊喜

作为成都香格里拉大酒店的"金钥匙"，付显维早在 2013 年就凭着他的勤奋努力和专业知识获得了中国金钥匙会员认证，又在短短三年内考取了象征着无限荣誉和极高肯定的礼宾司权威认证——国际金钥匙礼宾司，并且在 2017 年成为了中国金钥匙四川地区执委会执委，拥有着推荐、考核金钥匙的权利，在专业领域开创出了自己的天地。

金钥匙付显维有着丰富的服务经验，曾为俄罗斯某知名政要、英国怡和集团主席亨利·凯瑟克（Henry Keswick，1938—2024）爵士、刚果民主共和国前总理阿道夫·穆齐托（Adolphe Muzito）、荣获 3 次 NBA 总冠军的篮球巨星斯蒂芬·库里（Stephen Curry）和时任德国总统弗兰克－瓦尔特·施泰因迈尔（Frank－Walter Steinmeier）等多位中外贵宾做接待服务。当谈起如何做到让每位宾客都对他赞不绝口时，他想了想："用心理解，将心比心。"

酷帅又随和的篮球巨星库里的金钥匙会像朋友一样关心他，为他点上一碗担担面；亲切的刚果前总理的金钥匙会在清晨为他更衣并随手拍一张俏皮的合拍；严谨的施泰因迈尔的金钥匙知识丰富，向他娓娓道来安顺廊桥的历史和房间里独具四川特色的熊猫备品的来历……不同的客人有不同的喜爱，提前一个月对此进行了解、查询、安排对他来说已是常事。"我不只是 24 小时随时候命的金钥匙，从接到预订那一刻起我就已经是金钥匙的角色。"

2016 年，一位来成都旅游的美国客人无意间将钱包落在酒店房间，钱包里面有数百美元和欧元，还有银行卡、证件等。金钥匙付显维想象到客人可能会非常焦急，一连两天坚持主动联系客人。在终于联系上客人后，却发现客人短期内无法来到中国，并且根据规定国际快递无法寄送现金等物品。为了物归原主，付显维联系了一位美国联合航空的机长，这位机长既是酒店客人也是付显维的好朋友，听说了来龙去脉的机长带上了美国客人的钱包从成都飞往旧金山，并按照付显维的嘱托将钱包从旧金山带往这位美国客人所在的休斯敦，帮忙完成了这次"跨国归还仪式"。历时两星期，美国客人终于拿到了这件辗转各地最终失而复得的钱包。

酒店客人陈先生穿着休闲装和运动鞋到其他酒店开会，却被临时告知须出席一场正式的午宴，他急忙打电话至礼宾部希望服务人员将他房间中的皮鞋送至开会的酒店。此时金钥匙付显维深切地感受到了陈先生言语中的紧张与焦急，然而若按照正常方法送去，最快也得 40 分钟。于是他当机立断，联系了陈先生参会酒店的前厅部经理（也是他业内的好友）寻求帮助。最终，在不到 10 分钟的时间里，陈先生拿到了一双崭新的皮鞋。事后，陈先生特意向酒店总经理发邮件感谢他灵活而机智的处理，称之为"快速的定制化服务"。

大多游客来到酒店向礼宾司询问周边有哪些旅游胜地时，金钥匙付显维都会耐心地听完客人期望时间、出行人数、喜好禁忌等，适时为客人订制一份独一无二的出行计划，细到路线、航班、服装建议种种，活脱脱的专业"私人导游"。

然而在诸多辉煌成绩的背后，鲜为人知的是金钥匙付显维为此所付出的，如手机 24 小时待机、凌晨接到工作电话即刻赶往酒店开展服务、想尽办法直到为客人解决问题……因为在他看来，令客人"满意 + 惊喜"才是工作最大的宗旨。就像他常常对员工说的一句话："客人不用知道你今天送了 300 份行李，只用知道他的要求都超出预期地被满足就好。而我们要想的就是怎样可以做得更好。"

资料来源：金钥匙传媒

5.1 酒店前厅部服务与管理

5.1.1 前厅部组织机构及业务职能

前厅部，被誉为酒店的"神经中枢"，是酒店联系宾客的"桥梁和纽带"、酒店经营管理的"窗口"。前厅部是现代酒店的重要组成部分，在酒店经营管理中占有举足轻重的地位，主要负责招徕并接待宾客，销售酒店客房及餐饮娱乐等产品和服务，协调酒店各部门的对客服务，是为酒店高级管理决策层及各相关职能部门提供各种信息的综合性部门。前厅部的地位作用是与它所承担的任务相联系的，它对酒店的市场形象、服务质量乃至管理水平和经济效益有至关重要的影响。有些酒店将其前厅部和客房部合二为一，称为房务部或客务部。

设置合理的组织机构并划分明确的岗位职责能够保证一个部门的正常运行。前厅部的组织机构设置应当考虑酒店的类型、规模、等级、客源构成、管理模式等因素，防止出现机构重叠、任务不明、责任不清、人浮于事的现象，使各部门能够分工明确便于协作。根据酒店规模大小的不同，前厅部的组织机构设置也有所不同。

1. 小型酒店前厅部组织机构设置

小型酒店由于规模有限，所以一般不单独设立前厅部，而是将前厅纳入客房部统一进行管理，作为客房部的一个分支机构，负责预订、接待、问讯、收银、电话等服务，管理层次简单（图 5-1）。

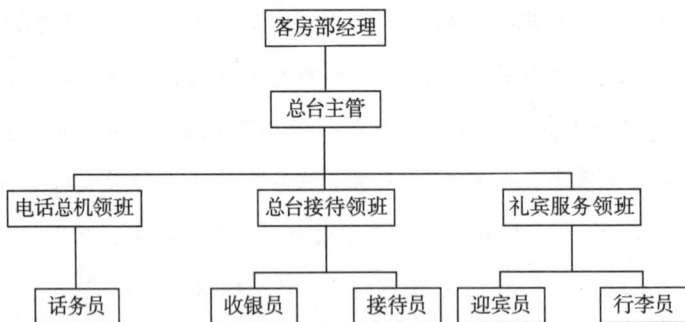

图 5-1 小型酒店前厅部组织机构图

2. 中型酒店前厅部组织机构设置

中型酒店前厅部组织机构较小型酒店要有所增加，以一个独立部门存在，一般设置部门经理、主管（或领班）、基层员工三个层级，职能较完备，以满足接待服务的需要（图 5-2）。

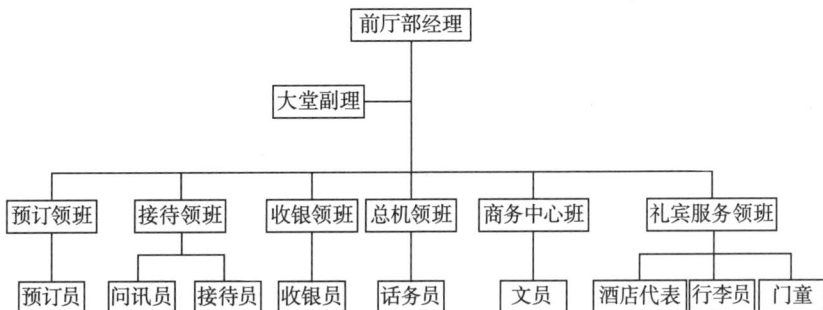

图 5-2 中型酒店前厅部组织机构图

3. 大型酒店前厅部组织机构设置

大型酒店前厅部组织结构健全，分工详细，层级复杂，一般设有部门经理、主管、领班、基层服务人员四个层级，对客服务岗位分工明确（图 5-3）。

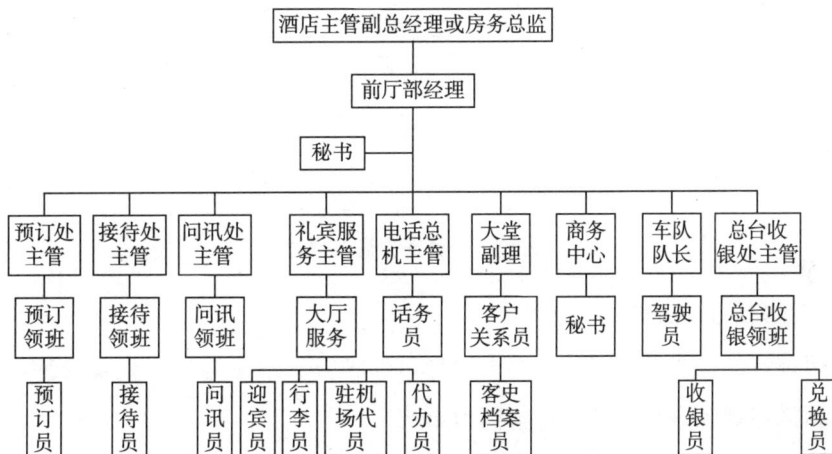

图 5-3 大型酒店前厅部组织机构图

5.1.2 前厅部预订业务管理

知识拓展5-1

客房预订是指客人在没有抵达酒店之前与酒店客房部预先约定客房的行为。预订在得到酒店方确认的情况下，客人与酒店便建立了一种合同关系。酒店有义务以约定的价格为客人提供符合其要求的客房。客房预订是前厅服务中的一项重要内容，酒店一般会在前厅部（或销售部）专门设立预订部。一个合格的预订服务人员，已不是传统意义上接受客人订单的人，而是一名酒店产品推销员。

1. 客房预订的渠道与方式

1）客房预订的渠道

客人要通过一定的联系方式才能向酒店预订客房，这些联系方式就是客房预订的渠道。客房预订的渠道也是酒店客源销售的渠道。对于酒店来说，将自己的产品和服务直接销售给客人，消耗的成本相对低，但由于受到酒店本身资源的限制，酒店无法仅通过直接渠道来获得客源。因此，酒店常需要借助中间渠道，如第三方网络平台、旅行社等，将酒店产品更及时、有效地传递到客源群体，从而达到扩大客源市场、增加销售量的目的。具体的预订渠道如图5-4所示。

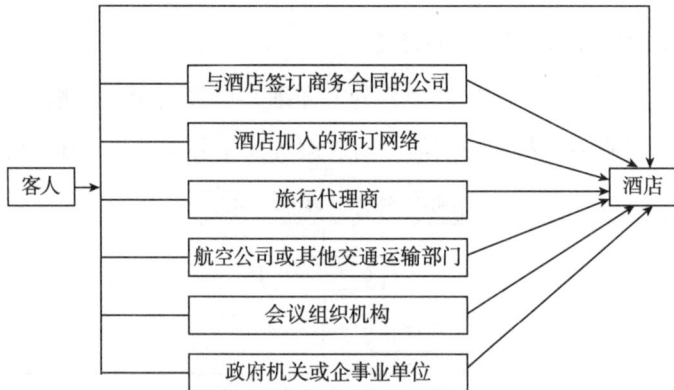

图5-4　客房预订的渠道

2）客房预订的方式

客房预订的方式有很多种，客人选择以何种方式预订客房，主要受预订的紧急程度、预订习惯和自身设备条件等因素影响。

目前，客人采用的预订方式主要有以下几种。

（1）电话预订。客人通过电话与酒店联系预订客房是比较普遍的一种预订方式。这种预订方式的优点是简便、快捷，而且便于客人与酒店之间进行有效沟通，清楚地传递双方的信息。客人可以通过电话，了解酒店是否有适合自己要求的客房；酒店则可以清楚了解客人的订房要求、付款方式、抵离时间等信息，并可适时进行电话营销。电话预订人员对于客人的预订信息要认真记录，并在记录完毕后，向客人复述一遍，得到客人的确认，完成预订的闭环服务。

（2）传真预订。传真预订的特点是传递迅速，即收即发、内容详尽，可以使酒店和客人交换资料，同时酒店可以将客人的相关预订信息原封不动地保存下来，包括客人的真迹，如签名、印章等，不容易出现订房纠纷。所以，传真是外国客人比较喜欢的一种预订方式。

（3）信函预订。信函预订是客人以明信片或信函的方式预订客房，这是一种传统而正式的预订方式。目前，在我国使用信函预订的客人越来越少，但在某些国家仍然是非常流行的一种预订方式。一般是客人在距离抵店日期尚有较长一段时间的情况下采取的一种订房方式。信函预订比较正规，如同酒店和客人之间签订的一份合同，对双方都起到一定的约束力。

（4）口头预订。口头预订是指客人来到酒店，与预订人员面对面洽谈订房事宜。这种订房方式有利于预订员更详尽地了解客人的预订需求，并且有机会当面解答客人提出的问题。预订员有机会运用销售技巧，必要的时候可以通过给客人现场展示不同类型客房的方式来促使客人做出选择。

（5）合同预订。合同预订是指酒店与旅行社、订房机构或其他团体之间通过签订订房合同，以达到长期出租客房目的的一种订房方式。这种订房方式比较适合用于长住客。在签订订房合同时，注意合同的样式与内容要依据酒店的不同有所变化。

知识拓展5-2

（6）网络预订。网络预订是目前国际上最先进的预订方式，随着计算机、国际互联网的普及使用，特别是无线互联网的发展，为客户提供了更为便捷、快速的预订方式。

2. 客房预订的种类

1）非保证类预订

（1）临时类预订。临时类预订是指客人在即将抵达酒店前很短的时间内或在到达的当天联系酒店订房。在这样的情况下，酒店没有足够的时间（或没有必要）给客人邮寄确认函，也没办法要求客人预付订金，只能进行口头确认。

临时类预订一般由总台接待处受理。在接收这类预订时，要问清楚客人抵店航班、车次和时间，重复客人的订房要求进行核对，并且要告知客人，酒店会将客房为其保留至当天下午的 18：00，这个时间也被称为"留房截止时限"（cut - off time），超过这个时限，酒店有权将客房出租给其他的客人。

（2）确认类预订。确认类预订是指客人的订房要求已被酒店接受，而且酒店以口头或书面形式予以确认，并承诺为客人保留客房至事先约定的时间。一般不要求客人预付预订金，但规定客人必须在预订入住日的时限内到达酒店，否则视为自动放弃预订处理，酒店有权将客房出租给其他客人。

确认预订的方式有两种：一种为口头确认，另一种为书面确认。通常使用书面确认，如邮寄、传真回复确认书等。当客人订房时间与抵店时间相距较短时，可以采用口头预订方式。

（3）等候类预订。等候类预订是酒店在客房预订已满的情况下，考虑有些预订可能会出现更改和取消的情况，为了避免这部分客房空闲而带来的损失，酒店会按照一定数量做等候类的预订。对于这类预订的客人，酒店不会发确认书，只是通知客人，在其他客人取消预订或提前离店的情况下，予以优先安排。

2）保证类预订

保证类预订是客人以支付订金的方式保证自己的订房要求。例如，在酒店旺季，保证类预订既可以规避客人无房可住的风险，也避免了酒店因预订客人不来或临时取消订房而引起的损失。保证类预订可以保护酒店和客人双方的利益，约束双方的行为。保证类预订可以通过以下三种方式进行担保。

（1）预付款担保。预付款担保是指客人通过交纳预付款而获得酒店的预订担保。对于酒店来说，最理想的保证类预订方法是要求客人预付订金。

预付订金是指酒店要求客人预付的房费（一般为一天的房费，特殊情况例外）。对按时抵店的客人，在其离店结账时予以扣除；对于没有按预定时间抵店的客人，酒店不予退还订金，酒店为其将客房保留到第二天中午 12：00；如酒店不能为保证类预订的客人在规定的时间内提供客房，酒店要负全部责任。预付订金的形式可以是现金、支票、汇款等酒店认可的形式。

（2）信用卡担保。信用卡担保是指客人将持有的信用卡种类、号码及持卡人姓名、有效期等以书面形式通知酒店，酒店通过相关的银行机构验证其信用卡的有效性。这样，如果客人未在指定时间入住，也未取消预订，酒店就可以通过该客人信用卡的发卡银行收取一夜的房租，来弥补酒店的损失。

（3）合同担保。合同担保是指酒店与有关客户单位签订的订房合同，依此来确定双方的利益和责任。合同内容主要包括签约单位的地址、账号以及同意对因为失约而未使用的订房承担付款责任的说明；合同还应规定通知取消预订的最后期限，如签约单位未能在规定的期限通知取消预订，酒店可以向对方收取房费等。

目前，各地和各酒店的实际情况不同，对于保证类预订所采取的担保形式也不一样，除以上方式可以做担保外，有些酒店将其认可的个人，如 VIP 客人或长期信用好的常客等的担保同样可视为订房担保。

3. 客房预订程序

客房预订工作的开展不但关系到酒店的形象，也是酒店重要的销售渠道。预订工作的专业性较强，需要建立一套行之有效的预订程序以保证预订工作有序高效地进行。客房预订的基本程序如图 5-5 所示。

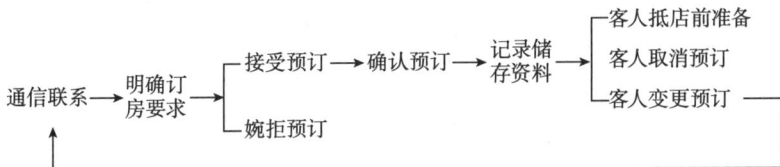

图 5-5　客房预订的基本程序

1）通信联系

客人通过电话、传真、信函、口头、网络等方式与酒店取得联系，提出订房要求。

2）明确订房要求

接到客人订房要求后，预订员首先了解客人订房的具体需求，然后根据客人的要求查找并推荐符合条件的客房。要明确的内容包括：客人订房的类型、订房的数量、客人抵离的时间、住店的天数等。

3）受理预订

在明确了客人的订房要求后，结合酒店的实际情况，对预订进行受理，一般分为两种情况。

（1）接受预订。通过查询，如果酒店现有的条件能够满足客人的订房要求，预订员就可以接受客人的预订，详细地填写客房预订单，并复述请客人核对。

知识拓展5-3

（2）婉拒预订。如果因酒店原因没办法满足客人的订房要求时，不要就此终止服务，应主动提出一些建议来供客人选择。比如：建议客人重新选择入住酒店的时间；建议客人更改房间类型；询问客人是否需要为其联系其他的酒店等。也可以征得客人的同意，将其列入"等候名单"，一旦有了符合客人订房要求的房间立即通知客人。最后要向客人表示感谢，按规范拟写一封致歉信并寄出。如果客人是书面订房而酒店无法满足客人的订房需求时，应立即礼貌复函。

知识拓展5-4

4）确认预订

根据国际惯例，不管订房人以什么方式订房，只要客人订房与抵店日期之间有足够的时间，酒店都应对客人的预订进行确认。确认预订主要有两种方式，即口头确认和书面确认。口头确认一般是通过电话的方式，与客人联系对于预订的内容予以认可和承诺。如果条件允许，酒店一般要向客人寄发书面的预订确认书。书面确认不仅是复述客人的预订要求，还需要与客人确定价格、订金、日期、取消预订及付款方式等方面的相关规定和政策。书面确认比较正式，是酒店与客人之间达成协议的书面凭证，对双方有约束力。对于酒店的 VIP 客人、大型团体、知名人士、政府官员等订房的确认书，要由前厅经理或酒店总经理签发，以示其身份的重要性。

5）预订记录的储存

在办理完客人的订房工作后，预订员要及时将相关的预订信息输入电脑，以便对订房情况进行统计、存档和制作相关报表。订房资料一般由预订单、确认书、预订金收据、预订变更单、预订取消单、客史档案卡、客人的书面预订凭证等构成。

6）预订变更或取消

从客人订房到客人抵店入住这段时间，有可能会出现客人对于原来的预订要求有所变更甚至取消的情况。预订变更是指客人由于某种原因对于原来预订的日期、房间类型、房间数量等一些要求产生变化。而预订取消则会对酒店的收益产生影响，所以要求预订员在为客人取消预订时要更加注意服务态度，通过专业、礼貌的服务获得客人认可，以便后续为客人提供服务。有关资料显示，在取消预订的客人中有90%会在今后选择酒店时考虑在原酒店预订客房。

4. 超额预订

1）超额预订的含义

在实际的客房预订工作中，我们会发现，即使酒店的客房全部都预订了出去，仍然会有一小部分的预订客人因为各种原因而不能按时抵达酒店或临时取消预订，还有的客人提前离店，使酒店出现部分的客房闲置，这样的延误出租会使酒店遭受到一定的损失，因为不是所有的客人都做保证类预订。为了避免这样的损失，为了较高的客房出租率并获得理想的经济效益，酒店会采取一些措施来加强自我保护，其中，客房超额预订策略就是其中的一种。

超额预订是指酒店在订房已满的情况下，再适当增加订房的数量，以弥补因少数客人临时取消预订而出现的订房闲置。

2）超额预订数量的确定

通常在确定超额预订数量的时候，需要考虑以下几个方面的因素。

（1）根据以往订房资料中统计的不同类别客人的数量和比率，利用公式计算超额预订客房数量和超额预订率，其计算公式为

超额预订量 = 可预订客房数 ×（预订取消率 + 预订无到率）– 预期离店客房数 × 延期住宿率 + 续住房数 × 提前离店率

超额预订率 = 超额预订量 ÷ 可预订客房数 ×100%

例如，某酒店有客房 500 间，根据资料统计分析，7 月 18 日预计续住房间数为 140 间，预期离店房间数 75 间，根据总台预订历史资料分析，预订不到及临时取消、变更的比率为 12%，提前离店率为 4%，延期住宿率为 6%，问预订处 7 月 18 日可接受多少超额订房？超额预订率是多少？

解：该酒店接受的超额订房数为

超额预订量 =（500 – 140）×12% – 75 ×6% + 140 ×4% ≈44（间）

超额预订率 =44 ÷（500 – 140）×100% ≈12%

由公式计算可知该酒店 7 月 18 日可超额订房 44 间，超额预订率为 12%。

（2）掌握团队和散客订房的比例。团队订房一般是旅行社、会议组织等事先组织和计划好的，在预订时，会和酒店签订订房合同。因此，可信度较高，临时取消预订的可能性较小，即使订房有变化，一般也会提前通知酒店取消。而散客预订的随意性比较大，经常会出现由于各种原因不能如期抵店的情况，而且很少会提前通知酒店。因此，在订房中，如果团队订房的比例大于散客订房的比例，那么，超额预订的比例可降低；反之，如果散客订房的比例大于团队订房的比例，超额预订的比例可适当提高。

（3）掌握预订类别之间的比例。根据不同种类预订的特点确定超额预订数量。如果酒店所有预订都为保证类预订，那么就可以不做超额预订，因为保证类预订客人都已交付订金，即使未到酒店也不会对酒店造成损失；如果确认类预订的比例较大，超额预订比例可降低；如果临时类预订比例较大，超额预订的数量可提高。

（4）掌握酒店淡、旺、平季的差别。旺季时，客房供不应求，客人预订取消的可能性较小，所以酒店的超额预订的比例不宜高；在平季，酒店的客人可选择的范围变大，客人取消预订的可能性就要比旺季大，所以可以提高超额预订的比例；在淡季，酒店一般不会出现客满的情况，所以不涉及超额预订的问题。

（5）掌握好预订提前量的多少。就是看客人预订日期和抵店日期距离长短的多少。例如，如果明天客房已经订满了，做超额预订比例时就应该慎重，因为距离客人抵店只有一天的时间，客人取消或变更预订的可能性较小；而如果是一个月后酒店的客房已经订满，因为距离客人抵店还有一个月的时间，这中间客人更改或取消预订的可能性就变大，所以超额预订的比例就可以大些。

（6）了解附近同星级酒店的出租率。附近同星级酒店若已经客满或接近客满，就应该减少超额预订的比例；反之则可以提高超额预订的比例。

（7）根据酒店信誉度确定超额比例。信誉度高的酒店，客人认可度高，取消或更改预订的可能性小，所以应减小超额预订的比例；反之则应该提高超额预订的比例。

（8）控制预订的到达率。在接受预订时，应充分了解客人的相关信息，如问清客人入住酒店的具体时间，到达的航班号、火车车次及最晚保留客房的时间，并留下客人随时能联系上的一个通信方式。

（9）精确地掌握退房、预订情况。根据酒店信息平台提供的数据，精确了解客人预订、退房情况，采用超过可用房适度的比例接受超额预订。

（10）房间类型的匹配。超额预订不仅是客房数量的超出，还要考虑房间类型的匹配。总台人员在做超额预订的当天，首先要做的是房间类型的匹配，然后才是房间数量的匹配。例如，如果当天酒店的标准客房已经超额预订了很多，但单人房和大床间却无人问津，这就要求服务人员在为客人办理入住时，根据实际情况做出调整。遇到单身客人时，就可以为其安排大床间或建议其入住单人房。

3）超额预订过度的处理

一旦发生超额预订过度的情况，于情于法酒店都应该妥善解决，尽量消除客人的不满，挽回酒店的声誉和形象。

酒店对于超额预订过度的处理一般采取以下措施。

（1）诚恳地向客人表示歉意，说明原因。客人抵达酒店，如果确实是因为酒店超额预订过度而造成客人无房可住的情况，酒店的主管人员应诚恳地向客人表示歉意，并说明原因，尽量使客人消气。必要时，可请酒店总经理出面向客人表示歉意。

（2）同本地区同档次同星级的酒店加强协作，提供帮助。征得客人的同意，可将客人安排到其他同档次星级的酒店入住，并负责提供交通工具和第一夜的房费（即第一夜免费制度）；如果找不到相同等级的酒店，可安排客人住在另一家等级稍高的酒店，高出的房费由本酒店负责。

（3）免费提供一次或两次长途电话。由酒店向客人免费提供一次或两次长途电话服务，以便客人将地址变化情况告知酒店。

（4）保管好客人的有关信息。客人到其他酒店入住，本酒店总台人员要随时留意该客人的有关信息，以便向客人提供邮件接收及查询服务。

（5）做好后续工作。询问客人在酒店有空房的情况下，是否愿意搬回原酒店。如果客人同意次日搬回，可为客人保管大件行李，并在排房过程中优先考虑客人的用房要求。要做好客人搬回酒店时的接待工作，酒店派人将客人接回，大堂经理欢迎，房内放致歉信，赠送鲜花和果盘等，让客人感受到酒店的歉意和诚意。在客人以后的住店期间，提供更细心周到的服务，以消除客人的不快经历。

（6）向订房委托人发致歉信表达歉意。

（7）事后向提供援助的酒店表示感谢。

5.1.3 前厅部接待业务管理

为客人办理入住接待服务是前厅部重要的工作。这一阶段的工作将直接影响酒店的销售客房、信息收集、协调对客服务、建立客账与客史档案等各种功能的发挥。宾客入住登记的程序，如图 5-6 所示。

识别客人有无预订 → 填写入住登记 → 排房定价 → 确定付款方式 → 完成入住登记 → 建立相关表格档案

图 5-6 宾客入住登记的程序

1. 识别客人有无预订

客人抵店时，前厅部接待人员向客人表示欢迎，礼貌询问客人是否为预订客人。如果是预订类客人，应询问客人的预订信息，迅速查询预订资料，并向客人复述预订的要求及订房内容，客人确认后可为客人办理入住登记手续；如果是无预订类客人，应根据酒店客房销售情况，向客人推介客房，注意运用一定的销售技巧，提高销售客房的成功率。

2. 填写入住登记

请客人出示相关的有效证件，查看真伪及有效期。对于预订类客人，酒店已掌握部分相关的信息，应在客人抵店前进行预登记，当客人抵店时，补充客人信息，并签字确认即可。对于临时入店的散客，接待员应协助客人尽快完成登记手续，缩短办理时间。对于 VIP 客人，可享受先入客房，再进行登记的礼遇。

3. 排房定价

接待员应该根据客人的要求以及酒店客房的可供出租情况，为客人安排合理的客房。安排客房时，要充分考虑客人的住房需求，讲究一定的排房艺术，力求使客人满意，在确定客房的基础上，按照酒店的客房价格政策为客人确定房价。

4. 确定付款方式

确定付款方式可以明确客人住店期间的信用限额，并在其离店时加快结账的速度。客人通常可以选择的付款方式有信用卡、现金及转账等，不同的结账方式获得的信用限额不同。

对于采用信用卡结账的客人，接待员首先应明确客人所持的信用卡是否属于中国境内规定的可在本店使用的信用卡类别，然后检查信用卡的完好程度以及其是否在有效期内，并留意信用卡公司对持卡者在酒店使用信用卡最低额度限制的规定，无误后，使用信用卡压印机影印客人的信用卡签购单，并告知客人信用额度，最后将信用卡签购单和账单一起交给收银处。

对于采用现金结账的客人，接待员应根据酒店有关预付款的规定来确定客人是否需要预先付款，然后，根据客人交付的预付款数额来决定其所拥有的信用限额。

对于采用转账结账的客人，应事先得到有关负责人的批准，在办理入住登记手续时，接待员应向客人清楚地说明属于转账款项的具体范围。

5. 完成入住登记

接待员请客人在准备好的房卡上签名，然后将客房钥匙交给客人。如果酒店给住店客人提供早餐券、促销宣传品等，应同时交给客人。如客人入住前为该客人接收过邮件、留言单等，也应此时交给客人。接待员还应礼貌提醒客人如何进行贵重物品保管。手续办理完成后，接待员应提醒行李员为客人带房，并感谢客人的光临，礼貌道别。

6. 建立相关表格档案

客人离开前台后，接待员应再次检查房间状态，看其是否显示正确，将客人资料存档，制作相关的表单，并将客人信息传递给客房部、餐饮部、总机等部门。完善客人客史档案，以便日后为客人提供更完善的服务。

5.1.4　前厅部日常服务管理

前厅部日常服务是酒店前厅部针对住店客人特点，为住店客人提供的一系列服务。前厅部被誉为酒店的门面，是与客人接触最多的部门，所以前厅部是否能为客人提供优质的服务体现了酒店的整体服务水平和声誉形象。

1. 问讯与查询服务

1）问讯服务

大型酒店一般会在总台设立问讯处，由专门的服务人员为客人解答疑问。中小型酒店为了节省人力资源，也可以将问讯处和总台接待处合并，由接待员解答客人的问题，为客人提供问讯服务。

为客人提供及时周到的问讯服务，要求提供服务的人员掌握大量的信息，并且有很好的服务意识和对客服务技巧。在服务过程中需要做到礼貌热情，彬彬有礼，并且要一视同仁，避免让客人产生厚此薄彼的感觉；熟悉酒店的各项服务项目，记清酒店各服务部门的电话号码；对于性急的客人，要帮助客人稳定情绪，然后迅速简明扼要地回答客人的问题；问讯服务员要随时补充、修改、更新自己掌握的信息和资料；对于熟知的问题，回答时应简明扼要；对于不太了解的问题，应向客人道歉并说明，请客人稍等，然后迅速借助手中资料或互联网等进行查找，尽量满足客人要求；问讯员在回答客人问讯时必须准确无误，态度温和，不使用否定语；对于同时有几位客人进行询问的情况，应该遵循先问先答、急问急答、有问有答的原则，尽可能使每位客人都能得到热情的接待和满意的解答；要耐心、细致地回答客人的任何问讯，做到百问不厌。

目前，很多酒店不仅依靠问讯员为客人提供问讯服务，同时也利用智能设备为客人提供自助式问询服务，如智能机器人。近年来，随着酒店智能化程度的提高，酒店行业采用内部闭路电视系统、智能语音系统等多种方式为客人提供随时随地的问询服务。

另外，在很多涉外酒店中，因为有大量外国客人存在语言的障碍问题，酒店会为客人准备向导卡，即卡片的正反面用中、英、日等三种语言来标明酒店的地址、联系电话和客人外出的目的地，这样，客人只要向出租车司机或行人出示这张卡片，就可以到达自己想去的地方，不会迷路。

2）查询服务

知识拓展5-5

查询服务主要是指非住店客人向酒店查询住店客人的有关信息，酒店在住店客人的隐私不受侵犯的情况下，给予查询回答的服务。

3）留言服务

客人在住店期间，常会遇到来访客人到达酒店，但住店客人却不在，或是住店客人要离开酒店而约好的来访客人还没有到，针对这一情况，酒店为了给客人提供更周到的服务，在前台的问讯处免费为客人提供留言服务，帮助客人传递信息。酒店店为客人提供的留言服务一般分为两大类：访客留言和住客留言。

（1）访客留言。访客留言是指来访客人给住店客人留言的情况。当来访客人到达酒店时，经核实所要见的住店客人没有在酒店内，问讯员可向来访客人建议是否为住店客人留言，由服务人员帮助来访客人将留言转达给住店客人。如果来访客人需要留言，则需要请其填写"访客留言单"。

知识拓展5-6

（2）住客留言服务。住客留言是指住店客人给来访客人留言的服务。住店客人在离开客房或酒店时，希望给来访客人（包括电话来访客人）留言，这时就必须要填写"住店客人留言单"。

知识拓展5-7

4）邮件服务

为使客人在住店期间信件往来方便，酒店为客人提供邮件处理的服务，一般这项服务由总台的问讯处来完成。在每天收进的邮件中，由于收件人的不同，可以分为客人的邮件、酒店的邮件、租用酒店场地单位的邮件、员工的邮件等。总台的问讯处留下客人邮件，其他的邮件则有专人送交有关部门。

（1）进店邮件服务。对于寄发给住店客人的信件必须要认真、仔细地进行处理，做到将信件准确无误、完好无损、及时地交到客人的手中，避免因工作失误造成信件丢失、传递错误等情况的发生，给酒店和客人带来麻烦和损失。进店邮件的处理流程如图5–7所示。

接收邮件 → 清点件数 → 交接（签名）→ 打日期和时间戳 → 分类登记 → 确认收件人姓名房号 → 分发、转寄、留存 → 客人签字

图5–7　进店邮件的处理流程图

（2）出店邮件服务。出店邮件服务主要是指为了方便住店客人，酒店问讯处为住店客人提供代发平信、挂号信、特快专递、代售邮票、明信片等服务。问讯员可以根据客人的不同要求，提供代发邮件服务。

2. 礼宾服务

礼宾服务主要有以下几方面的服务。

1）迎送宾客服务

迎送宾客服务主要由门童、行李员、酒店代表等岗位提供，一般可分为店内迎送服务、店外迎送服务两种。

店内迎送服务是指门童对到店的客人主动迎接示意问好，为坐车抵店的客人打开车门并护顶，帮助客人卸下行李并进行清点，行李员运送行李，引领客人进店。客人离店时，示意客人车停靠位置，协助行李员将行李放上车，并清点核对。打开车门请客人上车坐好，轻关车门，向客人致意送别。

店外迎送服务主要由酒店代表负责。酒店为了方便客人，会在机场 、车站、码头等主要出入境口岸为客人提供高效的迎接和送行服务。迎接客人时，酒店代表需要提前一天熟悉预订客人抵达时间、姓名、人数等信息，准备好接机牌。随时了解交通工具的变更信息，及时通知前厅接待处。客人抵达前 15 分钟站在显眼的位置举牌等候客人。送别客人时，提前安排好车辆并提前 10 分钟在酒店门口恭候客人，协助客人办理托运行李等相关手续，热情礼貌与客人道别，并表示期待其再次光临。

2）行李服务

酒店的行李服务是由行李员提供的。行李员根据客房预订处和接待处提供的"预计当日抵店宾客名单"和"当日离店宾客名单"，及时掌握当日进出店客情，做好工作安排，特别要注意名单中的"VIP"和团队/会议宾客抵离店情况，以便做好充分准备。

行李员除了为客人提供抵离店的行李服务外，在客人住店期间如果需要换房，行李员还要为换房客人提供行李服务。在前台接待处得到客人换房通知后，要确认好宾客房号，与客人检查清点行李，引领客人到新的房间后，将原房间的房卡带回前台，并做好记录。

处理住店客人行李寄存服务也是行李员日常的工作内容之一。礼宾部为方便住客存取，应开辟专门的行李房和建立相应的制度，并规定必要的手续。行李寄存服务是针对住店客人的，所以需要客人出示房卡以证明其住客身份，并礼貌询问客人所寄存的物品中是否有贵重物品或易燃易爆、易损易腐烂的物品，以及提取行李的时间。为客人填写行李寄存卡，将寄存卡提取联交给客人，并告知客人使用方法和注意事项。提取行李的时候，必须请客人出示寄存卡，清点核对无误后交接，请客人签字确认。

知识拓展5-8

3）委托代办服务

委托代办服务是酒店为了方便和满足客人的需求所提供的服务。酒店礼宾部在做好日常服务工作的同时，在力所能及的前提下，应尽量帮助并完成客人的各项委托代办业务。

酒店为客人提供委托代办服务，一方面要设置专门的表单，如"委托代办登记单""订票委托单"等；另一方面要制定委托代办收费制度，一般酒店内的正常服务项目和在酒店内能代办的项目不收取服务费。酒店为客人提供的委托代办服务包括：呼叫寻人服务、递送转交服务、订餐服务、雨具提供及保管服务、泊车服务、预订出租车服务、外修服务、旅游服务、代订客房等。

知识拓展5-9

4）金钥匙服务

金钥匙服务是酒店礼宾服务的极致服务。"金钥匙"一词来源于拉丁文"Concierge"，原意为"保管""管理"或是仆人，通常被译为酒店里的"礼宾司"。金钥匙的标志是两把交叉的金钥匙，其中一把代表开启酒店综合服务的大门，另一把代表开启该城市综合服务的大门。也就是说，"金钥匙"是现代酒店个性化服务的标志，是酒店内外综合服务的总代理。金钥匙的服务哲学是：尽管不是无所不能，但一定要竭尽所能。

知识拓展5-10

国际酒店金钥匙组织成立于1952年4月，属于国际化的专业服务民间组织，创始人是法国的费迪南德·吉列特（Ferdinand Gillet）先生，总部设在法国。酒店金钥匙服务在中国的出现，最早是由中国香港已故实业家霍英东先生倡导而引入广州白天鹅酒店的。1995年11月，我国首届酒店委托代办研讨会的召开，标志着我国酒店金钥匙的诞生，也形成了我国酒店金钥匙组织的雏形。1997年中国申请加入国际酒店金钥匙组织，成为第31个成员国。

3. 总机服务

酒店的总机房（switch board）将酒店内部与外部之间连接在一起，也是酒店与客人交流沟通的桥梁。

1）电话转接

话务员在转接电话时要做到准确、快捷、有效。话务员做到熟记常用部门、个人的电话号码；正确掌握住客资料，并尽可能多地去辨认酒店长住客人、管理人员及服务人员的姓名和声音。

2）长途电话服务

客人可以通过总机转国内、国际直拨电话，话务员应按照客人的要求准确操作。现在大部分的酒店，都采用了程控直拨电话系统，客人可以在客房内直接拨打长途电话，不需要再通过总机。通话结束后，能够根据客人通话的时间长短自动计算出费用并打印出电话费用单。

3）查询服务

总机话务员在提供查询服务时，如果客人要查询的是常用的电话号码，话务员应该准确快速地为客人解答。这就要求话务员平时要注意熟记、背诵常用的电话号码；如果客人要查询的不是常用的电话号码，话务员可以请客人稍等，以最快的速度为客人进行查询，确认后立即通知客人；如果查询需要较长时间，可以询问客人是否能够留下联系方式，待查询清楚后，话务员主动和客人联系告知结果。如果客人想要查询住店客人的房间号码，话务员要为住店客人保密，不得将房间号泄露出去，此时可以根据来电人所找客人的姓名，在电脑中找到住店客人房间的电话，接通后，让住店客人直接和来电人通话。如果遇到客人所提的问题话务员不能立即回答，应礼貌地向客人表示歉意，请客人留下联系方式，然后马上通过各种渠道为客人查询，不能随便以“不知道”来作答了事。查完之后，无论有没有答案，都必须给客人答复。

4）“免电话打扰”服务

总机处可以根据住店客人的要求，为其提供电话免打扰服务。所有要求“免电话打扰”服务的客人姓名、房号及要求“免电话打扰”的服务时间要记录清楚。免打扰期间，对于所有的来电，话务员应礼貌地告诉来电人该宾客已开通了免打扰服务，建议来电人进行留言或是等待住店客人取消“免电话打扰”服务之后再打。客人要求取消“免电话打扰”服务后，话务员要马上给客人做取消服务，同时在记录本上注明该客人取消服务的时间，做好上下班的交接工作。

5）叫醒服务

酒店为住店客人提供 24 小时叫醒服务。叫醒服务涉及客人的计划和行程安排，所以非常重要。提供叫醒服务前一定要问清客人的房号、需要叫醒的时间，复述一遍与客人核对，并在规定的时间为客人提供服务。话务员在为客人提供该项服务时一定要认真、仔细，避免出现差错，给客人和酒店带来麻烦和损失。

6）店内传呼服务

总机除了为客人提供服务之外，还可以为酒店各个部门联系和沟通提供技术支持，以保证酒店日常工作的顺利开展和进行。现在很多酒店都为服务人员配备呼叫系统（电脑微机控制），当酒店内部有紧急事情需要转达时，总机话务员可以及时地通过呼叫系统传达信息。这就要求总机话务员要熟悉各个部门呼叫机佩戴者的工作区域、安排及动向。

7）充当酒店临时指挥中心

当酒店出现紧急情况时，总机房便成为酒店管理人员迅速控制局势、采取有效措施的临时指挥协调中心。话务员应按指令执行任务，应注意做到以下几点：

（1）保持冷静，不惊慌。

（2）立即向报告者问清事情发生地点、时间，报告者身份、姓名，并迅速做好记录。

（3）即刻使用电话通报酒店有关领导（总经理、驻店经理等）和相关部门，并根据指令，迅速与市内相关部门（如消防、安全、公安等）紧急联系，随后，话务员应相互通报、传递所发生情况。

（4）坚守岗位，继续接听电话，并安抚宾客，稳定他们的情绪。

（5）详细记录紧急情况发生时的电话处理细节，以备事后检查，并加以归类存档。

4. 商务中心服务

商务中心是酒店为客人开展各种商务活动而提供相关服务的部门。目前，大多数的酒店，特别是商务型酒店，每天要接待大量的商务客人，这些客人在住店期间通常要安排一些商务活动，所以，针对这类客人的要求，酒店通常会在大堂附近设置商务中心，环境安静、舒适、优雅，专门为客人提供商务洽谈、打印文件、网络服务、收发电子邮件和传真、复印、翻译等服务。商务中心是现代酒店的重要标志之一，也被称为商务客人的"办公室外的办公室"。

5.1.5 前厅部客账业务管理

1. 客账业务管理的基本要求

前厅的客账业务管理工作是一项十分复杂而又至关重要的工作。有效的管理账目不仅可以反映酒店业务经营活动的状况，同时也可保障酒店经济利益不受侵害。

另外，合理而完善的客账管理制度也能体现酒店整体的经营服务水平和经营效率。客账记录的要求如下。

（1）账户清楚。接待处给每位入住客人建立一个账户，供收银处记录该客人在住店期间的房费及其他各种消费，它是酒店编制各种报表的数据来源之一，也是客人离店时结账的重要依据。

（2）记账准确。客人在住店期间的每一次消费，都应准确记录在账户上。客人姓名、房号、消费项目、消费时间和金额等必须准确清楚。

（3）转账迅速。客人的消费随时都会发生，并且涉及的消费项目繁杂，这就要求各部门对客人的消费应该迅速转账，保证在客人离店的时候，所有的消费都被记录，防止跑账、漏账的发生，对酒店造成损失。

2. 客账控制流程

（1）建账。客人在接待处办理入住登记手续，接待员为其排房定价，确认付款方式后，将入住登记表的财务联移交给收银处，作为建立客账的原始凭证，收银员以此确定预收押金和建账。酒店的账户一般分为住客账户、团队账户、非住客账户。

（2）入账。建立客人的各类账户后，酒店应及时准确地将客人的预付押金、消费情况分门别类地记入客人账户中。客人在住店期间主要的消费项目有房租、餐饮消费、电话费、洗衣费、客房迷你吧消费、康乐消费等。

（3）交款、编表。收银员清点当班的现金，并按币种分类填写交款表，然后将现金上交酒店总出纳。收银员还需要把离店结账的账单按照类别进行汇总整理，对入住宾客的保证金付款单据、预订房间的保证金单据进行分类整理并计算出合计金额。

收银员在每天工作结束前要编制收银报告，包括一份明细表和一份汇总表，并把整理好的账单、现金与收银报告总表的有关项目加以核对，如发现不符，则将不符的项目与收银员明细表中的有关项目核对，找出原因，及时更正。核对无误后，将其按照酒店规定上交总出纳，同时将账单和收银报告按酒店规定移交和分发。

（4）夜审。夜审是夜间进行查对账单资料和核对数据的专项财务工作。酒店前台财务工作紧张而忙碌，收银员既要收款、退款，还要制作账单，输入数据，工作中容易出现差错。因此，夜间稽核是对白天及晚间各项营业收入进入审核的最佳时间，是客账业务管理的重要一环。

在信息化、数字化程度较高的酒店，前台的客账管理已经基本实现酒店内自动化处理。

5.2 酒店客房部服务与管理

客房，是酒店的主要产品，是客人在住店期间主要的停留场所。客房收入是酒店收入的主要组成部分。客房部，也称为房务部或管家部，肩负着为客人提供安全、清洁、美观、舒适的住宿环境以及为其他部门提供一系列服务的重要职责。

5.2.1 客房产品设计

客房是酒店的基础设施，其数量的多少、设施设备的豪华程度可以反映出一家酒店的规模和档次。酒店的客房类型多种多样，以满足不同客人对客房的需求。

1. 客房的类型

1）根据客房的配置分类

（1）单人房。房间内设有一张标准床，适用于单身客人，占客房数量的比例较小，有些酒店不设置这类客房。

（2）标准间。房间内设有两张标准床，适用的范围广泛，是酒店主要的客房类型。

（3）大床间。房间内有一张双人大床，适用于夫妻或喜欢舒适的单身客人，通常与标准间的价格相同或稍贵。

（4）三人间。房间内设有三张床或者一张单人床和一张双人床，适用于三人居住或家庭旅游者。

（5）普通套房。由一个卧室和一个起居室构成，卧室内带有一个卫生间，内有一张大床，起居室设有盥洗室，内有马桶和洗漱台。

（6）商务套房。这种类型的客房是专门为商务客人设计的，一间为卧室，一间为起居室或办公室，房间内的灯光和设备的设计均满足商务客人的需求。高星级酒店一般会设置商务楼层为有需要的客人提供服务。

（7）复式套房。这种类型的房间是由楼上楼下两层组成。楼上一般为卧室，楼下一般为起居室。

（8）豪华套房。这种类型的客房结构上与普通套房基本相同，主要特点在于注重客房装饰布置、房间氛围及用品配备，以呈现豪华气派。有的酒店这类客房由三个以上的房间构成，在两个房间的基础上增加一个书房、会议室或餐厅等，并且房间内的床为大号双人床。

（9）总统套房。这种类型的客房通常只有在高星级酒店中才会出现，一般由五间以上的房间组成，包括男主人房、女主人房、会客室、书房、餐厅、厨房、起居室、健身房、娱乐室、随从房等。装饰布置非常考究，造价昂贵，房价高，可根据酒店建筑情况，单独设置电梯、室外露台、花园、游泳池等设施。主要用于接待酒店的贵宾或消费能力强的客人。

2）根据客房的位置分类

（1）外景房。客房的窗户朝向酒店外部，可以看到不一样的风景，可朝向公园、山峦、大海、湖泊或街道等。

（2）内景房。客房的窗户朝向酒店内庭院的客房，一般可以看见酒店的花园或者酒店内的建筑等。

（3）角房。这种类型的客房位于走廊过道尽头。

（4）连通房。这种类型是指两个客房中间有门连接的房间，可同时上锁变成两个独立的客房。

（5）相邻房。两间客房毗邻但是中间没有门相通的客房。

3）根据客房的主题分类

（1）以客人特征为主题。对客人的基本特征进行功能细分，如根据年龄设计，有老人客房、儿童客房等；根据性别设计，有女性客房、男性客房；根据职业设计，有商务客房、明星客房等；根据客人需求设计，有蜜月客房、高考客房等。

知识拓展5-11

（2）以建筑风格为主题。主要以室内装饰所代表的民族地域风情为题材，如中式古典风格客房、欧式风格客房、日式风格客房、童话风格客房、乡土风情客房、少数民族风格客房等。

（3）以兴趣爱好为主题。客户以客人的兴趣偏好为主题进行装饰，增加对有这个爱好客人的吸引力。例如电影客房、球迷客房等。

2. 客房空间设计

酒店中客房的种类是多样的，面积大小也不尽相同，但客房内空间设计的目标基本是一致的，就是为了满足客人在房间的基本生活

知识拓展5-12

需要。

酒店的客房通常分为五个功能区域：睡眠空间、盥洗空间、起居空间、书写空间和储存空间，每个空间由不同的设施设备构成。

5.2.2　客房部组织机构及业务职能

建立一个科学合理的组织机构，是保证酒店客房部正常、高效运转，各项工作能够顺利开展的前提条件。酒店可以根据自己的实际情况，来设计客房部的组织机构。一般情况下，大中型酒店客房部一般分为楼层、公共区域和洗衣房三个部分（图5-8），也有的酒店将客房中心和棉织品房单独列出，分为五个部分。

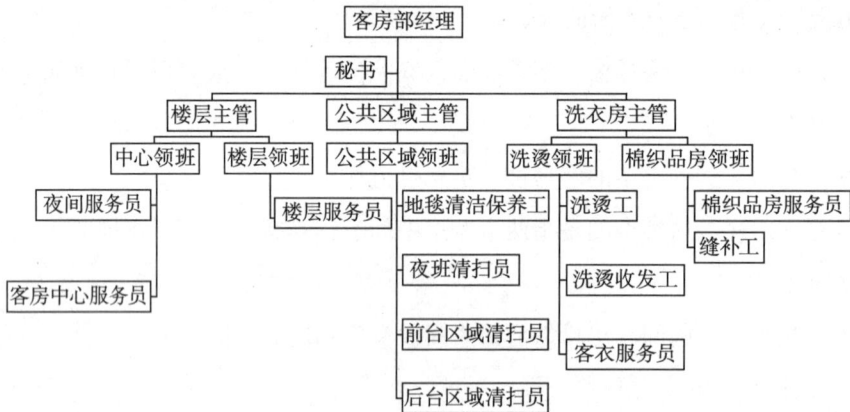

图5-8　大中型酒店客房部组织机构图

小型酒店的客房部一般隶属于房务部（图5-9），不设洗衣房和客房中心，酒店的棉织品和制服的洗涤一般可承包给社会上专业的洗涤公司。客房中心对客服务电话的接听可由总台服务员承担，其他的工作职责则由客房部经理根据实际情况安排给其他岗位。

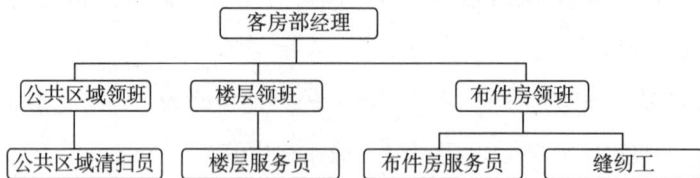

图5-9　小型酒店客房部组织机构图

5.2.3　客房部清洁卫生管理

保证客房的清洁卫生是客房部每天都要进行的工作任务。在保证酒店客房安全的情况下，住店客人最关注的就是房间的卫生清洁状况，整洁的客房和优雅的环境能够使客人心情舒畅，提高客房舒适度，提升顾客体验。因此，客房部的服务人员必须按照标准认真、高效地做好客房的清洁卫生管理。

知识拓展5-13

1. 客房部日常清洁卫生管理

1）客房清扫要求及适用的客房状态

客房的清扫要求可以分为简单清扫、一般清扫和彻底清扫。

简单清扫时，服务员只需要每天进房间抹尘，定期地毯吸尘，检查设施设备能否正常使用；定期打开卫生间的水龙头，避免产生锈水；打开房间内的窗子进行通风，保证房间内空气清新；根据季节以及天气情况，调节室内温度。

一般清扫时，需要整理床铺，撤换房间内的脏布草（包括床上用品以及浴巾、毛巾等），补充客房用品并较为全面地清扫客房，包括倒掉垃圾、清洗卫生间、整理房间内物品等。

彻底清扫时，除按照程序对客房进行一般清扫外，还需要对地毯除污，仔细擦拭房间各个角落，墙纸如果有损坏或脱落，要进行墙纸更换，翻转床垫、更换窗帘等。

不同的客房状态，可以进行不同的清扫要求。通常情况下，对于暂时没有人入住，但随时可供出租的空房，服务人员只需要进行简单清扫即可；对于有客人入住的住客房（occupied）以及客人刚刚结账离店，尚未清扫的走客房，需要进行一般清扫；对于那些长住客人离店后的客房或是即将接待重要客人莅临的客房要进行彻底清扫。

2）客房清扫的顺序

为了提高客房的利用率，保证服务质量，客房服务员在了解即将清扫的各种客房状态后，应根据酒店经营的淡旺季，安排清扫客房的顺序。

淡季时的清扫顺序：

（1）前台指示要尽快打扫的房间。

（2）门上挂有"请速打扫"牌的房间。

（3）走客房。

（4）VIP 房。

（5）其他住客房。

（6）空房。

旺季时的清扫顺序：

（1）空房。

（2）前台指示要尽快打扫的房间。

（3）走客房。

（4）门上挂有"请速打扫"牌的房间。

（5）VIP房间。

（6）其他住客房。

3）制定客房日常清洁卫生检查的程序和标准

为保证客房的清洁卫生质量，酒店在技术文件中制定了客房标准

知识拓展5-14

化清洁细则与科学检查制度。

客房清洁检查制度主要有以下几个方面。

（1）服务员自查。客房服务员每清扫一间房间，应对客房的清洁卫生质量及物品的摆放、设施设备的完好程度进行自查，尽量将工作失误在第一时间予以纠正。服务员自查能加强员工的责任心，提高员工的业务素质，提高客房卫生合格率。

（2）领班普查。领班负责OK房的通报，所以领班的检查常常是最后一轮检查，是客房清洁质量控制的关键。领班应加强监督检查，对服务员的漏项与失误要视情况进行弥补或立即要求服务员返工。

（3）主管抽查。主管是客房清洁卫生工作的主要指挥者，加强服务现场的督导和检查，是主管的主要职责。主管对客房的抽查数量一般为领班数量的15%～20%，抽查的重点为领班检查过的房间、VIP房、OK房、住客房、维修房等。

（4）部门经理抽查。客房部经理对客房卫生进行抽查，便于掌握员工的工作状况，对改进管理方法、修订工作标准具有十分重要的意义。部门经理的检查不定期不定时，但是要求更加严格，检查重点是房间清洁整理的总体效果与服务员工作的整体水平。

（5）总经理抽查。总经理对客房的检查方式也是不定期不定时，可以由总经理亲自抽查，也可以下派值班经理或大堂副理进行抽查，以获得客房部的服务质量信息与管理水平信息。

（6）定期检查。酒店也可以以质量监督部门为主采取一些定期的、有计划的公开检查，目的是制造声势，创造氛围，提高员工工作的积极性。

（7）其他方式的检查。酒店可以利用在客房设置客人意见表、拜访住店客人或邀请一些专家、同行等方式，对酒店客房部的卫生质量进行反馈。这些方式可以从

不同的角度发现问题，更好地提高酒店客房服务的质量水平。

2. 客房部计划清洁保养管理

客房的计划卫生是指在日常客房清洁的基础上，拟订周期性清洁计划，针对客房中平时不易或不必进行清洁的项目，采取定期循环的方式做彻底清洁保养的客房卫生管理制度。

1）客房计划清洁保养的组织形式

（1）每日清洁保养一间客房。要求客房服务员每天清洁保养一间客房，如负责 15 间客房，每日彻底清洁保养一间客房，那么 15 天的时间，就可以把所有其负责的客房都进行一次清洁保养。

知识拓展5-15

（2）每日对客房的某一部分或区域进行彻底的清洁保养。要求客房服务员除日常的清洁整理外，每日对客房的某一部分进行彻底的清洁保养，经过若干天后，也可以完成对所有房间的彻底清洁和保养。

（3）季节性大扫除或年度大扫除。集中在淡季对所有客房分楼层进行全面清洁卫生是酒店的通常做法。一个楼层通常需要一个星期的时间完成清洁工作，必要时，可以请前厅部对该楼层进行封房，并与工程部联系，请维修人员利用此时对设备进行定期的检查和维修保养。

2）客房计划清洁保养的控制

（1）制订计划清洁保养日程。酒店可以根据实际情况，选择不同的计划卫生组织形式，也可以将三种组织形式配合使用。

（2）准备计划清洁保养工具。每次做计划清洁保养前必须做好准备，所需工具主要包括地毯清洁机、梯子、安全带、清洁剂、干湿抹布、刷子等。具体需要哪些清洁工具和用品，须根据每次计划卫生的具体地点、场所和清扫项目来确定。

（3）做好计划清洁保养的组织实施工作。在制定计划清洁保养日程的基础上，一般由客房楼层主管或领班来组织实施，主要是安排每天计划清洁保养的人员、时间、工具用品等，以保证计划清洁保养工作的落实。

（4）加强计划清洁保养的检查。客房的计划清洁保养完成后，纳入整体卫生检查中，由领班、主管检查以保证计划清洁保养的质量。

（5）注意计划清洁保养的安全。计划清洁保养常常需要高空作业，如清洁门窗玻璃，要站在窗台上；清扫高处灯管、墙角、天花板，必须用扶梯等。因此，计划清洁保养一般两人一组，在充分运用安全带、扶梯、凳子，并有人保护、确保安全的基础上进行，防止事故发生。

3. 公共区域的卫生管理

除了客房之外，客房部还要负责酒店所有公共区域的清洁卫生工作。酒店每日客流量很大，除住客之外，酒店的客人还包括用餐、开会、购物的客人。酒店的公共区域是逗留人数最多、客人往来最频繁的场所。公共区域清洁卫生的好坏，常常是客人评价一家酒店服务质量和水准的重要因素。

1）公共区域的概念

凡是酒店中公众共享的活动区域都可称之为公共区域。人们习惯把酒店的公共区域分为室外与室内。室外又称为外围，它包括外墙、花园、前后门广场及停车场等。室内公共区域又分为前台和后台：前台区域是指专供宾客活动而设计的场所，如大厅、休息室、康乐中心、餐厅、舞厅和客用洗手间等；后台区域则为酒店员工而划出的工作和生活区域，如员工更衣室、员工餐厅、员工活动室、倒班宿舍等。

2）公共区域卫生管理范围

公共区域卫生的业务范围，是根据酒店的规模、档次和其他实际情况而定的。主要包括：

（1）负责大厅、酒店门前区域、花园、客用电梯及酒店周围的清洁卫生。

（2）负责餐厅、咖啡厅、宴会厅及舞厅等场所的清洁保养。

（3）负责酒店所有公共卫生间的清洁卫生。

（4）负责行政办公区域、员工通道、员工更衣室等员工使用区域的清洁卫生。

（5）负责酒店所有下水道、排水排污等管道系统和垃圾房的清疏整理。

（6）负责酒店卫生防疫工作，定期喷洒药物，杜绝"四害"。

（7）负责酒店的绿化布置和苗木的保养繁殖工作。

3）公共区域清洁保养质量控制

（1）定岗划片，分工负责。公共区域卫生管理的范围广泛，工作烦琐复杂，需要实行定岗划片、包干负责的办法，才能有利于保证卫生质量和进行监督管理。

（2）制定计划卫生制度。为了保证卫生质量的稳定性，控制成本和合理调配人力和物力，必须对公共区域的某些大的清洁保养工作采用计划清洁保养管理的方法，制定相应的计划清洁保养制度。

（3）实行走动式管理。公共区域管理人员要实行走动管理，加强巡视，随时检查卫生质量，了解员工工作状态，及时发现问题并进行整改，并做好检查记录。

（4）制定卫生操作程序，分级归口，责任到人。公共区域卫生管理范围广、内容多，所以要进行分级归口，即将卫生管理工作的责任落实到具体工作人员，同时授予相应的管理权限，实行专人负责，定期检查，从而保证卫生质量。

（5）分门别类，制定检查标准。管理好公共区域卫生的关键是有一套完整的卫生检查标准。在制定卫生检查标准时，既要有统一标准，又要有分项标准，以便实行工作标准化管理。卫生检查的方法是服务员自我检查，领班全面检查，主管每天抽查，部门经理重点抽查，同时开展卫生评比活动。

5.2.4　客房部服务管理

酒店客人在客房停留的时间最长，因此客房对客服务是酒店对客服务的重要组成部分，反映了酒店的整体服务水平。客房服务管理是客房管理的三大任务（安全、服务、卫生）之一，客房部要为客人提供周到、细致、恰到好处的客房服务。

1. 客房服务的组织模式

（1）设立楼层服务台。设立楼层服务台就是在楼层的适当位置（如电梯出入口等处）设置专门的服务台，配备专职的服务员值台，负责本楼层各项对客服务工作。这种模式能够随时观察客人的动态，服务更主动，体现酒店热情周到的氛围，但也有一定的弊端，如客人有被监视的感觉、影响客人休息并增加酒店的营业成本。

（2）设立客房服务中心。大部分酒店采用设立客房服务中心模式。它将客房部各个楼层的对客服务集中在一起，可减少客房服务员的编制，降低劳动力成本支出，有利于对客房服务工作进行集中统一调控，强化客房管理。但采用这种模式，使得面对面的服务相对减少，随机性服务差，服务缺乏亲切感和针对性。

（3）既设立客房服务中心，又设立楼层服务台。既设立客房服务中心，又设立楼层服务台，这种模式可以吸取前两种模式的优点，克服前两种模式的部分缺点。在客人活动的高峰时间安排专职的楼层值台员负责对客服务。客人外出或夜间休息时，对客服务工作相对较少，可以不安排专职楼层服务员。客人需要服务时，可通过客房服务中心安排。也可在部分楼层设立服务台，安排专职服务员对客服务工作，这些楼层主要用于接待内宾或需要特别关照的客人，其他楼层的对客服务工作由客房中心统一调控。

2. 客房常规服务

（1）迎客服务。客房服务中心接到前厅部《客情通知单》和《特殊服务通知单》后，尽可能详细了解来宾的各种基本情况，掌握客人的宗教信仰、风俗习惯、生活特点、身份职业以及接待规格，制定相应的接待计划，安排接待准备工作。按照客人情况和接待规格进行客房布置，如果客人预计到店的时间较晚，则应提前做好夜床服务。根据客人类别和酒店服务流程，决定迎客的方式。如在电梯间迎候，当客人到达楼层时应主动问候客人，做好自我介绍并引领进房；向客人简单介绍酒店特别事项和有关情况，告知客房服务中心的联系方式，并祝客人下榻愉快。

（2）夜床服务。夜床服务又叫"做夜床"或"晚间服务"，就是对住客房进行晚间寝前整理，是表示欢迎的一种礼遇，通过夜床服务可以方便客人休息，使客人感到舒适、温馨。其内容主要包括做夜床、房间整理和卫生间整理三项。夜床服务通常 18：00 以后开始，因为这段时间是多数客人外出用餐的时间，既可避免打扰客人，又方便服务员工作。

知识拓展5-17

（3）会客服务。客房服务员须事先了解客人的访客情况及接待准备，如来访者人数及来访时间，提供饮料、点心、鲜花摆放等情况。在访客来访前半小时作好接待准备，如准备好茶具、茶叶、开水、食物、烟灰缸、座椅等。当访客到达时，客房服务员在电梯口协助引领。根据客人需要及时提供饮料、茶水服务，及时续水。当访客来访结束后，协助客人送客。访客离店后服务员立即撤出临时添加的家具和物品，并视客人的需要对房间进行小整。

知识拓展5-18

（4）洗衣服务。在对客服务中，洗衣服务是比较容易引起客人投诉的项目，所以客房部要注意对洗衣服务的控制。接到客人洗衣要求后，客房服务员要迅速前往客人房间收取客衣，听取客人的要求，检查清点衣物及核对有关表单，向客人说明酒店提供洗衣服务的注意事项及收费标准。接收客衣后，客房服务中心应立即通知洗衣房前来收取客衣，并按规定与洗衣收发员进行交接。当洗衣房送还客衣后，客房服务员应将经过核收的衣物及时送往客人房间，并请客人检查签收。

（5）擦鞋服务。为了方便客人擦鞋，客房部在客房内放置擦鞋纸，有的酒店在公共区域放置擦鞋机。除此之外，客房服务中心也可根据客人要求提供擦鞋服务。客房服务员在接到客人要求后，应及时前往客房收取鞋篮。将鞋篮编号，并将客人的房号写在纸条上放入鞋篮，防止弄混客人的鞋子。将鞋放置于工作间或客房服务中心，按操作规范擦鞋。特别注意鞋底与鞋口边沿要擦净，不能有鞋油，以免弄脏客人的袜子及地毯。一般在半小时后、两个小时之内，客房服务员应将擦好的鞋子送入客人房内，放在壁橱内、床前或沙发前。应注意避免将鞋送错房间。对于提出特别时间要求的客人，他们通常急于用鞋，应及时将鞋子送回。

（6）对客租借用品服务。酒店客房内所提供的物品一般能满足住店客人的基本生活需求，但有时客人会需要提供一些特殊物品，如熨斗、婴儿车、床板、冰热睡袋、体温计、变压器、接线板、加湿器等。因此客房服务中心应备有此类物品，向客人提供租借服务。客房服务员应仔细询问客人租借物品的名称、要求以及租借的时间等。将用品迅速或在客人约定的时间送至客人客房，向客人说明注意事项，并请客人在《租借物品登记单》上签名。客房服务员应将客人租借物品情况详细记录，以便下一班服务人员继续服务。当客人归还物品时，客房服务员应做好详细记录。当客人离店时，应特别检查客人有无租借用品及有无归还等。如果有，应礼貌提醒客人归还，并注意语言表达方式，以免引起客人误会。

（7）送客服务。根据次日离店客人名单及电脑记录，掌握客人离店情况。根据客人的离店信息，检查对客服务的落实情况，如提前将客人送洗的衣物送交客人，检查租借用品的归还情况等，并根据客人类别与酒店服务规程，采取相应的送别方式。客人离店时迅速查房，检查客人是否有遗留物品及房间状况。如果有物品丢失或损坏，或酒水饮料有最新消费，应立即通知总台。酒店也可根据实际情况和客人的类别，实行免即时查房或对某类客人免查房制度。

3. 客房特殊服务

（1）病客服务。当住店客人生病时，客房服务中心应提供病客服务，给予客人必要的照料和关心，礼貌地询问病情以及客人的要求。如果客人病情不严重，可请客人到酒店医务室进行治疗。如果客人病情严重，则立即将客人送往医院。未经专门训练的员工，不能随便搬动客人，可请示上级或联系医务室。对于在房内病卧的客人，可把纸巾、热水瓶、水杯、垃圾桶等物品放置在客人床边。服务员适时进入并提供服务，查看客人状态并询问客人有无特殊要求，建议并协助客人与家人朋友取得联系，提醒客人按时吃药，推荐适合客人的饮食。随后须将客人情况报告上级，并将客人房号与病情概括记录在工作表上。

（2）托婴服务。托婴服务是为外出的住客提供短时间照管婴幼儿童的有偿服务。看护者在接受客人托婴要求时，应询问清楚客人要求、照看的时间、儿童的年龄及性格特点、注意事项等。向客人说明酒店的收费标准及服务内容，并请客人留下联络方式。看护员必须具备一定的保育知识，在酒店规定区域内严格按照客人的要求照看幼儿，确保儿童安全。不得随意给婴幼儿吃食物，不得随便将婴幼儿托给他人看管，确保安全。

（3）醉客服务。当发现客人在房内不断饮酒时，客房服务员应特别留意该客人动态，并通知领班。若在楼层发现醉酒客人，如证实为外来醉客，应通知保安部人员将醉客带离楼层，并控制醉客行为；若是住店客人，应通知领班或同事帮忙，安置客人回房间休息。若客人已经饮酒过量，应扶客人上床，将垃圾桶放在床边，并备好面巾纸、漱口水，对呕吐过的地面及时清理。安顿客人休息后，留夜灯或廊灯，退出房间，关好房门。密切注意房内动静，以防房内物品受损或因客人吸烟而造成火灾。若遇到客人倒地不省人事或有发生意外的迹象，应及时通知大堂副理，同时通知医务室医生前来检查，以保证客人安全。对醉客的纠缠不休应机警应对，礼貌回避，不单独与醉客相处。在工作表上详细填写醉客房号、姓名、客人状态及处理措施，做好记录。

5.3   酒店餐饮部服务与管理

5.3.1   餐饮部在酒店中的地位与作用

"民以食为天"，酒店作为一个集住宿、餐饮、康乐、会议、休闲、商务等功能为一体的综合服务场所，在人们生活中发挥着日益重要的作用。餐饮部作为酒店的重要部门，不只为客人提供饮食，而且还需要为客人提供精神上的享受和满足。

1. 餐饮部满足人们基本生活需要

酒店被誉为旅游者的"家外之家"，在这个"家外之家"里，为住店客人提供饮食的，就是餐饮部。为此，酒店会根据自身的规模、档次设置各类餐厅、宴会厅以及咖啡厅、酒吧、茶座、夜总会等餐饮消费场所，还为酒店所在地的客户群体提供休闲放松的场所。

2. 餐饮部收入是酒店收入的重要部分

酒店是一个以盈利为目的的企业，酒店日常收入以客房收入、餐饮收入和康乐收入作为主体，其中餐饮收入所占比例大概在1/3，沿海地区酒店的餐饮收入甚至赶超客房收入。餐饮收入较客房收入波动性更强，所以餐饮部可根据市场需求的变化随时调整餐饮产品。

3. 餐饮部代表着酒店的声誉和形象

餐饮部为客人提供面对面的服务，餐饮部的产品质量、服务水平代表着酒店的整体声誉和形象。客人通过与餐饮部员工面对面的接触，可以直观地评价酒店的管理、服务和产品质量，形成对酒店的整体评价。

4. 餐饮部是酒店用工数量最多的部门

酒店业是劳动密集型行业，而餐饮部通常又是酒店中使用员工数量最多的部门。餐饮部的业务环节复杂烦琐，从原料的采购、验收、储存、发放，到厨房的切配、生产，再到前台的各项餐饮服务，大都需要人工完成。餐饮部的工作岗位较多，而且大部分岗位的入职门槛比较低，可为当地提供较多的就业岗位。

5. 餐饮部是酒店营销活动的重要部分

酒店行业的竞争日益激烈，每家酒店都非常重视营销活动。餐饮部与酒店其他部门相比，在竞争中更具有灵活性、多变性和可塑性。酒店的客房产品，同等档次和等级的酒店同质性较强，差异化不明显，而餐饮产品特色突出，每家酒店都可以根据客户需求、酒店等级提供具有差异化的产品，实施差异化营销策略，提升酒店餐饮产品的竞争力。

5.3.2　餐饮部原料采购管理

餐饮部原料的采购与供应管理是酒店进行餐饮成本控制的首要环节，它直接影响着餐饮质量和收益。通过对餐饮原料的采购、验收、发放、储藏等环节进行有效的计划与控制，能够为厨房等加工部门及时提供质量和数量相符的原料，达到采购原料的价格和成本均衡。

餐饮原料采购，是指按照酒店经营需求，采购人员以酒店规定的价格范围购得符合餐饮产品质量标准的食品、饮品的原料。食品原料应符合菜肴种类和规格要求的质量标准，采购员在采购时应本着同价论质、同质论价、同价同质论费用的原则进行科学采购。

1. 餐饮原料采购的原则

（1）"勤进快销"原则。勤进快销原则是零售商品企业组织商品采购的一条基本原则。这条原则同样适用于餐饮企业的食品原料采购。勤进快销的目的是用较少的资金经销更多的商品，实际是小批量、多次采购。餐饮部经营食品种类繁多，目标客户群体的消费有很多的不确定性，生产销售的产品保质期短，容易变质。如果一次进货量太大，短时间不能销售，就会造成浪费，影响生产经营活动。

（2）"以销定进"原则。以销定进原则是根据客人的需要来决定采购原料的种类、数量、规格和时间。其进货完全以客人的消费需求及其变化作为依据，可防止库存原材料的积压，如酒店餐饮部宴会厅大型宴会多采用以销定进原则。即根据宴会厅接待宾客的人数、宴会菜肴的菜单核定进货数量。

（3）"以进促销"原则。以进促销原则是先购进食品原材料组织生产、产出产品，再进行促销活动。这一原则通常是在酒店推出新口味、新菜式时或试销某些新产品时应用。新口味、新菜式推出时客人认知度不高，需要通过促销宣传才能逐渐被客人熟知认可，当达到一定的销量时，可形成潜在的利润增长点。

2. 餐饮原料的采购方式

（1）市场采购。市场采购，就是采购人员通过网上信息宣传资料或直接在市场中获得的信息进行分析、筛选，选择其中的若干家作为候选供货单位，索取报价，并通过洽谈从中选择最佳的供货单位。

（2）招标采购。招标采购，就是酒店把所需采购的原料名称及规格标准，以招标的方式向社会公布或以邀请招标的形式寄给有关供货单位。供货单位接到招标信息或招标邀请后，在投标的有效期内向酒店寄送投标书，酒店根据客观公正、科学的原则，对投标书进行综合评定，选择信誉程度高、原料符合质量规格、供货及时、价格合理的单位作为中标单位。招标采购一般适用批量大、数量多、价格高的餐饮原料，也是酒店集团通常采用的一种采购方式。

（3）定点采购。定点采购，就是酒店选定供货单位并与之签订长期供货合同，以此保证所需原料的采购方式。这种采购方式，一般适用于短缺原料和特殊原料。有时，酒店需要的某种原料在市场上奇缺，或者仅一家单位有货供应，此时，酒店就必须采用定点采购的方式。另外，酒店为了保证某种特殊原料的品质和供货的稳定性，如有些家常菜往往也会和供货商签订长期供货合同，这种供货方式类似于酒店的原料生产基地。

（4）代销方式。代销方式，就是由供应商提供原料供酒店使用，按实际使用量结算的方式。如某些酒店对海鲜产品就采用此方法。酒店餐饮部设置海鲜池，由供应商负责采购养殖，酒店则在营业期间计量取用，根据实际用量按月结算，供应商则需保证酒店所需原料的品种、质量和数量。

3. 餐饮原料的采购控制

（1）采购人员的选拔。选择一名合格的采购人员是原料采购控制的关键。在我国许多酒店都设专职采购人员。合格的采购员应认识到采购原料的目的是生产和销售，所采购的原料应符合本企业的实际需要。采购员应熟悉采购业务，熟悉各类食品原料名称、规格、质量和产地，重视食品原料价格和供应渠道，善于市场调查和研究，关心各种食品原料储存情况，具备良好的英语阅读能力，能阅读进口食品原料说明书，如各种奶酪、香料和酒水等，严守财务纪律，遵守职业道德，不以职务之便假公济私。

（2）明确供货单位的标准。餐饮原料供货单位的标准则应根据餐饮业务的要求设计，可从以下五个方面进行评价：①供货单位的地理位置、交易条件、服务精神。②供货单位应了解本酒店餐饮的经营策略，并且愿意全力配合。③供货单位的信誉状况，财务状况是否稳定，是否可以长期合作。④供货单位能否提供有关商品和消费的资料。⑤供货单位能否提供本酒店餐饮经营所必需的商品种类、数量并保证其质量。

（3）制订采购规格书。餐饮采购规格书是对所需采购的原料规定详尽的质量规格等要求的书面标准。餐饮部要保证菜点质量的稳定，食品原料的质量必须始终如一。对此，酒店必须列出本酒店常用的需采购食品原料目录，并采用采购规格书的形式，规定各种食品原料的质量要求。

（4）建立标准的采购程序。为使采购人员清楚地了解工作内容，也为了管理人员实行有效的控制，酒店一般会建立标准化的采购程序，明确规定责任和各项工作的先后顺序。

标准化的采购程序主要通过表单的传递来实施，其基本表单有请购单、订购单、进货单和每日食品存购单一览表。请购单是由使用部门提出的，是采购人员进行采购的依据。订购单则是采购部门向供货单位发出的，是供货单位供货和验收人员验收的依据。进货单则是由酒店验收人员填写的供货单位的结算凭证。在此基础上填写每日食品存购一览表，以便全面控制食品的采购和结存。

（5）实行定额采购。餐饮原料的采购，不仅要保证质量，而且还要做到数量适中，如果数量不足就会影响餐饮业务活动，反之则会造成积压和变质浪费。所以，必须对餐饮原料采购进行限额控制。

餐饮原料采购数量的依据来源于仓库和厨房的订货数量。厨房的订货大都为鲜活原料，因其具有易腐烂的特征，通常不宜作为库存原料。对此类原料，由厨房根据业务需要每天提出订货，其订货数量则来自第二天的接待任务和销售预测。仓库的订货一般为不易变质、可以储存的原料，如米、面、干货、调料、酒水等。其订货的数量可根据不同的存货定额，即最高和最低库存量来决定采购原料的数量。

（6）建立监控系统。酒店应完善采购规范，建立严格的奖惩制度，实施部门之间的相互制约和必要的员工监督机制。为有效控制食品原料的进货价格，酒店领导层及餐饮部、财务部的管理者应通过多种渠道收集各种市场信息，掌握第一手资料，以便比较分析，发现问题，及时纠正。

4. 餐饮原料的验收管理

验收是对采购的原料数量、质量、价格进行确认的过程，验收是酒店对采购工作进行监督的重要一环，要求验收人员有较高的原料识别能力和质量确定能力，同时应具备公正、公平、公开的工作态度。验收人员应设专人，不能由厨师长或餐饮部经理兼职。由于入库原料的来源复杂，运输条件上存在差异且包装质量不等，致使物资在供货时及供货途中会产生种种复杂变化并对其数量和质量产生一定影响。为确保入库原料数量上的精确和质量上的完好，必须对入库物资进行认真、细致的验收工作。

采购的所有物资，无论是直接拨付厨房使用的蔬菜、水果、鱼虾、肉类等鲜活原料，还是需要入库的耐储存原料，都必须由验收人员根据采购单或订货单的要求严格、认真地按质按量对照发票进行验收。一般常用的原料是由验收部直接验收，而有些专业性较强的原料，通常需请使用部门的专业人员共同参与验收。验收后将有关物资按规定手续直拨使用部门或入库，要求做到票货相符、票款相符。在验收工作中可能会发现许多采购中存在的问题，如出现问题应在验收现场予以及时制止，从而减少酒店的损失。

1）验收表单

表单管理是验收工作中常用的方法。餐饮验收时需要使用的表单主要有以下几种：

（1）验收单。验收单是酒店验收的原始凭证之一，验收员应每天详细准确地记录验收的商品。

（2）冷餐鱼肉食品标签。冷餐鱼肉食品标签是严格验收程序、便于发货和存货控制的表单。

（3）验收日报表。验收日报表的作用是便于分别计算食品成本和饮料成本，为编制有关财务报表提供资料，同时也便于计算每日食品成本。

（4）退货通知单。如果到货质量不符合要求，或存在其他问题，验收员应填写退货通知单。

（5）无购货发票收货单。所有到货一般都应有发货票，但有时因某种特殊原因，到货时无购货发票，验收员应填写无购货发票验收单，以防差错和争议。

2）验收程序

（1）票单核对。核实收受原料是否与申购单、送货单相符，主要内容有送货单位名称、地址、品种、数量、价格等。还包括物资入库通知单、订货合同；供货单位提供的质量证明书或合格证、装箱单、检测单、发货明细表；运输单位提供的运单，入库前或在运输途中发生残损记录等。

（2）检查原料的质量。根据采购规格标准及请购单、订购单的要求，对原料进行认真检查，发现规格质量不符的情况，应予以拒收。此外还应注意各类食品的有效期和保质期。

（3）核实原料数量。根据供货单位规定的计量方法进行数量检验，通过过磅或检测换算，来准确地测定出全部数量。数量检验除规格整齐划一、包装完整者可抽验 10%～20% 之外，其他应采取全验的方法，以确保入库物资数量的准确。

（4）签名填单。检验合格后，验收员应在送货发票上签名或加盖验收章，并填写验收单。

（5）送货分发。验收合格后的原料，一部分作为直拨原料进入厨房，另一部分则作为入库原料送入仓库储存。分发和入库需要有领用和入库手续，并贴上必要的标签，同时应禁止送货者或店内无关人员进入库房。

（6）填写有关报表。验收完毕后，验收员应填写验收日报和其他报表，并将各种验收记录呈交有关部门。

5. 餐饮原料的仓储管理

1）合理规划原料储存区

储存区与厨房、验收处的布局要合理，尽可能减少搬动距离，减少人流量与进出库房的次数，减少物流的拥挤，以便及时向各个生产点供应各种食品原料。储藏室面积要适当，面积过大，会增加能源和维修保养费用，容易存货过多，增加安全保卫的难度；面积过小，会使原料存放混乱，不易整理，增加仓库清洁工作的困难。一般情况下，可根据餐饮部的规模、菜单特点、客流量、原料市场的供应状况、采购方针及订货周期等因素来确定仓库的面积。

2）准确把握不同类型仓库的储存条件

一般酒店餐饮部都设有干藏库、冷藏库和冻藏库等库房类型，其在温度、湿度、光线、通风、清洁卫生等方面都有不同的要求。如温度要求方面，干藏库一般不需要供热和制冷设备，最佳温度在15℃～20℃；冷藏库的温度一般在4℃以下，这种温度下细菌的活动能力非常有限；冻藏库的温度一般在－18℃以下，而且温度要稳定，在这种条件下，冻藏原料的保质期一般也不要超过3个月。

3）原料储存的管理要求

（1）入库要求。所有购置回来的食品原料，除直拨原料外，都应该及时入库，以防变质散失。入库的食品原料都应系上标签，注明入库时间、数量等，便于领用发放、盘点清算，并有利于掌握储存时间，做到先进先出。

（2）存放要求。

①分类存放。食品应根据不同的性质和贮存时间要求，存入不同的库房，例如，干货、罐头、米面、调味品等无须冷藏的食品应放入干藏库；果蔬、禽蛋、奶制品等存入冷藏库；需要冷冻的海产品应放入冷冻库；活的海鲜水产应放入海鲜池。

②科学摆放。食品摆放的方法主要有：①定位摆放，即根据仓库布局，合理规划各类不同食品原料的摆放位置，实行分区定位摆放。②编号对应，即把食品原料按主要种类、性质、体积、重量等不同情况，分别对应地摆放在不同的固定仓位上，然后对其进行统一编号，标出不同食品原料的库号、货架号、层号、位号，并和账页上的编号统一对应。③立牌立卡，即对定位、编号的各类物品建立料牌与卡片。料牌上写明物品的名称、编号、到货日期，并涂上不同的颜色加以区分；卡片上填写记录物品的进出数量和结存数量。

③保持清洁。食品仓库必须做好清洁工作，保证卫生干净。

④保证安全。仓库安全事关酒店的财产安全，必须加强防范控制。仓库需要配备专用锁系统，并及时上锁；限制仓库进出人员；经常检查定期盘点；加强监控，有条件的应安装监控系统。

（3）账目要求。食品原料储存应有严格的登记制度，要能准确反映食品原料在

入库、发放、存货等方面的时间、数量、价格和价值等情况，有效控制存货量、订
货量和发货量，确保食品原料的利用达到最理想的程度。

4）食品原料的发放管理

食品原料发放管理的目的：一是保证厨房生产的需要；二是有效控制厨房的用
料数量；三是正确记录厨房用料成本。

（1）定时发放。定时发放，即规定发放时间，而不是 24 小时全天候开放仓库。
这样做的目的是便于仓库保管员有充分的时间检查、整理仓库，同时，也有利于促
进厨房管理人员树立计划意识，养成计划管理习惯。

（2）凭单发放。凭单发放，就是凭领料单发料。领料单是厨房领料和仓库发料
的凭证和依据，必须手续齐全，填写准确清楚，符合酒店规定。

（3）先进先出。先进先出，即食品原料入库时必须注明入库日期，并做到先入
库的食品原料先发放，注意食品原料的保质期，保证其在保质期内使用。

（4）准确计价。准确计价，即食品原料出库后，仓库保管员必须在领料单上列
出各项原料的单价，计算出各项原料的金额，并汇总领取食品原料的总金额，以便
计算餐饮食品成本。

（5）如实记录食品原料使用情况。如实记录是指有些原料不在领取日使用，
而在此后某天使用，则应在原料领用单上注明该原料的消耗日期，以便把该原料
的价值计入其使用日的食品成本。有些原料则是一次领用、分次使用的，则应分
天计入。

5.3.3 厨房业务管理

厨房是酒店重要的生产部门，其生产质量的优劣直接关系到酒店餐饮特色和市
场形象。厨房业务管理是指厨房管理人员依照厨房生产业务的规律、原则，遵守一
定程序和方法，对厨房内各项人力、物力资源进行有效的计划、组织、控制协调，
充分调动厨房工作人员的积极性、创造性，实现餐饮部经营目标的过程。

1. 厨房的种类设计与布局

1）厨房的种类

厨房泛指菜肴制作的场所。根据厨房的规模、餐饮风味和生产功能，厨房可以
分为不同的类别，如表 5 - 1 所示。

表 5 - 1　厨房的种类

分类标准	具体分类	特点	功能及要求
厨房规模	大型厨房	1）由多个不同功能的厨房综合而成； 2）厨房分工明确，协调一致	餐位在 800 个左右
	中型厨房	1）场地面积较大； 2）大多将加工、生产与出品等集中设计； 3）综合布局	餐位在 500 个左右
	小型厨房	1）各工种、岗位集中设计； 2）综合布局设备； 3）多规整，餐饮风味比较专一	餐位在 200 ~ 300 个
	超小型厨房	1）生产功能单一； 2）服务能力十分有限； 3）设计比较精巧，方便美观	餐位在 200 个以下
餐饮风味	中餐厨房	可根据风味流派再细分	展现中国餐饮特点和文化
	西餐厨房	可细分为法菜厨房、意大利菜厨房等	展现各国餐饮特色和文化
生产功能	加工厨房	1）负责各类烹饪原料的初步加工； 2）工作量较大，进出货物较多； 3）垃圾和用水量较多	一般位于酒店低层出入便利、易于排污和较为隐蔽的地方
	宴会厨房	1）设备齐全，但成本低； 2）面积不大，基本满足要求	专门针对大型宴会服务
	零点厨房	1）厨房准备工作量大，开餐期间亦很忙杂； 2）有足够的设备和场地，方便制作和按时出品	服务于散客
	冷菜厨房	1）卫生要求严格； 2）工作环境温度等要求高	加工制作、出品冷菜的场所
	面点厨房	1）配备足够的点心、饼类制作用具； 2）抽排油烟、蒸汽效果好	加工制作面食、点心及饭粥类食品的场所
	咖啡厅厨房	1）经营的品种多为普通菜肴和饮品； 2）厨房设备配备相对较齐，生产出品快捷	负责生产制作咖啡厅供应菜肴的场所；经营的品种多为普通菜肴和饮品
	烧烤厨房	1）配备专门设备； 2）排烟效果好	专门用于加工制作烧烤菜肴的场所
	快餐厨房	1）大多配备炒炉、油炸锅等便于快速烹调出品的设备； 2）成品多简单、经济； 3）生产流程的畅达和高效节省是其显著特征	加工制作快餐食品的场所

　　注：单一功能的餐馆、酒楼，其经营面积在 1 200m²、餐位在 800 个以上，其厨房亦多为大型厨房。这种大型厨房因餐馆经营风味多样，所以其功能不尽一致。主营一种风味的大型厨房，多场地开阔，集中设计，统一管理；经营数种风味的大型厨房，多需归类设计，细分管理，统筹经营。

2）厨房的设计与布局

厨房的设计与布局，就是确定厨房总体及各部分的规模大小和互相连接，并具体安排厨房各部门的位置及厨房设施设备的分布。

（1）厨房的设计要求。

①设立中心厨房，实现资源共享。为了满足客人需要，高星级酒店会有多个餐厅，为了给客人提供便利的服务而把餐厅分设于不同的楼层。这种方式虽然方便了客人，但无形中增加了酒店开设餐厅配套厨房的费用，同时也造成了厨房设备的重复建设。对此，酒店应在餐饮集中区设立中心厨房，将各餐厅需采用的共同烹饪方式，如蒸、煮、烤等在中心厨房完成，以减少设备投资，并节省厨房场地的占用和劳动力，实现资源共享。

②保证物流畅通，避免交叉碰撞。菜点的生产从食物原料的采购开始到菜点的制作，是一个连续不断、循序渐进的过程。要保证该生产的过程有序快速地进行，厨房的设计布局必须按进货、验收、加工、切配、烹调、出菜等流程依次对设施设备进行科学的定位，保证创造一条快捷、连贯、畅通的物流线，避免各种物品的运送传递发生不必要的交叉回流，特别是防止出菜与收台、洗涤的交叉碰撞。此外，还要充分考虑物流线的宽度，保证餐车等运输工具出入方便。

③缩短工作距离，有效节约劳动。厨房设计应注意使库房与厨房各操作单元紧凑，以减少厨房的劳动强度，提高工作效率，保证厨房的出菜速度和菜点质量。例如，厨房及洗碗间尽可能靠近餐厅，最大限度地缩短食品原料进出各操作单元的距离和服务距离。厨房各操作单元应尽量处在同一个平面，或配备升降梯等垂直运输工具，避免来回跑动而影响工作效率和体力的无谓损耗。

④符合安全卫生要求，创造良好工作环境。厨房既是一个食品加工生产部门，也是消防的重点部位。厨房的设计必须保证达到国家卫生防疫条例和消防管理法规的要求，如足够的厨房面积，良好的密封条件，有效的通风设施，科学的垃圾与污水处理系统，生熟分开、干湿分开、冷热分开的设施条件，充足的消防器材与设施等。同时厨房设计时必须注意使厨房保持恰当的温度、空气流通和光线照明，设计并购置现代化的厨房设备，尽量降低机器噪声，努力为厨房员工创造良好的工作环境。另外，厨房设计还要考虑清洁与维修的方便性。

（2）厨房的布局。厨房的作业区是由若干个工作岗位的作业点组成的。作业点是厨房布局的最基本单位。各部门所需作业点的多少，取决于部门的工作量。

作业区和作业岗位的布局应结合设备的安排，既要考虑作业区场地的形状、大小，设备的情况，又要考虑人体伸展的限度和节省作业动作，同时还要注意生产时原料和菜品的流向。

通常厨房布局有直线型、L 型、U 型、走廊型等基本模式，或者根据厨房空间具体情况结合使用以上几种基本模式。其中直线型是指把所有的工作区安排在一面墙上，节省空间；L 型是将清洗、配膳与烹调三大工作中心，依次配置于互相连接的 L 型墙壁空间，这种布局使用较为普遍；U 型是指工作区共有两处转角，和 L 型的功能大致相同，空间要求较大；走廊型是将工作区安排在平行的两面墙上，一般是将清洁区和配膳区安排在一起，烹调区则单独放在另一边。

2. 菜点开发与菜点质量控制

1）菜点开发

菜点是沟通客人与餐饮部甚至是酒店的重要桥梁，菜点的设计与开发是现代酒店餐饮部一切业务活动的总纲领，是酒店厨房业务管理中的重要任务。

开发并适时进行菜点创新，是酒店企业吸引客人的有效措施之一，也是提高酒店经济效益的必要举措。在开发与创新菜点时应遵循以下原则。

（1）正确定位。菜点从用途上可以分为宴会菜点、会议菜点、团队菜点和零点菜点；从档次上可以分为高、中、低三档；从适应对象来看，又可以分为普遍性和特殊性两类。各类菜点必须具有各自的特性和风格，才能满足不同客户的需求。例如，宴会菜点强调精良、精致、高档，而家常菜则要求经济实惠、口感好；老年人菜品强调清淡易消化，儿童菜品则要注意色彩、营养等。所以，菜点开发必须抓住各类菜点的本质特征，做到有的放矢。

（2）顺应潮流。不同的时代，人们对于饮食的要求是不同的。随着社会经济发展，人们对饮食的要求也发生了变化，于是仿古菜、海鲜菜、家常菜、野味菜等一时成为菜点开发的主要内容。现代社会，人们的饮食不仅追求口感，还要高效、健康、营养，于是保健菜点、方便菜点应运而生，药膳菜点、美容菜点、粗粮菜点、野菜菜点、昆虫菜点成为人们关注的热点。所以，菜点的开发，必须顺应时代潮流，适应人们对饮食变化的追求，才能具有广阔的市场前景。

（3）兼顾成本。酒店作为一个经济实体，必须讲究产出，菜点开发也必须遵循这个原则。菜点的开发，既要注意菜点的实际成本，还要注意客人的感知成本。即尽量降低菜点的实际成本，如原料成本、工时耗费，同时，又要想办法增加客人的感知成本。对此，菜点开发就要注意时令性和地方性，即尽量就地取材，开发时令菜肴。此外，还要注意开发成本低、造型美、口味好的菜肴，并努力做好下脚料的综合利用。

（4）创造特色。菜点创新，主要在于与众不同、富有个性、具有特色。所以，创新菜点的开发，必须注意标新立异，别出心裁，追求别具一格的新、奇、特，切忌墨守成规，简单模仿。菜点的创新，关键在于思路的开阔与变化，可以借鉴历史菜、乡土菜，也可以效仿西餐技艺，还可以从改变原料、加工方法、烹调顺序等方面入手，使原有菜点发生变化而创造出新的菜点。

2）菜点质量控制。菜点质量是指菜点能满足客人生理和心理需要的各种特性。客人对菜点质量的评定，一般是根据以往的经历和经验，结合菜点质量的内在要素，通过嗅觉、视觉、听觉、味觉、触觉等感官鉴定得出的。通常客人对菜点质量的评判，会从卫生、气味、色彩、形状、口味、质感、温度、器皿等方面进行。

菜点质量的形成始于菜点的设计，成于加工烹饪，终于餐厅服务。进行菜点质量控制主要可以采用以下几种方法。

（1）标准控制法。标准控制法就是通过制定标准菜谱来规范菜点的加工制作过程，以保证菜点质量的稳定性。标准菜谱源于西餐，在制定过程中，包括主配料的原料及数量，调味品品种及用量，菜点加工烹制的步骤、方法和要求，服务程序和要求等。

（2）岗位控制法。厨房生产要正常运转并保证菜点的质量，就必须明确岗位分工，规定各岗位必须承担的工作任务和责任，树立员工各司其职、各尽所能的意识，并通过相应的制度加以保证。做到合理配置人员，在数量上满足厨房生产的需要，并且保持厨房各类人员的合理结构和比例，不同工种与技术特点、不同年龄、不同技术等级等合理配备，做到能位相称、人尽其才，团队结构优化。

（3）检查督导法。在对菜点质量进行检查的时候可以建立四种检查制度：①工序检查制度，即菜点加工制作过程中每一道工序的员工必须对上道工序的加工质量进行检查，如发现不合格，应退回上一道工序。②出品检查制度，即所有菜点出品，均需厨师长或指定的菜点质量检验员检查，以确保成品达到标准。③服务检查制度，即菜点在提供给客人之前，服务员必须按照标准菜谱及客人的需求，对菜点进行全面检查，并在服务中，主动征求客人对菜点的意见。④重点检查制度，即对重点岗位、重点环节、重点客情、重要任务、重大活动进行全面检查，以确保关键环节、关键时刻的关键质量。

（4）情感控制法。厨房是以手工劳动为基础的生产加工部门，菜点质量的管理，有些可以通过量化指标来衡量，有些可以用标准程序加以控制，但有些则无法明确规定，厨房技术具有模糊性和经验性的特点。要保证菜点质量，就必须注意有效控制厨师的情绪，充分发挥厨师的主动性和创造性。此外，客人对菜点的评价也有很大的主观性，客人的情绪、饮食习惯、经验及对菜点的不同理解，对菜点质量的评价起着非常重要的作用。所以，正确把握不同客人的需求，积极引导客人消费，加强客人的情绪管理，是菜点质量控制不可缺少的重要环节和有效办法。

3. 菜点毛利率控制

1）菜点毛利率

菜点毛利率是酒店餐饮管理的一个重要经济指标。菜点毛利率合理与否，直接关系到客人的满意程度和酒店餐饮的经济效益。菜点毛利率的计算公式有两种。

（1）销售毛利率。按照现行财务制度的规定，餐饮企业的毛利率是毛利额与售价之比的百分率，即为销售毛利率，也称为内扣毛利率。

销售毛利率（内扣毛利率）＝毛利额/餐饮制品价格×100%

按此毛利率计算餐饮制品的价格，则为

餐饮制品价格＝原材料成本/（1－销售毛利率）

（2）成本毛利率。成本毛利率是指毛利额与原材料成本之比的百分率，也称为外加毛利率。

成本毛利率（外加毛利率）＝毛利额/原料成本×100%

从实际使用看，以原材料成本求餐饮制品价格，一般采用成本毛利率较为方便，而根据用餐标准（餐饮制品价格）求用料成本则以销售毛利率计算为好。因此，在实际工作中需要经常将这两种毛利率指标加以换算，其公式为

成本毛利率＝（收入－成本）/成本

销售毛利率＝（收入－成本）/收入

2）菜点原料成本的构成

在菜点售价一定的情况下，毛利率的高低主要取决于菜点原料成本的高低。菜点原料成本是指生产加工菜点实际耗用的各种原料价值的总和，即原材料成本。依据不同的原料在菜点中的不同作用，大致可以将其分为三类：主料、辅料和调料。

3）菜点原料成本的控制

菜点原材料成本的高低，主要取决于采购、验收、库存、制作四大环节。作为餐饮原料成本的控制，关键是要建立和完善以上四个环节的各项制度，并及时检查其执行情况。

4. 厨房卫生与安全管理

1）厨房卫生管理

厨房卫生管理包括食品原料卫生管理、厨师卫生管理、设施设备卫生管理和环境卫生管理。由于餐饮产品关系到客人的人身健康与安全，因此，卫生是餐饮生产的核心问题，也是客人选择餐厅首要考虑的因素。

（1）食品原料卫生管理。食品原料卫生是厨房卫生管理的重点，需要从原料的采购、验收、储藏保管等环节抓起。禁止采购"三无"食品原料，拒绝接受不合格食品原料，同时采用科学合理的方法储存保管食品原料，保证食品原料的质量。

（2）厨师卫生管理。厨师卫生管理包括：①厨师的个人卫生管理。厨师是一线生产人员，必须持健康证上岗，做好日常个人清洁工作，规范使用工作制服，勤换勤洗，同时酒店还应经常进行卫生知识的培训，每年做一次体检，提高厨师的卫生意识和卫生质量。②厨师生产操作的卫生管理。厨师及管理人员要熟练掌握鲜活原料、冷冻原料及易腐败等原料的处理方法，建立各种刀具、用具、抹布、手套、口罩等卫生用品的使用细则，尽量减少从原料到成品过程中人为的卫生影响。

（3）设施设备卫生管理。设施设备卫生管理主要是做好厨房设施设备的清洁、消毒工作。对厨房的加工设备如砧板、绞肉机等，烹调设备如烤箱、炉灶等进行及时清洁、消毒；冷餐设备定期除霜、除冰，清理污物，保证卫生和制冷效果；应正确和规范清洗、储藏餐具。

（4）环境卫生管理。环境卫生管理主要是指对厨房生产场所，墙壁、天花板、地砖、通风、照明灯具等厨房内部环境，洗手设备、更衣室和洗手间及垃圾处理设施等后台设施方面的卫生管理。

2）厨房安全管理

厨房员工每天工作中都要接触到各种带有一定危险的因素，如明火、油锅、打滑的地面、蒸汽等，因此需要消除事故隐患，提高安全意识，避免厨房事故的发生。

厨房常见的事故有烧烫伤、跌撞伤、切伤、扭伤、砸伤。另外厨房使用的明火较多，还要防范火灾的发生，须配备并定期检查消防设施。要采用知识培训和实战演习等方式培养厨房员工的防灾意识与逃生技巧。

5.3.4 餐饮服务管理

餐饮服务是餐饮产品的重要组成部分，与餐饮设施设备、菜点酒水等共同为客人创造良好的用餐体验。它一般以向客人提供某种便利，满足其心理需求为己任。在感性消费的今天，餐饮消费者更加注重有形餐饮产品之外的无形餐饮服务。餐饮服务按照营业场所的不同，可以分为餐厅餐饮服务、宴会餐饮服务和客房送餐服务。

1. 餐厅餐饮服务管理

1）餐厅餐饮服务管理的主要内容

对餐厅餐饮服务进行评价的主体是客人，客人的亲身体验来自客人与餐厅的接触过程。这一过程是决定餐饮服务优劣与否的关键。因此，管理者在餐饮服务的各个环节应力争尽善尽美，吸引更多"回头客"。而餐饮服务则依托餐厅硬件设备设施才能实现，主要包括餐厅设计，服务规程制定，计划管理，餐厅人员的培训、考核与激励四个方面。

（1）餐厅设计。理想的餐厅设计要具有以下四个基本特征：一是能引起客人的兴趣；二是能体现餐厅的产品特色；三是能给客人留下深刻印象；四是刺激客人的消费欲望。由此可见，餐厅的设计要突出特色个性，选择明确的主题是关键。

①以地方特色文化内涵为主题。各个地方都有独特的地方文化，把这种特色文化引入到餐厅设计中，让客人感受到与其他地方不一样的氛围，这种新鲜感会刺激客人的体验欲望，从而实现消费行为。

②以异域文化为主题。可以通过营造与当地不同的异域文化作为餐厅的主题，例如在江南的餐厅可以设计成"窑洞餐厅"，让客人感受不一样的用餐氛围。还可以通过营造特别的环境突出某种情调和氛围，如"绿林好汉餐厅"等。

③以营造特殊场景为主题。通过特殊场景的布置，来渲染出特殊的氛围，让客人产生似曾相识的感觉，引起客人的回忆和共鸣。例如以知青为主题的"知青餐厅"，以复员军人为消费对象的"老行伍"餐厅等，让客人在餐厅特殊的氛围中体验到与以往人生经历相似的场景。

④以高科技手段为主题。通过高科技手段使餐厅变得新奇而刺激，以满足消费

者猎奇和追求刺激的需求，如"海底餐厅""太空餐厅""魔幻餐厅"等。

⑤以某种兴趣爱好为主题。以某项兴趣爱好为主题，抓住某些客人的兴趣点来设计餐厅的主题。如"球迷餐厅""影迷餐厅""民谣餐厅"等。

（2）餐厅服务规程的制定。服务规程对餐厅服务工作的质量起着重要的保证作用。餐厅工作的工种较多，各工种、岗位的服务内容和操作要求都不同。为了保证餐厅的服务质量，餐厅要按本部门工作的特点，制定全套服务规程。

①基本操作技术规程的制定。餐厅各岗位、各人员都有涵盖其业务内容和特点的操作技术，在制定基本操作技术规程时，要考虑各岗位、人员的服务内容，确定该服务内容的目的、过程、技术标准等。对于同一岗位和责任的服务员，由于服务于不同形式的用餐，则其内容要求也不同。每套规程都要具体限定零点、团队、宴会、酒会等不同的服务规程。基本操作技术规程着重于操作技术，在制定技术规程时要注意技术的标准化，同时对各种技术要灵活运用。

②服务统一性规程的制定。服务统一性规程是指从宾客进入餐厅大门到结账出门的全部过程的规程。这一规程并不是独立的，而是把各岗位各责任的服务规程互相连接起来，使各服务过程互相协调，连贯统一。因此，在制定各项服务操作技术规程时，都要注意在各套操作规程的首尾，具体规定与其他规程互相联系、互相衔接的内容。此外，服务统一性规程还包括餐厅和厨房的服务统一性。餐厅和厨房要互相配合、互相衔接，这在制度和技术上都要有保证。餐厅在制定服务规程时，要把和厨房如何连贯的内容列入规程，要和厨房协商，共同制定，明确划分厨房和餐厅的各自职责。

（3）餐厅计划管理。餐厅计划管理也是餐厅服务的重要内容。餐厅计划是对餐厅销售进行预测，订制餐厅接待计划和工作计划，做好餐厅员工的班次、人力安排，健全服务设施与用具，使餐厅的人力、物力得到最佳利用。

有效的餐厅计划是整个餐饮服务的开端。首先，对餐厅销售的准确预测，可以为原料采购、厨房生产、餐厅服务人员安排等工作提供依据；其次，餐厅接待计划和工作计划的制订，有利于有效而快速组织人员进行针对性服务，对员工的日常培训也有指导性作用；最后，餐厅人员的班次、人力安排得当，可以无形中凝聚员工，让其感受到工作安排的合理性、科学性及人性化，从而为客人服务提供间接动力。

（4）餐厅人员的培训、考核与激励。餐厅人员的培训是多方面、多层次的，不仅有服务技能、服务程序的培训，也有职业道德、餐厅促销、督导指挥能力的培训。

除对服务员进行培训之外，对领班、管理员也要进行培训，使他们了解餐饮管理的先进方法，提高本职工作的业务能力。此外，餐厅还应建立有效的员工考核与激励机制，使其在对餐厅服务人员进行约束的同时，增加员工的职业认知度和自豪感。

2）餐厅服务程序

餐厅服务程序如图5-10所示。

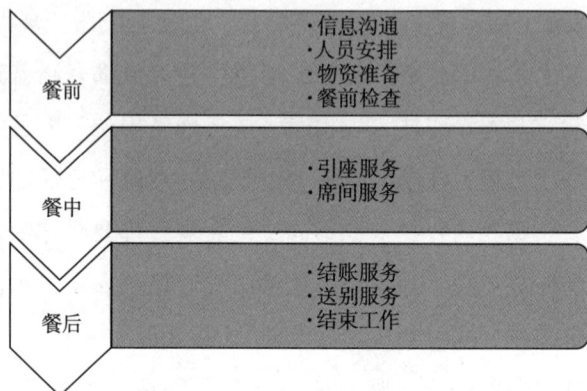

图5-10   餐厅服务程序

2. 宴会餐饮服务管理

人类最早的聚餐形式叫作筵席，始于商周时期，流传至今即为宴席、宴会，是人们为了表示欢迎、答谢、祝贺、喜庆等举行的一种正式的餐饮活动。

1）宴会的种类

随着人类社会的发展，宴会的形式也越来越丰富，根据不同的划分依据，宴会可以有不同的种类，如表5-2所示。

表5-2   宴会种类

划分标准	名称	特点
按菜式风格划分	中餐宴会	1）使用中国餐具，吃中国菜肴，采用中餐服务方式的宴会； 2）根据菜点分为高档宴会、中档宴会和一般宴会
	西餐宴会	1）使用西餐的餐具，吃西餐，采用西餐的服务方式，按西餐礼仪进行的宴会形式； 2）根据菜式与服务方法的不同，可分为法式宴会、俄式宴会、美式宴会等
按宴会性质划分	国宴	1）以国家名义举办的最高规格的宴会形式，通常在国家庆典或重要节日，以及外国元首和政府首脑来访时，会举办国宴； 2）国宴是由国家领导人主持，相关内阁成员和各国使节及社会各界代表人士参加； 3）规格高，礼仪要求极其严格的一种宴会形式
	正式宴会	1）在正式宴会场所举行的，十分讲究礼节程序而且气氛较隆重的大型宴会； 2）除不挂国旗、不奏国歌以及出席者规格低于国宴外，其他大致与国宴相同，要有席位安排，事先要发放请柬，并注明对客人的要求

续表

划分标准	名称	特点
按宴会性质划分	便宴	1）非正式宴会，这种宴会形式简便、不拘规格； 2）不安排席位，不做正式讲话，菜肴的数量也可以酌减
	家宴	1）家中设宴，一般由女主人或男主人亲自下厨，所有家庭成员作陪招待； 2）强调的是个人情谊，话题随意，气氛轻松
按宴会形式划分	冷餐酒会	1）举办的地方比较随意，可以在室内，也可以在室外的院子或花园里举行； 2）菜点形式以冷食为主，配以简单的热菜，一般事先将菜肴和点心摆在桌上，客人可以自取，酒水可放在桌上，也可由服务员端送
	鸡尾酒会	1）鸡尾酒会提供的招待品以酒水为主，略配各类小食品，如三明治、串烧薯片等； 2）不设座椅； 3）要求参加的人着正装，讲究礼仪
	茶话会	1）一般社团、单位在节假日举行的一种以饮茶、吃水果点心为主的非常简单的招待形式； 2）时间一般安排在上午或下午进行，以交谈某一主题作为茶话会的主要内容； 3）不提供正餐

2）宴会的组织实施

（1）宴会布置。根据宴会的主题和规格进行宴会场地的布置。宴会厅的照明、音响要有专人负责，宴会前必须全面检查一切照明设备及线路，保证不发生事故。宴会期间要有工程人员值班，一旦发生故障即刻组织抢修。

宴会厅的室温要保持稳定，与室外温度相适宜。一般冬季保持在18℃～20℃，夏季应保持在22℃～24℃。

（2）明确分工。规模较大的宴会要明确总指挥人员，总指挥在准备阶段，要向服务员交代任务，讲明意义，提出要求，宣布人员分工和注意事项。在人员分工方面，要根据宴会要求，对迎宾、值台、传菜、供酒及衣帽间、贵宾室等岗位，都要有明确的分工及具体任务，将责任落实到人，做好人力物力的充分准备，要求所有服务人员思想重视、措施落实，保证宴会顺利进行。

（3）宴会现场控制。

①控制宴会进程。要对宴会进行现场控制，必须熟知整个宴会的策划方案、宴会流程，掌握主人的讲话致辞、领导敬酒、席间表演等各个细节，以便及时安排递酒、上菜等时间。同时，要掌握不同菜点的制作时间，做好厨房的协调工作，保证按顺序上菜并控制好上菜的间隔时间，防止过快或过慢，影响宴会氛围。还须注意主宾席与其他席面的进展情况，适当调控两者的速度，保证宴会的进程顺利进行。

②督导宴会服务。宴会举办中，现场指挥要加强巡视，及时根据宴会的进展和

场上的变化，调度人员，协调好各方面的关系，并督导服务人员的行为，及时弥补服务中的不足，保证宴会服务达到规格要求。

③处理突发事件。宴会进行中，经常会出现一些新的情况和问题，现场指挥必须当机立断，迅速处置，把客人的要求、突发事故在最短时间内解决，把不良影响缩小到最低限度。

（4）宴会的结束工作。

①结账工作。宴会临近尾声时，酒店应由负责账务的服务员准备好宴会账单。各种费用在结算之前都要认真核对，不能缺项，不能算错金额。结账时，现金现收，若是签单、刷卡或转账结算，应将账单交客人或宴会经办人签字后，送收款处核实，及时送财务部入账结算。

知识拓展5-19

②清理现场。各类开餐用具要按规定位置清洁复位，重新摆放整齐。开餐现场重新布置恢复原样，以备下次使用。清理工作做完后，领班要进行检查，保证所有项目合格。

3. 客房送餐服务管理

客房送餐服务是为了方便住店客人，增加酒店收入、减轻餐厅压力、体现酒店服务规格而提供的服务项目。它是将住店客人预订的菜肴和酒水送到客房，并提供简单服务，客人在房间内用餐的过程。

客房送餐服务相对于餐厅和宴会服务来说是较小单元的服务项目，但其重要性则恰恰相反，越是细微的地方，越要投入更多的关注。因此，餐厅要做好客房送餐服务质量的控制工作。

（1）做好人力调度。很多高星级酒店为客人提供18~24小时客房送餐服务，但客房用餐与餐厅用餐往往在同一时间进行。在用餐高峰期，酒店更加关注餐厅服务，在人员分配上也往往倾向于餐厅服务，可能导致客房送餐服务人员减少，影响服务质量。因此，预先做好人员调度，或在用餐高峰时段即时调整人员安排、合理分配餐厅服务人员与送餐服务员是管理者控制客房送餐服务质量的首要工作。

（2）关注服务对象。客人选择在客房用餐，可能是身体不适、文化背景或者其他原因。相对于餐厅用餐客人，他们更具有特殊性，需要酒店管理人员和服务人员提高对客人的关注度。首先，对于身体不适的客人，要给予温情服务；其次，对性格内向者，他们往往比较爱挑剔，服务人员要给予完美无缺的服务，并用宽容的内心接纳其特殊性格；再次，对不愿意到餐厅用餐的客人，应掌握客人需求心理，想方设法在服务方式、服务特色上满足客人要求，耐心介绍本地文化特色，让其尽快融入目前的生活；最后，对于那些由于隐私原因而在客房用餐的客人，应尽量尊重其隐私，在提供完用餐服务后，提供无打扰服务。

（3）处理客人投诉。与在餐厅用餐的客人一样，房内用餐的客人同样也会对菜点、服务、价格等产生不满意的现象。对于这些不满，有的客人会告诉酒店，有些则不会主动告诉酒店；有些可能会再来，有些可能不会再来。所以，如果客人不满意，投诉并不可怕，可怕的是不投诉。所以，餐饮管理者必须随时注意客人的表情和情绪，主动征求客人的意见，及时把客人的不满情绪消灭在萌芽之中。

【任务训练】

1. 任务名称

酒店 VIP 客人接待计划

2. 任务目的

（1）分析 VIP 客人档案。

（2）制订详细的接待计划。

（3）综合考虑三个业务部门（前厅部、客房部、餐饮部）接待的连续性。

3. 任务训练要求

（1）完成 VIP 档案信息。

（2）前厅部、客房部和餐饮部完整的接待计划。

4. 任务训练方法

小组训练法。将学生分成若干小组，每组成员 5~6 人。每组设立组长一名。

5. 任务评价

填写"任务评价表"，如表 5-3 所示。

表 5-3　任务评价表

项目	标准	满分	得分
准备	小组成员准备充分，有较好的默契度	10	
VIP 档案建立	信息全面，描述准确	20	
各部门接待计划	接待流程设计合理，接待环节周到细致	40	
预期效果	三个业务部门（前厅部、客房部、餐饮部）VIP 接待计划	30	

【本章小结】

　　酒店业务是酒店工作的主体内容，是酒店经营与管理的基础部门，直接反映酒店经营管理的整体水平，同时也影响着酒店形象。本章主要介绍了酒店三个主要的业务部分——前厅部、客房部和餐饮部的主要业务的服务流程标准和基本管理方法。通过本章的学习，能够在掌握各项酒店业务的基础上，提高酒店的服务质量，为酒店带来更大的收益。

【即测即练】

【思考题】

　　1. 简述客房预订的程序。

　　2. 简述宾客入住接待的程序。

　　3. 简述金钥匙的服务哲学。

　　4. 简述餐饮原料采购的控制环节。

　　5. 简述菜点开发的原则。

　　6. 简述美食节主题的选择。

【参考文献及资源】

　　[1] 罗伟,刘保丽. 酒店前厅客房管理[M].武汉:华中科技大学出版社,2017.

　　[2] 杨富荣,陈乃法,吴梅. 饭店前厅客房服务与管理[M].北京:高等教育出版社,2022.

　　[3] 蔡万坤,蔡华程. 餐饮管理[M].5 版. 北京:高等教育出版社,2018.

第6章 酒店服务质量管理

【学习目标】

1. 了解服务的含义、特点及服务质量的含义、内容和特点；

2. 掌握提高酒店服务质量的途径和方法；

3. 熟悉酒店服务质量控制的保证体系；

4. 掌握建立酒店服务优势的途径；

5. 理解酒店个性化服务和多样化服务。

【能力目标】

1. 掌握服务质量管理的基本理论，使学生具备质量分析能力；

2. 掌握质量管理基本方法，培养学生质量问题解决能力。

【思维导图】

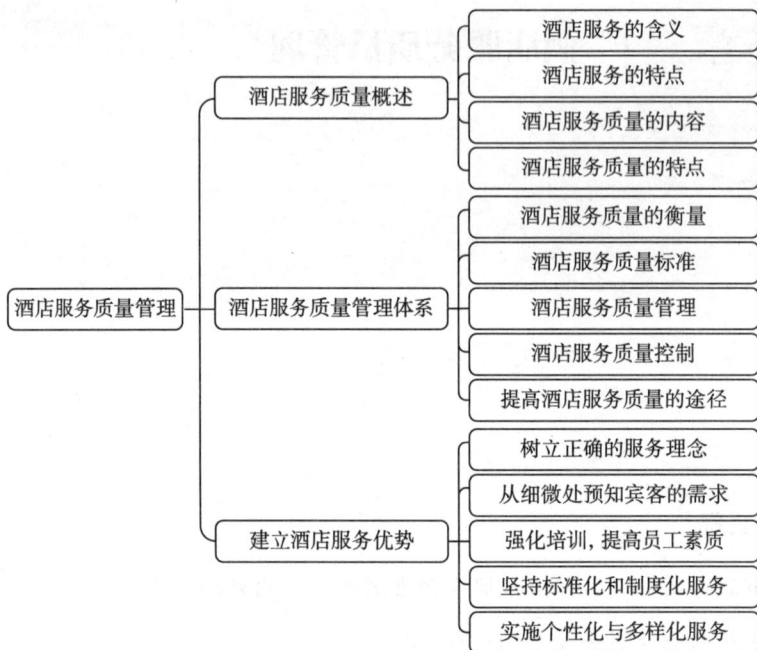

【导入案例】

什么是高质量的入境旅游

2024 入境旅游高质量发展大会上，中国旅游研究院刘祥艳博士发布了《中国入境旅游高质量发展报告》。报告指出，伴随入境签证、境外人员支付、住宿登记等方面便利化政策措施的推出和落地，入境旅游重归国家战略体系。经过过去一年多的准备重整，我国入境旅游市场恢复发展态势持续向好，入境旅游市场呈现散客化、体验内容生活化、目的地小众化等趋势。未来，入境旅游高质量发展需要目的地管理部门和市场主体深刻洞察入境旅游市场需求，在政策制度、产品服务、品牌营销等方面不断创新。余超博士和刘倩倩博士发布了入境游客喜爱的 10 个景区度假区、入境游客喜爱的 10 个名城古镇以及入境旅游新线路 TOP5。在"国际旅游目的地高质量发展对话"环节，中国旅游研究院国际所所长杨劲松博士与淮南市委常委、宣传部部长邬平川，合肥市文化和旅游局党组书记、局长吴娅娟，丽江市文化和旅游局党组成员、副局长尹亮钦，故宫博物院数字与信息部副主任刘竹沛，中旅途易旅游有限公司首席运营官刘会元，亿客行集团（Expedia Group）高级市场经理马述昆，比斯特中国购物村高级旅游市场经理陈海燕，Wendy Wu Tours 运营负责人妮可·博格（Nicole Borg），哲意控股有限公司"欢迎中国"项目总监苏珊娜·卡穆福 (Susanna Camuffo) 围绕主题进行了深入探讨。

思考题：

1. 面对入境旅游契机，中国酒店业高质量发展的道路如何实现？

2. 讨论在当前激烈的市场竞争环境下，酒店如何把握入境旅游契机，通过高质量发展取得竞争优势？

6.1　酒店服务质量概述

6.1.1　酒店服务的含义

服务是酒店产品的一部分，服务质量对酒店竞争具有决定性的作用。对酒店来说，经营是前提，管理是关键，服务是支柱。服务质量不仅是管理的综合体现，而且直接影响着经营效果。就如工业企业的产品质量直接影响其销路一样，服务质量决定着酒店对顾客的吸引程度。

国际酒店业认为，每一位酒店从业人员，不管是总经理还是前厅应接员，都要掌握服务这一概念的国际含义。

国际旅游业认为，服务这一概念可以用构成 service（服务）这一词的每个字母所代表的含义来理解。

第一个字母 S，即 smile（微笑），其含义是服务员要对每一位宾客提供微笑服务；第二个字母 E，即 excellent（出色），其含义是服务员要将每一项微小的服务工作都做得很出色；第三个字母 R，即 ready（准备好），其含义是服务员要随时准备好为宾客服务；第四个字母 V，即 viewing（看待），其含义是服务员要把每一位顾客都看作是需要提供特殊照顾的宾客；第五个字母 I，即 inviting（邀请），其含义是服务员在每一次服务结束时，都要真诚地邀请宾客再次光临；第六个字母 C，即 creating（创造），其含义是每一位服务员要精心创造出使宾客能享受其热情服务的气氛；第七个字母 E，即 eye（眼光），其含义是每一位服务员始终要用热情好客的眼光关注宾客，预测宾客需求并及时提供服务，使顾客时刻感受到服务员在关心自己。

由此我们给出酒店服务的定义：酒店服务是指酒店人员借助酒店的有形设施，

为满足宾客的各种需要为他们做有益的事，这种与宾客接触的活动及酒店内部活动的结果，称为酒店服务。

6.1.2 酒店服务的特点

酒店服务的使用价值是它能满足宾客在物质方面或者精神方面的需要。它不是表现为物，而是表现为活劳动，具有与其他物质产品不同的特点。

1. 无形性

酒店服务是指酒店员工借助于有形设施为满足宾客的需求所提供的劳务活动，属于非物质的无形产品。消费者在购买前不能看、听、嗅、尝或感觉到的酒店服务。这一特点决定了宾客在购买酒店产品之前难以对其进行检查和客观评价，他们对酒店的了解只能通过已有的经验判断，或是亲朋好友的间接经验和介绍，或是通过报刊、广播、电视等广告宣传获得信息。

2. 同一性

酒店服务一般都是在宾客来到酒店时，才开始提供并实现其使用价值，这意味着酒店服务活动的完成需要生产者和消费者双方共同参与。在这个意义上，酒店服务的生产和消费是同时发生的，并且是在同一地点同时发生。在同一时间内，宾客享受服务的过程，也就是酒店服务人员提供服务实现其使用价值的过程。

3. 固定性

酒店服务是不可转移的，不像其他物质产品可以买回家去使用。酒店服务的使用价值，只有在酒店才能实现。宾客必须入住酒店才能消费，酒店服务人员凭借各种有形的固定设施为宾客提供服务。

4. 综合性

酒店服务不仅满足宾客的物质方面的需求，还能满足精神方面的需求。现代大多数客人去酒店就餐，其目的不仅仅是简单的就餐，而是兼顾洽谈生意、显示自己的身份地位等。因此要求服务人员善于观察和了解客人的需求，开展有针对性的服务，也就是个性化服务或超常服务，满足宾客的不同需求。

6.1.3 酒店服务质量的内容

酒店服务质量是指酒店提供的实物产品和服务在使用价值上（包括精神上和物质上）适合和满足宾客需要的程度。服务质量从本质上讲是产品的使用价值适合和满足消费者需求的程度。适合和满足的程度越高,服务质量就越好;反之服务质量就越差。酒店产品从总体上来说带有无形性,但局部又带有物质性和有形性。即酒店产品既要满足宾客对物质上的需求,又要满足宾客精神上的需求。而且酒店产品带有浓厚的情感色彩和文化内涵,因此其在满足宾客的精神需求方面有更大的比重。所以酒店产品的服务质量比一般实物产品的质量要复杂得多而且更难把握。

酒店服务质量是由以下内容构成的。

1. 技术质量

技术质量也称有形质量,包括酒店的设施设备质量,实物产品质量和服务用品质量。酒店服务的技术质量高低具有客观的衡量标准。技术质量使客人达到与其等级、价格相吻合的物质满意程度。

(1) 酒店设施设备的质量。酒店的设施设备是酒店提供酒店服务的基础,是酒店服务的有形依托和表现形式。酒店服务质量对酒店设施设备的基本要求是:设施设备的总体水平应达到与星级标准相应的水准;设施设备应尽可能完善,让宾客感到实用方便;各种设施设备应处于良好的状态;对各种设施设备应有严格的维修保养制度,确保酒店的接待服务正常运转。

(2) 实物产品质量。实物产品质量是满足客人需求的重要体现,其内容主要包括:饮食产品质量,包括产品风味、原料选择、原料配备、炉灶制作、食品卫生等,最终体现在饮食产品的色、香、味、形、器、质、名等要素上,饮食产品要精致可口,营养卫生,独具特色,适合消费者需求;购物商品质量,包括商品数量、商品结构、花色品种、民族特色、纪念意义、外观包装等,最终以商品本身的内在质量为主,酒店商品应货真价实、品种丰富、结构合理、外观精美,所供商品符合宾客的购物偏好。

(3) 服务用品质量。服务用品包括服务人员使用的各种用品和直接供客人消费的各种生活用品。前者是提供优质服务、保证客人需要的必要条件,后者是满足客人物质消费需要的直接体现。例如客房的棉织品、生活用品,餐厅的服务用品等。这些服务用品的质量必须符合酒店的等级规格,做到用品齐全、清洁规范、数量充足、供应及时。

2. 功能质量

功能质量也称无形质量,包括酒店的劳务质量和环境质量。酒店的功能质量高低虽有一定的客观衡量标准,但在很大程度上都依赖于顾客的主观感受而难以衡量。

而且功能质量随酒店服务者在提供服务时的心理状况、情绪、观念、所处环境、文化差异等的不同而不同，因此功能质量的前提是，按照酒店目标客源市场与对象的不同需求来设计酒店服务的标准与程序，才能使顾客达到心理的满足与满意。

（1）劳务活动质量。劳务活动质量即以劳动为直接形式创造的使用价值的质量。上述各种实物形式的服务质量最终都要靠劳务活动来组织，也就是说，在实物产品配备良好的基础上，酒店服务质量的高低主要取决于劳务活动。因此劳务活动质量是酒店服务质量的主要表现形式，其内容包括服务态度、服务知识、服务技能、服务方式、礼貌礼节、服务规范、服务效率、劳动纪律、职业道德、职业习惯等方面。劳务活动的质量高低主要取决于服务人员的素质高低、劳动过程的组织和管理水平的高低，是酒店服务质量的本质表现。

（2）服务环境质量。服务环境是满足客人精神享受需要的重要体现，良好的服务环境能够给宾客提供舒适、方便、安全、卫生的服务，是酒店服务质量的重要组成部分。服务环境质量主要表现为服务设施、服务场所的装饰布置、环境布局、空间构图、灯光气氛、色调情趣、清洁卫生、空间形象等方面，同时也包括酒店与客人的人际环境和文化的吸引性与融合性、酒店内部人际关系等因素。良好的服务环境可以给客人带来感觉上的享受和心理上的愉悦，因而是酒店服务质量的有机组成部分。

（3）宾客满意程度。宾客满意程度是酒店服务的最后体现，酒店服务是为客人提供的，也是在客人的支配下进行的，其质量高低最终是由客人检验和评价的。客人满意程度主要表现为他们在消费过程中享受到服务劳动的使用价值，得到物质和心理满足的感受、印象和评价，服务质量的高低最终都通过客人的满意程度表现出来。因此，提高酒店的服务质量必须从客人的消费需求、消费心理出发，有针对性地提供各种服务，重视客人的满意程度，并随时掌握客人的心理变化，不断提高服务质量，才能提高客人的满意程度，取得高水平的服务效果。

从广义讲，酒店的最终服务质量并不简单取决于酒店的技术质量和功能质量，而更取决于顾客对酒店服务的期望质量和经验质量。期望质量是指客人头脑中对酒店服务质量形成的一种期望或期待的质量水平。这一期望来源于过去的一些经历、酒店的广告宣传和对酒店的想象。而经验质量是指顾客购买酒店服务产品之后，对酒店技术质量和功能质量的主观评价，也就是购买后的实际感受和印象。一般情况下，客人期望质量越高，住店经验越丰富，对酒店服务质量的评价就越低，反之则

越高。这并不意味着酒店要想方设法降低客人的期望值，而是应该在使客人产生适
当的期望质量的前提下，通过提供优质服务，达到甚至超越客人的期
望，使客人产生良好的实际感受，从而对酒店服务给予较高的评价并
留下美好的印象。

知识拓展6-1

6.1.4　酒店服务质量的特点

服务是无形的，无法像有形产品那样确定出一系列数量化的标
准。但我们可以根据顾客对酒店服务的共同的、普遍的要求对服务质量的特点进行
分析，进而有针对性地采取相应措施，加强管理，实现优质服务。一般认为服务质
量有下述四个显著特性。

1. 综合性

酒店服务是一个精细复杂的过程，而服务质量则是酒店管理水平的综合反映。
它的实现有赖于酒店计划、酒店业务控制、设备、物资、劳动组合、酒店服务人员
的素质、财务等多方面来保证。

2. 短暂性

酒店的优质服务是由一次次的具体劳务活动完成的。客人住店期间需要很多具
体服务，每一次具体服务的显现时间都是很短暂的，但它会在客人心目中产生一种
感受和印象。短暂的时间限制对酒店管理及酒店服务人员的素质是一个考验，能否
在短暂的时限内很好地完成一系列工作任务，也是对服务质量的一种检验。

3. 关联性

酒店的每一次服务活动都不是独立存在的，酒店的规模越大，服务活动之间的
联系就越广泛。从整个酒店看，在保证设施设备和实物产品质量的前提下，服务质
量还包括前厅服务质量、客房服务质量、餐厅服务质量等具体内容。众多部门与人
员只有通力合作、协调配合，发挥集体的才智与力量，才能够保证实现优质服务。

4. 依赖性

酒店服务是由酒店服务人员来完成的。酒店服务是面对面的复杂劳动，较之其
他劳动有更高的要求。而且酒店服务人员分散在前厅、客房、餐厅、商场等场所，
劳动过程中大多由服务员独立操作，管理人员不可能时时监督。因此，酒店服务质
量的高低对广大服务人员素质的依赖性较大。

6.2　酒店服务质量管理体系

6.2.1　酒店服务质量的衡量

酒店服务质量是有形产品质量和无形服务质量的有机结合。有形产品质量是无形服务质量的凭借和依托，无形服务质量是有形产品质量的完善和延伸。两者相辅相成，构成了完整的酒店服务质量。服务质量的高低主要表现为客人对酒店的服务活动和服务结果的满足程度。酒店服务能否满足客人，既取决于服务活动的最终结果，又取决于服务活动的全过程以及每一个环节。同样道理，服务质量既取决于客人明确的消费需求的满足程度，也取决于客人对隐含的消费需求的满足程度。因而酒店服务质量管理工作就是围绕使客人满意这一中心来展开的。

1. 期望质量

期望质量是指客人对酒店服务质量形成的一种期望值或期待的质量水平。客人对酒店服务的期望值通常是由以下因素影响而形成的。

（1）客人的需求不同，对服务的期望值不同。客人对酒店某项服务的需求越强烈，他们所期望的服务质量水平就越低。

（2）酒店的声誉和形象。声誉、形象越好，客人对酒店的期望值就越高。

（3）酒店进行的对外宣传活动。酒店的宣传和推介活动，可以使客人在未购买酒店服务之前产生不同期望值。

（4）人们的口头传送，即口碑。这是由酒店以往的业绩和客人住宿的经验形成的。

2. 经验质量

经验质量是指客人在购买了酒店的产品之后，对酒店服务的技术质量、功能质量进行的实际体验所获得的感受和影响。酒店服务的最终质量是客人将期望质量与实际感受相比较后所获得的满足程度，通常会产生以下四种不同的结果，分别是：期望值高，实际感受好，客人感到如愿以偿，感知名副其实、服务质量高；期望值低，实际感受好，客人感受出乎意料的好，感知服务质量最高；期望值低，实际感受差，客人感受很一般，感知质量还可以被接受；期望值高，实际感受差，客人感到名不符实，产生极大失望，感知质量最低。

6.2.2　酒店服务质量标准

1. 制定服务质量标准的依据

酒店服务质量的高低，取决于客人对服务质量的预期与感知之间的关系。所以，首先应了解目标消费群体对酒店服务质量的期望，以此作为制定酒店服务质量标准的首要依据；其次，由于一线服务人员对服务标准的贯彻执行决定了客人对服务质量的感知。因此，员工的知识、技能和态度也是酒店制定其服务质量标准时应予以重点考虑的因素。酒店的无形产品是服务，酒店经营管理的核心工作是让客人满意，这也是衡量酒店服务质量的标准。

2. 制定服务质量标准的程序

（1）收集信息。信息可以分为外部信息和内部信息，酒店可以通过问卷调查和面谈的方式了解客人对酒店服务的意见和要求，以及对服务质量的期望值；同时充分采纳酒店员工的合理建议，了解现有标准和程序的可行性和合理性，以收集制定服务质量标准所需要的信息和资料。

（2）预测需求。通过调查问卷等一些手段收集多方面信息和资料，酒店管理者经过分析可初步预测客人对服务的需求以及对服务质量的期望，以此作为制定服务质量标准的导向性依据。

（3）拟定标准。在初步确定客人需求和服务期望之后，酒店高层管理人员初步制定各工作岗位的服务质量标准并准备执行。

（4）试行标准。在服务过程中试用新的服务质量标准并了解客人和员工对新标准的意见和建议。

（5）反馈信息。在新标准试行过程中，要注意通过各种方式了解客人和员工对新标准的建议和意见，将有关信息反馈给参与制定新标准的有关人员，并对标准予以调整和修订。

（6）确定标准。充分采纳客人和员工的合理化建议，经过反复调整与修改确定最终的服务质量标准，并对酒店员工开展相关培训，使各工作岗位的员工对新的服务质量标准尽快了解，以便开展对客服务，提高服务质量。

6.2.3　酒店服务质量管理

近年来，几乎所有的酒店都把坚持服务质量管理、创一流服务作为酒店管理的主要议题，将"宾客至上，服务第一"作为酒店的经营宗旨。但是面对着每天、每个岗位出现的各种服务质量问题和客人投诉，一些酒店控制服务质量的机制和措施却常常是低效而乏力的。许多酒店管理者习惯于采用临时突击、事后检查的办法，这很难从根本上长期保证酒店服务质量的高标准和稳定性，这也是目前我国酒店业服务质量不能适应国际旅游业发展需求的重要原因。人类正在进入一个服务型社会，随着科技进步，许多学者和服务行业的经营管理者们越来越重视对服务这门科学的研究和探讨，提出了一些新的服务理论和服务质量管理模式，"服务质量管理的差距分析模型"就是其中之一。将其运用到酒店的服务质量管理实践中来：一是帮助酒店管理者理智地找出酒店服务质量问题产生的根源；二是在此基础上帮助酒店管理者有针对性地改进和提高酒店服务质量。

1. 第一种差距

第一种差距是指客人对酒店服务的需求和期望与酒店管理人员对客人需求和期望感知判断之间的差距。即酒店管理者不了解客人需要什么、期望什么或对客人的需求和期望缺乏理解、错误地理解。

（1）产生差距的主要原因。设计服务产品时，没有进行市场调研和需求分析；进行市场调研和需求分析，但得出的信息不准确、不符合实际；一线员工直接了解到的客人需求和期望，由于管理系统的障碍，没有及时、准确地传达到管理层；管理者凭经验办事，没有抓住不断变化的客人需求的新特点和新趋势。

（2）纠正差距的方法。改变管理者传统的经营观念，树立以满足客人需求为第一经营目标的现代市场营销新观念；加强市场调研，认真准确地了解分析客人对酒店服务的需求和期望；不断改革内部管理机制，保证客人、员工、管理者之间信息传递畅通。

2. 第二种差距

第二种差距是指制定的服务质量规格标准与管理者判断的客人需求、期望之间的差距。这种差距有两种情况：①对客人期望判断有误，制定的服务质量标准必然不能适合客人的要求和口味。②判断是正确的，但制定规格标准时出现了错误。

（1）产生差距的主要原因。管理者没有树立明确的服务质量目标；服务质量管理中的计划性差错；计划制订后的实施与管理不力，使计划流于形式。

（2）纠正差距的方法。准确判断客人的要求和期望；牢固地树立服务质量第一的观念；明确的质量目标；强化质量管理的计划职能，上下配合，管理者与服务人员共同制定服务质量规格和标准以及落实的措施。

3. 第三种差距

第三种差距是指酒店制定的服务质量规格和标准与实际提供给客人的服务质量的差距。即员工提供服务时，没有按照酒店制定的服务质量规格和标准去做，使各项服务规格和标准成为一纸空文，这是目前酒店经营管理中最常见、最重要的问题。

（1）产生差距的主要原因。产生这种差距的原因很多也很复杂，大体上可归纳为三种：①制定的服务质量规格和标准不切合实际，可操作性差，员工在实际岗位上难以执行和实施。②酒店的设备设施、技术支持系统不能达到服务质量规格和标准的要求。③酒店的管理、监督、激励系统不完善。

（2）纠正差距的方法。酒店可以根据客人的需求和酒店的硬件、软件的实际情况，制定和修正服务质量规格和标准。主要方法包括加强员工的培训，使他们在技术、观念、行为上都能够了解和适应服务质量规格和标准的要求；树立新的管理理念，改善酒店的管理、监督、激励机制；广泛应用酒店大数据进行数据筛选和分析；使用质量分析工具迅速解决问题。

酒店每天大量发生的是人对人的服务、人对人的管理，只有管理者关心体贴员工，员工才会关心体贴酒店的客人。因此，在酒店管理中实行情感治店、情感管理是酒店管理者应具备的领导艺术和领导方法，也是酒店提供优质服务的秘诀。它作为服务行业一种有效的管理模式，包含了下述管理哲学：①酒店不仅是"顾客之家"，也是"员工之家"。而且必须首先成为员工之家，才能成为顾客之家。②酒店的优质服务不仅要体现"顾客至上"，而且要体现"员工第一"，只有员工第一，顾客才能至上。③酒店的优质服务需要两个微笑，即有了管理者对员工亲切、关心的微笑，才能转化为员工对客人真诚、发自内心的微笑。④酒店的优质服务需要两个理解，即只有管理者理解员工，员工才能理解客人。⑤酒店优质服务需要"两气"，即有了人气，才会迎来财气。⑥酒店的优质服务需要两种幸福快乐，即有了幸福快乐的员工，才会有幸福快乐的客人。简言之，感情治店、感情管理就是要以员工为核心，以酒店的凝聚力、向心力为基础，寻求员工对企业的忠诚，最大限度地发挥员工的工作积极性、主动性和创造性，从而创出一流的服务。

4. 第四种差距

第四种差距是指酒店的市场宣传促销活动与实际提供给客人的服务之间的差距，也可称为许诺与实际之间的差距。当客人从广告和其他营销活动中获得了良好的外部信息，同时也就形成了对酒店服务质量很高的期望值。慕名而来，但亲身经历的服务却并非如此，会使客人产生上当受骗的感觉，希望越大、失望越大，严重地损坏了酒店的声誉和形象。

（1）产生差距的主要原因。造成这种差距的主要原因有：酒店的宣传促销活动与内部经营管理、服务质量控制脱节；对外宣传促销不实事求是、夸大或过分许诺；酒店的高层管理者对市场营销活动没有进行严密的管理和控制。

（2）纠正差距的方法。将市场营销活动作为酒店管理的全过程和整体经营活动进行严密的计划和监督控制。从市场调研、需求分析、制定服务计划、对外宣传促销，到提供服务、提供服务后的信息反馈等一系列活动，必须由酒店中每个部门及全体员工共同参与、合作完成，而不仅仅是市场营销人员的工作。为此，酒店要抓好外部营销和内部营销两种营销活动，建立内外运转协调统一的机制，力争做到对外宣传和许诺的服务是客人最需要而又能够完全地、如实地在酒店得到落实的服务。

5. 第五种差距

第五种差距是指期望与实际感受的服务不相符。如果期望值过多地高于实际感受，将会造成客人严重不满和严重的不良口头宣传；如果期望值过多地低于实际感受，将会使酒店付出过多的高成本，有时成本、利益指数会出现负值。产生这种差距的原因与前四种差距密切相关，如果酒店的管理者能够正确判断客人的期望、需求，制定合理的服务质量规格和标准，按照规格标准提供给客人适当满意的服务，并实事求是地做好市场宣传促销，即使存在着一定的客人方面的主观因素，这种差距也能大大地缩小。

服务质量管理差距分析模型为酒店的管理者提供了科学地、有逻辑性地思考问题、解决问题的方法，它将服务质量的管理和控制作为一种战略，向酒店管理者指明：当一个酒店出现了服务质量的问题时，应该从哪些方面去寻找原因，应该采取何种方式来缩小差距，从根本上解决问题。这个模型可供不同等级、类型、规模的酒店管理者参考和借鉴。通过对服务理论的研究和探讨，能够启发管理者的思路，作用于管理者的意识和观念的改变，成为酒店优质服务的理论依据，为提高酒店的管理水平和服务质量产生一些有益的影响。

6.2.4　酒店服务质量控制

酒店服务质量控制是指采用一定的标准和措施来监督和衡量服务质量管理的实

施和完成情况，并随时纠正服务质量管理目标的实现。它是把酒店作为一个整体，从全局出发，以控制酒店服务的全过程、提供最优服务为目标，运用一整套服务质量管理体系、手段和方法，以服务质量为管理对象而进行的系统管理活动。

1. 酒店服务质量控制的特点

（1）全方位：指酒店内部无论前台还是后台的每一个岗位都要参与服务质量管理。

（2）全过程：指酒店每一个岗位的每一项工作，从开始到结束都要进行服务质量管理，也就是所有服务流程、工作流程都要进行质量管理

（3）全人员：指酒店所有员工都要参加服务质量管理。

可见酒店服务质量控制的特点就是，酒店每个岗位、每个环节、每个节点和每个员工都要参加质量控制管理。

2. 酒店服务质量控制的保证体系

酒店服务质量控制的保证体系，是指酒店在设施设备质量、产品质量和劳务质量等方面对客人所提供的担保。它以"宾客至上，服务第一"为宗旨，以全面提高服务质量为目标，运用系统观念和方法，将各部门、各环节、各阶段的服务质量管理职能组织起来，形成一个任务清楚、责任明确、上下对口、环环相扣的服务质量管理系统，用以保证提高服务质量，为客人提供高质量、高效率的服务。

酒店服务质量控制的保证体系是酒店系统的一个子系统。这个子系统是一个以提高酒店服务质量为目标，具有明确的任务、职责、权限的有机整体。其目的就是把酒店各部门服务质量管理职能纳入酒店统一的服务质量管理系统。把酒店中各个部门的工作质量和服务过程中各个环节的服务质量联系起来，以便有效地控制全酒店的服务质量。酒店服务质量控制保证体系的建立与运行要做好以下工作。

1）策划准备阶段

（1）制定明确的质量管理目标和质量方针。质量方针是质量管理体系的灵魂，是酒店企业总的质量宗旨和方向。只有制定明确的质量宗旨和目标，才能使整体服务质量管理体系形成核心，才能有的放矢地选择要素和确定质量活动，并最终形成以质量方针为核心，以质量职能为运行机制的有机整体。应该注意的是，质量方针的内容不应是笼统、空洞的口号，而应该具有实实在在的内容，有较长时期的适用性，并用人们最容易理解的语言表达，形成书面文件。

（2）明确各岗位和各级的质量责任制。这是建立质量管理体系的主要内容，通

过它可以把整个质量管理体系各岗位、各环节的质量管理工作统一组织起来，形成一个以提高服务质量为目标的有机整体。

（3）学习目标，统一认识。通过教育培训，使员工了解建立质量管理体系的作用和本岗位质量活动的内容，调动员工做好服务工作的积极性，掌握与客人进行有效沟通的方法。

2）编写质量管理体系文件

质量管理体系文件是质量管理体系的具体化，是以文件形式对质量管理体系进行详细的描述，包括质量手册、程序文件、质量记录等。这些文件是为满足质量管理体系有效运行的需要而制定的，也是质量管理体系建立和运行的依据。

3）质量管理体系的实施

必须组织酒店所有员工认真学习质量管理体系文件并坚决执行，使每个员工在各自工作岗位上自觉按照有关规定办事。通过质量管理体系的贯彻和实施，使影响服务和服务提供的各种因素都处于可控状态，保证酒店提供的服务能够使客人满意。建立有效的质量管理体系可以预防各种质量问题的出现，一旦出现质量问题的势头，可及时分析，并采取有效解决措施。

6.2.5　提高酒店服务质量的途径

服务质量是酒店生存和发展的基础，酒店之间的竞争，本质上就是服务质量的竞争，因此提高酒店服务质量，以质量求效益是每家酒店发展的必经之路，也是所有酒店管理者共同努力的目标和日常管理的核心部分。而随着酒店业竞争的日趋激烈，宾客对酒店服务质量的要求越来越高，酒店必须不断探索提高和完善自身服务质量的途径和方法。优质服务可以提高酒店的知名度和美誉度，吸引客源，并使客人再次光临，成为酒店的诚实客人，最终带来可观的经济效益，使自己在竞争中立于不败之地。

1. 从员工角度出发

酒店应从各方面加强员工的基本素养，使每一位员工争取都成为酒店的金牌员工。酒店金牌员工，一般人认为就是那些能为酒店带来良好的声誉和客源的人，他们不仅是酒店服务品质的体现，也是酒店的骄傲。其实这只是金牌员工的一个方面，应该说，真正的酒店金牌员工的基本标准可以从以下几个方面进行评价。

（1）是向"上帝"奉献真诚微笑的使者。美国"旅馆大王"希尔顿，其酒店遍布世界五大洲的各大城市，并且兼并了号称"旅馆之王"的纽约华尔街上的奥斯比利亚酒店。他成功的奥秘之一就是服务员总是带着美好而自信的微笑。一次，希尔顿召集全体服务员开会，他对大家说："现在我们酒店新添了第一流的设备，你们觉得还应该配合一些什么第一流的东西，才能使顾客更喜欢希尔顿酒店呢？如果酒店里只有第一流的设备，而没有第一流服务员的微笑，好比花园里失去了春天的太阳与春风。我请各位记住，'千万不要把愁云摆在脸上！'因此，无论酒店本身遭遇的困难如何，希尔顿酒店服务员的微笑都是美好如初的。"结果经济萧条刚过，希尔顿酒店就率先进入新的繁荣期。

（2）是招徕宾客的"交际家"。光临酒店的宾客是企业尊贵的客人，是企业经营兴旺的基础，同时也是传播企业知名度的媒介。因此从宾客踏进店门时起，员工就应竭尽全力使他们成为本企业的常客。按照现代服务工作的要求，员工应是一名招徕宾客的"交际家"、诱发宾客消费动机的"服务工程师"。那么在服务工作中，员工该怎样增强并施展自己的交际能力呢？首先，应重视给宾客的第一印象，讲究仪表仪态美，微笑服务，态度真诚，为宾客树立一个完美的形象，以"诚招天下客，笑引四方人"。要做到客到微笑到、敬语到、茶到、香巾到。其次，要有简洁流畅的语言表达能力，酒店员工的语言表达能力主要有两方面的要求：一是要准确表达你所表达的内容，言简意赅、有理有据、层次分明、目的明确，要注意措辞；二是要选择适当的表达方式，既要有必要的手势、动作，又要用表情帮助说话。再次，要有妥善处理各种矛盾的能力。最后，要有招徕宾客的能力，一线员工要有与宾客融洽感情的本领，要有满足和诱导宾客需求的功夫，要有促使宾客主动交易的招法，还要有使宾客重临本店的谋略。当然，服务员要想练就上述本领，非一日之功，但是，只要勇于学习、借鉴、琢磨、实践，功夫是不负有心人的。

（3）是见机行事的"小机灵"。员工最令宾客佩服的本领，就是能把宾客最感兴趣的某种需要一眼看穿，并根据实际情况提供相应服务。而达到这一效果的良好前提，就是员工能透过宾客的外部表现去了解其心理活动，这种能力就是员工的观察力。一个观察力较强的服务员，在日常接待中，能够通过对宾客眼神、表情、言谈、举止的观察发现其某些不明显而又特殊的心理动机，从而运用各种服务心理策略和灵活的接待方式来满足宾客的消费需要，把服务工作做在客人开口之前。具体来说，要注意观察以下几个方面：留心观察宾客的体态表情，不失时机地提供有效服务；注意分析宾客的交谈语言或自言自语，掌握宾客的需求趋向；正确辨认宾客的身份，注意宾客所处的场合。

（4）是具有良好记忆力的"活字典"。良好的记忆力对搞好服务工作是十分重要的，它能帮助服务员及时回想在服务环境下所需的一切知识和技能，如服务标准、当地情况、旅客须知等。

优秀的员工不但能准确掌握顾客在风俗习惯上的不同，还能熟记与顾客交往日常需要的其他业务知识，这是服务员搞好文明服务的智力基础，也是百问不厌的心理支柱。员工如果对酒店开展经营活动所必需的有关知识记得不清、不全，掌握得不牢，就会给酒店带来不良影响。客房、餐厅、商场等岗位尤其需要较强的记忆力。当然，随着互联网的迅速发展，酒店客人可以便捷地在网上系统查找到相关信息，但是作为酒店一线员工，如果能在客人询问时，向客人进行有效推荐，会收到更有效的效果。

2. 从酒店管理角度出发

（1）根据酒店业务流程建立健全完整而细致的服务质量控制体系，让各项服务标准有章可循。

（2）建立科学完整系统的员工培训计划并切实付诸实施。从员工的基本素养、业务技能等方面定期地有计划、系统地进行培训，提高员工的业务水平、服务意识。

（3）采用先进的设施设备，精减服务程序，以保证酒店服务效率，提高服务质量。

（4）建立客户关系管理系统。以征求客人对服务质量的意见作为提高酒店服务质量的切入点。客人是服务产品的消费者，对服务产品的质量最有发言权，最能发现酒店服务中的薄弱环节。因此，征求客人意见是改善酒店服务质量的重要途径。如拜访客人、建立健全客史档案等。

（5）建立和完善员工奖励和激励制度。可以定期展开形式多样的优质竞赛和质量评比，如"零缺陷工作周""每月服务之星"或"微笑大使"，使酒店员工树立服务意识，提高执行服务质量标准的主动性和积极性，并形成"比、学、赶、帮、超"，调动员工的工作积极性，努力提高酒店服务质量的氛围。每次活动结束后，所有员工都应认真总结和分析，提出不足以便改进提高，不断改善酒店服务质量。

（6）加强酒店内部各部门间的合作和协调。要提高酒店服务质量，还要加强各个环节的沟通和协调，使对客服务得到各部门的理解和支持。

6.3　建立酒店服务优势

在激烈的服务竞争时代，大多数酒店已认识到服务优势的重要性。如何确立自身的服务优势已成为酒店能否在竞争中取胜，造就更好的对外形象，获得更大的收益的关键。

6.3.1　树立正确的服务理念

遵循一定的服务原则或者服务理念，对酒店经营而言非常重要。因为这将成为酒店管理层或服务层对宾客服务的指导思想，贯彻到酒店的所有管理工作当中。因此基本上每家酒店都有自己的一整套服务原则，通常有如下几点。

1. 在对客和员工的关系中表现出诚心和关心

诚实是每一个人最重要和最宝贵的品质，没有诚实就没有信任。酒店要求其从业人员要做到对业主、对宾客、对管理层、对同事和自己诚实，要用关心体现态度积极，体现出将事情做好的愿望。因为关心在酒店行业意味着对待所有的人都一视同仁，对酒店内部与外部的宾客都体现出关心，因此诚实与关心是酒店团队的基石。

2. 与宾客的接触中要尽量为宾客服务

严格按照标准服务是酒店提供的可以接受的最低服务，但酒店从业人员需要尽力多做一点，超越宾客的期待，同时注意不要太过火，因此酒店从业人员要预测不同宾客的需求，因宾客而异，从而对待他们也要有所不同。

3. 要为宾客提供始终如一的服务

始终如一有赖于酒店统一的服务标准及其工作程序，凭借此标准酒店才能构建标准体系并得以顺利运作。优质服务表现为提供个性化和有创意的服务，即在恰当的时间、恰当的地点提供恰当方式的服务及其内容，同时为了让此体系有效运作，酒店需要有全程的质量监控体系作为援助。最后宾客的反馈有利于酒店保持始终如一的优质服务，及时更改，保持一致。

4. 要保证服务程序有益于宾客并方便员工

酒店都不鼓励呆板的如机器人般的服务，希望员工要在服务中加入感情，服务人员必须在平时的工作当中密切注意宾客的需求，吸取意见，改进服务素质，大胆开拓，勇于创新。

5. 确保同宾客接触时能及时做出相关决策

①酒店要求每位员工熟悉其政策和程序，同时要对业主、客人和员工利益负责，有责任感。②每位管理人员都需懂得授权，让员工有足够大的权限来处理出现的问题，要追求成效，尽管在平时的问题处理当中，错误在所难免，但要极力纠正。

6. 要创造出有益于员工实现个人抱负和事业成功的工作环境

酒店应给员工提供一个发展的计划并逐个阶段进行，为员工创造更多的机会，如通过酒店内部与外部的交叉培训来鼓舞人心与人气，鼓励员工将其个人的愿望与希望说出来，同上司沟通。让酒店在力所能及的范围内帮助员工发挥个人的聪明才智。

7. 要将宾客对服务的满意度作为经营的主要动力

酒店的生存大部分要依靠回头客，酒店从业人员要尽力使每位宾客成为回头客。对客人的要求要积极及时回复，采取积极和主动的态度来解决宾客的问题。

8. 要尊重当地的风俗和价值观

酒店必须向当地社区开放，要热情友好地让酒店本身融入当地环境和社区，通过奉献社会使酒店得到社会的承认与接受，借此来占领当地市场。

9. 要有意识挑战每一项工作程序以使其趋向完美

首先酒店从业人员须有冒险精神，不断寻求更好的、新的服务方式，认真积极认可并支持好的意见和建议。在这个过程当中酒店从业人员需愿意挑战现有的制度，以获取新产品、新程序和新服务等。

10. 满足宾客是员工的首要任务

"首要"代表着一切以宾客为中心，一切以宾客为核心。

酒店服务不仅要求关注宾客，更为重要的是以满足宾客为第一任务和首要工作，将对宾客的关注和需求满足放在第一位，要求员工不仅要在看到宾客的第一眼就跟宾客打招呼，以此显示酒店对宾客的重视程度，同时还显示以宾客为首要，随时随地准备为宾客服务的意向。

6.3.2 从细微处预知宾客的需求

现代社会的多样化造就了需求的多样化和个性化，因此无论每位宾客的需求是如何的相似，都会略有所区别，我们必须先发现宾客所需，然后才能提供他们所需，但我们如何去发现客人所需呢？

（1）细致观察。在面对面的服务当中，身体语言传达了 60% 的信息，因此员工应学会从宾客的身体语言来判断宾客的需求，并且进一步强化，把观察能力应用到为宾客服务的意识中。

（2）仔细聆听。对宾客的话题做出适当的反应，如以积极的身体语言来表达这样的倾向，同时以适时提问来强化对宾客的关注程度。

（3）耐心询问。提问时注意语调的抑扬顿挫，音量要控制好，在询问时一定要注意提问时的语气要配合或迎合宾客的实际情况。

6.3.3　强化培训，提高员工素质

酒店市场竞争是激烈的，主要表现为客源市场的竞争、经营风格与经营特色的竞争、服务设施与服务项目的竞争、价格的竞争、服务质量的竞争以及管理水平的竞争等。然而最本质、最根本的还是酒店管理和员工素质的竞争。

酒店业是劳动密集型行业，酒店员工多是面对面的为客人服务，员工只要有一点失误或不称职都可能永远失去顾客。目前酒店客户群体通过各种渠道，线上、线下都可以评价酒店的服务质量，评价平台是开放的，所以加强员工培训，提高服务质量是根本。

酒店可以按照培训需求调研、培训计划、培训实施、培训评估和反馈四个步骤建立有效的培训体系，确保酒店员工素质持续提高。

6.3.4　坚持标准化和制度化服务

标准化是服务质量得到基本保证的首先条件。服务工作的基本程序和标准应该是规范和统一的，只有这样才能保证员工协作完成酒店服务工作。标准化服务的关键是建立标准并严格执行。酒店应根据相应的国家标准、酒店等级、酒店内外部情况实施标准化管理措施。

在酒店工作实践中，赢得令人满意的服务质量的关键在于，将服务人员复杂的操作行为规范化，并在此基础上进一步明确上升为酒店制度，要求员工在处理不确定的客人需求中合理、灵活地寻求平衡。与此同时，在这一过程中应始终贯彻优质服务的真谛：微笑、真诚、友好和诚实。

酒店服务质量的规范化和制度化并不意味酒店服务工作的机械化。规范化、制度化的本身是为了更好地满足客人对酒店服务的期望，并在赢得客人满意的同

时最终赢得酒店的经济和社会效益。在实际工作中，虽然客人在相当大的层面上有共同的需求标准，但不同的客人对酒店服务的现实需求的期望值是围绕着酒店制定的服务质量标准上下浮动的。这在实践中要求服务人员应具备一定的判断能力，从而使酒店最终的服务质量在制度化和不确定性的客人现实需求中寻找完美的平衡。

酒店服务规范化、制度化得以实现是培训的结果，也是长期深入渗透为客人创造满意服务理念的结果，并且通过酒店长期的正反激励机制在服务人员思想上最终确定下来的，同时也化作其自觉的行动准则。追求并赢得令人满意的服务质量是一个创造和艺术化的过程，服务质量的标准是动态的，但只要把握其中的精髓，每一个酒店都将在经营中获得一个个美好的收获。

6.3.5　实施个性化与多样化服务

随着市场需求的变化，越来越多的客人追求个性化，求新、求变，针对这一类需求的服务就称为个性服务。标准化和规范化服务能够满足大多数客人的一般要求，而对个别客人的特殊要求重视不够或估计不足。随着当今酒店业竞争的加剧，服务业越来越向着更深更广的角度发展，以更多的内容去应对千变万化的客人需求。服务质量的要求是永无止境的，而个性化服务正是向着"服务第一，宾客至上"的完美服务迈进了一大步，同时它也能赋予酒店本身独特的魅力，因为它能让每位住店的客人，无论其身份、地位有多么不同，都会觉得自己是这个酒店最重要的客人。

个性化服务称为"personalized service"或"individualized service"。世界著名酒店集团如洲际酒店集团、希尔顿酒店集团公司、法国雅高酒店集团、万豪酒店集团等，在经历百余年历史之后都已建立起一套极为完整的服务管理规范，酒店从总经理到基层员工都无一例外地按制度办事，按标准工作，按规范服务，并在此基础上根据客人的不同需求提供灵活服务，以提高客人的满意度。

个性化服务包括很多内容，如灵活服务、意外服务、用心服务、亲情服务、创新服务、特色服务、超值服务、贴心服务、细微服务等。这些服务的宗旨就是满足某些客人的特殊要求，打动客人的心，吸引客人。只有做好个性化和多样化服务，才能使客人把满意上升为惊喜。

知识拓展6-3

【即测即练】

【思考题】

1. 简述酒店服务的含义及特点。

2. 简述酒店服务质量的内容和特点。

3. 简述酒店服务质量标准制定的依据和程序。

4. 简述酒店服务质量控制的特点。

5. 简述酒店如何建立服务质量控制的保证体系？

6. 如何提高酒店服务质量？

7. 如何建立酒店服务优势？

8. 列举酒店个性化和多样化服务的内容。

【参考文献及资源】

[1]潘俊. 国际酒店品牌文化[M]. 上海：上海交通大学出版社,2019.

[2]游上,梁海燕. 酒店管理概论[M]. 北京：高等教育出版社,2017.

[3]中国旅游研究院微信公众号.

[4]迈点网(https://www. meadin. com/jd).

[5]酒店焦点资讯(https://www. wxkol. com/show/3091537648. html).

第7章 酒店营销管理

【学习目标】

1. 理解市场营销的概念及演变历程；
2. 掌握酒店市场营销的概念和特点；
3. 掌握酒店营销组合策略与方法；
4. 熟悉酒店营销新理念与新方法。

【能力目标】

1. 掌握酒店营销的渠道和营销策略，使学生具备一定的酒店渠道管理能力、一线对客营销和销售能力；

2. 熟悉酒店营销新理念和新方法，使学生具备一定的酒店新媒体运营和管理能力。

【思维导图】

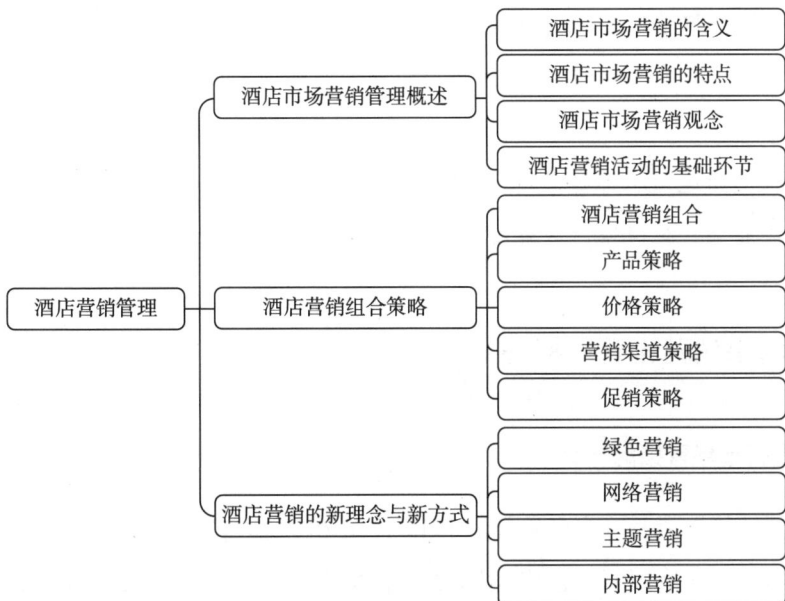

【案例导入】

华住集团的营销战略

品牌多样化：华住集团拥有完善的品牌矩阵，涵盖了从经济型酒店到奢华酒店的 31 个品牌，包括汉庭、全季、禧玥等，这些品牌针对不同的消费群体，形成了良好的市场覆盖。

会员制度：华住会拥有约 2.5 亿会员，庞大的会员基础为华住所有开业门店提供了强大的流量支撑，保障了良好的入住率。

技术驱动：华住集团拥有领先的技术基础设施和数字化措施，通过自主开发的系统优化酒店的营运效益及成本结构，经营"智能"酒店，提升运营效率。

属地化配置：华住在不同区域设有专门负责的团队，确保开发能够快速响应业主的诉求，运营能够快速响应消费者的诉求，这也是其在竞争激烈的环境中脱颖而出的重要原因之一。

旗舰店战略：华住集团通过打造旗舰店来锤炼品牌锐度，提升客户体验和门店运营能力，进一步推动品牌发展。

市场定位与业务模式：华住集团通过高效管理和独特的商业模式迅速发展，成为中国最大的酒店管理公司之一，2023 年世界排名第 5。其核心业务覆盖从经济型酒店到高端酒店的多个品牌，形成了良好的市场覆盖。

财务表现与未来趋势：尽管面临市场竞争加剧和运营成本上升等挑战，华住集团通过提升服务质量、优化管理流程和技术应用，实现了收入增长。2024 年上半年，公司收入同比增长 14.15%，显示出较强的市场恢复能力和增长潜力。

思考题：

1. 华住集团运用了哪些营销战略？

2. 以小组为单位讨论：请给出华住集团的营销建议。

7.1　酒店市场营销管理概述

7.1.1　酒店市场营销的含义

市场营销学作为一门独立学科，于 19 世纪末 20 世纪初产生于美国，随后迅速传播到日本、西欧诸国等经济发达国家。市场营销一词译自英文"marketing"。营销学之父菲利浦·科特勒（Philip Kotler）曾从市场学角度对"营销"一词定义：营销是个人和集体通过创造、提供出售，并同别人自由交换产品和价值来获得其所需之物的一种社会和管理过程。美国市场营销协会给营销下的定义是：用以引导产品和服务从生产者到消费者流动的商业行为。那么，什么是市场营销呢？

菲利浦·科特勒认为：市场营销是个人和群体通过创造产品和价值，并同他人进行交换以获得所需所欲的一种社会及管理过程。

美国市场营销协会（AMA）对市场营销定义是：对观念、产品及服务进行设计、定价、促销及分销的计划和实施的过程，从而产生满足个人和组织目标的交换。

由此可见，市场营销是社会活动中一个有系统的过程，通过产品、定价、促销、分销等内容，达成交换的目的，实现企业的目标。

根据市场营销的权威定义，结合酒店经营的特点，我们所讲的酒店市场营销是指为了实现酒店战略经营目标并使客人满意而展开的一系列有计划、有步骤、有组织的经营活动。它是一个根据客人的需要和要求而展开的产品、价格、销售渠道及促销策划和实施的全过程。

从上述概念中可以看出，酒店市场营销的核心是满足客人的合理要求，最终目的是为了实现酒店盈利。

7.1.2　酒店市场营销的特点

酒店市场营销是为满足酒店客人的基本要求以及个性化需要而进行的一个综合性的经营过程，是酒店企业在市场中生存和发展的有效途径。对酒店的发展有着深远的影响。其主要特征如下。

1. 经营导向

酒店的一切经营活动都必须以满足市场需求为核心，市场需求是酒店企业经营管理的出发点和归宿。如何针对不同消费市场的不同需求设计和开发酒店产品，是酒店生存和发展的根本。酒店企业只有视顾客为上帝，才能够牢牢地把握住市场，获取利润。

2. 管理导向

酒店的服务性质使其营销活动处在一个复杂的环境当中，这个环境包括人口、政治、文化、经济、科技等诸多的因素，而这些因素也随着时间和空间不断变化。这些变化就要求酒店市场营销应当运用一切可以利用的资源，通过产品、渠道、价格和促销等方式实现对环境的适应。针对环境的变化，酒店市场营销应起到管理导向的作用，引导企业经营管理重心进行转变。

3. 信息导向

酒店市场营销的根本目的，是满足消费者的需求。这一目的的实现必须借助于信息的传导。现代社会，随着数字化时代、人工智能时代的到来，消费者的消费特性趋向于个性化，因此，对于复杂、多样的宾客就必须深入调查、仔细研究。除此以外，也应考虑酒店所处复杂的内外部环境，广泛地收集信息，利用大数据分析和研判，保护酒店的产品服务形象、企业形象，以此来减少酒店在市场竞争中存在的经营风险。

4. 战略导向

酒店市场营销要求酒店管理人员根据所处环境的内外条件制定出相应的酒店发展战略，以具备对市场动态环境的长期适应性。这对酒店的长远发展起到了至关重要的作用。尤其是近几年来，具有战略眼光的酒店企业，纷纷提出了"绿色营销""永续营销""生态营销"等新兴的战略经营理念。在促进酒店行业发展的同时，引入可持续发展的战略思想，有利于酒店行业平稳发展。近年来，中国酒店在酒店新业态、酒店＋、酒店人力资源、品牌扩张等方面进行了战略布局和战略调整，收到了很好的效果。

7.1.3　酒店市场营销观念

1. 生产观念

生产观念是指导卖方行为的最古老的观念之一。生产观念认为，顾客喜欢能够买到的、买得起的产品。因此，酒店营销者应该努力改进产品和销售的效率，并降低成本。

这种营销管理观念只适应下列两种情况：一是产品的需求远远大于产品的供给，显然，在这种情况下只要加速生产、保证供给就可以了；二是人们对某种产品有巨大需求，但被这种产品的高成本和高价格抑制住了，在这种情况下，只要把产品的成本和价格降下来，就会使这种产品成为畅销产品。成功运用这种营销观念的典型例子是锦江集团的假日旅游项目，其推出的客房门市价只有 158 元，吸引了大量来上海度假的国内旅游者，客房的平均出租率在 90%。

生产观念的缺陷是：既不适应供大于求的情况，也不适应于高声望、高情感与高消费的产品。

2. 产品观念

产品观念认为，顾客喜欢质量最好、功能最全和最有特色的产品。因此，酒店营销者应该不断地努力改进产品，提供最好的产品。

这种观念适应于高声望、高消费的产品。这类产品的购买者可以分为两类：第一类往往愿意购买质量高、贵重的产品，如在五星级酒店举行公司开业典礼，来彰显尊贵；第二类收入较高，对价格不敏感，只要产品质量高、功能齐全、名气响，他们就愿意购买。如前世界船王包玉钢先生花 1.2 万元人民币在毛泽东主席曾经住过的上海西郊宾馆住了一夜。

这种观念有两种缺陷：一是营销者只关注目前的需求形式及其产生的具体产品，而忽略了顾客的基本需求问题以及解决这些问题的产品形式变化；二是它忽略了消费者购买力的限制。

3. 销售观念

销售观念认为，一家酒店除非进行大量的推销工作，否则顾客不会去购买这家酒店足够多的产品。

一般认为，在产品供大于求的情况下，这种观念是普遍适用的。它特别适用于那些顾客不会主动去购买的产品，如新奇或高级的餐饮、娱乐、健身项目。遵照这种观念，每一家酒店都要重视对销售技术的培训。如一家酒店要向本市大公司推销商务会议场所，它可以先将有选择权的公司相关人员组织起来，建立他们的俱乐部，让这些人员了解酒店，对酒店产生好感和信任感，然后在这一基础上进行推销的成功可能性就比较大。

这种观念的缺陷是：它把营销中最不重要的功能——销售，作为唯一的、最重要的功能来看待，而忽略了其他重要的因素，如产品的时效性等。

4. 营销观念

营销观念认为，酒店营销者需要综合运用各种营销手段，比竞争对手更好地满足顾客的需要，同时实现酒店长期利润最大化的目标。

营销观念已被普遍接受，特别适用于了解消费者需求，但对环境污染还不太敏感的发展中国家与地区。营销观念的缺陷主要表现在：它忽视了顾客的社会福利，即它只注意到顾客的暂时满意，而忽视顾客的长期福利。

5. 社会营销观念

社会营销观念认为，酒店营销者不但要比竞争对手更好地满足顾客的需要，使酒店的长期利润最大化，而且还要能维护与改善顾客和社会的福利。

显然，它弥补了营销观念忽略顾客社会福利的缺陷，适用于人们对环境保护、身体健康和生活质量更加重视的地区，如发达国家和发展中国家的发达地区。对酒店来说，运用社会营销观念，特别要注意处理好下列问题：垃圾处理、噪声处理、资源循环利用等问题。

在人类社会快速发展的今天，以社会营销理念为先导，实现酒店的盈利是所有酒店追求的目标。我国于 2000 年后，推出绿色酒店理念。

7.1.4　酒店营销活动的基础环节

1. 营销调研

酒店营销调研的主要内容包括以下几方面。

（1）酒店市场需求和变化趋势。酒店应收集客源地诸如国家经济政策、人口构成、收入水平等信息资料，测定市场的潜在需求和现实需求，预测市场变化趋势。这种调研主要使用定量分析方法，力求准确地判明市场前景，从而为调整营销策略指明方向。

（2）酒店竞争状况。竞争状况是直接影响酒店营销的不可控因素之一，需要认真调研。一般而言，酒店应收集的信息包括市场占有率、客房出租率、竞争对手的营销策略和实际做法以及竞争对手的特点等。

（3）可控因素的影响。在营销调研中，酒店应针对产品、价格、分销渠道、促销等可控因素对销售的影响分别进行调查研究，并结合销售成本分析和利润分析，对酒店的战略、策略和未来的业务活动做出规划。

（4）其他不可控因素的影响。一般来说，酒店很少直接对政治、经济、文化、科技等不可控因素进行调查。大多数情况下，主要是通过各种媒体资料收集情报。

（5）动机调研。在酒店业，动机调研主要是研究宾客对各个酒店所提供的产品和服务的看法、兴趣点，分析宾客选择某一酒店而不选择其他酒店的原因。这种分析有助于判断酒店的哪些特征会对宾客选择酒店产生决定性的影响。

知识拓展7-1

2. 市场细分

市场需求是酒店经营的起点和最终归宿。通常情况下，由于所处地理环境、文化背景、收入水平等多种因素的影响，宾客需求往往表现出较明显的差异。任何一家酒店，不管其规模有多大，实力有多强，都不可能同时满足所有宾客的需求。因此，酒店必须进行市场细分。

酒店市场细分，是将一个错综复杂的酒店异质市场划分为若干个具有相同需求的亚市场的过程。其本质是对不同宾客按照需求特征的差异性与相似性进行分类，使得同一细分市场内部，宾客的需求特征相对一致，而在不同的细分市场之间，宾客的需求特征迥然不同。

酒店在进行市场细分时，应有效选择不同的细分标准，以与宾客需求差异紧密相关的某一细分标准为主，在此基础上，选择其他与宾客需求差异相关的细分标准，按由粗到细、由大到小的顺序依次对市场进行划分，直到找到最满意的市场为止。一般而言，市场细分的标准包括地理环境因素、经济因素、人口因素、社会因素、购买行为因素等。

3. 市场选择

市场细分的结果是将整个市场划分为不同的细分市场（或亚市场）。酒店无力同时满足所有细分市场的需求，因此，必须对各个细分市场进行"可进入性"分析，评估酒店的营销机会，从中选择适当的细分市场作为酒店营销的目标市场。

酒店可通过实施目标市场营销策略实现占领市场的目的。常用的目标市场营销策略有三种。

（1）无差异目标市场营销策略。无差异目标市场营销策略，是指酒店把所有细分市场都视为其营销目标，根据这一市场上绝大多数人的需求，设计出一套单一的营销策略。这种策略主要适用于：同质市场，即市场需求差异小得可以忽略不计的市场；新产品介绍期；需求大于供给的卖方市场。

无差异目标市场营销策略的优点主要在于可以减少酒店的经营成本和营销费用。由于采用单一性的营销组合，产品的组合成本、销售渠道的费用及促销费用都大大降低。不足之处是这种策略忽视了市场需求的差异性，可能会导致部分宾客的不满意。另外，这种策略不能适应竞争激烈的市场环境。

（2）差异性目标市场营销策略。差异性目标市场营销策略，是指酒店针对不同的细分市场制定出不同的营销组合策略，全方位地开展针对性的营销活动，同时占领所选定的几个目标市场。这一策略主要适用于：规模大、资本雄厚的酒店或酒店集团；竞争激烈的市场；产品成熟阶段。

差异性目标市场营销策略有助于酒店在客源市场上有"度"地"全面"开花，有利于酒店规避风险。不足之处是营销成本比较大，要求酒店有强大的营销实力做支持。

（3）集中性目标市场营销策略。为了避免势单力薄，有时酒店营销人员不愿将酒店有限的资源分散到多个细分市场上，而宁可将资源集中使用于某一个最有潜力且最能适应的细分市场，这样可以在自己的目标市场上取得绝对优势或建立强大的形象，从而实现"小市场、大份额"之目的。

营销人员使用某种特定的营销组合来满足某个单一目标市场，并将酒店的人力、物力、财力集中于这一个目标市场，这种策略在营销学中称为集中性目标市场营销策略。这一策略主要适用于中小型酒店和竞争比较激烈的市场。

采用集中性目标市场营销策略有利于酒店经营项目专门化，有助于酒店提高资源的利用率，还有利于酒店在目标市场上建立扎实的基础。但由于酒店将资源集中于单一的细分市场，因此酒店所冒的风险较大。为此，酒店必须对这一细分市场的变化保持高度敏感。

以上三种策略各有不同的适应对象，酒店可根据自身资源状况、产品生命周期、宾客需求变化、竞争对手状况、市场供求趋势等因素，灵活选择不同的目标市场营销策略。

4. 市场定位

市场定位成功与否，取决于酒店能否正确识别、选择并扩散自己的相对竞争优势。竞争优势是市场经济中企业绩效的核心，也是企业活力的源泉。对于现代酒店营销活动而言，核心的任务就是在市场竞争中，在有效利用企业资源的基础上，在产品设计、生产、销售、价格、质量、服务和满足宾客需求等方面，为企业创造优势，促进企业的持续发展。

市场定位的宗旨是通过为宾客提供独特价值来增加产品特色，从而吸引和保留宾客。一般来讲，酒店可以通过产品差异化、服务差异化、人员差异化、环境差异化、品牌差异化、价格差异化、售后服务差异化以及过程差异化来寻求和营造相对竞争优势。这些差异化变量不是孤立的、对立的，酒店在实施差异化营销理念时，应根据目标宾客的需求特点，结合自身条件，赋予这些差异化变量以不同的内涵，并加以灵活组合，真正有效地体现酒店差异。

市场调研、市场细分、市场选择和市场定位是一个连续的过程，也是酒店能否发现市场、进入市场、占领市场和扩大市场的关键。因此，酒店应本着系统的观念，统筹安排，做好以上各项工作。

知识拓展7-2

7.2　酒店营销组合策略

7.2.1　酒店营销组合

市场营销组合是指企业在选定的目标市场上，综合考虑环境、能力、竞争状况，对企业自身可以控制的因素，加以最佳组合和运用，以完成企业的目的与任务。

市场营销组合是企业市场营销战略的一个重要组成部分，是将企业可控的基本营销措施组成一个整体性活动。市场营销的主要目的是满足消费者的需求，而消费者的需求很多，要满足消费者需求所应采取的措施也很多。因此，企业在开展市场营销活动时，就必须把握住那些基本性措施，合理组合，并充分发挥整体优势和效果。

市场营销组合是制定企业营销战略的基础，做好市场营销组合工作可以保证企业从整体上满足消费者的需求。市场营销组合是企业与竞争者进行竞争的强有力手段，是合理分配企业营销预算费用的依据。

市场营销组合这一概念是由美国哈佛大学教授尼尔·鲍顿（Neil H. Borden）于1964 年最早提出的，并确定了营销组合的 12 个要素。随后，理查德·克莱维特（Richard Clewett）教授把营销组合要素归纳为产品（product）、订价（price）、渠道（place）、促销（promotion）4 个，即 4P 理论。

20 世纪 80 年代以来，市场竞争日益激烈，政治和社会因素对市场营销的影响和制约越来越大。这就是说，一般营销策略组合的 4P 不仅要受到企业本身资源及目标的影响，而且更受企业外部不可控因素的影响和制约。一般市场营销理论只看到外部环境对市场营销活动的影响和制约，而忽视了企业经营活动也可以影响外部环境。由此，为了克服一般营销观念的局限，大市场营销策略应运而生。1986 年美国著名市场营销学家菲利浦·科特勒教授提出了大市场营销策略，在原 4P 组合的基础上增加两个 P，即权力（power）和公共关系（public relations），简称 6Ps 组合。

到 20 世纪 90 年代，又有人认为，包括产品、价格、销售渠道、促销、权力和公共关系的 6P 组合是战术性组合，企业要有效地开展营销活动，首先要有为人们（people）服务的正确的指导思想，又要有正确的战略性营销组合（市场调研 probing、市场细分 partitioning、市场择优 prioritizing、市场定位 positioning，即战略 4P）的指导。这种战略 4P 营销组合与正确的指导思想（people）和战术性 6P 组合就形成了市场营销的 11P 组合。11P 营销理念，即在大营销 6P 组合之外加上探查、分割、优先、定位和人，并将产品、定价、渠道、促销称为"战术 4P"，将探查、分割、优先、定位称为"战略 4P"。该理论认为，企业在"战术 4P"和"战略 4P"的支撑下，运用"政府权力"和"公共关系"这 2P，可以排除通往目标市场的各种障碍。酒店营销的 11P 组合如表 7－1 所示。

表 7－1　酒店营销的 11P 组合

序号	项目	内　　涵
1	产品（product）	质量、功能、款式、品牌、包装
2	价格（price）	合适的定价，在产品不同的生命周期内制定相应的价格
3	促销（promotion）	尤其是好的广告
4	渠道（place）	建立合适的销售渠道
5	政府权力（power）	依靠两个国家政府之间的谈判，打开另外一个国家市场的大门，依靠政府人脉，打通各方面的关系

序号	项目	内　涵
6	公共关系（public relations）	利用新闻宣传媒体的力量，树立对企业有利的形象报道，消除或减缓对企业不利的形象报道
7	探查（probing）	即市场调研，通过调研了解市场对某种产品的需求状况如何，有什么更具体的要求
8	分割（partitioning）	即市场细分的过程，按影响消费者需求的因素对市场进行分割
9	优先（prioritizing）	即选出我的目标市场
10	定位（positioning）	即为自己生产的产品赋予一定的特色，在消费者心目中形成一定的印象，或者说就是确立产品竞争优势的过程
11	员工（people）	"只有发现需求，才能满足需求"，这个过程要靠员工实现。这里的people不单单指员工，也指顾客

"11P"包括大市场营销组合即 6P 组合（产品、价格、促销、分销、政府权力，公共关系），这 6P 组合称为市场营销的策略，其确定得是否恰当，取决于市场营销的战略"4P"，依次为市场调研（探查）、市场细分（分割），目标市场选择（优先）、市场定位（定位），最后一个"P"（员工），贯穿于企业营销活动的全过程，也是实施前面 10 个"P"的成功保证。市场营销策略组合作为现代市场营销理论中的一个重要概念，在其发展过程中，营销组合因素即 P 的数目有增加的趋势，但我们应当看到，传统的 4P 理论仍然是基础。市场营销的 11P 组合如图 7 - 1 所示。

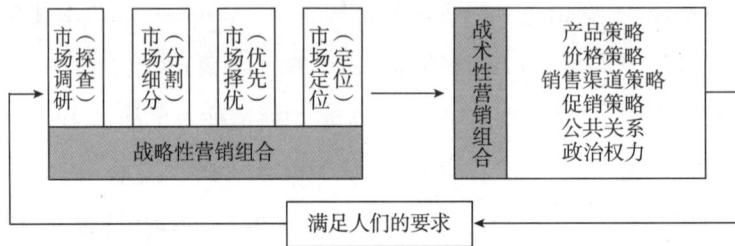

图 7 - 1　市场营销的 11P 组合

通过以上对市场营销核心含义的解读，我们可以得到酒店营销组合，它是指酒店的综合营销方案，即酒店对自己可控制的各种营销因素（产品质量、包装、价格、服务、广告、渠道和企业形象等）的优化组合和综合运用，使之协调配合，扬长避短，发挥优势，以便更好地实现营销目标。

对酒店而言，传统的酒店营销组合策略主要为 4P 营销组合。即产品策略（product）、价格（price）策略、渠道（place）策略和促销（promotion）策略四种。

7.2.2　产品策略

1. 酒店产品策略的概念

现代酒店管理理论对酒店产品这一概念有不同角度和层次的理解。从酒店的角度看，它是一组产品组合，即酒店凭借着物质、非物质的产品向客人提供的服务总和；从客人角度看，酒店产品是花时间、精力、金钱来享受购买一次服务的经历；从市场观念的角度看，酒店产品的概念所包含的内容更广泛，广义的酒店产品是向市场提供的、能满足人的某种需要和利益的物质产品和非物质形态的服务。这种对酒店产品的理解，叫酒店整体产品概念。

酒店产品策略就是指酒店如何根据企业自身的优势和特点，在激烈的市场竞争中适时地生产出自己的酒店企业产品和服务，并在此基础上，根据酒店产品的生命周期积极研制和开发新的旅游产品和服务。

2. 酒店产品策略的类型

酒店企业是依靠适销对路的产品来获得生存发展的资本。如果产品质量低劣、落后，产品效用单一，则会被宾客无情地"拒之门外"，因此，产品策略关系到酒店的生死存亡，是酒店营销组合策略中最基本的策略，是酒店市场营销的前提和基础，主要有以下三种类型。

1）产品组合策略

酒店组合产品是指把酒店提供的多个产品和服务项目有机地结合起来，以适宜的价格销售给客人，又称包价产品。酒店组合产品策略的目的，是为了增强酒店产品的吸引力，满足不同层次客人的需求。

宾客消费的酒店产品并非酒店的单个部门或个人能够全部提供的。一方面，宾客需要的不仅是单个产品，而是多种产品的组合；另一方面，宾客的需求千差万别，要求酒店提供不同组合的产品以供选择。因而酒店要针对不同的宾客，开发不同的产品组合，形成不同的系列产品。

（1）产品组合的广度：指酒店所拥有的产品线的数量，也就是酒店所拥有的分类产品数量，如客房服务、餐饮服务、娱乐服务等。产品线越多，说明产品组合的广度越宽。

（2）产品组合的长度：指酒店的每一个分类产品中所包含的不同服务项目的数量。如娱乐服务是否包括 KTV 包厢、迪斯科舞厅、台球室、保龄球馆、桑拿中心、健身房、网球场等娱乐服务项目。

（3）产品组合的深度：指一项服务包含多少相关的服务内容。如酒店康乐部的KTV包厢中能提供多少MTV作品，有无茶水服务、夜宵服务等。

（4）产品组合的相关性：指各类产品中各种服务项目之间在使用功能、生产条件、销售渠道或其他方面的关联程度。这并非一个固定概念，从不同角度对产品组合密度进行评价，结论是不一致的。如从生产条件来看客房产品和餐饮产品，它们并无多大相关度，但从销售渠道看，它们却有关联之处。

酒店可以通过扩充或缩减产品组合的广度、长度和深度，提高或降低产品组合的密度等情况出发，调整产品组合，使得酒店产品更具竞争力。

2）整体产品策略

整体产品概念产生于现代营销观念，反映了酒店营销的重点在于向宾客提供具有完整效用的产品，给宾客带来全方位的消费满足。按照整体产品观念，酒店产品包括核心产品、形式产品和延伸产品三部分。

（1）核心产品。核心产品是酒店产品中最重要的构成部分，是酒店用以满足客人需求的中心，包括住、食、购、娱四个方面的服务，是宾客希望从产品中获得的最根本的利益。这种最根本的利益表现为：宾客希望在酒店获得的服务和满足的各种基本需求。酒店在设计产品时，应善于研究和发现不同宾客对酒店产品或服务的不同的核心需求，并通过具体的产品和服务及时加以满足。

（2）形式产品。形式产品是酒店产品的外在表现形式，既可表现为实体产品，又可表现为无形的服务，如酒店建筑、周围环境、店内气氛等。借助于形式产品，宾客可更直观、清晰地了解酒店产品的核心利益所在。因此，在一定程度上影响宾客购买的是形式产品。酒店营销应利用形式产品突出酒店产品的特色，创造一种独特的气氛，如春节期间，酒店可以通过春联、灯笼、"福"字等"形式产品"突出春节酒店服务产品的核心利益，吸引顾客的注意。

（3）延伸产品。延伸产品是指酒店为宾客提供的各种附加价值与利益。在附加值竞争时代，宾客的消费选择在很大程度上取决于酒店产品所提供的附加价值和利益。因此，酒店产品的市场竞争力取决于延伸产品的设计与提供，酒店可从物质、价格、心理等方面适时向宾客追加附加利益与价值。

酒店在开发设计各种产品时，应根据"先核心，后形式，再延伸"的思路进行全面设计，使产品的科学性和适用性不断增加。

　　3）新产品策略

　　酒店产品都要经历一个产生、发展最后被淘汰的生命周期。在这一生命周期中，酒店产品一般要经历介绍期、成长期、成熟期和衰退期四个不同的时期。酒店应依据产品生命周期的变化，及时调整产品组合．并不断开发新产品，满足人们不断变化的需要。

　　新产品不等于全新产品。新产品是指在技术、功能、结构、规格、实物、服务等方面与老产品有显著差异的产品，是与新技术、新理念、新潮流、新需求、新设计相联系的产品。如一间客房，改进了房内的设施设备，可成为新产品；如果不进行设施改进，但改变了房内的文化氛围，也可成为一种新产品。一种产品，只要是宾客以前未接触过、尝试过的，但又愿意去接触、喜欢去尝试的，便是新产品。它包括以下三种类型。

　　（1）全新产品。采用新原理、新结构、新技术、新材料研制而成的全新产品，技术含量很高，是过去人们未曾想到的产品，如娱乐场所的镜宫等。

　　（2）改进新产品。采用各种技术，改进现有产品的性能、结构等，提高其质量，以求得规格、式样等的多样化。它是在原有产品的基础上发展而来的，如各种改良的传统菜式、各类主题客房等。

　　（3）仿制新产品。市场上已经存在，酒店企业通过模仿而生产出来的产品。开发新产品任重而道远，酒店应本着创新、对路、有利可图、量力而行的原则，不断进行各类新产品的开发满足人们不断变化的、求新求异的需要。

7.2.3　价格策略

　　价格是价值的货币表现，是联结市场供给和市场需求的纽带和桥梁，也是影响酒店市场营销的重要因素。酒店产品价格形式很多，定价方式各不相同。客房一般按"间/天"或"床位/天"定价，又有单开价、双开价、淡季价、旺季价和不同客房针对不同客人的定价；餐厅有盘菜定价、人次定价、包房定价，订单定价、循环定价等；康乐娱乐设施有的按人次定价，有的按场次定价，有的按小时定价等。

　　酒店市场营销人员，应根据市场需求，市场竞争状况和产品与服务的特色，合理地制定酒店服务产品的价格。

1. 新产品定价策略

常用的新产品定价策略主要有四种：缓慢渗透策略、迅速渗透策略、迅速撇油策略、缓慢撇油策略。

2. 酒店市场生命周期定价策略

这种定价策略主要针对酒店产品所处的生命周期阶段而采用不同的价格策略。当酒店产品处于投入期时，应采用新产品价格策略；当酒店产品处于成长期时，应采用稳定价格或略低于正常水平的价格，以刺激需求增长，并阻碍其他酒店竞争者进入；当酒店产品处于成熟期时，在稳定价格保持酒店产品形象和声誉的同时，可以采用一些让利、折扣、优惠销售形式吸引回头客或潜在客人；当酒店产品处于衰退期时，为了减少损失和有利酒店产品的转换，可以适当降低价格。

3. 酒店产品优惠价格策略

该策略主要是指酒店为了扩大酒店产品和服务的销路，为提高市场占有率，而对客人采取各种不同形式的优惠价格，包括折扣价格、赊销价格、附赠价格、差价等形式。折扣价格是为了鼓励客人多消费酒店产品和服务而给予的一种让价；赊销价格是对有支付能力而暂时不能付现的客人，给予其一定程度的赊销优惠，允许其每隔一段时间结算一次款项，一般以商务客人为主；附赠价格是当客人消费酒店产品和服务时，以不同的形式给予客人一定的馈赠，以刺激其消费本酒店产品和服务的欲望；差价则是按照不同季节、不同产品和服务、不同地区制定不同的价格，以满足不同客人的需求。

4. 酒店产品心理定价策略

心理定价策略是对一种针对客人心理习惯和行为倾向而制定价格的技巧。心理定价是人们利用酒店服务的无形性而赢得客人的手段之一。其主要方式有尾数定价、整数定价、声望定价、招徕定价等。尾数定价是指专门对价格尾数加以暗示的一种定价策略，如自助早餐每位188元，标准客房168元等，此法容易使客人产生价格相对便宜、数字吉利的心理效应；整数定价，对于能显示产品高质量、高档次，显示消费者高地位、高品位的商品和服务，往往制定不带尾数的价格，给人一种"物有所值"的心理效应；声望定价是按照价高质优的原则，对酒店产品和服务制定较高的价格，以满足客人在消费中产生的尊贵、地位等心理需求；招徕定价是酒店有意将几种产品的价格降低到市价以下，个别甚至低于成本，以达到吸引顾客的目的，这样做可以使消费者增加连带性购买，从而促进和扩大酒店产品和服务的销售。

　　近年来，随着酒店数据系统的不断加强和完善，酒店对产品价格策略实施动态管理，即收益管理，主要应用于客房产品价格在不同季节、不同时段、不同客源群体的时时调整，以获得最大的收益。

7.2.4　营销渠道策略

1. 酒店销售渠道的概念

　　酒店销售渠道是指酒店为了向客人提供方便的购买或进入路径而在酒店和消费场所之外所开发或使用的组织和服务（中间商），如批量出售服务和客房的批发商、预订机构等。

2. 酒店营销渠道策略

　　根据目前我国酒店的实际，可供酒店选择的销售渠道策略一般有如下四种。

　　（1）广泛销售策略。广泛销售策略是指酒店对中间商不做选择，数量越多越好。该策略的优点是为客人创造了购买酒店产品和服务的方便性，但缺点是酒店要承担较多的销售费用，增加了酒店控制管理销售渠道的难度。

　　（2）独家销售策略。独家销售策略是指酒店在特定的市场或区域内，只择优选取一家中间商独立代理销售酒店产品和服务，并规定该经营者不得同时经营其他酒店的类似产品和服务。采用这种策略，有助于酒店控制中间商，监督其改进服务态度，树立酒店的形象和声誉，但经营风险较大。

　　（3）选择性销售策略。选择性销售策略是指酒店在一定的市场区域范围内有选择地使用几家中间商，来拓展酒店产品和服务的销售。由于该策略介于上述两种策略之间，从而有利于吸取两种策略的优点，提高酒店运用销售渠道的效率和水平。互联网的发展，为酒店销售渠道的选择提供了更广阔的选择空间，直播平台、第三方网站等都成为近几年各酒店关注的重点。

　　（4）长短销售策略。长销售渠道策略，是指酒店通过两个以上中间商环节来销售酒店产品和服务的策略；短销售渠道策略，是指酒店只通过一个中间商环节来销售酒店产品和服务的策略。使用长销售渠道策略，还是使用短销售渠道策略，要依据效率原则（方便客人购买）、经济原则（销售渠道能带来足够的营业收入和利润）、客源原则（考虑客源的基本特点）等而定。

7.2.5 促销策略

1. 酒店促销的概念

酒店促销是指酒店通过人员推销等手段，将有关酒店及其产品的信息传递给消费者，从而促进消费者对酒店产品的了解、偏爱并产生购买行为，以达到销售的目的。它是创造酒店产品销售量以及平衡市场供求关系的一个重要因素。酒店促销的重要性是酒店所处的市场经营环境条件决定的。在市场经济条件下，由于客观上酒店与客人之间存在着信息分离，同时他们之间的空间距离也越来越远，再者，酒店业在许多地方已转换为买方市场，酒店之间的竞争进一步加强，这样，有效的酒店促销已成为酒店经营的主要策略之一。酒店促销一般通过广告促销、人员推销、公共关系等方式实现信息沟通。

2. 促销设计方案选择

酒店要合理设计促销方案，确保信息传递的有效性。促销方案设计应注意以下几个方面：

（1）确定促销主题，确定采用合适的文字语言、象征物来表达、突出主题。

（2）确定信息表达所采用的符号和编排方式，可以图文并茂，抑或以其中的一个为主，确定图片和文字的比例、版式，确定所采纳的字体、字形等。

（3）确定权威度高、可信度高的传播媒体来发布信息的主要内容。

（4）确定信息内容叙述和表达的逻辑结构，如采用哪种信息表达方式，是诉诸情感还是诉诸理智，使先抑后扬、先扬后抑还是只扬不抑等。

3. 常用促销手段

（1）广告促销。广告促销是酒店运用各种传播媒介把酒店产品和服务的有关信息传递给客人，以扩大酒店产品和服务销售的促销方法。广告作为酒店营销中必不可少的促销手段，其主要作用表现为：传播信息、沟通供需；激发需求、增加销售；介绍产品、引导消费；树立形象、促进竞争等。

（2）人员推销。人员推销是一种古老的推销方式。人员推销是指由酒店的营销人员面向客人传递酒店产品和服务信息，尽最大可能唤起消费者的关注和兴趣，以促进消费者购买，实现酒店营销目标的过程。这种促销方式的优势在于强化了交易过程中的感情色彩，有利于培养稳定的交易关系，但人员促销的成本较高。

（3）公共关系。公共关系是指酒店与其内外各种公众之间的相互关系。酒店运用各种方式及手段，建立和维护酒店与公众之间的良好关系，促进酒店与公众之间的相互交流、相互理解和相互支持，创造酒店对外良好形象的过程，就称为公共关系活动。这些活动始终贯穿于酒店的发展过程，既包括各项专业色彩浓厚的专题公关活动，如新闻发布会、大型庆典活动、大型酬宾活动等，还包括所有日常性的活动，如日常服务活动、广告活动、礼仪活动等。公共关系的优势在于其浓厚的感情色彩，可化解酒店内外部矛盾，实现酒店经营目标，因而建立良好的公共关系需要酒店长期、持续地努力。

7.3 酒店营销的新理念与新方式

7.3.1 绿色营销

1. 绿色营销的概念和宗旨

绿色营销是指酒店企业以环境保护观念作为其经营哲学思想，以绿色文化为其价值观念，以消费者的绿色消费为中心和出发点，力求满足消费者绿色消费需求的营销策略。

绿色营销的宗旨有以下三条：一是节约材料耗费，保护资源；二是确保产品安全、卫生和方便，以利于人们身心健康和生活品质的提升；三是引导绿色消费，培养人们的绿色意识，优化人们的生存环境。

可持续发展的概念是当今全球性的发展新概念，引起了包括酒店企业在内的整个社会的重视而宏观管理上的可持续发展需要酒店具体活动的积极配合才能实现。企业营销过程中的绿色营销概念的形成与可持续发展的思路密切相关，通过绿色营销，可以使可持续发展的思想贯穿于酒店的营销活动中。

2. 绿色营销的特点

绿色营销是传统营销的延伸及发展，就营销过程而言，二者并无差异，都包括市场营销调研、目标市场选择、制订企业战略计划及营销计划等。但如果抛开营销，对二者进行深入剖析，将会发现二者研究的焦点、输入的营销信息、目标顾客的需求，以及四大市场营销策略等方面，均显现出不同的特征。

1) 研究焦点不同

传统营销的研究焦点是由企业、顾客与竞争者构成的所谓的"魔术三角"。这类营销主要通过协调三者间的关系来获取利润，所以，作为企业外在的自然环境，只有当它影响到"魔术三角"，从而影响企业盈利时，方受到关注。绿色营销的研究焦点是考虑企业营销活动同自然环境的关系，即研究自然环境对企业营销活动发生何种影响，而企业营销活动又对自然环境发生何种冲击。可见，绿色营销研究的焦点是对"魔术三角"的进一步扩展。

绿色营销不仅同传统的营销研究焦点有差异，同传统的社会营销亦有区别。传统的社会营销虽然重视将企业利益同消费者及社会长远利益结合起来研究，但它并未重视社会可持续发展。而绿色营销则重视企业经营活动同环境的关系，并突破了国家和地区的界限，关注全球的环境。因而，绿色营销的着眼点比传统社会营销更长远，也更具时代性。

2）绿色产品具有不同于传统产品的特点

绿色产品是指对社会或环境的改善有所贡献的产品，或指较少损害社会和环境的产品，或指对环境及社会生活品质的改善优于传统产品的产品。

绿色产品同传统产品一样，具有三种表现：①主要表现。核心产品成功地符合消费者的主要需求。②技术表现。产品符合各种技术及质量标准。③策略表现。产品在市场上具有竞争力，而且有利于企业实现盈利目标。

绿色产品除上述三种表现外，其第四种表现更为重要，即绿色表现。从产品能否维持环境的可持续发展及从企业应负的社会责任来评价，绿色产品必须体现以下四种绿色理念：①企业在选择生产何种产品及应用何种技术时，必须考虑尽量减少对环境的不利影响。②既要考虑产品生产的安全性，又要考虑降低产品消费对环境的负面影响。③企业设计产品及包装时，必须重视降低原材料消耗，并减少包装对环境的不利影响。④产品及其形体的设计与售后服务都要注重节约及保护环境。

3）绿色分销同传统分销具有差异性

酒店的分销渠道虽然尚不能成为绿色营销的重点，但绿色分销日益成为酒店企业关注的问题。例如，提出及使用绿色通道，采用无铅燃料，使用装有控制污染装置的交通工具和节省燃料的交通工具；降低分销过程中的浪费，即对产品处理及储存方面的技术进行革新；在分销环节上，简化供应环节，以节省资源消耗。

4）绿色促销具有与传统促销不同的特点

绿色促销是通过绿色媒体，传递绿色产品及绿色企业的信息，从而引起消费者对绿色产品的需求及购买行为。在绿色促销中，绿色广告、绿色公关等具有重要的作用。它们同传统广告、公共关系、人员推销等具有不同的特征。

绿色广告是通过绿色广告活动的五个步骤（5M）来体现其绿色特点的。

任务（missions）。绿色广告的任务是确定绿色广告活动的目标。主要包括：告知消费者有关最新的绿色产品及现有产品的绿色范围；提醒消费者查看有关公司及产品的绿色记录；说服消费者相信本公司产品的绿色表现比竞争者的产品好。

经费（money）。解决如何确定绿色广告经费的分配问题。一般来说，在下列情况下需要支出较多的绿色广告费：某产品对企业的发展起着举足轻重的作用；产品处于生命周期的投入期；产品在市场上竞争激烈，而产品的差异化程度又低；告知、提醒及有效地说服消费者需要多次传递绿色信息。但是作为进行绿色营销的企业，从整体上说则应当尽量减少绿色广告费开支，否则将会遭受社会舆论的指责。

信息（message）。企业通过一定的媒体、颜色、设计、语言、音乐及行为来传递绿色产品及企业的信息。绿色信息通常包括技术上可信赖的绿色信息、绿色语言、绿色生活风格和绿色心情等信息。

媒体（media）。选择目标顾客涵盖率高、成本又较便宜的传递绿色信息的绿色媒体。

衡量（measurement）。首先，对绿色广告效果进行事前或事后的测量。主要包括：对绿色广告印象及诉求的测试；对绿色广告信息认知度及记忆度的测量；对消费者接触到绿色广告信息的比例的测试；对由绿色广告宣传引起消费者购买绿色产品意愿及购买行为的测量。其次，绿色公共关系是树立企业及产品绿色形象的重要传播途径。绿色公关能帮助企业更直接、更广泛地将绿色信息传播到广告无法达到的细分市场，给企业带来竞争优势。绿色公关的主要对象是：客户、环保压力集团成员、法律团体、一般性团体以及企业内部人员。绿色公关的方式具有多样性，可通过一定的大众媒体开展，如演讲、报刊、环境保护教材及资料、有声影像资料、信息服务中心等，还可通过某些有关的公关活动来宣传企业的绿色形象，如绿色赞助活动及慈善活动等开展与环保有关的有价值的公关活动。最后，主要的推销渠道是靠绿色人员的促销。要有效地实施绿色营销策略，推销人员必须了解消费者绿色消费的兴趣，回答消费者所关心的环保问题，掌握企业产品的绿色表现及企业在经营过程中的绿色表现。企业用绿色销售作为传递绿色信息的促销活动的补充形式，通过免费试用样品、竞赛、赠送礼品、产品保证等形式来鼓励消费者试用新的绿色产品，提高企业的知名度。

5）绿色价格的特点

绿色价格的主要特征是反映环境成本，即绿色产品通常包括与保护环境及改善环境有关的成本支出。因此，一个酒店及产品的"绿化"程度将影响其成本构成。许多种情况会引起绿色价格上升。例如，引进对环保有利的原材料；用有利于环保的设备替换污染环境的设备；实施环保法也会增加费用；为推行绿色营销而改变公司组织结构及行政管理方式等。同时，绿色价格也可能由于其他因素的作用而降低，如由于产品及包装原材料的节约而降低费用。

3. 酒店实施绿色营销所面临的任务和策略

1）节约材料耗费，保护地球资源

节约材料耗费的过程，也是一个加强废物处理与控制的过程。防止废物的产生，可从五个方面来考虑。

（1）尽量减少和避免废物的产生。这里强调两点：①应高度重视设备设施的保养和维修，延长设备更换周期。②物品的采购应科学统计，避免浪费。

（2）重视可重复使用物品的循环再生利用，如纸张应正反两面用，或打印纸作为草稿纸再次使用等。对不能重复使用的物品进行循环再生利用，做好回收工作，如废纸、塑料、铝制品等。国外有的酒店还将用剩的肥皂头回收，卖给厂家。通过回收可减少不可再利用的垃圾。

（3）充分利用燃料，提倡回炉处理。

（4）认真审视目前酒店的经营内容、服务方式中有哪些项目并未对生活环境和服务质量有实质性的提高，但却不利于节省资源和保护环境。

（5）节约能源。除了教育员工应养成节水、节电的良好习惯并制订奖励办法外，更主要的是尽量采用先进的节能设备，安装节能照明装置、节水设备、能源控制设施，如节能灯、感应水阀、限能系统等。酒店节能的潜力大，只要加强管理，提高操作技能，采用节能设备，酒店的能耗量下降15%～25%是完全有可能的。

2）确保产品安全、卫生和方便

开辟"绿色客房"。"绿色客房"是指讲究环保的客房，当然客房的物品应尽量包含"绿色"因素，如床单毛巾最好是纯天然的棉织品或亚麻织品；肥皂宜选用纯植物油脂皂；另外客房应摆上一两盆植物，使客房有生气、有春意。同时引导入住客人成为资源的节约者、环境的保护者。

创办"绿色餐厅"。这里指的是两个方面：一是使用"绿色"蔬菜，即无污染、安全、优质的蔬菜、食品。为确保"绿色"蔬菜、肉类的供应，可设立专门的生产基地，一个地区的几家酒店可联手开辟；二是不食用珍稀野生动植物，传统菜肴中因珍稀动植物而扬名的，应研究出它们的替代品。

提供绿色服务。绿色服务是指酒店提供的服务是以保护自然资源、人类生态环境和人类健康为宗旨的，并能满足绿色消费者要求的服务。

加强环境管理，防止污染。在保护环境、控制污染方面，国家规定酒店要有完备的污水和废气处理设施，水污染物和废气排放要达到国家标准；要求酒店的边界噪声符合环境噪声使用区标准；自备车使用无铅汽油，尾气排放达到国家标准；要求锅炉尽可能使用油、气等清洁燃料，减少污染物排放；洗衣房和 PA 组都要使用无磷洗涤剂和清洁剂。如果以上项目还有未达到国家要求的标准，酒店就必须采取有效措施，改进设备技术，尽快达标。

从减少污染、保护环境的发展趋势来看，酒店环境管理还要做好以下工作：固体废弃物的综合利用和分类收集，特别要对废电池进行单独收集；要尽量降低室内噪声（特别是干扰客房的噪声）对客人的影响；在对酒店重新改造时，要注意采用具有环保标志的材料和商品，如有些装饰石料的放射性物质含量严重超标，有些油漆、涂料含有对人体有害的挥发性物质等，这些都是环境管理中要注意的问题。

3）引导绿色消费，培养绿色意识，优化生存环境

在一般老百姓的心目中，旅游酒店是一个高消费的场所，往往会将它与挥霍浪费和过度地追求物质享受联系在一起。严重的环境问题正在改变着人们传统的思想观念。那种靠过度消耗自然资源、讲究排场、追求奢华的物质享受的消费模式逐渐遭到否定。挥霍和浪费自然资源，只能加剧环境的恶化，阻碍人类文明的进程。酒店是一个较高档次的消场所，由酒店推出绿色客房，开展绿色服务，提供绿色食品，引导客人进行绿色消费，这对树立公众的环保意识，具有十分重要的意义。

7.3.2　网络营销

1. 网络营销的概念

酒店网络营销是指借助联机网络、计算机通信和数字交换式媒体等技术来为客人设计产品，从而实现酒店的营销目标。酒店网络销售系统是具有革命性的酒店营销创新，其优势主要在于能够有效展示酒店形象和服务，建立与客户良好的互动关系，高效率管理销售过程，还能显著降低销售成本、提高经济效益和管理水平。

网络化的营销方式符合酒店产品的销售特性、消费方式和经营特点。对于酒店营销部门而言，可以利用网络在全球范围内进行市场调研，并通过网络取得反馈信息；对于客人而言，通过网络可以了解酒店的有关信息，选择和预订自己需要的酒店。因此，酒店采用这种营销方式，可以提高服务效率、拓宽信息渠道、争取到更多的客源市场。可以说，网络营销是目标营销、顾客导向营销、双向互动营销、远程全球营销、无纸化营销、自助式营销、精准营销等一系列先进营销方式的综合体。

知识拓展7-3

2. 酒店网络营销的特点

（1）消费者具有较强的主动性，能满足不同酒店消费者的个性化的追求。市场经济发展到今天，大多数产品的数量和品种都已极为丰富，酒店产品也不例外。消费者希望挑选和购买符合自己愿望的核心产品及延伸服务。不但是消费需求变多了，而且需求的变化也变多了。

（2）缩小了酒店与消费者之间的距离。现代消费者已对单项的营销沟通方式感到厌倦和不信任。他们会通过各种可能的途径主动获取有关信息并进行比较，增加购买决策的准确性。这种消费主动性的增强主要来源于现代社会不确定性的增加以及人们追求心理稳定和平衡的欲望。

（3）增强了酒店营销的工作效率，为消费者提供便利。现代生活的快节奏使得人们对购买行为产生了方便、快捷的要求，有相当一部分消费者已经开始熟悉网上搜索、网上预订、网上支付的消费方式，他们希望尽可能地节省时间和精力。与此同时，通过这种方式，也使酒店更好地掌握其产品的销售情况，提高了工作效率。

（4）节省开支，增加了潜在的销售机会。酒店网络营销虽然是定制营销，但是使用网络广告、网络预订等方式提供了 24 小时服务的同时，并没有因此而增加酒店的市场营销成本，反而还大大降低了酒店营销的费用。

3. 网络营销的主要方法

（1）开展网络调研。对于一家酒店来说，市场调研是非常重要的。通过市场调研，可以从中发现消费者的需求动向，从而为市场细分、定位目标提供依据，促使酒店设计适销对路的产品，这也是大部分酒店开展营销活动的重要内容。网络调研的内容包括对客人、竞争者以及整个市场情况进行及时报道和准确分析。酒店只需在公司站点上发出电子调查问卷，提供相关的信息，然后利用计算机对访问者反馈回来的信息进行整理和分析，即可得出调研结果，大大减少了酒店的人力和物力的耗费。而且，由于站点的访问者一般都对该酒店有一定的兴趣，所以这种基于客户市场的调研结果是客观而真实的，反映了客人的消费心态和市场发展的趋向。酒店既可借助专业网络研究公司的网站进行调研，也可在自己的网站上进行市场调研。

酒店亦可通过第三方网站，如大众点评、美团等获得宾客意见反馈，从而调整产品设计、服务质量、营销途径等。

（2）网站设计。互联网没有时空限制，如果酒店在网上设立站点，设计一个好的网站结构，营造一个规范的服务环境，它就能在全国甚至全世界范围内寻找客源，达到过去所不能达到的市场。酒店网站在整体上必须充分代表酒店的形象，要与酒店的市场定位相符，体现出服务至上的特点。在内容方面，应该覆盖酒店的大部分业务，使之成为酒店在虚拟空间中的化身。它应该能够为客人提供在线交流的场所，吸引客人关注酒店的动态，允许客人根据自己的需要定制服务组合。酒店在网络设计时应预留出今后发展和升级的空间，支持中文、英文等大语种，面向更广泛的目标客户。酒店在更新网站的日常内容时应及时、主动，网站设计必须以高效、安全为基本要求。例如，著名的万豪酒店集团是第一家提供在线互交式地图和定位系统的公司，通过该系统，上网浏览的客人可及时了解到关于酒店的具体位置、健身俱乐部、画廊、高尔夫球场、旅行代理商、购物中心等信息。酒店也可详细地了解客人的需求，并详细解释酒店将怎样为他们解决问题。

目前，世界各大酒店集团都建有自己网站。在网站的内容和架构上，多展示酒店品牌、酒店产品、酒店客户体验、酒店预订等内容。

（3）网络广告。无论是传统广告还是网络广告，其本质都是通过与目标受众的有效沟通，最终达到使目标受众做出购买决策的目的。网络广告相对于传统广告而言，具有高扩张度、跨越时空限制、内容详尽、形式多样、更新及时、反馈可测性高等优势。网络广告使酒店和客人在沟通中能实现即时的双向沟通，在双向互动的基础上为客人提供定制化服务。网络广告在空间上几乎是无限的，且成本低廉，具有极为广泛的传播时空。它可以向访问者提供文字、声音、图像等综合性的详尽信息。此外，开放式的网络结构，使不同软硬件环境、不同网络协议的网络之间可以互联，真正达到资源共享的目标。在各种软件的帮助下，酒店还可以统计出潜在顾客市场的大小及分布情况，直接地评价营销效果。

网络广告的关键在于是否被大众注意并留下深刻印象。有关网络广告的一个重要技巧就是选择合适的网站设置标牌广告。酒店既可以在自己的网站上做广告，也可以在其他企业的站点、搜索引擎、电子杂志设置标牌广告。广告本身的内容、网站的选择设计都可能影响网络广告的效果。随着网络技术的不断发展，网络广告的形式也正在不断创新。目前，发布网络广告的方式主要有以下六种：利用自己的网站来发布广告，在他人的网站上发布广告，使用旗帜广告交换服务网络，利用其他媒体发布广告，电子邮件广告，使用新闻组发布广告。

目前各大酒店集团及酒店也积极利用各个直播平台、各种自媒体，进行网络营销及广告业务。

4. 网络营销的任务和策略

对酒店企业来说，没有顾客，就没有市场，酒店企业利用网络开展营销的主要任务就是吸引目标顾客，建立自己固定的顾客群。这一目标的实现，一般有以下几种方法可供借鉴。

（1）个性化网络促销。网络营销可以结合网络的特点发掘许多营销创意。酒店可以根据其他行业的先例积极开展个性化的网络促销活动，如利用节假日期间，开展各种名义的网上促销、网上抽奖、网络调查等活动，以此增加企业的知名度，拓展市场份额的占有率。

酒店还可以利用互联网方便的通信条件，利用微信公众号、微信、抖音、快手、小红书等多种新媒体平台，广泛开展产品使用跟踪服务，及时解决顾客的各种问题，这是提高网络站点访问率的一项重要措施。这项工作应当贯穿从消费者购买到使用的全过程。

在上述活动中，及时答复、相互沟通至关重要。网络交流绝大部分通过文字，这对网络促销人员提出了相当高的要求：①对文字的表述要求较高，必须文笔流畅、用词准确。②对电子邮件的回复要求较高，一般应在 24 小时内给予答复，至多不超过 72 小时，对于一时不能解决的问题，应当诚恳地做出解释。消费者最大的购物乐趣在于买到物美价廉的商品和享受质量上乘的服务，只有把顾客当"上帝"，才能真正实现与顾客深层次的交流，网站才能够在长时间内保持较高的访问率。

（2）免费信息促销。对企业来说，"免费"的目的是吸引大众，获得更大的效益。要吸引住网络顾客，提供免费产品和服务可能是最直接和最有效的手段。这种方法会促进对某种产品和功能的需求，进而挖掘其潜在的市场。

比如某些酒店提出的上网注册免费成为酒店会员的活动，实际上为酒店积累了大量的客户资料，通过给予会员消费的某些优惠条件，也吸引了更多顾客来到酒店消费。看似免费，其实却是一种聪明的促销手段。

（3）网络折扣促销。在酒店的网络促销中，商品打折也是常用的手段之一。盈利永远是企业的最终目标，大幅度的折扣可能会影响企业的短期效益，但是，在培育市场阶段这是一种十分有效的投资行为。

酒店的网上促销往往会推出比直接去酒店预定更大的折扣作为促销手段来吸引顾客的，这种促销实际上减轻了酒店前台接待的压力，节省了人员，从而降低了运营成本。较低的运营成本使其有能力将节省的费用，通过折扣的形式转移到顾客身上，让顾客充分领略到网上预定的优越性，也增加了顾客对酒店的信任度和好感。

优惠卡也是网络促销中常用的折扣方式。传统的促销方式中，常常使用一次性的优惠券。但在全球范围的网络营销中，很难多次给某些顾客寄赠优惠券，因此网上商店大多采用优惠卡的办法，消费者可凭此卡获得购买商品或享受服务的价格优惠。优惠卡的折扣率一般从 5%～60% 不等。优惠卡的适用范围可由商家规定，如可以是一个特定的商品或服务，也可以是同一品牌的系列商品甚至可以是商家所有商品；有效期可以是几个月、一年或更长时间。

在我国，较早使用优惠卡促销的是国家信息中心的北方国信网络技术发展有限公司经营的"中国酒店预订网"。消费者可以通过网络进入这一酒店预订系统，登记注册后，在该系统内的所有酒店住宿都可以享受 4～6 折的优惠。虽然该网络平台如今已淡出公众视野，但其当时使用优惠卡促销的方法值得借鉴。

5. 传媒的组合促销

网络营销的特点是消费者具有较强的主动性，因此必须在消费者上网搜寻信息或选购商品之前建立起品牌形象，这样才能让消费者主动到企业相关的媒体中去搜寻信息，酒店才能够将产品信息有效地传递给消费者。目前，在多种传播媒体并行，且各具特色并各有其优势领地的情况下，酒店首先要借助酒店最有效的媒体及其他媒体预先建立起品牌形象。品牌形象一旦建立，消费者愿意主动了解这个产品的特色时，网络营销便可以利用其低廉的价格，提供详尽的资料，充分发挥其功能。

7.3.3　主题营销

1. 主题营销的概念

主题营销就是酒店在组织、策划和管理各种营销活动时，选定某一主题作为活动的中心内容，以此开展系列营销活动，吸引公众关注并令其产生购买行为。如节假日主题就是节假日活动的主要目的和意义所在，也是消费者在节假日进行特定消费的原因所在。不过，主题营销不是节假日特有的营销方式，只要人们在生活和生产活动中存在特定的主题，就可以采取主题营销。

2. 酒店主题营销的种类

（1）酒店产品主题。这一主题营销的重点是产品，通过原有酒店主题产品的改进、新主题商品的开发或其他营销手段等尽可能把更多的酒店产品销售出去，最终获得更高的销售额或利润。例如酒店企业可以通过广告宣传、价格策略等手段在节日过去之前最大限度地销售；春节期间的团圆年夜饭，也可以作为酒店的主题产品进行推广；学生高考期间，高考学生休息用的小时房也可成为酒店的主题产品。主题产品营销是第一层次的主题营销，这种纯粹的以产品销售为目的的市场竞争非常激烈，使得越来越多的酒店企业不得不在产品之外付出更大的努力。

（2）酒店品牌主题。在这一主题营销方式中，主题品牌的建立和发展成为酒店营销的关键。酒店推出的主题活动不仅是为了产品的销售，更多的是想通过对主题品牌的塑造，可以提高企业声誉，提高企业产品的顾客忠诚度。通过成功的主题品牌的建立，来取得顾客的信任，获得企业的持续发展空间，最终实现酒店目标和获取利润。如现香格里拉、万豪等知名酒店品牌，它们的目的不再是短期的销售，而是长期的较持续性的利益。从竞争层次上讲，主题品牌营销已经上升到品牌的竞争，这是一种高层次的竞争，它表明对顾客利益的进一步拓展和维护。

（3）酒店文化主题。主题营销是富有文化内涵的经营行为，主题文化营销则是更高层次的主题营销手段，它的营销重点不是具体的产品或某一个品牌，而是主题中所蕴含的文化，它是指导消费者节假日活动和购买行为深层次的东西，自觉或不自觉地影响着人们的消费行为和内容。主题产品是主题文化的一部分，或者说是物质上的载体之一，主题文化还可以通过其他方式表现出来，如礼仪、制度、行为方式、消费程序，通过颜色和声音形成的文化氛围等，因此，主题文化是一个复杂的多层次的综合体。主题文化营销的目的是达到营销服务与文化的和谐和融合，使顾客在消费的同时，不仅获得物质上的满足，更有一种文化上的交流和精神上的愉悦。

3. 酒店主题营销设计的关键

（1）主题营销的选择和表现方式。主题营销关键之一在于企业如何选择主题及通过何种方式表现主题。一般而言，主题的选择必须围绕目标客源的需求进行，脱离需求的理想化主题或许能实现标新立异之目的，但因其缺乏雄厚的客源基础而无法在市场上长期站稳脚跟。基于此，企业在确定主题时，应进行扎实的需求调研。在多元化消费时代，客户的需求也呈现多样化特质。但并非每一种个性需求都可成为主题的源泉，企业还应考虑现实市场需求量的问题，没有足够的量的支持，这类市场的效力也将大为削弱。

在营销过程中还应考虑市场的持续性和稳定性。因为现代消费者在消费过程中表现出强烈的喜新厌旧、见异思迁的特质，其消费行为缺乏相对的稳定性，这就意味着企业产品或服务的生命周期将呈现不断缩短的趋势。因此对于如酒店这类以固定场所作为营销本体的企业，一旦开始经营，在转型上就存在较大的退出壁垒。因此在主题的选择上就应更为慎重。

（2）特色主题营销。营销若想吸引大众的注意力，就必须兼顾主题的适度特色性。只有迎合消费者口味的主题营销，才能获得成功。但在特色创新的过程中要注意主题的特色性要适度，特色点的选择要有一定的依据，与周围环境、人文特点、民俗民风等相一致。这就对营销人员的组织策划能力提出了较高的要求，一个时间、一个地点、一种思想状态、一个事件、一种娱乐方式，都可演变成一种细节丰富的酒店营销主题，并在环境中得以体现。

这里要注意的是，酒店主题特色除了通过外在环境等硬件形式表现出来之外，还应重视软件的作用。将颇具特色的主题在服务过程、服务形式、服务细节、服务标准、服务语言、服饰选择和活动项目的组织策划过程中，通过管理人员和服务人员等软件得以体现，则更能突出酒店的主题氛围。

7.3.4　内部营销

1. 内部营销概念

酒店内部营销也称全员促销，是指酒店企业员工面向已有住店宾客或老顾客进行的营销形式，是酒店营销的继续和延伸，是节约营销成本的最好形式。它主要依靠酒店一线岗位上的员工，通过其优质服务，提供给消费者优质的产品，积极向消费者宣传酒店产品和服务，从而促进消费者购买酒店的产品和服务。

2. 酒店内部营销特点

（1）酒店内部营销的对象。内部营销的对象是已经入住的客人或老顾客，不是目标市场上潜在的消费者或者与酒店的交易已经结束的顾客。所以稳住已有的顾客就是稳住了已有的市场份额。

（2）酒店内部营销不需要专职人员，与外部促销活动相比既容易又方便。从总经理到服务员，从前台到后台，人人都可参与，酒店全员都是义务推销员。只要把全体员工的积极性、主动性调动起来，再适当地掌握一些方法和技巧，酒店就会形成强大的内部推销力量。

（3）酒店内部营销不需要专门的经费投入。它不需要和广告、公关等促销方法一样，要有专项经费开支，而是在员工完成本职工作的同时，不失时机地、恰到好处地向客人推销，只需多一些灵活的方法、语言技巧和形式的变换而已。这是成本最低、见效最快的促销手段。

（4）酒店内部营销不受时间、地点等条件的限制。内部营销是全员、全方位、全天候的促销，在服务过程中随时随地都可以展开促销，非常便捷。所以，内部促销是一种非常有效的营销。

（5）酒店内部营销取得成功的保证是优质服务。只有优质的服务才会令客人满意，才能让客人乐于接受内部促销的诱导，愿意增加消费和再次消费。

除了以上提到的几种先进的营销理念和方式外，近年来关系营销、品牌营销、文化营销、愉快营销以及软营销等新兴的营销方式，也引起了营销人员及专业学者的重视，并逐渐在酒店营销领域得到广泛的应用。

知识拓展7-4

【即测即练】

即测即练

【思考题】

1. 简述市场营销的特点。

2. 简述市场营销观念的演变过程。

3. 简述市场营销的一般步骤。

4. 市场营销组合主要包括哪些内容？

5. 简述市场营销组合中促销策略的主要内容。

6. 简述绿色营销中绿色广告的特点。

7. 网络营销的策略有哪些?

8. 主题营销的种类有哪些?

【参考网站】

1. 营销中国（https：//www.yxgn.cn）.

2. 中国营销传播网（https：//www.emkt.com）.

3. 第一营销网（https：//www.cmmo.cn）.

4. 网易云课堂（网络营销板块，https：//study.163.com）.

5. 知乎（网络营销板）——与世界分享你的知识、经验和见解（https：//zhihu.com）.

6. 踏浪100：专注学习互联网营销知识（https：//www.nuanshi100.com）.

第8章 酒店公共关系管理

【学习目标】

1. 明确公共关系的基本概念及特征；
2. 掌握酒店公共关系的主体、客体及中介。

【能力目标】

1. 掌握酒店公共关系的类型；
2. 具备筛选公共关系类型的能力。

【思维导图】

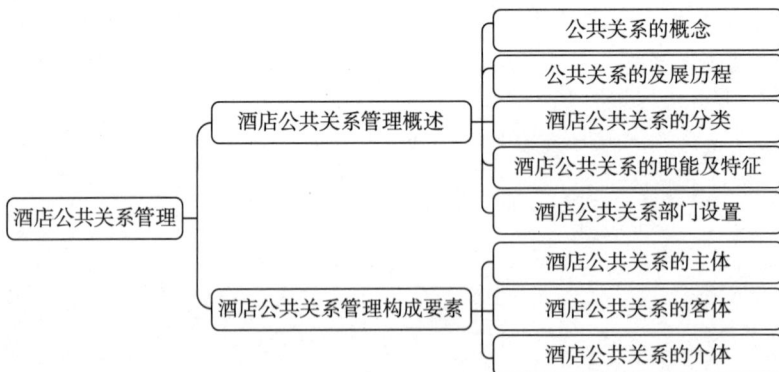

【导入案例】

由社区酒店走入公共关系世界

10 多年前，有许多酒店着力把酒店的大堂打造成"社区客厅"。华住等多家国内知名酒店集团旗下的各品牌酒店，十分重视并积极推进"城市客厅""社区街区客厅"的经营。居舍系列酒店，如 2015 年在成都开业的"博舍"、2018 年于上海开业的"镛舍"，它们的酒吧和大堂，是一个独立的空间，它们像进入社区的触角，其目的是吸引周边社区的消费者。这是将酒店大堂的功能扩展到服务社区，并逐渐成为普遍做法和成功经验。

社区酒店的运营，一方面是酒店经营战略的一部分。但另一方面是要关注的酒店社会责任。洲际集团、万豪集团等国际酒店集团，对所属旗下的各品牌成员酒店，在酒店履行社会责任方面，都有明确要求。酒店所履行的社会责任与其公共关系的工作部分，是否有着直接联系？酒店在践行社会责任时，还能做哪些与运营相关的内容？

资料来源：张久明. 酒店观察 1——社区酒店正当时［R/OL］.（2022-12-30）［2024-12-29］. https：//www. meadin. com/zl/250058. html.

思考题：

1. 在现代生活方式背景下，酒店如何处理好与周边社区的关系？

2. 酒店企业如何履行社会责任？

8.1　酒店公共关系管理概述

8.1.1　公共关系的概念

1. 公共关系含义

公共关系（public telations，PR）是指公关主体与其内外各种公众之间的相互关系。其运用各种方式及手段，建立和维护主体与公众之间的良好关系，促进与公众之间的相互交流、相互理解和相互支持，创造公关主体对外良好形象的过程，就称为公共关系管理，简称"公关"。

公共关系是一门"内求团结、外求发展"的经营管理科学，也是一门协调人际关系的艺术，还是一种促进酒店销售的方式，因而建立良好的公共关系是酒店一项长远的战略投资，需要长期、持续的努力。

公共关系作为一门科学，是运用新闻学、传播学、社会学、心理学、管理学、经济学、统计学等学科的理论和方法，集中研究酒店在处理各种内外社会关系时，应遵循的规律和特点，可采取的科学方法和手段，以建立一种良好的关系和对外形象，促进酒店经营的发展。

公共关系作为一门艺术，是一种现代管理哲学和理念，是运用现代信息传播的原理和方法，结合社会学、心理学方法和技巧，科学地分析和处理各种社会关系，巧妙地传递酒店的各种信息，有效地激发公众对酒店及酒店产品和服务的了解、信任和支持，从而达到酒店经营的目的。

公共关系作为一种促销方式，是在市场经济条件下，酒店组织经营活动，求得生存和发展，并不断扩大酒店产品和服务销售的重要手段。通过公共关系的互动，例如经营环境监测、市场趋势预测、组织内外协调、科学决策咨询、教育引导等多项职能，促进酒店经营活动的有效开展。

2. 酒店公共关系含义

长期以来，人们对公共关系的理解，都存在这样那样的偏差，或是将公共关系局限在各种专业色彩浓厚的专题公关活动上，或是将公共关系和吃喝玩乐、溜须拍马、送礼牵线等庸俗活动等同起来。酒店要很好地开展公关活动，首先就必须澄清这些误解，正确理解公关的内涵。

酒店公共关系管理是比较成熟的行业公关，它是酒店通过传播活动和持久不断的努力，为提高酒店的知名度和美誉度，影响公众行为，为酒店塑造良好形象而进行的一项管理活动。一般来说，对于公共关系的理解，可以从静态和动态两个角度来进行。从静态的角度看，它表现为一种关系状态，这种关系状态反映了酒店内部和外部各种关系的亲疏程度、好坏程度。作为一种状态，公共关系具有客观性的特点。因为任何一个组织，一经成立，就必然存在各种关系，包括员工和酒店之间的关系，酒店领导和基层员工之间的关系，酒店和竞争对手之间的关系，酒店和新闻媒介之间的关系，酒店和上级主管部门之间的关系等。从动态角度看，酒店公共关系是酒店以社会公众的利益为出发点，通过传播媒介，在社会公众中树立良好的形象和信誉，以赢得酒店企业内部和外部社会公众的理解、信任、支持和合作，为酒店企业的发展创造最佳的社会环境，从而实现酒店企业的目标的动态过程。

8.1.2 公共关系的发展历程

1. 古代自发公共关系

公共关系的源头可追溯到中国春秋战国时期和古希腊时期、古罗马时期。当时的王公贵族就开始利用顺口溜、诗歌等形式来赞美自己，或是培养专门的游说者到平民中游说，从而形成社会舆论。

古希腊是西方最早的民主制国家，为公众提供了对话的论坛。人们用演讲来宣传和争取民众，因此出现了第一批最出色的演说家苏格拉底、柏拉图和亚里士多德。在柏拉图的代表作《理想国》和亚里士多德的《修辞学》中，要求人们使用语言时要动感情、要有可行性。

中国古代公共关系的萌芽是从春秋战国时期出现的。在当时，由于国家分裂，各种势力不断组合，社会动荡不安，但在客观上为各种思潮的发端提供了现实的土壤。

战国时期以齐国的孟尝君为代表的"四君子"，家里都养了成群的门客，这些门客在当时主要起提供参谋意见、收集信息情报和外交说服的作用。上述门客的种种功能和今天公共关系部的功能有着惊人的相似。

古代中国的统治者早就认识到"得民心者得天下，失民心者失天下""水能载舟，亦能覆舟"的道理。当时一些比较开明的帝王、统治者已经懂得如何运用诱导、劝说、宣传等手段来影响民众的态度和社会舆论，礼贤下士，尽可能地在民众当中树立自己的良好形象，让身负奇才的隐士心甘情愿为自己服务，达到自己特定的政治目的。

在当时人们的日常交往中，自觉的公共关系意识和思想得到一定程度的体现。孔子在《论语》中说："有朋自远方来，不亦乐乎！"孟子说："天时不如地利，地利不如人和。"这些都同现代公关活动的基本原则和追求目标基本相一致。当然，这些自觉的公共关系意识带有很大的随意性，并且这种意识很分散，不具有普遍性。因此，从严格意义上来讲，它只是公共关系的萌芽活动。

2. 近代公共关系萌芽

近代公共关系萌芽于 19 世纪 30 年代的美国，以美国的"报刊宣传运动"为标志，即企业或一个组织为本组织的利益，雇用报刊宣传员、新闻代理人在报刊上进行宣传活动，以此来扩大影响。这个时期的特点是为宣传而宣传。如著名的巴纳姆神话——"凡宣传皆好事",这种观点第一次将传播与公众连接起来。这一时期公共关系发展的弊端是:单向不平等传播、片面追求知名度、不顾公众利益,编造离奇的故事。巴纳姆时期往往被人称为"公众受愚弄时期""反公共关系时期"或"公共关系的黑暗时期"。

3. 现代公共关系的开端

1906 年,艾维·李(Ivy Lee)发表了《原则宣言》,抨击了"报刊宣传"编造谎言,愚弄公众的真相,提出"说真话""公众必须迅速被告之"的主张。专家认为《原则宣言》标志着公共关系进入到一个新阶段,是现代公共关系的开端。这一时期公共关系发展的弊端是:公共关系还是一门艺术,而不是一门科学。

4. 现代公共关系成熟时期

美国学者爱德华·伯纳斯(Edward L. Bernays),公共关系学的创始人,他使公共关系进入到科学化阶段,他主张"投其所好",主张确定传播途径和计划以迎合公众的需要。1923 年,他在纽约大学讲授公共关系课程,第一次多角度使用公共关系一词,标志着公共关系作为一门独立的学科诞生了。1928 年伯纳斯写成《舆论之凝结》(*Crystallizing Public Opinion*)一书,这是第一部研究公共关系理论的论著,被视为公关发展史上的里程碑。1952 年,斯科特·卡特李普(Scott M. Cutlip)和阿伦·森特(Allen H. Center)出版《有效的公共关系》(*Effective Public Relations*)一书,被视为公共关系的圣书,书中正式提出"双向对称式传播模式",使公共关系具备了很强的可操作性,标志公共关系走向成熟。

5. 当代公共关系的普及时期

20 世纪 30 年代开始公共关系学向全世界延伸。20 世纪 80 年代,全美已有 292 所大学讲授公共关系学,29% 大学设立了公共关系学硕士和博士学位。公共关系的发展不断职业化、行业化、理论规范化、国际化、主体多元化,可谓全方位发展。

综上所述,公共关系的发展历程如图 8 - 1 所示。

8.1.3　酒店公共关系的分类

公共关系是一门全新的管理哲学,它要求酒店在发展过程中,应具备良好的公关意识,切实开展各类公关活动,以便保持一个良好的公关状态。同时,一些教材文献也将公共关系概念进行过不同类型的划分。下面对酒店公共关系的分类进行概括。

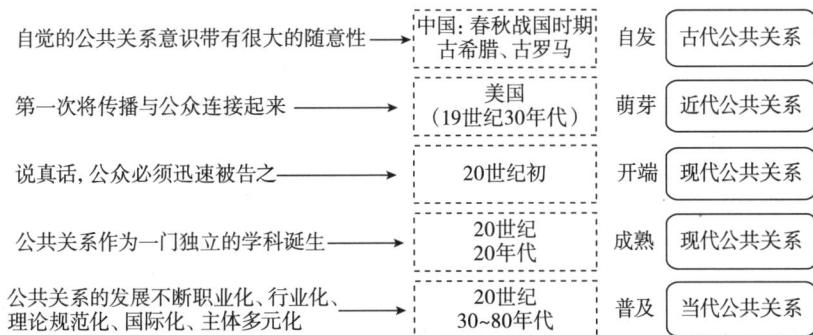

自觉的公共关系意识带有很大的随意性 →	中国: 春秋战国时期 古希腊、古罗马	自发	古代公共关系
第一次将传播与公众连接起来 →	美国（19世纪30年代）	萌芽	近代公共关系
说真话，公众必须迅速被告之 →	20世纪初	开端	现代公共关系
公共关系作为一门独立的学科诞生 →	20世纪20年代	成熟	现代公共关系
公共关系的发展不断职业化、行业化、理论规范化、国际化、主体多元化 →	20世纪30~80年代	普及	当代公共关系

图 8-1　公共关系发展历程

（1）在广义和狭义的概念范围中，酒店公共关系也同时分为狭义公共关系和广义公共关系。

狭义公关是指酒店各类专门性的公共关系活动。即由专职的公共关系人员筹备、组织、策划的各项专题性公关活动。一般有明确的目的、清晰的思路，且这些公关活动一般规模较大，投入较多。

广义公关是指酒店各种关系状态以及酒店组织策划的各项活动。即在酒店自身完善基础上，运用各种信息沟通传播的手段、协调和改善自身的人事环境和舆论气氛，使酒店各项政策、产品活动符合相关公关活动的要求，争取公众对自己的理解、信任、好感与合作，在双方互利中共同发展。如许多酒店的公益活动，就是为了实现更好的美誉公关。

（2）在静态和动态的概念范围中，公共关系分为静态公关和动态公关。

从静态角度看，公共关系实际上是指客观存在的公关现象、状态，不以酒店及成员的意志为转移，也不管人们是否认识、承认、喜欢，总是客观存在着，是任何组织无法回避的。这种关系状态反映了酒店内部和外部关系的亲疏、好坏程度，包括酒店领导与各部门、基层员工之间的关系，酒店和竞争对手之间的关系，与同行业关联企业如旅行社、上级主管部门的关系等，这些构成了现代酒店公共关系的现状。

从动态角度看，公共关系表现为一种活动，即一个酒店为了协调各方面的关系而开展的一系列活动的总和。酒店会根据社会目标，通过市场调查、计划方案、实施传播，将信息输入给公众。公众接到组织发出的信息后，根据自身需要有意识地进行选择，并由此引发消费行为、实现自身利益，同时又将自己的信息反馈给酒店。如酒店公关部策划的新闻发布会、庆典活动等。除专题性活动外，公关活动贯穿酒店活动的全过程，包括日常性活动。

8.1.4　酒店公共关系的职能及特征

1. 酒店公共关系的职能

1）收集信息，评估环境

酒店经营要实现科学的预测，离不开客观现实的环境。因此，对信息的收集、整理、传递、反馈是公关部门和公关人员的重要职责。

酒店公共关系信息收集的内容之一就是收集、整理、分析、归纳各方面的相关信息，帮助组织了解不断变化的内部和外部环境，使组织能够针对各种变化做出及时、灵活的反应。酒店的公关人员在面对众多信息时，要有一种较敏锐的选择性知觉，及时捕捉到有效信息来为酒店服务，因此，对于酒店公关人员而言，基本任务就是明确信息收集的范围。

内部环境信息主要包括：决策层、管理层的指导思想、管理水平，员工的基本结构，员工的精神面貌、行为风格、价值观念、工作态度、兴趣爱好和需要，组织的资金实力、技术实力、人才实力等。

外部环境信息主要包括：政府的方针、政策，新闻媒介的反应，合作伙伴及竞争对手的历史和现状，消费者人数的变化、比例、需求，市场占有率和市场分布，消费者对酒店产品和服务及酒店品牌形象的评价，交通状况，通信设施情况等。

酒店公关人员在收集信息时，要明确以下信息是必须收集的。

（1）关于形象的信息。公共关系的根本目标是塑造一个良好的形象，因此，酒店衡量酒店形象的三个指标包括：知名度指标、美誉度指标、支持率指标。酒店公关人员在收集关于酒店形象的信息时，一定要综合以上三方面信息得出一个符合酒店实际情况的形象评价，防止形象评价的不真实性。

（2）关于酒店产品的信息。有关酒店的产品信息，与酒店本身提供的有形产品和无形产品息息相关。酒店的有形产品往往需要借助于工作人员的劳动才能发挥出实际的最大功效，并且，工作人员的服务最终决定着酒店产品的质量。因此，公关人员除了收集各类有形产品的信息外，还应主动收集围绕有形产品所产生的服务时间、服务方式、服务质量等无形产品方面的信息。

（3）与公众有关的情况信息。有关公众基本情况的信息，主要包括公众的年龄、性别、职业、家庭状况、个性、文化程度等信息，这些都会影响公众的态度和行为。

根据公众对酒店的影响程度，可以将公众划分为首要公众、次要公众、边缘公众。根据酒店对公众的影响程度，可以将公众划分为非公众、潜在公众、知晓公众、行动公众。在一般情况下，公关的工作重点应放在行动公众上，同时也要做好知晓公众的工作。根据公众对酒店的归属程度，可以将公众分为内部公众和外部公众。一般而言，内部公众是创造产品的"劳力来源"。在众多外部公众中，宾客是酒店的衣食父母。

2）塑造品牌形象，加以推广

酒店公共关系是以美誉为目标的，因此酒店公共关系的主要活动之一就是塑造酒店形象。

酒店的外部形象表现在产品的质量、酒店所处的环境、建筑装修的美化程度、内部结构的布局、产品的外观形象、酒店的内在气质等方面。而酒店形象最终取决于公众对酒店做出的判断和评价。

塑造良好的品牌形象是酒店公共关系的最终目标，也是公共关系战略的核心内容。公共关系要对酒店品牌形象进行评估和分析，要为酒店进行恰当的形象定位，要为酒店实现品牌制定的战略提出计划和实施方案。

现代酒店产业竞争激烈，各家酒店运营模式差别不大，但在知名度和美誉度上却有较大差异。因此，拓宽各类宣传渠道、抓住宣传机会，增强酒店的知名度和美誉度是一个关键性问题。酒店公共关系注重新闻性的宣传工作，即利用新闻传媒及时将酒店内部的信息通过有效途径加以宣传，将信息材料以一定引导性作用于公众，由此构筑酒店组织的整体形象。同时，通过举办年会、专题讲座等一些活动较好地促使顾客与酒店面对面直接接触，为公众了解酒店起到良好的加持作用。公共关系还应注重事件性的宣传，即对一些已经发生的事件，通过因势利导强化宣传。

3）参与运营决策，给予建议

酒店行业面临的同质化竞争较为激烈，组织领导者的个人经验和能力对组织决策工作难免有所局限。因此，组织中各方面专业人员在提供咨询建议时，公共关系部和公关人员在其中有着非常重要的作用。公关人员经常、广泛、直接地接触和了解各类公众，掌握信息，是酒店的"智囊机构"。

公共关系部门向酒店领导层和各管理部门提供的咨询建议主要包括：组织形象的咨询、产品形象的咨询、市场动态的咨询、公众心理咨询、公众舆论咨询等。

公关人员运用公众网络和公关渠道，对那些辅助实施的决策方案进行追踪调查、分析，评价每一次决策效果，将所得结果及时反馈给决策部门，增加决策层的决策经验，使决策层根据评价结果来重新评判、调整决策目标，进一步完善决策全过程。

公共关系帮助酒店拟定决策方案。决策方案包括设计方案和选择方案，在选择方案环节中，考虑公共关系要素将有助于方案的设计能够满足公众要求，有利于酒店针对总体利益的全方位把握。

4）协调关系，促进沟通

开展公关活动，协调酒店与公众之间的关系，争取公众对酒店的了解和支持，同时营造良好的企业内部各部门之间的关系，使之和谐同步，为酒店的发展创造和谐的环境。

酒店公共关系的协调主要通过信息沟通的方式实现。沟通是公共关系最基本的职能之一，包括外部信息沟通和内部信息沟通。外部信息沟通主要是酒店同旅游消费者及相关公众之间的信息沟通；内部信息沟通主要包括酒店内部员工之间、组织与员工之间、酒店各部门之间的信息沟通。在酒店公共关系中，信息沟通要实现同公众之间的情感沟通，使酒店企业与公众之间通过沟通相互理解、相互信任。

5）数字化背景下各方沟通更为有效

酒店可以通过社交媒体、官方网站、线上论坛等渠道，与顾客进行互动交流，了解其需求和意见，提升品牌知名度和好感度。同时，酒店还可以利用数字化手段传播企业文化、宣传品牌形象，以及发布促销活动和优惠信息，吸引更多潜在客户。

6）推动酒店客户关系完善与管理

通过数字化手段，酒店可以对顾客信息进行统一管理和分析，从而实现精准化营销和服务。例如，酒店可以根据顾客喜好推送相关优惠信息，或者在顾客入住期间提供个性化服务，以提升客户满意度和忠诚度。

2. 酒店公共关系的特征

（1）公众性。酒店公关活动的对象是各类型的公众。所谓公众是指与酒店有关系的组织和个人的总称。这些公众之所以和酒店发生联系，是因为他们和酒店之间存在不同的关系，如协作关系、竞争关系、归属关系、买卖关系、消费需求关系等。酒店在开展公关活动时，应以公众的需求作为一切问题的出发点和归宿点。对于酒店而言，建立一个和谐完美的关系网络，为酒店的生存和发展创造良好的环境，是公关的首要和关键任务。

（2）服务性。酒店的特点决定了其公共关系的出发点是为酒店创造良好的形象而服务。酒店的公共关系工作，不仅要从酒店本身的服务产品质量考量，也要为维护酒店的形象而开展工作。因此，公共关系的服务是工作本身，也是工作手段。

（3）互惠协调性。酒店在开展公关活动时，应强调主体利益和公众利益的平衡协调发展。公关思想要求酒店在处理主体、公众和全社会利益时，强调利益的公共性和共享性。公关的主体和客体之所以发生联系，是以一定利益关系为基础的。公关的价值取向是强调主体、客体和社会三者利益的有机统一，即酒店开展公关活动，追求自身利益的同时，必须担负起相应的社会责任，兼顾客体即公众的利益。

（4）全员性。酒店企业中的主体，不仅是酒店的决策者，也包括落实者。因此，酒店公共关系活动包括企业中每一个涉及的人员。因此，酒店公共关系必须注重"全员公关"的意识，企业内部员工要自觉遵循公共关系的原则和要求。

（5）连续性。开展公关活动需要有长期的计划和决策格局。良好的公关效果是在有计划地长期努力下才逐渐具备雏形的。公关活动不是一个短期的行为，不是为了一时一事的眼前利益。它如同给企业安装的"预警机制"，是经过周密计划、科学运筹而妥善实施的一系列战略战术，是公关主体为了追求长期的、稳定的、战略性合作关系而进行的长期性努力。酒店一旦建立起良好的形象，就不能止步不前，而必须依据环境变化，及时调整公关策略，长期坚持，使酒店的发展与社会环境的变化保持同步。

（6）聚焦性。纸媒时代，危机处理的黄金时间是 24 小时，而在自媒体时代，酒店经营方须打破黄金时间的概念。数字化时代下，信息传播以秒计算，极为迅速，而达到的影响程度和范围极大。酒店相关部门，需要考虑数字化时代下危机聚焦的特性，避免出现侥幸心理，从而错过解决问题的最佳时机。

8.1.5　酒店公共关系部门设置

1. 一般模式型

酒店由于经营范围广、公关活动多、工作量大、公关活动的要求高，因此在酒店中，公关机构内部分工需明确，以便策划有效的公关事务，同时，分工不分家，须有合理的组织和有效的管理。一般模式型酒店公关机构设置如图 8－2 所示。

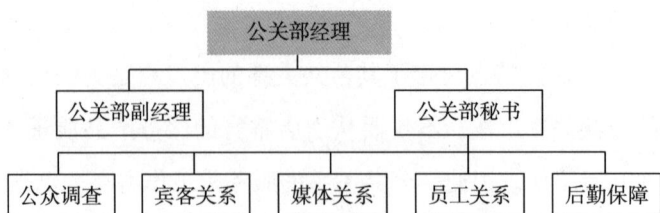
图8-2　一般模式型酒店公关机构设置

2. 公关手段型

公关手段型酒店公关机构的特点是，酒店公关部各机构的名称分别是各自公关工作的名称。公关手段型酒店公关机构设置如图8-3所示。

图8-3　公关手段型酒店公关机构设置

3. 公关对象型

公关对象型中，公关机构各部门的名称以各自公关对象的名称命名。公关对象型酒店公关机构设置如图8-4所示。

图8-4　公关对象型酒店公关机构设置

4. 复合模式型

复合模式型将公关手段型、公关对象型两种模式合二为一，其公关机构各部门分工名称既反映公关的工作手段，又反映公关的工作对象。复合模式型酒店公关机构设置如图8-5所示。

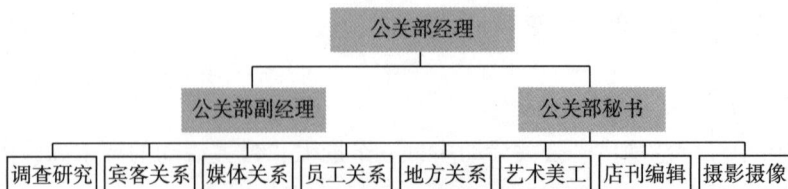
图8-5　复合模式型酒店公关机构设置

8.2　酒店公共关系管理构成要素

8.2.1　酒店公共关系的主体

1. 酒店公共关系主体的界定

酒店组织即公共关系的主体。酒店是自主经营、自负盈亏的服务性企业。酒店集团公共关系的主体就是酒店集团及具体实施公关活动的部门和个人。公关的主体是指在公关活动中，居于主动地位的个体和组织的总称，是公关活动的实施者和倡导者。作为公关主体，应具备强烈的公关意识，并能根据变化的内外环境，适时、适地开展公关活动。

知识拓展8-1

公共关系职能部门在确定每个具体目标时都要以酒店集团总目标为宗旨，酒店集团总目标是公共关系工作目标的工作方向。公共关系目标既要服从于酒店集团的总体目标，也要有自身的特点，即公共关系目标的实施和方法应具有强烈的公关意识。

2. 酒店公共关系主体的特征

酒店组织是公共关系的主体。酒店是自主经营、自负盈亏的服务性企业，就其自身来说，酒店组织具有以下四个特征。

（1）经营性。酒店是旅游企业，也是经济组织，是以从事经济活动获取经济效益为目的的营利性机构。它不同于政府组织、社团组织、学术组织等非经济性组织，酒店只有获取了利润，才可能维持其自身支出，进而扩大经营范围，发展再生产。酒店本身作为其公共关系的实施者，具备主体的基本特征，其公共关系主体性质也不免与酒店本身相关联。经营性也是酒店区别于其他非营利性机构的主要特征。

（2）变化性。商品经济以消费需求为导向，以企业为主体，以市场为核心，旅游业的蓬勃发展必然带动酒店业等相关产业的发展，受旅游业的刺激，酒店业的需求近几年不断增长。据《2024 中国酒店业发展规模现状大数据分析报告》，当下我国酒店业规模庞大，全国酒店总数约 86.91 万家，客房总数约 2 888.18 万间。保持良好的发展态势。其中，各星级酒店数量均有一定程度的涨幅，中高档酒店尤为显著。其背后的主要原因是人们对出行住宿的品质追求越来越高，越来越注重体验感，这给中高档酒店业的发展带来了新的机遇与挑战。

（3）独立性。随着改革的深入、社会的发展，酒店已逐步走向市场，成为相对独立的经济实体。在我国，酒店是自主经营、自负盈亏的社会主义商品生产者和经营者，具有独立的法人地位。它们拥有人、财、物、产、供、销等的自主权，独立核算、自负盈亏，具有自己的经济利益，当然它们也对酒店经济活动负完全的法律责任和经济责任。

（4）服务性。制造业的生产与消费是分离的，而酒店服务的生产与消费过程则是同步的，只有客人开始消费，服务产品才能提供出来。这种属性决定了客人在购买决策之前不可能先行尝试或感知"样品"，从而给客人带来了更大的购买风险，所以客人往往只能借助酒店的品牌、亲身体验或他人的良好口碑来进行决策。

8.2.2 酒店公共关系的客体

1. 公共关系客体界定

公共关系组织是公共关系的主体，而与主体相关联的组织和个人就是公共关系的客体，简称为公众。公共关系中所说的客体即公众必须是某一个具体的公共关系主体的对象，对主体发生或受到影响。由此决定了公共关系的公众是个动态的客观存在。因此也就应该按动态的角度来把握公众。

1）公共关系客体分类

（1）非公众：对公共关系主体不发生或受到影响的公众。

（2）潜在公众：将要对主体产生影响或将要受到主体影响但自我又没有明确意识到的组织或个人。

（3）知晓公众：受到主体影响或对主体产生影响并已经知晓的组织或个人。

（4）行为公众：知晓主、客体之间问题并已经针对问题采取行动的组织或个人。

2）不同类型客体间的相互关系

（1）非公众不是公共关系的公众，但仍是一个不可忽视的公众群体，因为它随时有转化为潜在公众、知晓公众的可能。

（2）潜在公众是一类非常重要的公众，有隐蔽性，容易忽视，但可塑性极高，对主体产生正反影响的作用都很大，也是知晓公众、行为公众的直接来源。

（3）知晓公众是公共关系活动的主要对象，因为知晓公众处于问题的发生阶段，对问题的解决有着迫切的需求，而解决问题的措施是否及时，不仅直接影响主体而且还会促使这部分公众转化成行为公众。

（4）行为公众是影响力最大的公众，他们的出现不仅已经对主体造成了一定的影响，而且还会使舆论扩大。

2. 酒店公共关系的公众分类

（1）从酒店经营角度，将公众分为内部公众、外部公众。

（2）从公众数量角度，将公众分为群体公众、个人公众。

（3）从公众留存时间角度，将公众分为临时性公众、周期性公众、稳定性公众。

（4）按公众对酒店的重要程度，将公众分为首要公众、次要公众、一般公众。

（5）从酒店对公众的影响程度，将公众分为现实公众、潜在公众。

3. 酒店主要公众解析

1）酒店的外部公众

（1）重要公众。重要公众是指对酒店生产经营起到重要影响的公众，是酒店公关工作的重点对象，包括顾客、客源输送机构和媒介。

①顾客。酒店必须拥有自己的客源市场，才能实现产品自身价值。失去了顾客，酒店就失去了服务的对象，也意味着酒店赖以生存的基础发生了动摇。没有顾客就没有酒店。顾客的需求可分为生理需求和心理需求。消费者需要有饭吃、休息、娱乐的场所，于是就有了酒店。需求增强，酒店客源就趋于充足。从这个角度讲，顾客的需求促进了酒店的发展。心理需求则是高层次的精神追求，酒店服务必须创设优雅的环境和优美的服务形象，才能满足顾客的心理需求。

②客源输送机构。客源是酒店的生命线，而组织客源是各类旅行社等客源输送机构的主要工作。一般来讲，旅游客的主要目的是旅游观光、探亲访友、寻幽探险。因此，酒店为了保证稳定的客源，很大程度上要依靠国内外各类旅行社和对口接待部门等客源输送机构。对于客源输送机构的公共关系处理，需要关注其公关基础及公共关系工作的内容。高美誉度的企业形象，是酒店的无形财富，它虽然不能直接创造经济效益，但这些社会效益却可以间接地转化为经济效益。在针对客源输送机构的公共关系的工作中，需要经常传播酒店信息，这是搞好与客源输送机构公共关系的首要途径。持续不断地主动向其介绍酒店情况，提供材料，宣传独特的经营项目和特殊的服务类别，让客源输送机构对酒店的特点、服务水平、管理能力有一个全面的印象，从而做出有利于酒店的选择。当今市场竞争中，良好的形象已经成为

一个有力的竞争资本，因此，公关活动应始终围绕酒店形象的塑造而展开工作。酒店在开展公关活动时，应着眼于长远利益而不是追求近期的经济效益。

③媒介。媒介是指酒店与新闻传播机构，如报纸、杂志、广播、电视等，它是酒店外部最重要的关系之一。在信息高度发达的现代社会，酒店决不能轻视舆论的作用，酒店公关部要特别重视与新闻媒介的关系，加强与它们的联系，通过数字化手段，策划并执行各类线上线下活动，如线上抽奖、优惠券发放、线下沙龙等，以吸引更多顾客关注和参与，提升品牌影响力，建立起融洽友好的关系。

（2）比较重要公众。比较重要公众包括政府职能部门、社区（街道）、交运部门、通信部门、金融界、供应商和同行业等。

社区是指聚集在某一地域中的社会群体、社会组织所形成的一种生活上互相关联的社会实体。简言之，社区是人们共同活动的一定区域。公共关系学中的社区关系，实际上是一种乡里关系。酒店的经营之道讲究睦邻之道，可为酒店发展创造一种向好的区域环境。酒店与社区是一种相互依存、相辅相成的关系。酒店的生产经营活动，依赖于社区的各项服务，如交通管理、水电供应、治安保卫、防火等。酒店员工及家属的日常生活依赖于社区的商贸、教育等企事业单位。酒店的许多员工，尤其是旅游旺季请来的临时工、季节工，多半来自社区内居民，酒店既可以节省外来招工所需要的食宿投资，又可以消化社区待业人员，加深酒店与社区的睦邻关系。酒店与社区的睦邻关系，既是社区繁荣安定的基础，也是为酒店公共关系创造良好外部环境的需要。

酒店在依靠社区的同时，也应为社区作出贡献和帮助。如积极资助社会福利事业，为社区承担一部分社会责任和社会义务，除造福于社区公众之外，也提高酒店在社区公众中的地位和威信。

（3）一般公众。与酒店有联系的旅游学校、文艺团体、社会团体、社会名流等。

（4）国际公众。酒店活动进入涉外领域，对他国产生影响后，所面对的公众，包括外国企业、国际名人和国际旅游者等。

2）酒店的内部公众

（1）员工。员工是与酒店组织发生密切联系且最接近的公众，他们是企业赖以存活的细胞，与酒店的目标和利益关系最为密切。酒店的一切方针、政策、计划、措施，必须得到员工的理解和支持才能得以顺利开展。健康、良好的员工关系，是酒店积极向好发展的基本保障。以下将从酒店内部公众的角度理解不同的员工群体。

①个体公众。即企业职工。

②群体公众。即员工群体，分正式与非正式。

③特殊公众。需要特殊对待的公众群体。

（2）股东。股东是酒店的投资者，他们通过向酒店投入资金或其他形式的资本，成为酒店的股东。股东也是酒店的内部顾客。酒店与酒店股东之间的关系主要体现在投资、权益和责任三个方面。股东通过投资成为酒店的权益所有者，享有相应的权益并承担有限责任。

4. 酒店公共关系客体特征

与酒店组织发生联系并相互作用的组织与个人，必须与酒店有着某种实际的或潜在的利益关系和影响力。因此，酒店公共关系的公众一般具有以下四个基本特征。

（1）广泛性。酒店在与各种各样的组织和个人发生联系的过程中，形成了各种各样的社会关系，这些社会关系即酒店公共关系中的公众。它的范围非常广泛，在顾客公众群中，有科学家、艺术家、商人、工人、教育工作者等；在客源输送机构公众群中，有各类旅行社、各有关接待部门等；在社区公众群中，有左邻右舍、兄弟单位、协作伙伴等；在媒介公众群中，有报纸、杂志、广播、电视等新闻单位；在政府公众群中，有上级主管部门、政府各职能机构等；还有内部公众，如员工、股东，而且员工和股东中的成分也不是单一的。因此，广泛性是酒店公共关系公众的第一特征。

（2）同质性。同质性，即酒店公共关系的公众都因共同性质的问题和涉及共同利益而与酒店保持着某种联系，成为酒店公共关系某一时期的工作对象。

（3）动态性。社会环境是一个动态的、可变的网络系统。处于这一变化环境中的公众的价值观念、消费行为、思维方式也在变化着，因此，公众具有动态性特征。酒店公共关系必须围绕公众需求采取相应的对策，寻找有利于组织发展的公关之路。

（4）可导性。公众的动机和态度具有可导性。酒店公共关系借助各种公共方式和手段，通过不懈努力来改变组织机构的形象，逐渐影响和改变公众的态度，力图创造较高的公众信誉度，防止不利于酒店组织的行为出现。如果没有公众的可导性，公共关系工作就失去了存在的意义。

8.2.3　酒店公共关系的介体

酒店公共关系介体是联系公关主体和公关客体的桥梁,通过公关手段,使得主体和客体发生关系。最常用的公关手段是传播沟通活动。通过形形色色的传播沟通活动,在公关主体和客体之间搭起一座信息沟通的桥梁,使得公关主体和客体在信息充分共享的基础上,达成一种比较优良的关系状态。

对于酒店而言,可提供利用的公关手段是很丰富的。信息传播手段包括:语言沟通、非语言沟通,自媒体沟通、印刷媒体沟通、其他媒体沟通等手段。不同的沟通手段有不同的特点,酒店应该根据不同的公关目的、公关活动来选择不同的传播沟通手段,以使沟通效用最大化。

【本章小结】

本章主要以公共关系的基本内容范畴为基础。通过公共关系的概念,引入酒店行业中公共关系的概念、范围延伸及相关特征。

对于公共关系的发展脉络及特点进行了梳理和总结。阐明了酒店公共关系的主体、客体及介体,并逐一分类。

【即测即练】

【思考题】

1. 从传播角度,查阅资料,整理酒店市场传讯部(酒店市场部新增设部门)与公关部的区别。

2. 分组讨论,自媒体时代下,酒店行业应如何合理应用介体实现酒店沟通最大化。

【参考文献及资源】

1. 毛一佳. 基于互联网数据的星级酒店空间竞争关系及竞争力研究 ［D］. 杭州：浙江财经大学，2020.

2. 蒋丁新，酒店管理概论 ［D］. 大连：东北财经大学出版社，2010.

3. 姜锐，姜华. 酒店公共关系 ［D］. 北京：中国人民大学出版社，2009.

4. 公众平台：迈点网、酒店圈儿、酒店高参。

第9章　酒店人力资源管理

【学习目标】

1. 掌握酒店人力资源管理的定义及内容；
2. 了解人力资源管理的特点和目标；
3. 熟悉人力资源激励的方法；
4. 掌握人力资源招聘程序以及招聘原则；
5. 熟悉酒店人力资源培训的内容。

【能力目标】

1. 掌握酒店人力资源招聘程序、原则和方法，能编制人力资源招聘计划；
2. 掌握酒店人力资源培训的内容，能编制酒店人力资源培训计划。

🔍【思维导图】

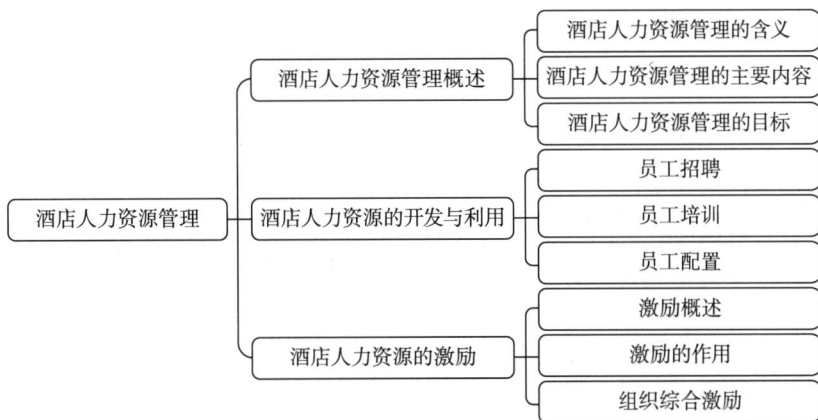

🔍【导入案例】

酒店行业发展带动薪酬政策调整

2024 年 7 月最佳东方人才发展研究院发布了有限服务类酒店人力资源白皮书。这里的有限服务类酒店是指以客房为核心产品，并且不超过四星级酒店标准的消费水平，为客户提供标准化住宿和餐饮服务的酒店业态。在薪酬福利调研的涨薪力度数据中，伴随 2023—2024 年旅游需求回暖，酒店业逐渐恢复正常运营并增加业务量，为吸引更多的人才回归和新人才加入，缓解劳动力缺口，平均薪资小幅上涨。最佳东方数据显示，57.34% 的受访酒店进行了调薪，平均涨薪率为 6.56%；管理层级与涨薪频率成反比，一线人员涨薪力度较大，涨薪率达 13.25%。

思考题：

面对目前酒店薪酬情况，如何制定薪酬改进的原则？

9.1 酒店人力资源管理概述

9.1.1 酒店人力资源管理的含义

从行为学的角度出发，人力资源是指储存在人体内，能按质量、速度等要求完成一定工作的体能和智能资源。而这些体能和智能是由人的感知、气质、兴趣、动机、态度、能力等个人素质、知识和技能综合构成的。从管理学的角度出发，广义的人力资源是指智力正常的人。

1. 酒店人力资源管理的概念

对酒店人力资源进行量的管理，是通过对酒店员工的培训、组织和协调，使人力和物力保持最佳比例和有机组合，使人和物都充分发挥出最佳效益；对酒店人力资源进行质的管理，是对酒店员工的心理和行为进行管理，也就是调动员工的主观能动性。与人力资源的数量管理相比，质量管理更为重要。社会化服务越完善，设备、技术越现代化，市场竞争越激烈，工作压力和挑战性越高，对酒店人力资源的质量管理要求就越高。

由此可见，酒店人力资源管理是指运用现代化的科学方法，对与一定物力相结合的酒店员工进行合理的培训、组织与调配，使酒店人力、物力保持最佳比例，并对酒店员工的思想、心理和行为进行适当的引导、控制和协调，充分发挥员工的主观能动性，使人尽其才、事得其人、人事相宜，实现酒店目标的过程。

2. 酒店人力资源管理的特点

1）局外性

局外性是指由客人监督和评定酒店工作人员的服务质量。这样做一方面可以大大减少管理人员巡视和检查的工作量，另一方面可以对酒店管理人员的工作起到拾遗补阙的作用。喜来登酒店集团创始人翰德森先生认为，酒店最有效的管理工具应该是客人对服务质量的监督和评定，其酒店集团所属的每一家酒店，都制订了一份详细的客人评定酒店服务质量调查表，对酒店员工的工作态度、服务技能、服务礼仪等方面进行统一评估，内容和项目十分具体。我国酒店业发展到今天，也非常重视人力资源管理的局外性，并且予以制度化，如酒店在大厅内设立了大堂副理的岗位用以处理客人投诉，以及客房内宾客意见调查表、客人意见箱和投诉电话等。随着酒店信息化、数字化技术的应用，酒店利用自媒体、第三方平台等线上渠道收集客人反馈的各类意见和建议，广泛听取客人对员工和设施的意见，及时处理投诉、解决问题，改进酒店人力资源管理工作。

2）跨越性

跨越性主要集中表现在地域和文化两个方面。首先是地域的跨越，我国酒店实现了跨地区、跨国界的集团化经营方式，如国内的上海锦江酒店集团、华住酒店集团。在近十几年来，通过对国外酒店集团的并购，在实现了集团扩张的目的的同时，也使得我国酒店人力资源管理带有明显的地域跨越性，在员工招聘，员工培训、员工调配等方面，都反映了这一特点，本土化、本地化是各酒店集团实现人力资源管理目标的必然途径。其次是文化的跨越，外资酒店、合资酒店、合作酒店的员工工作于不同的文化环境之中，要互相适应各地文化的不同，经营过程中还要适应本土文化与经营管理人员文化上的差异。

3）超前性

人才的发现、培养、利用和驾驭，都离不开人才的超前培养和继续教育，否则现在的人才若干年后可能就是"现代文盲"。特别是酒店业面临社会人口特征的变化尤为明显，互联网背景下成长起来的 X 一代已经进入酒店业。因此酒店人力资源管理者要有超前意识，并解决好以下两方面的矛盾。

（1）解决好酒店人力资源开发的超前性与人力资源利用的滞后性之间的矛盾。争取缩短两者之间的时间差，即学即用，杜绝知识资本的浪费，提高知识的转化率和利用率。

（2）处理好酒店人力资源开发的长期性与人力资源利用的短期性之间的矛盾。把酒店人力资源的开发工作当作一件长期不懈的大事来抓，进行持久、连续的开发，也可以分期分批地进行开发；同时也要珍惜开发出来的人力资源，进行适当利用，避免人才流失。

4）因果性

员工的密切合作和客人对酒店的良好印象是酒店生存和发展的两个关键。如果酒店员工不能够密切配合，服务就会脱节；服务脱节，客人就会不满意；客人不满意，酒店也就失去客人；酒店失去客人，就会降低效益，甚至不能维持下去；酒店没有效益，员工的生存和发展就会受威胁。这种因果性的连锁反应，足以引起酒店人力资源管理人员的高度重视。

5）不可储存性

酒店的人力资源价值具有不可贮存性。酒店和一般企业不同，它以出租使用价值和提供服务为主。客房、娱乐、会务和其他综合服务设施在经营中都不发生实物的所有权转移。因此酒店员工凝结在酒店产品中的服务价值具有不可储存的特点。如果酒店的产品在一定时间内不能销售出去，当天的价值就自然失去，即便等到第二天再卖出去，前一天的价值也是永远收不回来了，人力资源的价值也就体现不出来，支出的人工成本也就无法补偿，从而使酒店人力资源蒙受损失，而且这种损失是永远无法挽回的。由此可见，酒店人力资源具有不可储存性，管理人员必须把人力资源管理与酒店产品经营结合起来，实行"全员营销"。

9.1.2 酒店人力资源管理的主要内容

酒店人力资源管理涉及酒店管理中的方方面面，其主要内容包括酒店人力资源计划的制订、招聘与录用、教育与培训、考核与激励以及薪酬与福利等。

1. 制订酒店人力资源计划

酒店的人力资源管理部门首先要根据酒店的经营目标确定现在及未来对员工数量与质量的需求情况，并据此制订详尽的计划。管理人员根据企业目标设定部门、细分岗位之后，对每一职务都要进行职务分析，确定该职务的工作目的、工作职责、工作内容、工作环境、所需具备的知识与技能要求等。制订人力资源计划可以使酒店的人力资源配比更加合理，避免无谓的浪费。

2. 招聘与录用员工

酒店初创阶段要对所有岗位进行招聘，但通常情况下酒店的招募工作是对组织中的空缺加以补充，或是在酒店要扩大规模时壮大员工队伍。根据招募人员数量以及岗位的区别，酒店可以选择广告招聘、员工推荐、教育机构选拔及委托中介机构介绍等方式进行征召，各种方式费用不同，适用对象也不同。对大规模及重要职位的招聘，一定要慎重，在力争节约费用的同时，要尽力避免片面获取信息。

在员工遴选阶段，重要的是看应聘者是否符合职务要求。酒店可以通过填写申请表、面试、知识或技能测试、核实材料、体格检查等环节来确认应聘者的任职资格。选拔环节应坚持以下原则：①有些素质极高的应聘者，如果不能适应岗位要求，也要勇于割舍。②注意酒店各部门的整体年龄、性别比例。③对特殊岗位一定突出强调应聘者是否能够经常出差等具体条件。此外，由于酒店员工经常要与各方面打交道，人员必须具备开朗健康的心态和较强的与人交往的能力。

3. 教育与培训员工

人员培训是酒店人力资源管理的一项长期的重要内容。培训的内容不仅包括知识与技能，还可以在培训中宣传企业历史，介绍先进员工事迹，宣扬企业价值观念和企业文化，促进员工思想转变，同时也有助于增强企业凝聚力和向心力。

培训一般分为在岗培训和脱产培训两大类。酒店中比较普遍的是在岗培训。在岗培训可以利用工余时间、晚上或节假日时间进行，有示范、指导、岗位轮换等多种方式。脱产培训则可以采用课堂教学、多媒体教学、模拟训练、角色扮演、案例分析等多种方式。

4. 建立和健全考核奖惩激励体系

酒店应建立科学的奖惩考核体系并根据酒店的发展进行合理的调整，以适应酒店内外环境的变化。考核是对员工完成工作目标或执行酒店各项规定的实际状况进行考查、评估，是奖惩的依据。科学合理的考核、奖惩体系给员工指出了努力的方向，可以加强员工趋向组织目标的积极性；反之则会打击员工的工作积极性，降低酒店的工作效率。因此它能准确地反馈酒店人力资源管理的效能。

5. 建立良好的薪酬福利制度

薪酬福利制度是酒店人力资源管理的核心内容。它不仅直接涉及酒店的费用支出，而且直接影响员工的工作积极性调动与发挥的程度，甚至在很多员工看来，没有比他的薪酬福利更重要的问题了。因为它除了是员工生活的保障外，还是员工社会地位和资历以及自身价值的具体体现，也意味着酒店对员工劳动价值的认同程度。所以酒店应根据自身情况选择适当的薪酬体系，实行合理的奖励和福利制度，为员工提供各类社会保险等福利待遇，通过建立良好的薪酬福利制度，进行薪酬管理，激励员工努力工作。

6. 培养高素质的管理者

酒店管理者的素质及工作能力对酒店员工的积极性的调动有重要影响。只有高素质的管理者才有可能对员工进行有效的激励，保证酒店的正常运转。管理者通过有效的激励、领导艺术和沟通技巧，通过培养企业文化、团队精神等增强酒店凝聚力，激发员工的工作热情，使之乐于奉献，最终提高酒店的经济效益和社会效益。

9.1.3　酒店人力资源管理的目标

1. 建立一支专业化的员工队伍

酒店要正常运作并取得良好的经济效益和社会效益，不仅要有与酒店各岗位相适应的员工数量，而且员工的素质应符合酒店业务经营的需要。任何一家酒店想在竞争中取胜，都必须造就一支专业化的员工队伍。酒店专业化的员工是指具有酒店意识和良好职业习惯的员工。因此酒店人力资源管理者首先要根据酒店的特点和经营发展的需要，精心挑选适合并且乐于从事酒店工作的员工；其次要加强对员工的培训，不仅要进行业务技能的培训，更要培养员工的服务意识和职业自豪感；最后管理者还应通过科学的管理和有效的激励，激发员工的工作热情，最终造就一支高素质的专业化员工队伍。

2. 构建一支构成合理的最佳团队

一支优秀的员工队伍必须经过科学配置才能形成最佳的人员组合，即每个人与其他人的行为协调一致、形成合力，共同完成酒店规定的目标。否则即使员工特别优秀，也未必能够保证取得好的成绩。因此，在酒店经营管理活动中，管理者应制定明确的岗位职责，并使每一个员工权责相当、各尽所能，形成最大的工作效能，进而形成一个有序、高效的酒店团队组织。

3. 充分调动全体员工的积极性

管理的实质不在于管人，而在于谋求人与事的最佳配合。因此酒店人力资源管理的最终目标就是充分调动员工的积极性，通过采取各种有效的激励措施发挥最佳的群体效应，创造一个良好的工作环境，使员工安心工作、乐于工作，最大限度地发挥员工的积极性与创造性。为达到这一目标，酒店应建立一套科学的人力资源管理体系，包括招聘与配置的程序和方法、培训与开发制度以及优化组织结构等。

9.2　酒店人力资源的开发与利用

9.2.1　员工招聘

酒店员工招聘是指酒店为了正常运作和发展需要，根据酒店人力资源规划和工作要求，寻找、吸引那些有能力又有兴趣到本酒店任职的人员，并从中选出适宜人员予以录用的过程。酒店招聘方法包括笔试，面试，情景模拟，心理测试，操作性测验，问卷调查（内部招聘、360度评估）等。

1. 制订员工招聘计划

一个考虑周全的招聘计划可以用最小的成本为酒店带来最适合的员工，管理者在制订招聘计划时，应考虑以下方面的问题。

（1）招聘对象和数量。酒店为实现既定目标，要对未来所需员工的数量和种类进行估算。根据各个部门提出的需要，确认该部门员工的缺额人数、具体工种以及所配备员工的工作层次，这是酒店招聘计划的重要内容。

在酒店实际招聘员工的过程中，应根据本酒店的竞争力、应聘者意愿等因素，综合考虑，避免因各种原因录用而未报到的情况影响酒店的实际录用人数。

（2）制定招聘标准。制定招聘标准就是决定录用什么样的人才，因此招聘标准的制定直接关系到录用员工素质的高低。招聘标准过高，可能会使招聘计划无法完成；标准太低，则招聘来的员工素质得不到保证，所以招聘标准必须恰当。招聘标准通常应建立在职务分工的基础之上，内容包括年龄、性别、学历、工作经验、工作能力、个人品质等。另外，制定招聘标准时还必须考虑社会环境因素，如当地的人力资源供求状况、相关院校所能提供的毕业生数量和层次等。

（3）确定招聘途径。员工来源总体上可分为酒店内部和酒店外部，所以招聘途径通常有内部招聘和外部招聘两种。酒店内部招聘是通过考评酒店在职员工，采用调职和提升的方式，将已具备一定技术能力或管理能力、符合缺员岗位要求且乐于从事此项工作的员工安排在该职位上，以达到人尽其才、激励员工的目的；酒店外部招聘是管理者通过对酒店人事资料的检索，查明和确认在职员工中确实无人能胜任和填补职位空缺时，从社会中招聘和选择员工。外部招聘的员工主要来源有大中专院校应届毕业生，技校、职校毕业生，失业人员，流动人员等。

（4）选择招聘时机。酒店内部招聘的时间可由各酒店根据自身情况灵活掌握，而酒店外部招聘选择适当的时间就很重要。一般来说社会上人力资源越丰富，酒店选择范围就越大，相应的招聘质量就越有保证。所以对外招聘应尽量选择在人力资源最丰富的时候。如我国各旅游院系、旅游中专以及旅游职业培训学校每年 7 月份都有学生毕业，这个时间比较容易招聘到素质较高、训练有素的人才。除此之外酒店还应考虑业务经营需要，既要使招聘的员工有足够的培训时间，又要尽量减少不必要的支出，使培训与实际工作的时间衔接起来。

（5）招聘经费预算。一般情况下，酒店的招聘经费预算中除参与招聘的人员工资外，还可能会涉及广告费、差旅费等。因此，尽量减少招聘的成本、制定合理的招聘经费预算，也是酒店管理者在制订招聘计划时应考虑的因素。

2. 员工招聘原则

酒店员工的内部、外部招聘，都应坚持"公开招聘、自愿报名、全面考核、择优录用"的原则，要造就一支优秀的员工队伍，就必须严格把好员工招聘关，奠定良好的人才基础。酒店在员工招聘工作中必须遵循以下原则。

（1）公平竞争、择优录取原则。只有公平竞争才能使人才脱颖而出，吸引真正的人才，才能起到激励的作用，更容易发挥人才的特长，调动个人积极性。在招聘中应坚持平等就业、双向选择、公平竞争，这也是现代人力资源配置区别于传统人力资源配置的重要标志。

（2）效率优先原则。效率优先是指争取用尽可能少的招聘费用，录取到高素质、适合酒店需要的人员，或者说以尽可能少的招聘成本录用到高素质的人员。

（3）"任人唯贤"原则。我国人力资源管理的指导思想是服务于社会主义现代化建设的，其根本任务就在于发现和合理地使用人才。因此，"任人唯贤"仍然是新时期用人标准必须坚持的基本原则。这里，所谓的"贤"就是德、才。我们所要求的德是不谋私利，一切以国家和组织的利益为重；我们所要求的"才"是推动社会发展和进步所需要的知识、能力和创造精神。

（4）招聘考试原则。这是坚持"任人唯贤"原则的重要条件，是确保人员任用质量的一种有效手段。很多发达国家认为"要吸纳第一流的人才，就必须通过公开竞争考试"。考试是对员工的业务水平、工作能力和工作态度的考查。考查成绩的优劣是评价员工的依据，也是促进员工发挥积极性和创造性的重要措施。大多数酒店在人员招聘中采用"公开考试招聘，择优聘用"的方法，已被实践证明是人力资源管理与开发的有效方法，并取得了很好的效果。

（5）"量才适用"原则。人们的专长和能力只有与他们的工作要求和职位相一致时才能得到充分发挥，这要求酒店人力资源管理部门遵照"量才适用"的原则。所谓"量才适用"就是根据每个人的专长和能力、志向与条件，做到才以致用、各得其所、各尽其才。实行这项原则首先要借助于工作分析，明确各职位的要求与条件；其次还要充分了解个人专长、才能、志向和性格等。只有全面了解人，才能合理地使用人。能力测试、性格测试、兴趣测试等心理测试有助于我们了解人的专长、才能、志向和性格。

3. 员工招聘程序

员工招聘的过程是发现求职者并根据工作要求对他们进行筛选的过程，这个过程包括通过合理渠道宣布岗位空缺，对求职者做出评估，最后选拔合适的人员补充岗位。由于需要员工的部门主管真正掌握填补空缺岗位的人员应具备的具体条件，因而他应该直接参与员工的招聘。员工招聘过程一般有以下几个步骤。

（1）制订招聘计划。在人力资源规划与工作分析的基础上，根据工作说明和岗位规范，确定具体的用人标准和任用人员的种类及数量。

（2）确定招聘途径。确定是内部选拔还是外部聘用，是员工推荐还是广告招募，是聘用大中专毕业生还是一般高中毕业生，或者其他渠道应聘的人员等。

（3）应聘者填写求职申请书。求职申请书是了解应聘者情况最常用的方法，通过申请书，酒店可以大致了解应聘者的基本条件，作为对应聘者面试和综合判断的依据。

（4）核查应聘者个人资料。如酒店需要，酒店的人力资源部门可以通过有效渠道，对应聘者进行进一步的了解。

（5）初次面谈。酒店通过与应聘者面对面的接触可以确定应聘者仪表、表达能力等是否符合企业的要求，并能了解应聘者对待遇、工作环境、工作时间的要求以及其经历和学历等大致情况。如果认为初步合格，则要进一步核对应聘者的有关资料，进行综合判断。

（6）能力和技能测试。为了了解应聘者的知识和能力水平，酒店要对应聘者进行测试。测试的内容与方式以职务所要求的范围和标准为基础，通过测试达到客观评估的目的。

（7）任用面谈。基本确定应聘者之后，任用之前还要进行任用面谈，进一步了解其个性、抱负、经验、兴趣、技能等，以考查应聘者对将来从事的工作是否有充分了解，兴趣、技能是否适合此项工作，能否长期干下去，有无发展前途等，防止其日后发生工作与理想不相符而感到失望、工作不安心等情况。

（8）体格检查。体检是酒店招聘与录用工作中不能忽视的一个环节。酒店应根据国家法律法规要求，通知应聘者进行体检。首先通过健康检查绝对防止传染病患者被录用；其次是尽可能挑选身体健康的员工，减少企业医药费支出；最后要建立健康卡片，为将来防病治病备份资料。

（9）审查批准。将应聘者的申请书、个人资料、面谈记录、健康卡片统一汇总，由酒店高层管理者做最后批准。

（10）录用报到。确定录用人员之后要颁发录用通知，录用通知以书面形式为宜。

（11）对未被录用者表示感谢。对没有录用人员寄未录用通知，感谢其对酒店的信任，并表达美好祝愿。

9.2.2　员工培训

1. 员工培训的意义

1）培训可适应环境的变化，满足市场竞争的需要

酒店所处环境复杂多变，市场竞争不断升级，竞争的核心是人力资源的竞争。人力资源面临知识更新日益加快、目标顾客需求日新月异的现状，如果不经常对员

工进行培训，终将难逃被淘汰的厄运。

2）培训可以提高管理人员的管理决策水平

管理学中决策理论学派代表赫尔曼·西蒙（Hermann Simon）说："管理就是决策"。酒店管理人员要想进行高水平决策，思维应开阔、深入、灵活，意志要自觉、果断，方法与手段要可行、有效。尤其酒店高层管理者的决策正确与否会对酒店的社会效益与经济效益影响很大，因此有必要通过培训提高管理者的决策水平。

3）培训可以提高全体员工素质

现代酒店业的发展变化越来越快，信息化、数字化、智能化，对员工素质的要求越来越高。无论是管理人员还是基层员工，都应具备本岗位工作任务变化的专业知识和相关知识，以及相应的管理技巧和服务技能，同时还应具备敬业精神、职业道德与使命感。酒店通过建立科学的培训体系，使员工适应新环境，掌握操作技能，不断补充新知识以适应工作的需要，为组织高质量发展提供动力。

4）培训可以为员工的自身发展提供条件

培训不仅对旅游企业有益，对员工本身也颇有益处，这主要表现在以下三方面。

（1）增长本领，增加收入。员工经过培训可以扩大视野，增长知识，提高技能，提高服务效率进而增加个人收入。例如，为适应工作需要一些酒店规定员工对外语的运用熟练程度和掌握外语的门数，并将其直接与特设的奖金挂钩。有的员工经过强化和考评，外语能力提高很快，这不仅对于工作本身还是对个人收入的增加，都有立竿见影的效果。

（2）为晋升创造条件。酒店企业的发展亟须更多有管理能力的人才，培训不仅能使员工出色完成本职工作，还有助于扩大知识面和扩展工作领域，并接受新的管理理论熏陶，为晋升发展创造必要条件。酒店中员工晋升和发展的机会都是与自身素质和表现联系在一起的，不经过培训，不提高自身的素质和能力，不认真工作，仅靠消极的等是等不来机会的。

（3）提高职业安全感。在酒店这样设备设施种类繁多、需要专业技能的环境中工作仅有热情是不够的。培训可以使旅游企业员工熟悉业务，成为工作内行，对工作充满信心，在增强职业安全感的同时，也使员工的人身安全和酒店的财产安全相应得到保证。

5）培训可以降低损耗和劳动成本

对酒店来说，许多服务工作都有一定的浪费与损耗。例如酒店餐饮、客房清洁、洗涤等。这里既有自然损耗，也有人为因素。有关专家研究结果显示，相关的专业培训可以减少 73% 左右的浪费。

6）培训可以提高酒店服务质量

酒店要在激烈的竞争中立于不败之地，很重要的因素就是要拥有能驾驭不断发展的科技和先进工作方法的高素质员工队伍。员工培训是实现这一关键的重要保证。培训往往意味着员工不断掌握新技术和正确先进的工作方法，改变错误或是落后的工作方法并补充和增长新的知识。服务质量的提高是综合因素作用的结果，而工作方法的不断改进则是综合因素中不可或缺的一环。

2. 员工培训的原则

员工培训实质上是被培训员工的学习过程。因此要想提高培训效率，就必须了解人类的学习规律。心理学界多年来对人类的学习规律进行了大量的科学研究，提出了一些理论和原则，可以应用于培训活动中。在具体的培训过程中应注意以下原则。

（1）注意原则。在培训中，应使培训活动引起员工的注意与兴趣。培训任务的新异性、奖励的运用、培训与员工需求之间的关系等，都会影响员工的注意与兴趣。

（2）目标原则。培训目标的高低也会影响学习积极性和学习效率。除了在培训之前进行有关学习目的和意义的教育之外，应尽可能让员工真正地参与制定培训目标，使其对目标产生更强的责任感。同时目标应该明确具体、易于检查，使员工经过一定努力能够达到。这种目标与现实之间产生的创造性张力会使员工努力改变现实以减少差距，而不会因目标过高而自我降低目标，使目标订立失去意义。总的培训目标可以分成若干个子目标，还可以分成长期和短期目标。目标订立是一个动态的系统，在培训初期，可以把目标定得较低一些，使员工能达到自己的志愿水平，增强学习信心。此外，应使培训目标与实际工作任务紧密联系在一起。

（3）指导原则。培训时应注意指导员工掌握利用各种资源的能力。教学应由易到难，随时对学习错误进行分析，指导员工做出正确的反应。同时应该重视员工在年龄、性别、能力、兴趣、个性和态度等方面的个体差异，尽可能采取因人而异的培训方法和教学程序，使每个员工都能达到自己最好的技能水平。

（4）信息呈现与保持原则。培训时应多采用图解式的、具体的和结构严密的教学材料和信息，尽量少用言语的、抽象的和非结构性的材料。员工对所学信息的保持是一个关键问题。研究表明，分散式练习、教材的使用等都会促进信息的保持。

此外，回忆所学知识时的情境也会影响信息的保持。一般来说，回忆时的情境与原来学习时的情境越相似，学习效果的转移与保持程度越高。

（5）反馈原则。反馈是指员工获得有关自己完成学习任务情况的信息。这种信息一般都包含在任务里，就像打靶一样，射击后靶上的枪眼就可以提供结果的反馈信息。如果只练习而不了解练习结果，缺少反馈，学习就不会有很大长进。反馈的内容既可以是学习的定量结果，也可以是定性的反馈。心理学研究证明，信息反馈与有效的学习目标结合在一起，比反馈本身的作用大得多。这就是说在信息反馈时，应该随时对照原目标，订立新的目标。

（6）强化原则。强化是指当某一行为出现后，若得到奖励（称为积极强化），则增强这一行为出现的可能性；若得到惩罚（称为消极强化），会减弱这一行为出现的可能性。任何事件，凡是改变行为发生概率的，均称为强化。一般而言，奖励对学习效果的影响要比惩罚好。因为惩罚会导致焦虑及愤怒，以至于影响学习情绪，进而影响学习效果。但有时紧跟着错误行为之后的轻微惩罚也能得到好的效果。在使用强化时，必须了解人们的动机系统以及对惩罚的态度，否则强化起不到应有的作用。例如，如果一个为大家所轻视的被培训者，因某特殊行为而得到奖励时，只会引起此培训团体的排斥与讥笑，在这种情况下，奖励反而造成了相反的后果。

（7）转移原则。培训效果的转移，是指培训中所掌握的知识、技能或态度在今后的工作中得到利用的程度，也是对培训方案效果的评价。转移可以是正转移，即促进今后的工作；也可以是负转移，即干扰今后的工作。可以通过采取一些方法来增强正转移的效果，其中包括：使培训与工作尽可能相似；提供有关培训任务和技能的各种实例；明确任务的重要特征和一般原则；对今后工作中运用所学到的技能和行为及时给予奖励；把培训设计得更具有可实践性；等等。

3. 员工培训的类型与形式

1）岗前培训

（1）企业文化培训。企业文化是企业组织成员共有的行为模式、信仰和价值观。为了使新员工了解和融入企业文化，企业应安排新员工接受企业文化培训。

（2）业务培训。业务培训的主要内容有：①有关企业、行业及有关工作岗位所需的知识和技能方面的内容。②认识企业的工作过程、部门的工作流程和员工自己岗位的职务。

2）岗位培训

（1）以解决岗位所需的知识技能为主。如外语会话能力、计算机操作能力、服务操作技能等。

（2）以提高管理和服务水平为主。比岗前培训更深一步，增加如何解决酒店经营管理和服务质量中存在的问题等内容。采取的形式有专题讲座和技术表演比赛等。

3）转岗培训

与岗前培训和岗位培训的内容有许多相同之处，只是培训对象不同。采用的形式为全方位的系统培训。

4）晋升培训

这是酒店员工提拔到更高职位之前，为使晋升人员的能力达到晋升职务的规范和基本要求而进行的训练活动，因此本着不清楚什么学什么的原则进行。

4. 员工培训的方法

1）讲授法

讲授法是传统教育方法之一，也是目前最常用的培训方法。即由培训者对员工用讲授的形式传播知识的一种方法，目的是使员工提高思维能力、获得社会知识、增强求知欲望、培养学习兴趣。

讲授法的长处是时间集中，讲课不易受干扰，传授的知识比较全面、系统，容易传输且成本比较低，适合理论观点的阐述。但讲授法主要采取单向沟通的方式，缺乏反馈和练习，容易觉得枯燥。

2）讨论法

讨论法是由培训者提出讨论题，设定一定的限制条件，组织和引导员工开展讨论并给予指导，最终得出正确结论的培训方法。采用讨论法是成人教育的特色之一，对专业培训颇有益处。在采用讨论法时，应注意以下两点：

（1）应确定好讨论的主题，并紧紧围绕这一主题进行。

（2）培训者的水平与讨论的效果好坏关系密切，培训者要认真负责，具有较强的组织能力、引导能力和总结能力，并具有敏锐的现场观察能力与应变能力。

3）案例研讨法

案例研讨法就是把在工作中已经发生过并记录下来的案例，特别是典型案例提供给员工进行剖析、研究，在讨论的基础上提出自己的见解，并要求有鲜明的论点和较为充分的论据。

案例研讨法的突出特点是注重启发和挖掘员工的分析、判断和决策，促使其运用新知识、新方法思考问题，达到借鉴经验教训、分析前因后果、提高处理问题能力的目的。案例研讨法是在静态中通过案例分析，使员工进入模拟的角色。其适用对象多为中层以上的管理者。

4）角色扮演法

角色扮演法是让员工模拟实际情景，扮演各种角色进行训练的一种方法。这是一种趣味性很强的培训方法。培训者将员工在工作中存在的有代表性的问题总结提炼，让员工扮演某个与自己工作有关的角色，使其体验所扮演角色的感受与行为，从而改进和提高自己在职位上表现出的态度与行为。角色扮演法的适用对象一般为管理人员、服务员。

角色扮演法产生实效的关键在于角色互换和展开讨论。由于员工职位的不同，对工作的态度和感受、看待问题和提出的要求也就不一样。角色扮演法对于缩小差距，增进了解和沟通是有效的。例如，让酒店客房服务员、餐饮服务员及前厅服务员扮演客人时，就能更加深刻地体验客人的心理感受，认识到不良工作方法的害处。此外角色互换还能消除员工之间及员工与管理者之间的某种隔阂。

但角色扮演的效果好坏主要取决于培训者的水平，如果培训者能做出及时适当的反馈和强化则效果相当理想，学习效果转移到工作情景中的程度也高。角色扮演的培训费用较高，主要原因是这种培训只能以小组进行，人均费用会提高。

5）操作示范法

操作示范法是为了使员工了解和掌握工作的程序以及正确的操作方法，在工作现场或模拟的工作环境中利用实际使用的设备及材料进行边演练、操作边讲解的一种培训方法。操作示范法要求培训者认真准备，按照规定的程序和标准来训练。培训师在授课过程中不仅要口头指导，更重要的是必须亲自动手示范、辅导、纠正，这样才可能达到操作示范法的目的。

操作示范要求培训者认真备课和进行充分的物质准备。操作示范法的基本程序是讲授，先由培训者在培训现场向学员讲解操作理论和技术规范；然后是示范工作程序，按照岗位规定的标准、程序进行示范表演。为了使这种示范表演的每个环节都清晰可辨，可以合理分解示范工作步骤，对于其中的重点和难点可以反复强调示范。

6）线上学习法

线上学习法是指通过各类线上学习平台，学习相关知识的培训方法。目前国内外各大酒店集团一般都建有线上学习资源平台，如华住集团现有线上学习 App 资源、希尔顿酒店集团建有线上学习官网。

9.2.3　员工配置

酒店通过招聘和培训拥有了一批符合酒店需求的员工，这些员工能否有效地发挥其应有作用，关键在于酒店管理者是否擅长人力资源利用。酒店人力资源的利用就是对员工进行科学的排列和组合，形成合力，发挥出群体的最佳效应，同时使每个人各尽所能。

1. 编制定员

编制定员是本着节约用人、提高效率的宗旨，根据酒店的经营方向、规模、档次、业务情况、组织机构、员工政治思想和业务素质等，在建立岗位责任制的基础上，确定必须配备的各类人员的数量。

编制定员是酒店制订人力资源管理计划的基础和科学安排各类人员的依据，对于合理使用人力资源、提高工作效率具有重要意义。酒店编制定员的方法有很多，最常用的主要有以下三种。

（1）岗位定员法。岗位定员法是根据酒店的组织机构、岗位设置以及岗位职责的要求，结合酒店各岗位的工作量、劳动效率等因素来确定不同岗位所需人员数量的方法。这种方法通常适用于前厅部、采购部、工程部等。

（2）设备定员法。设备定员法是根据酒店设备数量和员工工作量，结合设备的运行次数和员工的出勤情况等因素来确定所需人员数量的方法。这种方法适用于工程部和洗衣部等。

（3）比例定员法。比例定员法是根据实际工作量、劳动定额、劳动效率等因素，按一定的配备比例计算所需人员数量的方法。这是依据酒店内部客观存在的一定比例关系提出的。

2. 合理用人

酒店人力资源利用包含以下五个原理。

（1）要素有用原理。没有无用之人，只有没用好之人。

（2）能位对应原理。不同能力特点和水平的人，应安排在相应特点和层次的职位上并赋予应有的权利和责任，使个人能力水平与岗位要求相适应。

（3）互补增值原理。以己之长补他人之短，如能力互补、知识互补、性格与气质互补。

（4）动态适应原理。人和事的不适应是绝对的，适应是相对的，不适应到适应是在运动中实现的，不断调整人与事的关系才能达到重新适应。

（5）弹性冗余原理。既要带给酒店人力资源压力（工作满负荷），又要保持员工的身心健康（生理心理要求）。

知识拓展9-1

9.3　酒店人力资源的激励

酒店管理目标的实现需要通过酒店全体员工的努力方可完成。也就是说酒店员工对待工作的热情、积极性对酒店管理目标的实现具有决定性的作用。现代酒店管理者必须擅长采用各种方式来激励员工，最大限度地调动其工作积极性，力求为酒店创造出良好的经济效益和社会效益。

激励是提高员工积极性的主要手段，也是人力资源管理中的重要问题。

9.3.1　激励概述

1. 激励的定义

激励，即激发鼓励，指人们朝向某一特定目标行动的倾向。在人力资源管理中，激励就是激发调动员工工作积极性的过程。从某种角度说，管理工作就是有效地将员工的动机引向组织的发展目标。一个酒店要有所作为，就必须采取有效的激励措施和激励手段。

2. 激励的要素

激励的内涵通常包括人行为的动因、行为的方向或目标以及如何保持这种行为这三个基本要素。

（1）行为的动因。在考虑激励时首先要意识到每个人的行为都有一种动因，使人按照某一特定方向或方式行动。

（2）行为的方向或目标。即人们行动的方向或目标。

（3）保持行为。每个人都具有导向系统即内驱力与环境力量的结合，综合判断人的行为方向或通过反馈，调整行为目标。

酒店管理者只有了解职工的工作动机与需要，才会吸引和留住优秀人才，鼓励与促使员工在最佳状态下工作，这样员工不仅会取得良好的工作绩效而且会保持持续创新的精神风貌。

3. 激励的动力

（1）个体驱动力。来源于员工自身强烈的自我发展意识，超前的持续创新理念会影响人的行为。当一项工作或某种物质对我们而言变得很重要的时候，它们就成为激励的驱动力。

（2）他人驱动力。来源于家庭、同事、上司或部下。若他们之中的任何一人使你感到了压力，可能将压力变成推动力。当然压力太大就会回避，太小则没有感觉，因而压力大小要适中。

（3）环境吸引力。来源于外部环境，包括物理环境，如漂亮整洁的办公室或一辆自备车；人文环境，如和谐的人际关系或工作的挑战性。这些意味着你必须挣更多的钱，获得续聘或升职。

由此可见，激励的本质就是激活个体的需要、产生动机，使其处于兴奋状态，产生积极的行为活动，并最终实现目标。

9.3.2　激励的作用

1. 有利于充分发掘员工的潜力

酒店管理中，对人力资源特别是对于人的潜力至今仍然无法精确地预测、计划与控制。唯有充分利用人力资源、最大限度地发掘员工潜力，其方法就是进行激励性的管理措施。酒店在了解员工心理需求如金钱、关心、尊重等的基础上，使用合理的手段，转化员工的行为，使表现好的员工维持其良好的行为，使之表现较好，使一般甚至较差的员工转化为良好的员工。

激励可以使员工充分发挥其内在的潜能，创造高质量、高效率的工作成绩。《行为管理》一书中阐述，按时计酬的职工仅发挥了其能力的20%～30%；而如果受到充分激励的职工其能力可发挥到80%～90%。这就是说，同样一个人在通过充分激励后所发挥的作用相当于激励前的3～4倍。

2. 有利于提高工作效率

酒店运转中存在的问题员工是最为清楚的，而且员工有巨大的创造性和潜力。激励有利于员工创造性的工作，以企业主人翁的姿态工作，配合酒店的管理措施，鼓励员工提出合理化建议、建设性意见和措施，不仅能够促进工作进展，从工作中挖掘潜力，而且还能使员工受到奖励和重视，进一步激发员工的创造性和创新精神。

9.3.3　组织综合激励

1. 组织综合激励注意事项

（1）关注员工的需求。每个员工都是一个独特的不同于他人的个体，他们的需要、态度、个性各不相同，并且在激励运用过程中都要考虑员工的不同需求，所以需求是组织运用各种激励的基础。如果员工的经验、能力、付出明显等，则应当在员工的收入、职责和其他所得方面体现出回报。正是因为员工个体需求的差异，导致员工对付出与所得的期望和公平感不同。

（2）使人与工作相匹配。大量研究证据表明，将个体与工作进行合理匹配能够起到激励员工的作用。比如一个人喜欢有挑战的、有成就感的工作，那么客房服务员就不是合适的选择，但是如果他具备一定的客房服务经验和管理经验，人事部门就可以把他作为房务经理的备选人之一。

（3）目标对员工是可行的。目标要根据员工能力和需要设定，如果员工认为目标无法达到，或根本不值得努力，则他们的努力程度就会降低。因而管理者必须保证员工充满自信心，努力达到目标，实现绩效，同时还要让员工感到绩效评估系统是可靠而有效的。

（4）有针对性地强化奖励。每位员工的需求不同，对某人有效的强化措施可能并不适合于其他人。管理者应当根据员工的差异对他们进行个别奖励，一般而言，管理者能够支配的奖励措施包括加薪、表扬、奖励、晋升、授权、参与目标设定和决策的机会等。

（5）重视物质激励的作用。在考虑目标设定、创造工作乐趣、提供参与机会等因素时，应重视物质激励的作用。以绩效为基础的加薪、奖励及其他物质刺激在决定员工工作积极性上起着重要的作用。

2. 组织综合激励的方法

（1）榜样激励。榜样激励体现了目标动力的作用，榜样的力量是无穷的，大多数人都不甘落后，但往往不知怎么干，或在困难面前缺乏勇气。通过树立先进典型，可以使员工找到一面镜子、一把尺子和一根鞭子，增添克服困难、实现目标的决心和信心。酒店可以利用评选优秀员工、优秀班组的办法来激励其他员工。

（2）培训激励。培训满足人们的成就感，其激励作用是多方面的。它可以满足员工特别是青年员工求知的需要，通过培训可提高员工达成目标的能力，为承担更大的责任、更富有挑战性的工作及提升到更重要的岗位创造条件。酒店员工通过培训可以得到更多的承认、更高的级别和更高的工资。通过培训可以激励员工不断进步。

（3）任务激励。任务激励是指利用工作任务本身激励员工。对员工起激励作用的因素分为两类：①与员工工作直接相联系的，即从工作本身产生的激励因素，被称作"内在激励"。如一项符合自己专长或兴趣的工作，一个富有挑战性的任务，在工作中取得了成就，帮助了别人，学到了新知识等。②与员工工作间接有关，但不是工作本身产生的激励因素，如工资、奖励、地位、表扬、批评、提升等，被称为"外在激励"。这两种激励都是必不可少的，但"内在激励"对企业而言付出的代价小，作用持久，因此国外对此特别重视。

（4）制度激励。企业的各项规章制度一般都与一定的物质利益相联系，对员工消极行为有一定约束，但规章制度又为员工提供了社会评价标准和行为规范，激励员工向企业需要的方向努力；员工遵守规章制度的情况还与自我肯定、社会舆论等精神需要相联系，因此激励作用是综合的。例如，组织明文规定企业可以辞退表现不好或技能过低的员工，会对员工造成一定的压力。酒店起激励作用的规章制度包括员工守则（员工行为的基本规范），用人制度（涉及个人前途、地位的制度），责任制度（与员工的工作评价有关的制度），考勤考绩制度等。

（5）环境激励。创造良好的工作环境和生活环境。如经理对员工表现出尊重、关心和信任，保持工作群体内人际关系的融洽，及时调解矛盾等，既可直接满足员工的某些需要，又可形成一定的压力和规范，推动员工努力工作，形成优秀团队、先进班组等。因此环境激励也是一个非常重要的激励手段。

（6）荣誉激励。荣誉满足是员工自我实现的需要，荣誉激励是一种低成本、高效果的激励办法。给员工一定的表扬、称号、象征荣誉的奖品是对员工贡献的公开承认，可满足员工自尊的需要，达到激励的目的。

在实际工作中，激励并没有固定的模式，需要管理者根据具体情况灵活掌握和综合运用，才能真正达到激励的目的。事实上任何管理者只要把握住"人尽其才"的原则，关注员工、理解员工、信任员工、爱护员工，并灵活运用各种激励方法，就会收到良好的效果，使酒店充满鼓舞人心的士气。

【本章小结】

本章主要阐述了人力资源的基本含义，酒店人力资源招聘的程序，员工培训的意义、方法，激励的作用、组织激励的方法。酒店行业是劳动密集型行业，是服务性行业，人力资源是第一资源的管理理念应作为组织的战略目标。

【即测即练】

【思考题】

1. 酒店人力资源管理的定义及特点是什么？

2. 酒店人力资源管理的主要内容有哪些？

3. 酒店人力资源管理的目标是什么？

4. 如何进行员工招聘？员工招聘的步骤有哪些？

5. 酒店员工招聘应遵循哪些原则？

6. 员工培训的意义及原则有哪些？

7. 何谓激励？激励的要素有哪些？

8. 组织综合激励的方法有哪些？

第10章 酒店财务管理

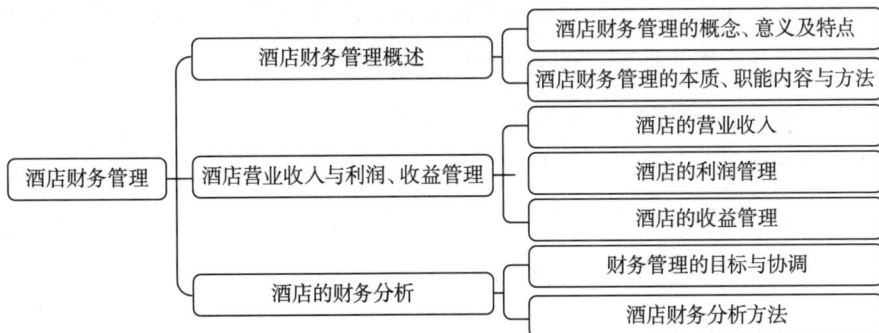

🔍【案例导入】

酒店财务管理工作需要妥善处理哪些关系？

张先生担任酒店的财务主管并不轻松，虽然流动资金借款解决了酒店起步运营的燃眉之急，但接踵而来的问题几乎使他焦头烂额。首先，酒店的资金周转有捉襟见肘，债权资产占用了大量流动资金，而追讨债款有难言之隐（酒店要求无论如何不能得罪客户）；其次，银行方面要按期归还贷款，酒店职工方面要按期发放工资等。短短6个月的财务主管经历使他彻底明白了"大有大的难处"的道理。为了从根本上解决流动资金短缺的问题，他曾请求酒店的董事长召开董事会，重新修改投资合同，各方追加投资，但却遭到董事长的拒绝。董事长的拒绝理由是：酒店投资项目是经过科学论证的，只有找出该项目在论证中的缺陷，才有理由开会研究修订投资合同，否则，出资者是不会同意的。张先生也觉得董事长的话很有道理，自叹财务管理工作涉及多方面的关系，应该妥善处理。

思考题：

1. 此案例中所涉及的财务关系有哪些？

2. 除案例中涉及的酒店与各方的关系，酒店还需处理哪些财务关系？

10.1　酒店财务管理概述

10.1.1　酒店财务管理的概念、意义及特点

1. 酒店财务管理的概念

酒店财务管理就是根据客观经济规律和国家政策，在充分了解行业、企业的外部和内部经营环境的前提下，通过对酒店资金的形成、分配、使用、回收过程的管理，利用货币价值形成对酒店经营业务的管理。

2. 酒店财务管理的意义

（1）保证酒店资金供应，促进酒店有效经营。

（2）增收节支，提高酒店经济效益。

（3）提高酒店经营管理水平。

3. 酒店财务管理的特点

（1）核算的复杂性。酒店财务管理的复杂性体现在多个方面，包括商品销售的时间性、对客人结算的及时性、投资效益的风险性以及更新改造的紧迫性等。

（2）综合性强。酒店财务管理是一项综合性的管理工作，涉及采购货款的支付结算、销售货款的结算以及企业资金的统一管理等方面。

（3）灵敏度高。酒店财务管理的灵敏度体现在对市场变化的快速反应上，能够及时调整经营策略以适应市场需求。

（4）预见性强。通过对财务数据的分析，酒店可以预测未来的经营状况，制定相应的预防措施和应对策略。

4. 财务管理的基本原则

（1）货币的时间价值原则。

（2）收支积极平衡原则。

（3）成本效益原则。

（4）收益风险均衡原则。

（5）资金合理配置原则。

（6）利益关系协调原则。

10.1.2　酒店财务管理的本质、职能内容与方法

1. 酒店财务管理的本质

酒店财务管理是组织酒店资金运动，并对财务进行有效管理的过程。

1）资金运动

资金运动是酒店财务活动的核心，表现为筹资、用资、耗资、分配等过程中的资金流动和变化。资金运动也是酒店财务活动的具体体现，它涵盖了酒店从筹集资金开始，到资金的使用、耗费，以及最终的收益分配等全过程。

2）财务关系

财务关系是指企业在组织资金运动过程中与有关各方所发生的经济利益关系。财务关系包括以下几种关系（图 10-1）。

（1）酒店与被投资单位的财务关系。它们之间是投资—受资关系，共担风险，共享利润。

（2）酒店与政府部门的财务关系。如税务部门，它们是纳税—征税的关系，体

现了强制无偿分配。

（3）酒店与债权、债务人的财务关系。它们是债权—债务关系，其中，债权、债务人包括银行、债券持有人、供应商和客户等。

（4）酒店财务部门与内部单位的财务关系，包括领款、报销、代收、代付等。

（5）酒店与员工的财务关系。二者之间是雇佣与被雇佣的关系。

（6）酒店与股东的财务关系。

（7）酒店与客户的财务关系。

（8）酒店与代理人的财务关系。

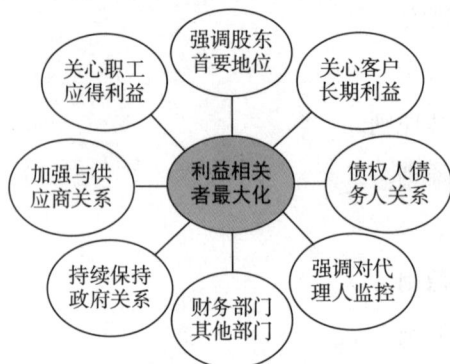

图 10-1　财务关系图

2. 财务管理的职能

财务管理的职能包括财务决策、财务计划和财务控制。

（1）财务决策。财务决策是财务管理的首要职能，包括投资决策、筹资决策和收益分配决策。

①投资决策。资金的运用、耗费和收回合称为投资。广义的投资包括对外投资过程、企业内部资金的使用过程；狭义的投资仅指对外投资。和筹资活动相对，企业在进行投资活动的时候也要考虑投资的规模、结构。规模太大，可能会不利于本企业资金周转；太小，可能会使唾手可得的利润付之东流。

投资的基本目标是处理好投资项目风险与报酬的关系，投资的主要内容是对投资项目进行财务可行性的评价。

②筹资决策。筹资的核心问题是确定酒店的资本结构，在这个过程中的重要问题是筹资方式的选择。一般筹资的方式包括：①自有资金的筹集，可采用吸收直接投资、发行股票、内部留存收益等方式。②债务资金的筹集，可采用银行借款、发

行债券、商业信用、融资租赁等方式。

③收益分配决策。广义的收益分配是指企业内部的股利分配和利润的分配，而狭义的收益分配是对利润的分配。收益分配的核心问题是确定净利润中分配与留存的比例。

财务决策的过程分为三个步骤：收集情报、设计方案、抉择方案。

（2）财务计划。即怎么做，也就是通过具体的计划完成财务决策的过程。实际上是以价值形式反映酒店未来一定时期的财务活动应达到的目标。具体体现为以利润为中心来规划酒店活动。

（3）财务控制。即如何做好，是执行财务计划的手段。财务计划一旦完成，财务目标也就实现。其核心的财务工作是成本控制。

3. 财务管理的内容

财务管理的内容除包括前面提到的财务决策（投资决策、筹资决策和收益分配决策）外，还包括营运资金管理（涉及企业日常运营中的现金流入和流出）、成本管理（涉及控制和降低企业的成本以提高盈利能力）以及收入管理（涉及如何最大化企业的收入）等方面。

4. 酒店财务管理的方法

（1）财务预测。财务预测是根据酒店历史财务数据、市场环境、经营策略等多种因素，对未来一定时期内的财务状况和经营成果进行科学合理的预计和推测。

（2）财务决策。财务决策是酒店在财务管理过程中，根据财务预测的结果和酒店的经营目标，对资金筹集、投资、分配等财务活动做出的重要选择和决定。

（3）财务管理制度。财务管理制度是酒店为了规范财务管理行为、提高财务管理效率而制定的一系列规章制度。它涵盖了财务管理的各个方面，包括资金管理、成本管理、利润管理、财务风险管理等，旨在确保酒店财务活动的合规性、有效性和安全性。

（4）财务预算。财务预算是酒店根据经营计划和财务目标，对未来一定时期内的财务收支、资金流动等进行的详细规划和安排。

（5）财务控制。财务控制是酒店在财务管理过程中，对财务活动进行监督和调节，以确保财务目标的实现。

（6）财务监督。财务监督是酒店对财务活动进行的全面、系统的监督和检查。

（7）财务核算（会计核算）。财务核算（会计核算）是酒店对经济活动进行计量、记录、分类、汇总和报告的过程。

（8）财务分析与评价。财务分析与评价是酒店对财务状况和经营成果进行深入分析和评估的过程。

10.2　酒店的营业收入与利润、收益管理

10.2.1　酒店的营业收入

1. 酒店成本控制

1）酒店成本的定义

酒店成本是指酒店在一定时期内的接待经营过程中，为客人提供劳务所发生的各项费用的总和。

2）酒店成本费用

（1）酒店成本费用的内容（表10-1）。

营业成本是指酒店在经营过程中发生的各种直接支出。

营业费用是指各营业部门在经营中发生的各项费用。

管理费用是指酒店为组织和管理经营活动而发生的费用，即由酒店统一负担的费用。

财务费用是指酒店为筹集资金而发生的费用。

表10-1　酒店成本费用的内容

序号	项目	内容
1	营业成本	餐饮成本、商品成本、洗涤成本及其他成本
2	营业费用	人工、能源、折旧和物耗等费用
3	管理费用	人工、办公、旅差费和摊销费用
4	财务费用	利息净支出、汇兑净损失、金融机构手续费、加息及筹资发生的费用

（2）酒店成本费用的分类。

①按照成本费用与经营业务量的关系划分，酒店成本费用可以分为：固定成本，如保险费、固定资产折旧费；变动成本，如餐饮和客房的原材料消耗；混合成本，如电话费、维修保养费。

②按管理责任划分，可以分为可控成本（客房用品）和不可控成本（折旧）。

3）酒店成本管理与控制的重要性

（1）加强成本费用管理，为国家提供更多资金。

（2）制定合理价格，增强竞争能力。

（3）加强成本费用控制，促进酒店经营管理。

4）酒店成本费用控制的方法

酒店成本费用控制的方法主要有预算控制法、制度控制法、标准成本控制法、定额控制法、指标控制法和量本利分析法。

2. 酒店营业收入管理

1）酒店营业收入的概念

酒店营业收入是指酒店按一定的价格，通过提供劳务或出租、出售等方式取得的货币收入，包括出租客房、提供餐饮、出售商品以及其他服务的收入。

2）酒店营业收入的作用

（1）营业收入是酒店的主要经营成果，是衡量酒店业绩和实现酒店利润的重要保证。

（2）营业收入是补偿酒店生产经营所耗费资金的源泉。

（3）营业收入是酒店现金流入量的重要组成部分，是影响酒店资金周转速度的主要因素。

3）酒店营业收入的分类

根据酒店收入来源可分为客房收入、餐饮收入、康乐收入和商品收入等。

4）酒店营业收入的结算方式

酒店营业收入的结算方式包括预收结算、现收结算和事后结算三种。

5）酒店营业收入控制

酒店营业收入控制的措施主要有一次性结账的收费办法、营业收入稽核、收款的控制、应收账款控制和日常控制。

10.2.2　酒店的利润管理

1. 酒店利润的概念与构成

（1）酒店利润的概念。酒店利润是指由正常业务活动所取得的利润，是营业收入扣除营业成本、营业费用、营业税金、管理费用、财务费用后的净额。

（2）酒店利润的构成。

经营利润 = 营业收入 – 营业成本 – 营业费用 – 营业税及附加

营业利润 = 经营利润 – 管理费用 – 财务费用

利润总额 = 营业利润 + 投资净收益 + 营业外收支净额

净利润 = 利润总额 – 所得税

2. 利润计划

利润计划是企业财务计划的重要组成部分，是在利润预测的基础上编制而成的，也是一定时期企业生产经营的目标。

3. 酒店利润的分配

1）酒店利润分配的概念与意义

酒店利润分配是指酒店将一定时期实现的净利润按照国家的有关法律法规在酒店和相关的利益主体之间进行分配。通过利润分配可正确处理酒店与各方面的经济关系，调动各方面的积极性，促进生产经营的发展。

2）利润分配项目

酒店利润分配项目包括企业亏损及其弥补、任意公积金、公益金和向投资者分配利润。

3）利润分配的原则

（1）执行国家有关法规、正确处理四方面关系。

（2）坚持"以丰补歉"、处理好分配与积累的关系。

4）利润分配的程序

（1）弥补以前年度的亏损。企业经营中发生的亏损应当弥补。按照我国财务和税务制度的规定，企业年度亏损，可以由以后年度的税前利润弥补，但用税前利润弥补以前年度亏损的连续期限最多不得超过 5 年。税前利润未能弥补的亏损，只能由企业税后利润弥补。

（2）税前利润按国家规定做相应的调整，依法缴纳企业所得税。

（3）税后利润的分配。

①抵补被没收的财物损失，支付违反税法规定的各项滞纳金和罚款。

②弥补超过用所得税前利润弥补期限而按规定可用税后利润弥补的亏损。按照《企业财务通则》的规定，5 年后还不足弥补的亏损部分，可以用企业的税后利润弥补。

③提取法定盈余公积金。法定盈余公积金按税后利润的 10% 提取，其提取目的是防止企业把税后利润分净吃光，降低企业经营风险，提高企业应对各种意外事件的能力、保护债权人的利益。

④提取公益金。公益金提取比例或金额可由酒店章程规定。

⑤提取任意盈余公积金。任意盈余公积金的提取不受法律限制，企业可以多提、少提或不提。

⑥向投资者分配利润或股利。企业的税后利润在按上述顺序分配后，可以向投资者分配。

4. 利润分配政策

利润分配政策是指在法律允许的范围内，可供企业管理者选择的、有关净利润分配事项的方针及政策，股份公司的利润分配政策也称股利政策。股利政策是股份有限公司财务管理的一项重要内容。

10.2.3　酒店的收益管理

1. 酒店收益管理的概念

一般情况下，收益管理主要是一种控制房价与出租率以实现收益最大化的方法，不包括酒店餐饮等其他部门的收益管理。

酒店应根据产品在不同时间采取不同渠道、不同价格，以获得最大收益。

2. 收益管理措施

1）超额预订

操作：订房已满，再适当增加订房数量和人数。

难点：超额的数量和幅度难以把握。

控制超额幅度的方法：掌握团队订房与散客订房的比例，团队订房较稳定；根据预订资料分析订房动态；归纳推演，和本地区酒店同行建立业务联系，加强协作。国际上酒店研究经验表明，超额预订在 10% ~15% 为宜。

2）折扣配置

折扣配置的原则是：不易销售的客房，通过打折的方式尽量多地销售出去；销路好的客房，尽量保持较高价格。

针对不同的顾客，应采取不同的折扣配置措施：

（1）团队：折扣较大，较稳定。不过，应控制团队比例，留有空房面向散客。

（2）商务旅游者：主要为散客，其对价格不敏感可以给予小折扣，但不如团队稳定。在商务旅游者需求小的时候，对折扣配置的影响：不能局限于某一天的出租量，应考虑其对今后某段时间出租量的影响。

（3）休闲旅游者：多为散客，其对价格敏感，所以应给予较大折扣。

3）时滞控制

时滞控制主要是指限制折扣客人的停留时间，不能太短，也不能太长。停留时间太短的，如1天，不提供折扣；2～3天，给予折扣。停留时间太长的，要限制这类客房比例。

4）升档销售

升档销售主要有以下技巧。

（1）面向价格敏感度较低的顾客，如一些商务旅游者。

（2）推销次序由高往低。

（3）超额预订更适合于档次稍低的客房。

知识拓展10-2

10.3 酒店的财务分析

10.3.1 财务管理的目标及协调

1. 财务管理的目标

财务管理目标，又称理财目标，是指企业通过组织财务活动、处理财务关系所要达到的目标。酒店最具代表性的三类总体目标如下。

1）利润最大化

利润最大化的优点：剩余产品的多少可以用利润指标来衡量；自由竞争的资本市场中资本的使用权最终属于获利最多的企业；只有每个企业都最大限度地获利，整个社会的财富才能实现最大化。

利润最大化的缺点：没有考虑获得利润与投入资本的关系；没有考虑货币的时间价值；没有考虑风险因素；易导致短期行为；未考虑利润分配最优化。

2）资本利润率最大化或每股利润最大化（EPS）

即股东依靠手中拥有的每一股股票所能得到的收益，如股票升值所带来的收益、股息、分红等。收益越大，表明企业经营得越好，看好这只股票的人也就越多。

资本利润率＝利润总额/资本总额（非股份制企业）

每股利润＝税后利润/流通在外的普通股股数（股份制企业）

资本利润率最大化的优点：将获得的利润同投入资本对比，能反映企业的盈利水平。

资本利润率最大化的缺点：没有考虑时间价值；没有考虑风险；带有短期行为倾向。

3）企业价值最大化（股东财富最大化）

即通过企业的合理经营，采用最优的财务决策，在考虑资金时间价值和风险价值的情况下，使企业的总价值达到最大，进而使股东财富达到最大。

上市公司的企业价值＝股票数量×股票价格

企业价值最大化的优点：考虑了取得报酬的时间因素；克服了企业在追求利润上的短期行为；科学地考虑了风险与报酬之间的联系；有利于社会财富的增加。

企业价值最大化的缺点：影响股价的因素很多；法人股东不感兴趣；对非上市公司衡量有困难；不能反映当前的利润。

2. 理财目标的协调

1）投资者与经营者之间的利益冲突及协调

股东目标：实现资本的保值与增值，最大限度地提高资本报酬，增加公司价值。表现为货币性收益目标。

管理者目标：最大限度地获得高工资与高奖金；尽量改善办公条件，争取社会地位和个人声誉。表现为货币性收益与非货币性收益目标。

解聘：所有者约束经营者。

被兼并（接收）：市场约束经营者的方法。

激励：使经营者分享股东财富。

2）所有者与债权人的利益冲突及协调

债权人目标：希望到期收回本金，并获得一定的利息收入。它强调贷款的安全性。

所有者目标：向所有者借款是为了扩大经营。它强调借入资金的收益性。

（1）冲突的表现：①所有者改变原定资金的用途，将资金用于风险更高的项目。②所有者在未征得债权人同意的情况下，发行新债券或举借新债。

（2）债权人可采取的主要措施：①寻求立法保护。②在借款合同中，加入限制性条款。③发现所有者有侵犯债权人的利益时，拒绝进一步合作。

10.3.2　酒店财务分析

酒店财务分析是以酒店财务核算资料（主要是财务报表）为主要依据，运用特定的分析方法，评价酒店过去的财务状况和经营成果，并揭示未来财务活动趋势的一种分析。

1. 酒店财务分析的目的

（1）满足酒店内部管理的需要。

（2）满足酒店主管部门进行行业管理和资产管理的需要。

（3）满足酒店投资人对酒店盈利能力和营运能力了解的需要。

（4）满足债权人了解酒店偿债能力的需要。

（5）满足酒店经营伙伴了解酒店资金状况的需要。

2. 酒店财务分析的条件

（1）预算、定额、标准等资料。

（2）日常核算资料。

（3）定期的财务报表资料。

3. 酒店财务分析的组织

（1）结合酒店总经理室对酒店经济活动的安排，计划期内客源、货源、内务价格等变化情况，并做出详细分析和充分估计，以审定、编制财务计划。

（2）依据总经理审定的酒店财务计划，按各部门的不同经营范围、计划期的多方面因素和历史资料，参考部门年初的上报计划，分摊酒店计划指标，下达给各业务部门实施。

（3）财务计划分为年度计划、季度计划。每年第三季度进行酒店财务内审，每年第四季度各部门向财务部提交用款计划，经综合平衡后，提出第二年的财务收支计划，报酒店总经理室和财务部。酒店财务部按标准的收支计划，合理安排比例，下达定额指标给各部门。各业务部门根据上报酒店总经理审批后的季度计划指标，结合本部门的具体情况，按月分摊季度任务指标作为本部门季度内各月指标检查尺度。酒店对各业务部门计划的检查按季进行，全年清算。

（4）财务计划内容包括财务部编制的计划和各部门编制的计划。

财务部应编制流动资金计划、营业计划、费用计划、外汇收支计划、利润计划、偿还债务计划、基建计划和利润分配计划等。

各部门应编制的计划如下。

①销售部及前台：客源计划（包括外联部分）、费用计划、营业计划和利润计划等。

②客房部：备品使用计划（含耗用品）、费用计划、设备维修更新及购置计划等。

③餐饮部：营业计划、利润计划、费用计划、食品原材料及物品采购计划、设备维修更新及购置计划等。

④商场部：销售计划（分批发与零售）、商品进货计划（分进口商品和出口产品）、利润计划、费用计划、外汇使用计划、流动资金计划、商场装修计划、设备维修及购置计划、印刷品复印计划和费用计划等。

⑤西餐歌舞厅：营业计划、利润计划、费用计划、食品原材料及商品采购计划、耗用品购进计划和设备养护计划等。

⑥采购部：物料进货计划、工衣工鞋定做计划和加工订货计划等。

⑦旅游部：客源计划、营业计划、利润计划和费用计划等。

⑧管家部：费用计划，用品使用计划，花瓶、盆栽及用品用具购置计划，清洁机具养护及更新计划，花店经营计划等。

⑨布草部：费用计划、布草添置计划和备品耗用计划等。

⑩事务部：职工餐厅收支计划和费用计划等。

⑪工程部：燃料进货和耗用计划、水电耗用计划、设备维修计划、零配件及工具购置计划和费用开支计划等。

总经理室、人事部、财务部、保安部和事务部要编制费用开支计划。各部门需要编报的计划送财务部汇总呈报。

4. 财务分析的步骤

（1）明确分析目的，编制分析计划。

（2）充分调查研究，收集分析素材。

（3）对数据进行整理分析。

（4）写出分析报告，提出整改的措施建议。

10.3.3   酒店财务分析的方法

1. 定性分析法

定性分析法是主要依靠熟悉企业经营的业务和市场动态，具有丰富经验和综合分析能力的专家和财务管理人员进行预测、分析、判断等财务管理活动的方法。其分为经验判断法和调查研究法。

2. 定量分析法

定量分析法又包括比较分析法、因素分析法、比率分析法和趋势分析法。

3. 酒店财务分析指标

(1) 偿债比率指标，即流动比率、速动比率、资产负债率。

(2) 营运能力指标、应收账款周转率、存货周转率、盈利能力指标。

知识拓展10-3

【即测即练】

即测即练

【思考题】

1. 酒店财务管理的概念是什么？特点是什么？

2. 酒店财务管理的内容是什么？

3. 酒店成本费用的内容是什么？

第11章　酒店物资与设备管理

【学习目标】

1. 了解酒店物资管理概况；
2. 了解酒店的设备管理职能与组织机构；
3. 熟悉酒店设备系统及相关理论；
4. 掌握酒店物资从计划、发放以及使用各环节的知识。

【能力目标】

1. 能制定酒店物资进仓和发放的规范；
2. 能看懂仓库的实物账和财务账；
3. 辨别酒店物资仓库的分类及仓库的位置；
4. 具有对酒店设备综合管理的能力。

【思维导图】

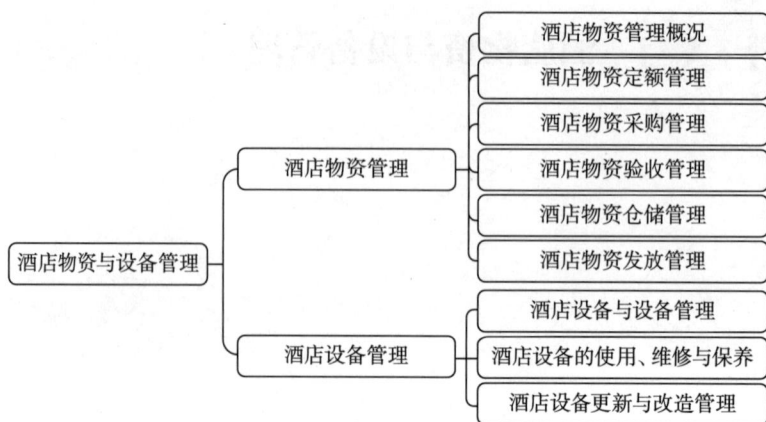

【导入案例】

精细化库存

锦绣渔港的 4 个仓库，按原先的设计布局，有放账单物品及消耗品的杂物仓库，有放食品原料及酒水饮料的原材物料仓库，还有专放电脑用品及监控的信息仓库。按理说，应该够用了，但事情并非如此——信息仓库里每天都要存放一大堆收银单、点菜单，几天就是一蛇皮袋，没多久，蛇皮袋就堆满了仓库。于是，办公室又为其腾出了一间仓库。可是月初腾出的仓库，到下旬时，会计部又打报告要求增加仓库了。原材物料仓库、杂物仓库的情况也大同小异，库存量越来越大，常常有超过库存标准几倍的物品堆放。而且，由于原材物料仓库里的物品是有保质期的，经常是想用的时候找不到，不用的时候又找到了，有的已过期不能使用。仓库的混乱既占用了资金，又占用了大量空间，而且，还增加了仓管员。

1. 发现问题

原材物料仓库和杂物仓库已形成恶性循环。首先，没有控制好购买物品的数量，造成仓库里物品越积越多；其次，因为层层相压，那些被压在下层或塞在角落里的物品寻找起来非常麻烦，常常为找一样东西费时费力，最终无功而返，只好重新购买，为防止一次次购买，只好加大购买量，造成新一轮的新货压旧货，库存量更大了；最后，当在原材物料仓库找别的物品时，以前百寻不到的物品会不经意地出现，但大多已变质过期，造成了资金的大量浪费。而信息仓库的单据亦以几何式递增。

2. 精细改善

首先从精细分类入手，将要的或不要的重新分类；接着精细定位，为其物品找到"家"。故此，要改善必须从以下几方面入手。

（1）日常营运单据分别以当天、星期、月、旬为单位进行分类归档，留凭证单张，其他的处理掉，这样一来就有了很多地方。

（2）将一部分常用的资料用透明胶箱包装好，标上颜色，便于查找。

（3）建立储物平面图则、编号、编色，张贴于货架上，物品摆放整齐。

分类后储存于仓库的物品有名有家，去掉不必要的包装，摆放得非常整齐，甚至超过了超市。作为自己的特色，原材物料仓库和杂物仓库里给各物品建立了"大家小家"——每件物品都根据实际需要，建立了自己大小不同的"家"，即规定了最高存量和最低存量，并在"家门"上（储物盒上）做了明确的标示，从根本上杜绝了从前因过量采购而产生的浪费。并规定所有物品的取放均按左进右出的顺序。

比方说，假如老抽的最高存量为 20 瓶，最低存量为 5 瓶，那么，首先进驻"家"里的 20 瓶老抽从左至右平均摆放成了 4 排。这 4 排中，生产日期最早的，应该是最右边那排，生产日期最晚的，应该是最左边那排。也就是说，放入的时候，要从最左边的那排开始起，取用的时候，要从最右边的那排开始取用。当最右边那排用光时，"家"里还有 15 瓶，可以补进也可以不补进，当"家"里只剩下 5 瓶时，则需要补进了，补进时，将剩余的向右平移，新进的依次从左边放起。

3. 精细改善的效果

（1）从前拥挤不堪的信息仓库发生了两点变化：两个仓库退还了一个用于营业房；东西好找了，哪怕不是会计部的人，都可以在 30 秒内找到指定的账单资料。

（2）从前找什么都找不到的原材物料仓库和杂物仓库也有了两点变化：一是找什么都一目了然；二是再也没有了从前因物品积压或找不到而产生的浪费现象，极大地减少了资金的占用。

（3）最重要的是，只要进货时验收员把好关，就再也不怕卫生监督所检出过期食品了。

问题：

1. 酒店做好库存管理的关键是什么？

2. 酒店库存如何管理最有效？

11.1   酒店物资管理

11.1.1   酒店物资管理概况

1. 酒店物资管理的基本内容

(1) 物资决策。酒店物资决策就是确定酒店所用物资的种类、档次、品质、数量、厂商、品牌、指导价、物资流动资金占用等有关物资的基本问题。

(2) 核定酒店物资需用量。编制与执行酒店物资供应计划，并根据市场情况、酒店业务情况的新变化修正供应计划，核定酒店各种物资需用量，提高物资供应的科学性。

(3) 制定完备的酒店物资制度。酒店应制定物资采购、请购、审批、下单程序和制度，从基础上保证酒店物资的采购批量、储存量、资金占用的科学性。

(4) 核定酒店物资消耗定额。对酒店各类物资的使用过程进行监督，核算其使用效率，使所有物资在酒店的业务过程中充分发挥其应有的使用价值和经济效用。

(5) 确定酒店物资储备定额。根据酒店自身的情况确定，主要包括酒店总仓库、各类专业仓库、各部门小仓库的物资储备定额。按照酒店物资储备定额储备和周转物资。

(6) 酒店物资仓库管理。酒店物资仓库管理主要是物资的进仓、出仓管理，仓库对物资的价值管理，清仓盘库以及物资采购预报管理。

2. 酒店物资管理的特点

(1) 灵活性。酒店物资管理的这一特点是由市场多变性决定的。酒店物资新产品种类多，酒店总是在众多种类中选择最适合自己的物资为己所用。因此酒店经常会变换物资，用更好的进行替代。

(2) 复杂性。酒店物资品种繁多带来其管理的复杂性，酒店物资有上百种甚至上千种，物资繁多，各种物资的性能、特点、用途、保存要求有很大的差别，这就带来了对各种物资的采购、保管、使用的独特要求。通常酒店根据物资的特点，采用集中采购保管和分散采购保管相结合，一般采购保管和部门采购保管相结合，批量采购保管和零星采购保管相结合的方式，对物资进行管理。所以酒店的物资采购既有规律性，也有随机性。这使得酒店物资管理工作相对复杂，不仅需要专门的物资管理部门人员，更需要岗位员工共同参与，施行全员有效地进行酒店物资的管理。

（3）酒店物资优质化和节约化。酒店物资要求优质化，这是酒店的性质和档次决定的。但在选择优质化的酒店物资时要符合国家的相关质量标准，在同类产品中是优质的，并符合酒店的档次和等级，能满足宾客的需要。酒店绝对不用假冒伪劣产品，绝对不用变质、过期、来路不正、没有安全保障的物资。酒店的物资要保证优质化，同时更要注意节约化。酒店的效益来自开源和节流。在节流中，酒店物资的节约占了绝大部分。酒店物资的节约化主要应该注意：①酒店物资管理部门对物资的全面控制和对物资运行的全过程进行控制。②酒店各职能部门对其使用的物资在运行过程中进行的控制。③要求酒店每个员工在工作岗位上对物资消耗控制。同时，将对酒店物资管理和使用控制，与各级绩效考核联系在一起。

3. 酒店物资管理的基础工作

1）物资分类

通常酒店把物资分为三大类：材料、物料、食品饮料。材料主要是酒店工程和设备设施的材料和零配件；物料是酒店内各种低值易耗品和一次性消耗品；食品饮料就是各种食品原料、成品食品、饮料（包括酒类）。在物资大类分类的基础上，酒店可以在各大类的下面设置二级或者三级明细类物资分类。明细分类可以按照物资使用的种类，也可以按照使用的部门对物资进行分类。这种明细分类在不同的酒店可能存在差异。每种物资归到哪个明细类里，也是根据酒店的实际情况而定。分类在酒店物资管理中是一个很重要的工作，但并不是一件复杂的工作。酒店要科学地管理物资，一定要科学地进行物资分类。

2）物资标准化

物资标准化即是不管对哪种物资都要按照决策确定的标准采购和使用。酒店物资不但种类多，而且同一种类的品种多；物资不但新产品多，而且市场上假货和劣质产品也不少。酒店为了保证服务质量，在物资管理上一定是实行标准化。全球经济一体化的今天，也要求酒店的物资能够实行标准化。酒店物资标准化主要包括以下内容。

（1）品种标准化。酒店对物资的种类实行标准化即物资大类的标准化管理。

（2）品牌标准化。品牌通常是质量的保证。酒店使用的物资如果是有品牌的，应保证与品牌企业合作的稳定性，同时注意品牌植入后双方的各项权益。

（3）质量标准化。每种物资在酒店的物资部门和使用部门都有质量标准。这个标准是物资采购、进仓验收的依据，也是部门领用验收的依据。质量标准化是酒店物资使用的基本依据。凡是不符合质量标准的物资绝不可以投入使用。物资的质量标准是根据不同的物资而分别确定的。如食品类，酒店要按照食品营养与卫生的基本要求、不同的质量要求以及原料本身的性质来选料；对于材料类，酒店按不同材料的技术参数来选择；对于物料类，酒店就要根据不同的物资特性和质地标准来选择。

（4）数量标准化。数量标准化是针对不同的物资而言的。不同的物资有不同的数量标准，酒店根据不同的物资分类确定其数量标准。材料中的各种零配件有各自的尺寸标准；客房用品和一次性消耗品有大小和克重量标准；棉织品有经纬密度和厚度的标准；食品原料有单个的重量标准，如海产品的单个重量要求，等等。

（5）材质标准化。材质标准是物资质量的重要保证，酒店在决策中对绝大部分的物资都有材质的规定。不同的物资有特定的材质标准，酒店根据物资的分类来确定每一种物资的材质。例如，材料中的客房龙头的阀芯是用塑料的还是陶瓷的，热水管是用不锈钢管还是用铜管，客房的牙刷是用尼龙的还是用丙纶的……有了对物资的材质规定，就能保证物资采购标准和规范。

4. 酒店物资管理组织体系

1）由财务部管理物资

财务部管理物资是酒店实行物资集中管理的一种形式，也是较多酒店采用的一种形式。这种形式，酒店财务部是酒店物资的管理部门，全面管理酒店物资的运转，包括管理酒店物资的采购、验收、储存和发放，监督物资的使用情况，领导各部门的物资保管工作与核算工作。由于业务运转的需要，有些业务部门设有部门仓库，部门仓库的物资运行由部门进行管理，由财务部实行监控。财务部通过每月查账和盘库对部门实施监控，部门仓库的实物账都进入酒店财务部的总账和明细账。有些酒店的物资，在酒店统一采购的基础上，对较特殊的物资由部门自行采购，直接进入部门仓库，我们习惯上称之为"直进物资"。这种模式，财务部就把酒店的物资运行、与物资运行同步的资金运行统一管理起来，财务部既管财也管物，两种形态一起管起来，就能有效地实行资金管理和资金控制，对提高物资和资金的使用效率，降低和控制成本，提高酒店的效益有着重要的作用。

2）由采购部管理物资

采购部管理物资是酒店实行物资集中管理的又一种形式。这种形式是酒店设置采购部，采购部负责全面管理酒店物资的运转，包括管理酒店物资的采购、验收、储存和发放，监督物资的使用情况，并和财务部的资金运行保持一致。酒店实行采购集中、仓库和储存集中、发放集中、使用分散、资金集中、调配集中，有利于酒店对资金和物资的控制，减少物资和资金的漏洞。这种形式下，有的酒店在有些部门设置专业采购员实行部门采购，采购员可以归属部门，又可以归属采购部，即使是属于采购部，他们也是主要负责采购某一部门的专用物资，如专门为餐饮部采购餐饮原料的采购员，专门为工程部采购专业物资的采购员等。

采购部管理物资，酒店有若干个总仓，各部门根据需要设置部门仓库。部门仓库设置也是根据业务的需要而采取不同的形式，采购部应该接受财务部的资金管理，同时采购部也要受到财务部的监控。如酒店并不单独设置采购部，而是把采购部隶属于财务部，成为财务部的二级部门，这种形式在我国也较多，特别是酒店集团，因其大部分物资是集团化采购，工作内容减少，采购部不独立设置部门。

3）建立三级管理体系管理物资

酒店物资是供全酒店使用的，物资运行就是为了使用。那么物资就和酒店的每位员工有关。为有效地使用物资，根据酒店的运行规律和物资的特点，酒店一般建立物资的三级管理体系。

（1）一级管理。就是酒店和主管部门的管理。酒店的总经理及高层管理者都要对物资进行管理。

（2）二级管理。酒店物资二级管理就是使用部门对物资进行管理。

（3）三级管理。三级管理是直接使用者对物资进行管理。使用者要做好物资的领用、投入使用、余量统计等，还要尽量减少浪费、提高物资的使用效率。

11.1.2 酒店物资定额管理

1. 酒店物资定额管理原则

（1）定额从本酒店的实际出发。物资定额管理是根据不同酒店，从实际出发，实事求是地确定物资的定额。同时根据物资的进货时间、进货渠道、市场情况、储存时间、储存方法、用途、使用周期、使用方式等方面考量，做好本酒店的物资定额管理工作。

（2）定额必须保证服务质量。确定物资的定额是为了控制成本，其前提是必须满足宾客的需要，保证服务质量。物资的定额管理，是核定物资运行中的各种需用量，不能把定额管理错误地理解为是尽量减少物资的储存和消耗。所以物资定额的确定，要分析其和服务质量之间的关系。比如在客房，有些宾客有访客拜访、宾客有些特殊等，需要添加一次性消耗品，类似情况，酒店的一次性消耗品配比数量就要提高。另外，酒店规定应按照床位数配置一次性客用品，但有时两张床位的客房只住一位宾客，服务人员也应按照规定摆放两套一次性消耗品，以保证服务质量要求。必须明确一点，物资管理必须要有定额管理，同时必须保证酒店的服务质量。

（3）定额动态管理。定额动态管理，就是对物资的定额随着影响因素的变化而变化。物资定额不是实行几年一贯制的不变管理，只要有一个或几个影响因素发生变化，物资的定额可能就要有变化。如五星级酒店按照国家星级标准要求，菜单的开出率要在90%以上，但如果餐厅可以以100%作为开出率标准，就要完全按照菜单储备原料，如果餐饮原料储备不足，可时时进行菜单修改，这就是物资定额的动态管理。

（4）定额应该有科学的依据。要用科学的测定方法为酒店物资的定额管理提供依据。酒店物资量的储备可以有一定的弹性。酒店的物资有些可以有精确的数量定额，有些是有伸缩度宽容区的数量定额，有些则是经验性的数量定额，有些是统计性的数量定额。不管是哪种方法确定的物资定额，都必须是有依据的，在实践中是卓有成效的。

（5）定额要节约劳动。酒店之所以要制定物资定额，是为了控制成本。控制成本就是要节约劳动。劳动包括物化劳动和活劳动，物化劳动主要是物资。物资的定额管理，就是要减少和控制物资的量，也就是减少和控制物化劳动。控制物资从而控制物化劳动有两个方面：一个是直接的控制和减少物资的量；另一个是通过物资决策和控制，控制和减少物化劳动的量。比如，减少物资的储存，就能减少仓库，从而减少仓储人员。物资决策科学，选用合理的物资，能够减少活劳动的投入和消耗，就能节约活劳动。因此，节约劳动始终是物资定额管理的准则。

2. 酒店物资消耗定额

1）物资消耗定额标志

酒店物资消耗定额是指酒店在确定的条件下对消耗定额标志所设定的物资消耗量。物资的消耗定额标志是指某种物资消耗的对象，一般是指单位对象，又可以指时间对象。物资消耗一定有一个消耗的对象，也就是这种物资是为什么对象而消耗的，如客房一次性消耗品的定额标志是住宿的"间/天"数，菜肴原料的定额标志是单个菜肴，棉织品的配备量是以床位为定额标志，而棉织品的消耗是以时间为定额标志。酒店按照物资的消耗定额标志来确定物资的消耗定额。在酒店，物资消耗定额还有一个延伸概念，就是物资的配备量。酒店业务的特殊性，使得酒店在宾客使用酒店以前就要配备好全部的物资。物资的配备也是以物资消耗定额标志来确定的。如餐具是按照餐位数来配备的，客房的低值易耗品是按照客房数来配备的。所以，物资的消耗定额标志是确定物资定额的一个非常重要的概念。

2）物资消耗定额的工作程序

（1）任务分配到部门。根据各个部门的具体情况，酒店首先要求各部门列出部门所需用的物资清单；其次酒店审核物资清单，并最后确认清单；最后由各部门根据物资清单提出物资消耗定额，部门要提出一个周期内所需物资的总量。

（2）确定单位消耗定额标志的消耗量。每个部门都有以单位消耗定额标志消耗的物资，部门要先确定这些物资的消耗定额。单位定额标志有的是以对象为单位的，如一间客房、一个菜肴、一位宾客、一次客房清洁、一次宴会、一吨热水等的消耗量；有的是以单位时间为消耗定额标志的，如水、电、煤。确定物资消耗定额后，要把消耗定额制度化，作为物资消耗的依据和标准。

（3）低值易耗品的消耗定额。低值易耗品大多数是以物资消耗定额标志进行配备的。其消耗大多数是以时间周期为消耗定额标志。酒店在使用周期里，确定低值易耗品的损耗率和更新率。因为这些物资是在更新周期内逐步补充、更新的。

（4）制订物资消耗计划。酒店的物资消耗计划是物资计划的一部分。在制订物资消耗计划时，酒店一般只是确定物资消耗的资金量，由部门确定物资消耗的总量。物资消耗的总量和资金计划的基础还是物资消耗定额。

3）确定酒店物资消耗定额的方法

（1）作业研究测定法。作业研究测定法是依据作业研究的方法，通过实际消耗的多次测定，得出一个科学消耗定额数据的方法。实际消耗的多次测定是在比较合理的经常性的条件下，对技术技能不同的人员进行作业的物资消耗测定，实地记录测定的数据，再对这些原始数据进行分析和修正，得出科学的物资消耗定额。比如，酒店客房清洁剂的消耗，我们可以根据客房在整房中实际消耗的量进行多次的测定，然后得出一个科学的消耗量。又如，餐饮原料的消耗，针对某一个菜肴，在烹制过程中多次进行投入原料的测定，然后得出科学的原料投入量。这个量就是这个菜肴的消耗定额，也是这个菜肴的投料标准。作业研究测定法所确定的物资消耗定额应该是最精确的定额。这种方法确定的消耗量都有明确的数量规定，是物资定额消耗最容易管理的一部分。

（2）经验估算法。这种方法一般用于确定某些无法精确测定单位消耗定额标志的物资消耗量，或是受主观因素影响而消耗量变动较大的物资消耗定额。酒店根据已有的经验，在分析酒店不同时期接待容量和客源流量的基础上，做一个大概的核算。这种方法的优点在于比较省时省力，简单可行，不足之处在于受估算人主观因素的影响而缺乏一定的精确性。采用这种方法：①要求估算人员能够尽量合理地进行物资需要量的估算，要有物资管理部门人员和物资消耗部门人员一起进行估算。②对于一些不易储存、使用量不大、鲜活的原料，保质期有限的物品要谨慎并尽量限定最低的消耗量。

（3）统计分析法。统计分析法是对一定时期内实际消耗的某种物资进行统计，然后对统计数字进行整理、分析后，根据它所反映的物资消耗规律而制定物资消耗定额。统计分析法主要适用于确定多次性消耗物品的消耗定额，也可以用于酒店的大多数物资消耗定额的确定。通过分析那些实际物资消耗的历史资料，可以比较直观地找到它们的消耗规律，据此做出科学的推断和预测。这种方法的优点在于它克服了经验估算法中的主观性，带有一定的准确性和科学性。但是这项工作需要借助于一定的历史资料，而且是不同情况下的历史资料，才能对物资做出科学的消耗定额。这里的历史资料就显得很重要。历史资料的正确性决定了统计分析法所确定的物资消耗定额的正确性。如果历史资料带有虚假性，或是统计资料的不科学性，都会导致统计分析法确定的物资消耗定额错误。

4）确定物资消耗定额的注意点

酒店在确定物资消耗定额时，除了遵循一定的原则按程序办事之外，还应该充分注意以下三个方面：

（1）合理选择物资消耗定额的计量单位。不同的物资有不同的消耗定额标志，不同的消耗定额标志应选择不同的计量单位。如燃料、动力根据设备运行时间或工作日确定消耗定额，劳保工具按规定周期确定消耗定额，客房用品以件/（间·天）为计量单位，大件的机器设备以元/台为计量单位。这样便于直接地分析物资消耗的水平。物资消耗定额中的计量单位应与酒店物资管理计划中的指标单位相一致，否则无法根据经营生产的需要去计算所需物资，使得物资管理失去可靠的监控指标。

（2）建立健全的物资消耗定额奖惩制度。在酒店物资消耗定额工作中，应以一整套制度来保证定额工作的严肃性，如建立超额用料的审计审批制度、节约物资有奖制度等，一方面提高作业者节约物资的积极性；另一方面切实保证定额工作的严肃性。

（3）提高酒店管理水平。酒店对各种物资的消耗制定定额，目的在于以定额为标准，控制各种物资的日常消耗量，即定额管理的重点是定额的贯彻执行及定额的日常管理。管理者们应牢记，不能为制定定额而制定定额，在花费了大量人力、物力制定出科学合理的定额之后，只将其编入文件，束之高阁，而忽视了在经营活动中对定额的应用，这样将无法充分发挥定额应起到的节约物耗、降低成本的作用，即使再科学再合理的定额都变得毫无意义。

3. 酒店物资仓储定额

酒店物资仓储定额，简单地说是酒店规定的各类物资的仓储限额，即在一定的经营条件下，酒店为保证接待服务质量，保证服务活动不间断地顺利进行所必需的、合理的物资储备数量。

1）酒店物资仓储定额的分类及确定

酒店物资仓储定额可分成不同的种类，各类仓储定额的确定方法如下。

（1）常规仓储定额。常规仓储定额是指为满足酒店日常业务需要而建立的物资储备量，影响常规仓储定额的因素是该类物资业务季平均每天的需要量和两次进货时间的间隔期。某类物资的日平均需要量可以根据已经确定的单位业务量的物资消耗定额和酒店的经营情况预测计算出来，也可以根据酒店财务部门制定的各种物资年消耗预算来计算，即

业务季日需要量＝该物资业务季计划需要量/业务季天数

平均每天需要量＝该类物资全年计划需要量/360

进货间隔天数可参照上一个进货周期再考虑本期内的一些变化因素（如客源变动等）做出计算，即

常规仓储定额＝物资日消耗定额×两次供货间隔天数

常规仓储定额是酒店周转比较频繁的物资仓储定额。由于酒店的业务可能会有较大幅度的随机性变化，所以常规仓储定额也会有一定的变化。常规仓储不是固定仓储，它也是动态性的一个量。

（2）保险仓储定额。保险仓储定额是一种后备性或应急性的仓储，它是为了防止某些物资因市场短缺、酒店接待量的突然增加、短时间内需要量突然增加、酒店发生突然事情等原因造成的供需脱节而建立的物资仓储定额。

保险仓储定额＝物资的日消耗定额×保险储备天数

某物资仓储定额＝经常仓储定额＋保险仓储定额

某物资仓储定额＝平均每天需要量×（进货间隔天数＋保险仓储天数）

（3）季节仓储定额。季节仓储定额是为了应对季节变动某些物资落市导致该物资供需脱节而建立的物资储备定额。在制定季节仓储定额时，重要的是确定各种物资将发生供应中断的时间，同时要确定酒店对这些物资的需用量，从而确定物资的仓储定额。一般季节性仓储定额是由经验估算法和统计分析法来确定的。酒店的季节性仓储物资主要还是餐饮原料和鲜货。随着市场物资的日趋繁荣，物资季节性变动明显减弱，酒店的季节性仓储物资也在减少。即使是需要的季节性仓储物资，也要较精确地核定仓储量，以减少浪费。

季节仓储定额＝平均每天需要量×需用天数

有时季节性仓储物资并不是精确到每天的需用量，只是依可能需要多少量而定。

（4）订货点库存定额。为了保证酒店业务不间断地顺利进行，酒店不能等到库存量下降到保险定额再订货，而应该在经常储备中确定一个物资储备点，当某物资的库存量降至这个点时，就必须提出订货。这个点就是订货点库存定额。

订货点库存定额＝备运时间×物资日消耗定额＋保险仓储量

其中备运时间指的是订货周期，也就是指从办理订货手续直到物资进店的全部时间，包括从发出订单、办理订货手续、运货和进店验收等时间的总和。

订货点库存定额还可以简单地用下面经验公式计算

订货点库存定额＝保险仓储定额×2

（5）经济仓储定额。经济仓储定额的目的是通过计算经济合理的订货批量，确定仓储管理总成本最低时的仓储数量，它是酒店实施科学管理的重要内容。经济订货批量是在仓储管理上所花费的总成本为最低时的仓储数量，其成本只包括那些与储存量或订货次数有关的费用。但是，仓储费用和订货费用是相矛盾的。因为每次订货的批量越大，存储的费用就越高。同时，每次订货的批量越大，就意味着全年订货的次数就越少，相应地，订货费用就会越小。因此，经济仓储定额就是要均衡调节它们之间的矛盾，确定最经济的订货批量。

在确定经济批量时，可采用如下公式获得

$$Q^* = \sqrt{\frac{2DS}{C}}$$

式中: Q^* 表示经济订货批量; S 表示每次订货成本; D 表示全年需要量; C 表示单位物资平均年度储存成本。

这是一个仓储经济批量的一般公式, 各类企业都在使用。酒店也可以使用这个公式来确定物资的经济批量。

2) 酒店物资仓储定额管理的注意点

酒店物资仓储定额管理也是一个需要花费精力的事情, 为了提高仓储定额的准确性, 有几点需要在工作中加以注意。

(1) 每个仓储定额除了量的规定性之外都应有质的规定性。物资的量和质存在着一定的联系, 比如, 餐饮原料进净料就比进非净料的仓储定额要少, 用高效液体皂就比洗衣粉仓储量少。在使用优质高效的物资时, 仓储量就可以减少。所以在确定物资的仓储定额时, 往往要把物资的质和量结合起来分析。

(2) 尽量减少仓储物资量。现在市场物资比较丰富, 而且一般物资订购也比较方便, 酒店的许多物资如果在本地能够采购的, 就不需要很多的仓储量。能够随叫随到的物资也不需要很多的仓储量。有些物资是需要有一定的量才能订购的, 就必须按量订购, 如各种宣传品和印刷品。特别是鲜活物资, 更要控制仓储量, 所以在大城市, 或经济发达城市, 可以不要大型冰库。

(3) 仓储定额是每个仓库各种物资的仓储定额。酒店应根据本酒店各类仓库情况单独设计仓储定额。仓储定额要求对每个仓库的每种物资都要有仓储定额。

(4) 仓储定额管理的动态性。仓储物资总是会变化的, 一种是常规性的变化, 一种是随机的变化。前一种变化对仓储定额影响不大, 后一种变化如果是经常的, 那对仓储定额就有一定的影响。酒店应根据影响仓储定额因素的变动做出及时的反应, 对仓储定额进行动态管理, 及时地调整仓储物资的定额。

11.1.3　酒店物资采购管理

酒店物资采购工作就是参照既定的物资定额 (包括消耗定额和仓储定额), 在不同的时间段内采购不同品种、不同数量的物资, 以维护酒店的正常运转。物资采购管理的任务就是管好、理顺酒店的一切采购行为以及采购环节。

1. 采购管理的主要内容和目的

采购管理的主要内容有以下六个方面:

(1) 了解市场行情。

（2）选择最为合适的供货商。

（3）控制采购活动全过程，使物资采购按质、按价、按时、按量到位。

（4）廉洁奉公，消除腐败。

（5）制定并妥善保管与供货商之间的交易合同，保证合同合法有效。

（6）协助财务部门做好酒店对供货商的货款清算工作。

采购管理工作所要达到的目的：

（1）保障供给。

（2）最小的资金占用和成本支出。

（3）理想的物资质量。

（4）科学的采购方法。

（5）形成物资采购的信息系统。

2. 编制采购计划

采购计划在采购环节所起的作用是指导采购，加强采购工作的科学性和系统性。它以书面（其中多为表格）形式规定了物资采购的项目、规格、单位、数量、质量要求等，是采购活动的"工作说明书"。编制采购计划流程如图 11-1 所示。

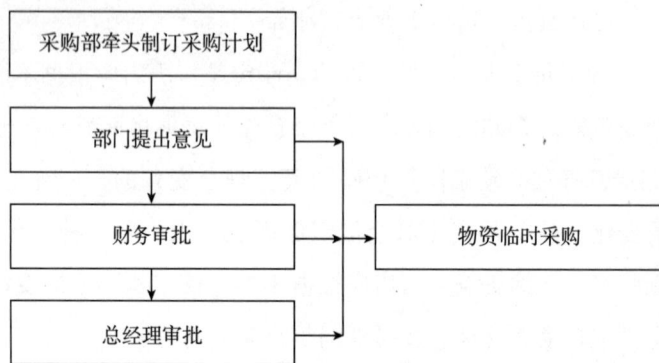

图 11-1　编制采购计划流程图

（1）采购部牵头制订采购计划。酒店的物资采购计划由采购部或者财务部牵头制订，因为物资部门有酒店较全面的物资资料，有能力制订物资采购计划；物资部门是物资采购的执行者，有必要制订物资采购计划，以便有个采购执行的依据。这么说，物资部门应该对酒店物资的消耗和仓储有全面的资料，并对酒店物资的运行充分了解。在这个基础上，制订酒店的物资采购计划。

（2）部门提出意见。采购计划草案确定后，要征求使用部门的意见，同时征求仓储人员的意见。根据两个方面的意见，对采购计划做适当的调整。

（3）财务审批。酒店各业务部门对物资的需求及采购部门的物资采购行为都必然受到酒店资金状况的约束，都必须进行成本和财务费用的核算。编制采购计划的第三步就是由酒店的财务部门进行再次审核。审核的主要内容是将采购计划与酒店预算相比较，调整其中不合预算的部分，使采购计划更为合理，更具可行性。

（4）总经理审批。编制采购计划的最后步骤是酒店总经理或分管副总经理对经财务部门修改的采购计划进行再次审核，必要时须综合平衡整个采购计划，并根据计划期内酒店的新目标及新的经营策略修改采购计划，甚至按规定的程序修改酒店的预算。经过总经理层审批的采购计划才是最终将要付诸实施的采购计划。

（5）物资的临时采购。酒店除了按计划采购的物资以外还有一些临时需要采购的物资，酒店所需要的这些物资的量还不在少数。临时采购由使用部门或者仓库管理员提出采购请求，由物资部门制订计划，或者填写物资采购单。采购单也要经过财务部和总经理审批。特别是餐饮原料的采购比较特殊，对餐饮原料，我们把它分为几类，比如，每日采购物资、计划定期采购物资、随时需要采购物资等。每日采购物资由厨师长在前一天开列采购清单，交由采购员去采购；计划定期采购物资就由物资采购计划确定；随时需要的物资，则根据当时的情况，随时提出请购单，随时去采购。

3. 物资采购的择价

酒店在物资采购过程中，必须确定物资的购买价格。由市场经济的规律，同一种物资的市场价格会有不同，同一种物资在不同的时期，价格也会不同。酒店的物资采购是要在同一种物资的多种价格中选择一个合理价格，这种对价格的选择就是物资采购的择价。择价是实施物资采购的第一步。择价既有很强的原则性（即选择合理价格，同时不能产生违规行为），又有较大的灵活性。择价的合理性是品质＋专业知识＋敬业精神所造就的。

1）询价

询价是物资采购中经常使用的一种方法。所谓询价，就是通过对某种物资价格的市场调查，比较全面地掌握这种物资的市场价格。询价以后，采购人员往往会有自己的合理价位、最高限价。询价是物资择价的前提，只有对某种价格进行全面了解，才能正确地择价。询价的一般方法如下。

（1）现场直接询价。现场直接询价就是采购人员或其他相关人员到市场现场去，直接向供应商了解物资的价格。市场价格有多种，现场直接询价，可以了解各种价格。询价时可以有一些附带的经济活动。比如可以和供应商讨价还价，掌握物资价格浮动的幅度；采购人员可以了解供应商，了解物资市场供需的行情，为采购增加选择的余地。酒店采购原料大多采用这种方式。这是物资采购使用得最多也是最常用的方法。

（2）电话询价。电话询价是通过电话向供应商了解物资的市场价格。这也是物资询价的常用方法。这种方法简便而直接，但不能直观地看到物资，所以在询价时往往是最先使用，但也是选择性地使用。

（3）网上询价。利用网络，特别是物资采购网络、酒店物资网络、专业物资网络对物资的询价有很大的帮助。不过网络询价往往会有不真实的可能。

（4）报价询价。报价询价就是酒店发布物资采购信息，由供应商向酒店报价。通过报价，使采购部门了解该类物资的市场价格信息，通过平衡比较，就能够得出合理价格的参数。这种方式比较适合酒店的大宗物资、价值较高的物资。

（5）公共信息询价。由于市场机制的不断完善，一些地方政府或者行业组织会定期或者不定期地就某一类物资发布市场信息价或者市场指导价，这也是采购部门询价的一个途径。

2）择价

择价就是物资价格的决策过程。物资部门在询价的基础上，会对价格有全面的了解。在采购某一物资时，酒店要求是货比三家，入围的通常是在价格上有竞争力的供应商。在几个可供选择的价格方案中，经过比较、分析、权衡，选择一个合理的价格。这个价格就是执行价格。物资部门在实际的采购中，要把询价情况和择价情况及时地向财务部和使用部门通报，使财务部的资金审批有个依据，使用部门也可了解价格情况，便于合理使用物资，合理定价，核算成本。酒店的物资价格对相关部门和相关人员应该是透明的。

4. 选择支付方式

选择合理的支付方式，就是要合理地使用资金，合理地调度资金和合理地运作资本。所谓合理的支付方式，就是尽可能将资金在最合适的时候支付，在支付前，把这些应付款仍作为流动资金投入酒店的运作中。这是物资采购中的常规。

现在酒店支付的一般方式有：一次性付款、分期付款、付预付款加分期付款、压货后新货付款、期初付款、期末付款、期初期末两次付款、货到付款、按期（如月、季）付款，等等。采用什么方式付款，是物资采购中的一个重要环节。

5. 选择供应商

在任何一个市场上，绝大多数物资的供应商是众多的，采购物资时，酒店采购人员应从容地选择自己的贸易伙伴——供应商。选择供应商是一件慎重的事情，酒店通常根据人品、物品、做品、性价、成本等因素来选择供应商。供应商选择得当与否，将直接影响酒店物资的采购和使用。

（1）人品。供应商的人品应该是选择供应商的首要条件，物资的其他各种因素都和人品有关。供应商的人品应该是诚实买卖、公平交易、客户为重、一诺千金。

（2）物品。物品就是物资的品质，是指物资的质量、单价的计量、使用的可靠性。物品是根本，只有符合酒店要求的物品，才是酒店选择的对象。一般酒店都对物品的质量要求很高，特别是直接和宾客肌肤接触的物品、餐饮原料、饮料、涉及安全的物品，更是十分重视。酒店选择的供应商应该了解酒店对物品的要求，能够主动准确地向酒店提供优质物资。

（3）做品。做品就是在物资购销过程中作业行为的准则。做品的核心是诚信，也就是通常所说的商业信誉、商业道德。做品表现在商品交易的真诚和恪守信誉，对物资品质的介绍和保证，价格公平及优惠，准确的到货日期，规范结算，对客户良好的售后服务，能帮助酒店解决应急事宜。

（4）性价。性价是指物资的品性和物资的价格。品性也就是上面说的物品，品性决定了这个物品值多少，价格就是供应商的报价。两者结合就是我们通常所说的性价比。物资的品性越高，价格合理，性价比就高；同样的物资，价格越高，性价比就越低；同价的物资，品性越低，性价比也就越低。性价比往往是酒店选择供应商的一个关键性因素。而在性价比中，物资的品性占更重要的位置。性价在择商中是一个举足轻重的因素。

（5）成本。成本是择商的又一因素。成本是指采购成本和物资的使用成本。在性价的基础上，物资品性和价格可以确定了。品性决定了物资使用的效能，我们就可以确定物资的使用成本。酒店一般会选择使用成本低的物资。采购成本主要有采购人员的采购支出、物资运输和包装支出、物资的储存费用、供应商对某些物资的保质处理和维护费用。显然这些费用总是低一点为好。择商时必定会注意成本因素。

酒店在择商时会综合分析以上因素，然后确定理想的物资供应商。当然，酒店在同等条件或者条件相差不大的情况下，往往会选择酒店熟悉的或距离较近的供应商。在择商时，要避免不正常的庸俗关系，避免经济腐败。

6. 采购过程的控制

采购过程的控制就是要求采购过程能够按照制度和规范进行，不要在采购过程中出现问题。同时要选择合适的采购方法进行采购。

1）确定采购程序

（1）采购凭单。物资采购必须要有采购凭单，采购凭单主要是财务部、采购部的物资采购单，仓库和使用部门的物资请购单（包括餐饮部的每日采购单）。采购凭单的出单应该按照采购计划进行，没有采购凭单不得采购物资。在一些特殊的情况下，如临时需要采购物资，可以先采购然后再填凭单。不过这种方式必须有相关管理人员的指令。

（2）采购凭单审批。采购凭单必须经过审批，一般是按照酒店的审批程序由相关的管理者审批。按照制度，采购凭单的资金额度在采购部的审批权限内，就由采购部审批，超出核定的资金额度，就要由财务部审批。

（3）采购部根据已审核的采购凭单向供货商订货。订货时一定要说明具体的要求。需要有合同的采购，应该拟妥合同，经过合同审批，才能订货。

（4）选择合适的采购方式。物资的种类不同，采购方式也不同。采购部在采购时要根据不同的物资选择合适的采购方式。如果有长期供货商的，就由供货商供应物资；没有长期供货商的物资，就根据择价、择商的方式向选定的供应商提出订货。酒店在办理比较稳定的物资采购时，可以采用定商供应、定点供应的办法。

（5）物资到酒店进仓。供货商向酒店发送订购的物资，并附上物资发货单。采购部和仓库要进行物资验收并进仓。

（6）表单处理。物资进仓后，采购部和仓库要进行表单处理以完备手续。

（7）付款。采购部将由仓库签发的单据和原始票据送到财务部，由财务部向供货商付款。

（8）特殊物资采购。对一些特殊物资或需要加工定做的一些物品，请购部门需要做出说明或提供样品或图样或型号或其他资料，供应商报价时必须提供样品或有关资料，经使用部门负责人及有关人员同意后方可办理采购。有些物资可以由使用部门的专业人员和采购人员一起去采购。

（9）采购纪律。酒店的采购必须要有采购纪律。采购过程中，采购人员必须遵守采购纪律，采购纪律要成为采购员的自觉行为。

2）选择采购方法

（1）直接采购。直接采购是指采购人员根据批准的采购凭单，直接与供货商接洽；或者直接去物资市场，采购所需物资。这是酒店采购常用的方法。

（2）预先订货。采购部根据采购计划及采购凭单上的要求，和选定的供货商联系，或与之签订订货合同，或预先订货，使之在规定的时间内将所规定品种、规格和数量的物资送到酒店。预先订货往往是大宗物资、阶段性使用物资、加工时间较长的物资。

（3）面谈订货。面谈订货就是采购员和供应商面对面地直接商谈订货。这种方式往往是物资需要看货、看样、察看其他一些东西，或者双方需要商谈一些有关的问题，于是双方需要面谈来确定订货。

（4）非面谈订货。非面谈订货就是采购员和供应商不直接见面，而是通过一定的信息形式订货。非面谈订货可以通过电话、传真、网络传输、信函等方法实行订货。这种订货方法对长期的供应商、询价很清楚的物资、可靠的供应商使用得比较多。

（5）集中采购。集中采购是酒店集团常用的一种采购方法，后被世界上许多非集团酒店所效仿。它是指两家以上酒店联合成立物资采购中心，该中心统一为各酒店采购经营中所需的物资。

11.1.4　酒店物资验收管理

酒店物资验收管理是物资入库前必要的一步。验收是物资采购任务完成以后，由酒店验收人员根据订货凭单以及批准的发货单，检验所购物资交货是否按时、按量、按价，并记录检验结果，对合格物资准予入库或直接进入到使用部门，不合格物资则予以拒收。验收是酒店有关人员初次接触物资实物，它是物资入库或发放前必不可少的一个环节。因此，有人形象地称验收为物资进入酒店的"红绿灯"。验收的主要内容包括三大部分。

1. 检验

主要核查有关物资采购的凭单、时间、数量、质量、价格等项目。

（1）凭单检验。首先，验收员要检验订货凭单的合法性，检查订货凭单的内容和审批手续是否完备，而后再进行单据与货物的核对。凭单与货物的核对要逐项进行，要认真负责地进行。

（2）时间检验。对交货时间进行检验，主要是核查交货期是否和订货单上的日期，或者与合同、凭单上注明的日期相一致。如果有不一致，应该由采购员说明原因，并在入库单和仓库货物账上加以注明。

（3）数量核查。验收工作中的数量核查应对订货凭单数量、送货通知单数量与实际到货数量三者进行核对检查，核对三者是否一致。

（4）质量核查。酒店对物资的质量核查有两个方面的内容：一个是核查物资的质量和订货凭单的质量要求是否一致；另一个是核查物资本身的质量是否达到该物资的相关行业标准。对物资质量的核查有多种方式，有的物资是用一定的检测手段，有的是用观察方法，有的是根据物资质量文件。物资的质量核查要做到：件件物资都经过核查，并且全部都是合格的。

（5）价格核查。价格是物资采购的重要因素，也是一个敏感因素。为监控采购员的采购工作，保证酒店采购物资的价格是合理的或者是最优的，物资验收时，也要对物资的价格进行核查。物资的价格核查，是核查采购价格是否和市场报价一致、单价和总金额是否一致，一般在保证质量的基础上，价格不得高于市场同类物资的价格。

2. 物资进仓

采购部和仓库管理员一起根据订货凭单和发货单进行物资验收。验收后，物资就要进仓入库。物资按照不同性质而进仓，或进入酒店仓库，或进入部门仓库，或直接进入相关使用部门。物资进仓后，仓管员要填写验收清单，签发物资进仓单给采购部和财务部，进仓单是该批物资的结算凭证。仓管员还要填写进货日报表，并做好仓库物资账。物资采购部要签发物资回单给供应商，表示物资已经收到。

3. 拒收

物资验收过程并不是走过场的仪式，而是在认真履行物资管理工作。在这项物资管理过程中，不可避免地会遇到物资不符合要求的情况，这个时候就有可能对物资拒收。拒收是指物资验收人员在验收过程中，对照相关标准验收物资，发现两者有较大差异时，拒绝物资入库或进入部门。拒收是杜绝假冒伪劣物资流入酒店的有效手段，杜绝物资的虚高价格，以维护酒店的正常权益。拒收应填写拒收通知单，写明拒收理由，并须经送货方和验收方签字，将拒收通知单和物资以及有关凭证一同退回，并把拒收通知单发给采购部和财务部。告知酒店的采购部门和相关的物资使用部门这批物资无法及时到位，敦促它们能及时地采购，保证物资的正常供应。

11.1.5　酒店物资仓储管理

仓储管理是物资管理中的一个重要环节。仓储管理是物资运行全过程的一个中间环节，物资在这里进和存，并从这里出。仓储管理的水平直接影响到酒店物资的使用质量。仓储管理对酒店控制成本、保证供应、减少资金占用、提高经营效益有着重要的作用。

1. 仓储管理的任务

仓储管理的任务总的来说是为酒店经营活动的正常运转提供可靠的物资供应，保证物资不短缺、不积压、不破损、不变质。具体而言，可以分为以下几类。

(1) 保证仓储物资的安全和质量。仓储的首要任务就是保证物资的安全和质量。物资的安全是仓储要通过各种措施使得仓储的物资不丢失、不流失、不因为管理不善而损失；保证仓库的绝对安全，不会发生火灾、水淹、潮湿、虫害、鼠害、失窃等。物资保质主要是指酒店物资要保证其在使用期限内的质量和功能要求，以及稳定性和持久性的要求，特别是酒店的食品方面对保质要求极高。

(2) 保证物资及时供应。酒店储备物资的目的是要保障对酒店各部门物资的及时供应，保证酒店业务活动不间断地进行。仓库就是通过对物资的进、出、存过程的管理和操作，使得物资能够合理储存、合理供应。同时要供应适合部门使用的物资。

(3) 节约开支，降低仓储成本。仓储部门在管理仓储物资的过程中必然会发生仓储费用，仓储管理的一个任务就是最大限度地降低仓储费用，从而降低酒店的运行成本，提高酒店的经济效益。

(4) 及时预报，沟通信息。仓储部门是物资信息沟通的枢纽。①仓储部门要及时向采购部门通报物资存储的信息，提出物资需要采购的信息。特别是采用订货点法采购物资的酒店，仓储部门更是提出物资需要采购的主要部门。②沟通使用部门和采购部门之间的信息。使用部门对物资的要求会经常地向仓储部门反映，采购部门也经常会把物资的市场情况和物资的相关信息传输给仓储部门。

2. 仓储管理的工作内容

仓储管理是指物资从入库到出库之间的完整的管理和控制过程，它从验收物资开始，将各类物资合理储藏，保障库存物资的数量安全与质量安全，并进行物资出库控制。其工作程序如图 11-2 所示。

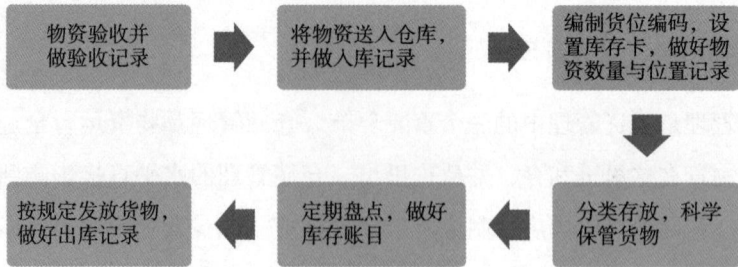

图 11 −2　仓储管理工作程序

可以看出，在整个管理过程中，物资验收前文已介绍，物资发放将在后文讨论，此外，仓储管理工作还包括以下内容：

1）适当安排仓储场所

酒店物资的性能、用途、存储要求不一样，酒店就会配备不同的仓库用来存储不同的物资。比如，酒店有总仓来存储大宗物资，有靠近洗衣房的棉织品仓库，有在厨房里的食品原料仓库，有靠近工程部的零配件仓库。不同的仓库有不同的设施条件和不同的设备配置，什么物资应在酒店的哪个仓库储存应该事先明确。

2）入库存放

物资入库后必须进行合理的堆放。为充分使用仓库现有的一切仓储条件，物资的堆放必须遵循一定的原则进行，以使现有物资得到妥善保管，并且加大仓库利用率，减少仓储成本。

（1）经济合理原则。这一原则的出发点是仓储的经济性，即从节省仓储成本和保证物资质量的角度出发。仓储物资要按照物资计划存储和发放，按照最经济的物资流量来运作物资，使得物资的仓储成本和运作费用最低。

（2）技术合理原则。物资存储是技术性很强的工作。物资仓储管理的技术性原则，主要包括两个方面。一方面是按照物资存储要求，在堆放物资时必须按照物资的性能特点，即物资的性质、形状、包装、轻重等因素，将货物堆码成一定形式的货垛进行堆放。摆放时，不损害物资，如玻璃器皿要竖放、橡胶物品要挂起来等。另一方面是物资要按照进仓的先后顺序进行堆放，那么发放时，也可以按照先进先出的原则周转物资。

（3）方便点数、盘存。这一原则的出发点是方便物资的数量控制。物资在堆放时要讲究合理、牢固、定量、整齐、节约、方便。常见的堆放方法是五五制堆放。即以五或五的倍数在固定区域内堆放，使物资"五五成行，五五成方，五五成包，五五成堆，五五成层"，做到堆放横竖对齐，上下垂直，过目知数。

3）物资保管

物资保管的目的是使物资在仓储期间尽量不发生或少发生各种损耗，使所有入库物资都能真正为酒店经营活动服务。

（1）保证数量。在仓储周期内保证物资在数量上不缺少，品种不混淆，将仓储期内物资的自然损耗控制在最低水平。同时，必须杜绝各种管理漏洞，决不产生物资流失的情况。

（2）保证质量。经验收入库后的物资，基本上不存在质量问题。在保管期间，要注意防止产生新的质量问题，即要提高保管质量。保证库存物资质量的方法有以下几种。

①先进先出。即在发放物资时应先发放最早入库的物资。仓储人员在物资入库时应及时登记各类物资入库时间，并定期查看物资的"仓储年龄"，做到发放时心中有数。同时，科学合理堆放，便于物资的先进先出。

②保持良好的仓储环境。根据物资的存储要求，保证仓储的环境条件，如温度、湿度、通风条件、照明、干燥、清洁卫生等。

③加强仓储物资的养护管理。即研究各种物资质量变化的规律及影响物资质量变化的内外因素，制定科学的物资养护制度和养护方法，防止库存物资质量下降。

④做好库存物资的检查工作。酒店仓储管理人员应根据物资特性、仓储条件、气候变化等因素进行定期与不定期的物资质量检查，特别是在季节交替时节和突发性天气变化的时候，一定要进行这种检查。要把检查结果详细填写在库存物资质量检查记录中，并在检查过的物资包装上做好标记（如检查日期、物资状况等），为下次检查时提供信息，防止每次检查都抽到同样物资，扩大每次抽查的范围。检查结果记录要报上级主管处理。

3. 仓储财务管理

1）仓储账务管理

仓储账务管理是仓储财务管理的文字依据，仓储管理的另一项工作内容就是为所有物资建立实物账和财务账。实物账是以实物量为单位，记录物资的实物运转情况；财务账是以货币量为单位随时记录物资的运转情况和物资的资金运转情况，这就是酒店仓储的账务管理。进行账务管理有利于控制存货量，决定订货量，计算发货量，确定成本和方便审核。

2）库存盘点

盘点，又叫盘存，是仓储管理人员对库存物资进行仔细点数清查，将实际库存数与物资保管账目相核对，以保持库存物资不发生数量缺损。盘点是仓储管理人员保证库存物资的数量、安全的重要手段。通过盘点，能够使仓储管理人员及时发现库存物资数量上的溢余、短缺、规格互串等问题，并能及时采取措施，挽回或减少损失。盘存不仅是点数量，还应该在清点过程中附带检查库存物资有无质量变化，或是从账、物核对结果中了解哪些物资库存不足，需及时购进，哪些物资超储，需及时利用或处理。这些对科学的仓储管理都非常重要。

一般而言，酒店内仓库的盘点方式有以下三种。

（1）日常盘点。每日对当天有进出的货架层进行及时盘点，将实际物资数量与账目结存数相对照。如酒店吧台就是这种盘点形式。

（2）定期盘点。定期盘点又称实地盘存，指定期（一般是每月一次）对每一种在库物资的数量进行清点。它的优点是简单、方便，是酒店运用最广泛的方法。

（3）临时盘点。这是应某工作需要而定的临时突击性盘点，如遇特殊情况突击出入库后，或保管员调动交接时，或管理人员对库存产生疑问时，都可临时进行库存物资的货账核对。

11.1.6　酒店物资发放管理

如果说物资采购是物资的进口，那么物资的发放就是物资的出口，即物资购入酒店后或直接拨给使用部门，或经仓储后在部门领用时发放给他们，使物资真正应用于酒店的生产经营，实现价值转移或最终体现其使用价值。

1. 物资发放基本要求

如前所述，物资的发放按照不同的标准可以分为不同的类型。无论哪一种形式的物资发放都必须按照一定的程序进行严格的控制，达到准确、及时、安全、经济的基本要求。

（1）准确。物资管理人员在向各个部门发放物资时必须做到单货一致，即发放凭单上应明确标明物资的名称、编号、规格、等级、单位、数量等，并在交接物资时通过各种特定的程序保证所发物资的各个方面都与凭单内容相符。

（2）及时。为了不影响各项经营活动的顺利进行，物资发放工作人员必须提高效率，在接到领料单据以后，以最快的速度组织发货，保证前台业务活动所需的物资全部及时到位。

（3）安全。安全是指物资发放人员在发放物资时不仅要认真点数物资的数量，还必须严格检查物品的质量，保证出库物资的质量完全符合使用要求，不过期，不失效，无残损，无变质现象，并注意物品点数过程的安全操作，防止物品震坏、摔伤、破损，并在必要时改换物品包装以避免搬运过程中的损坏。

（4）经济。经济是指在物资发放时严格控制成本、避免浪费，尽量减少库存、不出现压货的情况。

2. 物资发放程序

1）点交

各部门在领取物资时必须每次填写领料单。仓库接到领料单后要认真检查领料单上所列的物品名称、规格、等级是否与库存物品相符，凭证字迹是否清楚，有无涂改现象，主管领导的签字、领料日期是否正确，审查无误，即可将待发物资发放给请领部门，并请领料人签收。同时根据实际发出的物资品种、规格、数量等填制必要的物资实物账。

2）复核

为防止物资发放过程中出现差错，仓库发货人员必须对物资发放作业过程中的每一个环节仔细地进行自查、复查、复核。在确认物资和领料单完全一致后，才能准许物资离仓。

3）清理

物资点交工作结束之后，仓储人员需进行内部清理。

（1）账面上的清理。即做相关的文字记录、数据统计，以便为永续性盘存提供信息，同时也时刻掌握在库物资的情况。

（2）地面上的清理。即进行清洁、整理工作，保证库内环境卫生。

（3）物资保管。对于一些开箱或开包物资，做好保洁、保质工作，谨防由此引起物资消耗。

4）部门验收

仓库发放物资之后，物资就进入到部门的经营领域。部门的物资领用人要把物资交到部门。领用的物资交到部门后，部门还要进行一次核查，主要是核查物资的完整性。部门验收责任人负责对物资和领料单进行核查，两者一致后，责任人要签收。然后物资才能进入部门仓库或者进行使用。

3. 物资发放管理重点

物资发放管理同样也要抓重点管理工作才能卓有成效。在物资发放管理中，首先应当抓住人的因素，其次做好物的管理。

(1) 审批人。审批人是物资发放的把关人，他从根本上控制了物资发放的量。审批人是根据需求量的客观性出发进行物资审批工作的。酒店必须以制度的形式确定物资分配的各级审批人。审批人平时应注意和基层保持密切的联系，掌握物资使用情况的动态信息，以动态的眼光来把握好物资分配量。

(2) 执行人。执行人就是与物资发放过程有关的工作人员，包括仓储管理人员（发货人）、部门领货人员、部门验收责任人。发货人负责实物分发工作，部门领货人负责领货和物资的搬运，部门验收责任人负责部门物资的核查、收货、进仓。执行人素质的高低直接关系到发放工作的质量。因此，应加强对这些人员的日常管理。

(3) 发货时间。发货时间可根据物资的用途，采取定时和不定时相结合的办法。

(4) 货物交接问题。发货工作人员与部门领货人员之间的物资交接是物资发放管理的最后环节。若这一环节中出现了差错，就会给仓库账目及部门的成本核算等许多管理环节造成混乱，并且当事后发现这种差错时，往往会因为物资已投入使用而很难查清问题及责任所在，使管理工作十分被动。因此，在进行物资交接时，收发双方都必须按照发货单和领料单复核检查，点数所发物资的品种、规格和数量，确信无差错时才准予出库，领取货物。

(5) 物资数量短缺问题。物资发放过程中很容易出现物资数量的短缺，其直接的起因是物资在入库时一般都是批量进，而在发放过程中由于执行限量分配制度，每次发放量相对于进货量来说是比较小的，这样就会出现一个量的流失问题。物资在存放过程中，也会因为自然的或者人为的因素而发生损耗。因此，在盘存时很可能会有数量上的出入。

为解决物资量流失问题，可采取以下办法。①为每一种物资的收发制订合理的损耗率。如整进整出物资的收发差错率应是零，特别是贵重物资，不允许有任何的量的短缺；而整进零出的物资则应允许收发量之间有一定的差额，允许拆零时发生一定限度的散失和损耗。这些指标要作为发货工作人员的考核指标与奖惩挂钩。②对整进零出的物资在发货时尽量做到精确度量衡，精确发货，使物资在发货环节上避免损耗。③严格遵循仓库管理的规章制度，杜绝仓库管理的一切漏洞，消灭物资的人为损耗。

4. 物资发放原则

为确保物资发放过程的严谨性，在发放物资时应遵循如下原则。

（1）先进先出原则。这个原则就是要求仓库管理员在发货时仔细检查进货账目和货架标签，先发早入仓库的物资。

（2）保证经营原则。酒店仓库的种类不同，各个仓库的物资发放时间和特点是不一样的。为了保证经营部门的业务需要，各个仓库要根据本仓库物资供应的特点做好物资发放工作，坚持仓库为经营部门服务，仓库满足经营部门需要的原则。比如，餐饮仓库就要在保证一日三餐供应的需要外，还要满足临时的物资需要；洗衣房的棉织品仓库在早上 7：30 就要开门。仓库必须服从业务运行的需要。

（3）补料审批制度。酒店前台接待部门常常会因为经营业务的变化而临时出现某类物资的特急需求，在这种情况下，由于形势紧迫，往往不能够按照常规填制正规的领料单据，并逐项办理领料审批手续。这时需要特事特办，以保障前台业务顺利进行为重。但即使是特急领料也必须有交接双方的签字和在场的部门管理人员批准的领料单据，并且规定补办手续的时限。另一种情况是部门工作人员凭手续齐全的领料单到仓库领料时，仓库经审核准予发放，但发放时却发现存货不足，只能发放其中一部分物料。这时，须填制反映实际领料情况的发货单，当仓库进货后，通知部门补领。补领时虽不用再次履行请领手续，但必须补做上次请领已全部落实的手续。

以上这些解决问题的方法都必须制度化，才能防止差错和作弊行为的发生。这就是补料制度。

（4）退库核错制度。有时，由于计划变更或其他原因，物资使用部门发生物资剩余，这时，应将这些剩料退回仓库，并办理退料登记手续。餐饮原料往往采用这种方法。

（5）以旧换新制度。为防止物资使用过程中未用完就急于领新物资的浪费行为，在物资发放管理中应对一些用量较大或价值较高的多次耗用物资采用以旧换新的领用制度。如客房棉织品应报废后再发新品，并统一处理报废物资。同时，许多物资的盛装器皿具有回收价值，酒店物资管理部门应通过制定以旧换新制度全面回收和处理，减少浪费。

11.2　酒店设备管理

11.2.1　酒店设备与设备管理

设备在酒店中以两种运动形态出现：①它的物质运动形态，包括设备的订货、采购、验收、安装、调试、使用、维修、报废的整个过程。②设备的价值运动形态，包括设备最初的投资、维修费用的支出、折旧费用的提取、更新改造费用的筹措等。酒店设备管理应包括上述两种运动形态的管理。但在实际工作中，对设备的物质运动形态的管理称为设备的技术管理，由酒店的工程部承担；对设备的价值运动形态的管理称为设备的经济管理，由酒店的财务部承担。本章所述内容，是指由工程部承担的对酒店设备的技术管理。

酒店的设备较之其他行业有其自己的特点：①种类多，但同类设备并不多。②设备需要不断维护和更新。③使用者多，管理有较多困难，必须有独特的分类和管理方法。酒店的设备可分为以下几类。

1. 供水系统

酒店的供水系统包括整个酒店的冷热供水和废水排泄系统，如整个酒店饮用冷热水的供给、卫生间的冷热水供给、采暖区域的循环管网、局部降温和空调的冷冻水管道、厨房及洗衣房的冷热水供给、游泳池和美化环境用水、消防用水的保证等。

酒店用水量的估算法为

酒店每日用水量 $=1\text{m}^3/$床位×床位总数

2. 供电系统

酒店的供电系统是指电能从电网上的高压线输入酒店，经过变压器再到各用电单位所经过的全部路径。整个系统可分为三级：一级是酒店级，二级是用电单位级，三级是设备单元级。如洗衣房就是一个用电单位，洗衣机就是一个设备单体。客房供电通常是以一个楼层为一个用电单位，一个客房为一个用电单元。

如按酒店建筑面积来估算用电量，参考数据为 $80\sim90\text{W}/\text{m}^2$，那么

酒店总用电量 $=90\text{W}/\text{m}^2×$客房总面积

3. 空调系统

空调系统的种类很多，基本上可分为三类。

(1) 集中式空调。集中式空调系统是采用一条送风管道,将处理后的空气输送到需要空调的房间。其系统主要由集中式空气处理设备、风道、送风口和回风口组成。夏天室外新风与回风混合后,经过滤器、冷却器处理,由风道送入室内;冬天,新风与回风混合后,经过滤器、加热器、加湿器处理送入室内。室内温度可用室内温度自动调节器、控制冷却器或加热器的阀门来调节。

集中式空调一般用在酒店的门厅、餐厅、宴会厅等大房间。

集中式空调的优点是空气集中处理,便于维修、管理、消声、防震,一次性投资较低;缺点是很难同时满足不同送风温度房间的需要,机房面积较大。

(2) 局部式空调。局部式空调系统是将空气处理设备、风机、冷冻机和自动控制装置等组合起来,装置在需要空调的房间,就地处理空气,就地使用,如窗式、柜式空调器。

窗式空调器习惯上设置在窗的开口部,这样的空调器在送调空气的同时,还可以从墙孔吸入新风送到室内,它一般采用风冷方式进行冷却,可以提高冷冻机的效率。柜式空调比窗式空调供应的风量大,可用于 $50m^2$ 的大房间,往往采用水冷的方式冷却。

局部空调的优点是安装方便,使用灵活,能单独运行;缺点是噪声大,耗能量大,不便于统一维护。

(3) 混合式空调。这种系统除设置集中空调机房外,同时在需要空调的房间内安装二次空气处理设备,如风机盘管机组。风机盘管机组由低噪声风机与冷热水盘管及自控调节阀等组成。冷热水管分别设置的称为四管制风机盘管,其优点是可以满足客人对室内空气温度的各种要求,特别是在春秋两季可供冷,也可供暖。冷热水管合用两根管子的,称两管制风机盘管,其优点是管线综合利用,缺点是在某一季节只能供冷气或暖气。无论是二管制还是四管制,风机盘管机组内均另有一根凝缩水管。

风机盘管机组分立式和卧式两种。立式一般安装在窗下,但会造成与窗帘的矛盾,卧式风机盘管一般安装在客房的走廊上部,其缺点是冬天客房温度不够均匀。

4. 采暖与制冷系统

酒店所需暖气、蒸汽均由锅炉房提供。锅炉设备是将燃料的化学能转化为热能,并将热能传递给水,从而产生一定的温度与压力的蒸汽或热水的设备。前者为蒸汽锅炉,后者为热水锅炉。热交换器是蒸汽与水转换热能的设备。它有水包汽与汽包水两类。容积式水加热器具有存水和加热的双重作用。快速蒸汽水加热器是汽包水类加热器，用这种热交换器在很短时间内就可得到开水。开水炉有蒸汽间歇式开水炉、火烧连续式开水炉和电热开水炉等多种。

制冷设备有压缩式制冷机与吸收式制冷机等几类，因用于空调的冷冻水一般为 5~9t，所以一般采用压缩式制冷机。

5. 电梯系统

电梯是酒店的垂直运输设备，对高层酒店尤为重要。

酒店中常见的电梯类型有服务电梯、消防电梯、自动扶梯、观光电梯等。

电梯的数量与酒店的性质、电梯时速、载客能力均有关系，一般的估算方法为

电梯数量 = 2 + （客房数/100）

常见的电梯速度有 1.5m/s、2.7m/s、3.5m/s、5m/s。电梯速度快并不一定体现最高的工作效率，因为它还与停站多少有关。高速电梯在几层不停时才能体现其高速的特点。高层酒店可分为高低两个区，以确保电梯的工作效率。

现在酒店多采用自动电梯，控制方式如下。

（1）按钮控制。操纵层门外侧按钮或轿厢内按钮均可发出指令，使轿厢停靠。

（2）并联控制。两三台集中排列的电梯，共用层门外召唤信号，按规定顺序自动调度，确定其运行状态的控制方式。

（3）群控。对集中排列的多台电梯，共用层门外按钮，按规定程序指令，最靠近停站层的电梯去该层接客。

6. 音像系统

（1）客房内的音乐广播。各客房内通常都有可供选择的音乐节目与当地调幅、调频广播。此系统在控制室的中央控制台上应有调幅、调频收音及卡式录音等设备。客房内设扬声器、节目选择开关、音量控制开关等。

（2）背景音乐。在公众活动场所，如大厅、电梯、走廊等处常可听到响度很低的音乐，这种音乐对客人的交谈并无妨碍，但只身行走或候客的客人却又能感觉到，这就是背景音乐。背景音乐一般选用古典音乐，旋律优美、格调高雅，以创造一种柔和亲切的气氛。

（3）紧急广播。酒店有紧急事故发生时，可通过广播紧急通知，指挥救灾和引导客人疏散。

（4）电视系统。城市内的酒店都在屋顶设有共用天线，接收到电视信号后，经

前置放大器和分配器分配到客房内的电视讯号插座和电视接收机。

客房内的电视还可收看酒店自己播放的电影及特别节目的录像带，如果酒店设置卫星转播接收天线，经过放大调制设备调制，还能看到世界各国的电视节目。

从 20 世纪 80 年代起，CATV 双向电视系统也在酒店应用，该系统可与客人"对话"，解答有关酒店服务的问题，如某餐厅的菜单、商务中心的服务项目等。

7. 通信设施

通信设施包括电话通信系统、电报、电传与图文传真系统和内部通信系统。其中，电话通信系统设备由交换机、配线架、电话机和中继线组成。

电话交换机容量按酒店的规模选定。选定的原则是：交换机的实际装接电话机的容量，一般是设备总容量的 70% 左右，由此可确定电话交换机的总容量。

客房内用的电话机最好使用 16 个键的按键式酒店专用电话机，生产厂家已将单键拨号的种种标志印在电话机上，使客人容易识别，方便使用。

贯通交换设备之间的话务负荷接线称为中继线。中继线包括内部通话中继线、直拨中继线、国际交换网中继线等。

通过电话通信系统，酒店能为客人提供国际国内电话服务、叫早服务、免干扰服务等。

8. 娱乐与健身设备

酒店的娱乐与健身设备包括舞厅、健身房、按摩室、桑拿房、游泳池、美容室、高尔夫球场、保龄球室、台球室、棋牌室和乒乓球室等各个部分所包括的设备。

9. 办公设备

办公设备是指商务中心为客人提供的各种办公服务设备，有复印机、电脑、装订机以及电报、电传、传真和网络设备。

10. 安全设备

安全设备指防盗、防窃、防爆、安全保卫和报警等安全设施，包括电视摄像机、电视监视器、手动报警系统和门锁监视系统等。

酒店设备管理的任务，总的来说是通过技术、经济和管理措施，对酒店主要设备进行综合管理，做到全面规划、合理配置、择优选购、正确使用、精心维护、科学检修、适时改造和更新，使设备处于良好的技术状态，达到设备寿命周期费用最经济、综合效能最高的目的。具体来讲，有以下几个方面。

（1）设备的选择和评价。根据技术上先进、经济上合理、经营上可行的原则，正确地选择和购置设备，同时进行技术、经济评价，为选择最优方案提供依据。有关部门要掌握国内外技术发展现状和动向，以利于合理选择设备。

（2）设备的日常管理。包括设备的分类、登记、编号、调拨、处理事故、报废等。

（3）设备的使用。包括针对设备的特点，合理安排工作任务，制定有关规章制度，并用各种形式把操作人员组织到设备管理工作中来，使设备管理建立在广泛的群众基础上。

（4）设备的检查、维护保养与修理。是目前酒店设备管理中最大的组成部分，它包括规定检查、维护保养、修理周期，编制定期检查、维护保养和修理计划及计划的组织实施、组织备品配件的供应和储存等。

（5）设备的改造和更新。包括编制设备改造与更新计划、进行设备改造和更新设备的技术经济论证、筹措更新改造资金、合理处理老设备等。

11.2.2　酒店设备的使用、维修与保养

1. 设备的合理使用

正确、合理地使用设备，能使设备减轻磨损，保持良好的工作性能，更好地发挥设备的效能。合理使用设备应做好以下几个方面的工作。

1）完善酒店设备使用规章制度

酒店应制定设备使用的规章制度，包括设备运行操作规程、设备维护规程、操作人员岗位责任制、交接班制度和运行巡检制度等。各项规程要落实到班组和个人，要做到定机、定人、定职责。要使全体员工在责任制和制度规程的约束下，按规程操作。

（1）建立设备安全操作规程。其内容包括：①设备的主要性能和最大负荷。②正确的操作方法和要领，如启动和停车的操作顺序及注意事项。③设备的清扫、润滑、维护保养、检查的方法和要求。④设备与人身安全注意事项以及紧急情况的处理步骤。

（2）实行岗位责任制。岗位责任制应本着谁使用、谁管理、谁负责的原则，定机、定人、定岗位，做到使用、维护、保管全面负责。要做好设备的运转记录和值班运行记录。对关键设备如锅炉、空调、供电、电梯、消防设备要做好运转记录，做好交接班手续，以便互相检查、明确责任。

2）加强对运行操作人员的规范化管理

首先要对员工进行文化技术培训，严格考核制度，不断提高员工的操作技术水平。合格的操作人员必须做到"四懂四会"，即懂性能、懂结构、懂原理、懂用途、会使用、会维修保养、会检查、会排除故障。特殊岗位的工人要持证上岗。前台部门的员工也要进行培训，掌握设备操作的一般知识，以便向客人介绍设备的使用方法。我国的工业企业根据多年使用和维护设备的经验，总结出了设备操作人员要做到"三好""四会"，达到"四项要求"，遵守"五项纪律"，酒店可参照采用。

（1）"三好"：管好、用好、修好。

管好：操作人员对设备负有责任，不经领导同意，不准别人乱动设备；操作人员应使设备及仪表、附件、安全防护装置等保持完好无损；设备开动后，不准擅自离开工作岗位，有事必须停车、断电；设备发生事故后，要立即停车，保持现场，如实将事故情节报告上级领导。

用好：严格执行操作规程，禁止超压、超负荷使用设备；操作人员不准 脚踏设备表面，不准用脚踢操纵把和电动开关，设备上不准放工具、工件等。

修好：操作人员应使设备外观和传动部分经常保持新安装时或大修后的良好状态；操作人员应经常保持设备性能良好，定型设备应达到国家标准，一般设备能满足工艺要求；操作人员应保持设备没有较大的缺陷，仪器仪表和润滑系统灵活可靠。

（2）"四会"：会使用、会保修、会检查、会排故障。

会使用：操作人员应严格遵守操作规程，变速、挂轮时必须停车；要熟悉设备结构、性能、传动原理和加工范围，并能适当选用车速。

会保修：操作人员要保持设备内外清洁，做到班前润滑，班中、班后及时清扫；操作人员应保持设备各滑动面无油垢，无碰伤，无锈蚀，无四漏（漏油、水、汽、电）；操作人员应按设备润滑图加油，做到四定，即定质、定量、定时、定点，保持油路畅通。

会检查：设备开动前，必须检查设备各操纵机构、限位器等是否灵敏可靠，各运转滑动部位润滑是否良好，确认一切正常后再开车；接班时，发现上班事故或部位故障，要立即报告，修好后再开车；设备开动时，应随时观察各部位运转情况，细听设备运转声音，如有异音，应立即查找原因，直到查明为止。

会排故障：操作人员发现电器短路，断路（如保险丝烧断、电线接地、接触不良等），应协助电工排除；操作人员发现油路系统发生故障时，应会排除；操作人员发现各种螺丝、斜铁、离合器、皮带等松动，应会排除；发现加工件非因设备原因造成缺陷时，应会排除。

（3）"四项要求"：整齐、清洁、润滑、安全。

整齐：工具、工件等要放置整齐，安全防护装置要齐全，线路管道要完整。

清洁：设备内外应清洁，各滑动表面、齿轮、齿条等处应无油垢、无碰伤，切屑垃圾应清扫干净。

润滑：按时加油换油，加油和装油用具要保持清洁，油标、油线要清晰。

安全：不出事故。

（4）"五项纪律"：凭操作证使用设备，遵守安全操作规程；经常保持设备清洁，按时加油；遵守交接班制度；管好工具附件，不得遗失；发现故障及时停车，本人如不能处理应立即通知检查。

3）合理安排任务和工作量负荷

各种设备是根据不同的科学技术原理设计制造的。因此，要根据设备的性能、结构、使用范围、工作条件和能力，来安排相应的工作任务和合理的工作量负荷。如电梯要按定员运行，严禁超负荷运转，避免意外事故，确保安全。

4）为设备提供良好的工作条件

良好的工作环境是保证设备正常、安全运转的重要条件，除了整齐、干净的环境外，还要做到：安装必要的防护、安保、防潮、防腐、保暖、降温装置；配备必要的测量、控制和保险用的仪器、仪表装置；对精密的机器设备，要求设立单独的工作室。工作室的温度、湿度、防尘、防震等工作条件，应有严格的要求。

正确合理地使用设备可以减少磨损，保持设备良好的性能和工作精度，充分发挥设备的效率，延长设备的使用寿命，为酒店的优质服务创造条件，同时为酒店创造良好的经济和社会效益。

2. 设备的维护与保养

酒店要经常保持设备的完好状态，除了正确使用设备之外，还要做好维护保养工作。由于各种设备结构、性能和使用方法不同，设备维护保养工作的具体内容也不完全一致，基本内容是：清洁、安全、整齐、润滑、防腐。

（1）清洁。各种设备要保持清洁，尤其是客房设备内外要清洁，做到无灰、无尘、无虫害，保持良好的工作环境。

（2）安全。设备的各种保护装置要齐全，各种安全防护装置要定期进行检查，保证安全，不出事故。

（3）整齐。各种工具、工件和附件放置要整齐，线路管道要完整，各种标志醒目美观。

（4）润滑。有些设备主要是后台设备，必须定时、定点、定量加油，以保证润滑面活络、运转顺畅。

（5）防腐。酒店设备不但要防腐，还要保新，这个问题关系到酒店的等级，务必引起注意。对于设备的维护保养，工程部要制定维护保养制度，定期进行保养，要填写记录卡，谁保养，谁记录。

3. 维保制度

酒店的设备维修保养，主要有计划内维修和计划外维修，要突出以计划内维修（预防性维修）为主的思想。

计划内维修是对设备进行有计划的维护、检查和修理，以保证设备处于完好状态的一种方法。计划内维修最基本的特点在于它的预修制，它是设备管理的一项基本制度和措施。要制订不同时期的设备维修保养计划，遵守严格的保养标准，使保养维修工作达到标准化和制度化。设备的计划内维修制度，不仅能防患于未然、减少计划外维修的工作量，使设备处于良好的工作状态，而且应该根据检修的时间、内容、标准等具体要求，作为工时定额、检修保养的质量评比、检修工考核、岗位责任制的实施依据。计划内维修包括日常维护保养、定期检修和设备的点检等。

计划外维修主要是指由于外界原因而使设备发生意外事故或损坏时需要进行的紧急维修。完全排除计划外维修是不可能的，因为外界总会有一些意料不到的损坏因素。因此，应加强对设备的计划内维修和保养，以减少设备的意外事故和损坏。下面主要介绍计划内维修的基本内容。

1）设备的日常维护和报修

设备的日常维护是全部维护工作的基础，它的特点是经常化、制度化。一般日常维护包括班前维护、运行中维护、班后维护。

设备的日常报修是工程部进行维修工作的依据，其运行程序如下。①使用部门填写报修单，报修单一式三联，第一联由报修部门留存备查，第二联由工程部留存备查，第三联分配给维修班组；各维修班组在接到报修单后，应根据报修内容和重要性，填写开工日期和估计工时，分派检修工人检修，并得到报修部门签字认可。

②班组在收到检修工人送回的报修单后，核实耗用材料和实用工时，并将报修单汇总后呈交工程部。③工程部在接到各班组交回的第三联报修单后，应与第二联核销，存入员工完工档案，作为每月评奖的依据。④在核销报修单时，如发现缺漏，应追查原因；凡因各种原因一时完不成的项目，应通知使用部门预计完成时间。⑤在发生使用部门对工程部的投诉时，可以报修单为依据。⑥要统计搁置率，以从中发现日常维修中存在的问题。⑦工程部应安排一名主管和若干检修工人负责夜间紧急检修值班。在接到报修电话后，对一般故障，应及时修理；对一时难以修复的，应在值班日记记录报修时间及修理内容，第二天由总调度安排班组检修；在必须夜间紧急检修而人力不足时，可向住店经理汇报，采取应急措施，组织人力进行抢修。

2）设备的点检

设备点检是一种现代先进的设备维护管理方法，是对影响设备正常运行的一些关键部位进行经常性检查和重点控制的方法。所谓"点"，是指预先设定的设备关键部位；所谓"检"，是指通过人的五官和运用现代检测手段进行调查，及时准确地获取设备部位的技术状况或劣化的信息，及早预防维修。

点检的目的是及时掌握故障隐患并及时消除，从而提高设备完好率和利用率，提高设备维修工作质量和节省各种费用，提高总体效益。

点检又分为日常点检、定期点检和专项点检。

（1）日常点检。每日通过感官检查设备运行中关键部位的声响、振动温度、油压等，并将检查记录在点检卡中。

（2）定期点检。按时间周期长短和设备具体情况划分，有一周、半月、一月、数月不等。定期点检凭感官并使用专用仪表工具进行。

（3）专项点检。专项点检是使用专用仪器工具，在设备运行中有针对性地对某特定项目进行检测。

点检方法：运行中检查和停机检查；停机解体检查和停机不解体检查；凭感官和经验检查和使用仪表仪器等。检查方法经确定后不能随意改变。

点检人员对检查信息记录要准确、简明、全面、规范，要定期进行整理归档保存。

3）公共部位巡查检修

对处于几个部门共同使用而又较难确定由谁负责的公共部位设备设施，由工程部派人进行巡查检修。一般故障均由巡查员现场修复，较大故障由巡查员汇报后安排检修。巡查员必须按巡查表格进行逐项巡查并填写巡查表。

4）客房巡查检修

客房的巡查检修工作一般由万能工来负责。国外酒店的万能工每天要巡查检修4 间客房，每间客房要做 80 项内容（包括空调、灯、门、开关、窗户、地毯、电话、家具、卫生间等，如热水温度要达到 50℃左右，地漏要没味，墙纸要没有明显接缝、漏缝，水龙头关闭后滴水不超过 3 滴等）。万能工应掌握的技术比较全面，如强、弱电知识，清洗空调过滤网，油漆技术等。万能工责任心强，工资也高，一般应在领班之上。客人一般对万能工比较信赖。万能工每日要将完成房数报到经理处，主管要对万能工工作进行抽查，检查客房合格率。对于 300 间客房的酒店，有2 名万能工就足够了，这样每年可做 4 次巡查检修，周而复始地循环检修，不仅能提高客房设施的完好率，而且大大减轻工程部日常检修人员的工作量。

5）定期检修

当设备经过一段时间的运行后，为了保持设备的良好技术性能，使之恢复基本功能，按计划规定的时间，由专业维修工人负责，操作工人参与检查，全面检查设备的性能及实际磨损程度，以便正确地确定修理的时间和修理的种类。

修理的种类一般可分为大修、中修、小修。大修是指工作量较大的全面修理，它要把设备全部拆开，更换全部磨损零部件，以恢复设备的原有性能；中修是指更换和修复设备的主要零件，以及数量较少的其他磨损零部件，需要对设备进行部分解体，并要使设备能使用到下一次修理；小修是指工作量较小的局部修理，主要涉及零部件或元器件的更换和修复。

6）异常时期的检修

当异常时期来临时（如雷雨季节），对火灾灭火系统要多加保养。每周应做一次消防探头启动，并做测试记录。做好消防培训，还要对灭火设施做定期检查，所有这些检查都要有记录和报告。

7）机房的管理

酒店的锅炉房、空调冷冻机房、变配电所、水泵房等是工程部重点关注场所，也是最容易出重大事故的地方，因此，机房内的操作人员，必须持有劳动部门颁发的操作证。工程部应加强对各机房的管理，建立、健全严格的岗位责任制和设备操作规格，并要求操作人员对设备运行情况进行详细记录，执行严格的交接班制度，以确保设备的安全和正常运行。

设备的维修保养主要由工程部负责，但其他各部门（如客房、餐饮部门等）也要配备设备管理员，加强对设备的维护、检查和监视。

11.2.3 酒店设备的更新与改造管理

设备在运行一段时期以后，由于损耗或某些系统和设备配置不合理，无法满足客人的需要。为了维护酒店的形象，必须对设备进行更新改造。设备的更新改造属于设备的后期管理。

设备的更新和改造是两个不同的概念。设备的更新是指以经济效果上优化的、技术上先进可靠的新设备替换原来在技术上和经济上没有使用价值的老设备。设备的改造是指通过采用国内外先进的科学技术成果改变现有设备相对落后的技术性能，提高节能效果，改善安全和环保特性，提高经济效益的技术措施。

1. 设备更新改造的种类

（1）全面更新改造。由于各种原因，酒店原有的设备不能满足要求，要对其进行全面更新改造。全面更新改造一般是在基本保留原有建筑结构的基础上对酒店的设备系统，特别是主要大型设备进行更新或改造，以提高酒店设备的现代化水平，达到旅游服务标准的要求。这类项目常常需要和土建、环保等工程项目配合进行。

（2）系统设备更新改造。这是针对酒店的某一具有特定功能的系统设备，当其性能下降、效率低下、能耗太高或环保特性差等具体问题产生时采取的更新改造技术措施，如酒店的空调系统设备等。

（3）单机设备更新改造。这是对单机设备所采取的技术措施，如对洗衣房烫平机的改造。这种更新改造在工程上是相对独立的。

2. 设备更新改造时机的选择

更新改造时机的选择，就是决定何时进行更新改造。设备更新改造的客观依据是设备的寿命。设备的寿命分为自然寿命、技术寿命和经济寿命。

自然寿命是指设备从投入使用到自然报废所经历的整个时期。它是由设备在使用过程中的物质磨损而造成的。其更新的长短往往依据设备的性能、结构、使用的频繁程度而变化，生产设备的更新往往以此为主要依据。

技术寿命是指设备从投入使用到因无形磨损而被淘汰所经历的时间。它是由科学技术和客人的需要两个方面的原因造成的。从前者看，由于科学技术的进步，酒店行业出现了技术上更先进、经济上更合理、外观上更好看的设备，从而造成原有设备的贬值；从后者看，部分设备虽然性能没有多大改变，使用价值仍然存在，但客人已感到陈旧落后或使用不便。在酒店设备的更新改造项目中，由于技术寿命引起的更新改造占较大比重，如客房、前厅、餐厅等设施的改造，电话交换机的更新，电梯的更新等。技术寿命的长短往往是客用设备更新改造的重要依据。

经济寿命是指设备投入使用后，由于设备老化、维修费用增加，继续使用经济上不划算而需要更新改造所经历的时间。它是根据设备使用过程中维持费用（维修费用和人员工资）的多少来决定的。

一般来讲，由于科学技术和经济的飞跃发展，设备的经济和技术寿命大大短于自然寿命。另外，设备更新改造的时间尽量选择在淡季进行。

3. 更新改造方案的决策

确定更新改造的时机后，如何进行改造，这就是更新改造方案的决策。

【本章小结】

酒店物资和设备管理是酒店运营管理中又一个重要内容，本章从物资的特点出发，阐述酒店的物资和设备管理，讨论了酒店的物资种类和酒店物资体系的一般内容，了解酒店物资的概念、物资的定额管理及酒店设备的维护和管理。其中物资的消耗定额和物资的仓储定额是酒店物资管理的重心。酒店设备管理的内容要求了解酒店设备日常维护保养的正常方法。在经营管理中，酒店物资和设备管理是酒店运营中成本控制的重要环节，因此学生应该掌握其中的标准、方法和技巧，为日后从事酒店运营管理工作打下坚实的基础。

【即测即练】

【思考题】

1. 简述酒店物资采购的内容和程序。

2. 简述酒店物资仓储的程序和原则。

3. 简述酒店的设备是如何分类的？

4. 如何对酒店的设备资产进行评估？

5. 酒店设备对酒店日常经营运作有什么支持作用？

第12章 酒店安全与危机管理

【学习目标】

1. 掌握酒店安全管理的概念、酒店安全管理的内容与特点；

2. 了解酒店安全的原则，熟悉酒店安全管理系统；

3. 掌握酒店危机管理的概念、特点及分类。

【能力目标】

1. 会制订酒店犯罪与盗窃的防范计划；

2. 会制订防火安全计划与消防管理措施；

3. 会采取对策与措施应对酒店危机管理。

🔍【思维导图】

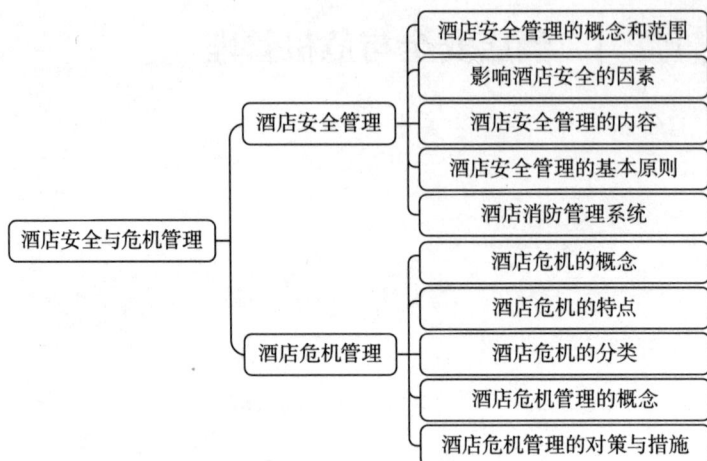

🔍【导入案例】

　　旅游旺季，某旅游度假区迎来一批外地客人，白天在附近登山时几名游客采摘了些菌类和山野菜，中午自助烧烤食用。下午回酒店后，一位女士跟服务员说有点头痛，要服务员送点开水，服务员进入客人房间时，客人还较为正常，仅有点"醉态"，出于对客人的关心服务员离开房间后，过了十来分钟，给该客人房间打电话，发现电话占线，过了一会又打电话进房间，发现还是占线，服务员通知总机查看客人房间的电话是未挂还是长时间通话，总机查证后明确无误告知是未挂好。职业的敏感让这位服务员觉得必有异常，未见此客人外出，上房敲门却未见房内客人回应，为防意外发生，服务员果断地开门进房，发现客人在床上口吐白沫已经昏厥，便立即送医院急救。

　　思考题：

　　1. 酒店安全防范需要服务人员具备哪些素质？

　　2. 如果你是酒店的负责人在对酒店员工进行培训时，在安全防范方面需要做好哪些方面的培训？

12.1　酒店安全管理

12.1.1　酒店安全管理的概念和范围

　　安全是指没有危险，不受威胁，不出事故。酒店安全，一般是指酒店以及来店客人、本店员工的人身和财产在酒店所控制的范围内，没有危险，也没有其他导致危险的因素发生。

酒店安全管理的范围广泛，按其内容和性质的不同，可以分为生产安全、交通安全、食品卫生安全、社会治安安全等；按对酒店安全的重要程度不同，可以分为要害部位安全和非要害部位安全。

12.1.2　影响酒店安全的因素

影响酒店安全的因素种类多、范围广、变化快，按照侵害因素产生的原因可以分为人为因素和自然因素两大类。

1. 人为因素

由于人们的行为而产生的侵害酒店安全的因素均为人为侵害因素。它又包括违法犯罪行为和非违法犯罪行为两种。

1）违法犯罪行为

这种行为是指人们违反了法律规定，从而侵害酒店安全的行为。其特征如下：

（1）行为者违反法律规定，产生法律所禁止的行为。

（2）行为者以酒店和客人的人、财、物作为侵害目标，作案地点大多在酒店之内。

（3）行为者的心理状态大多为明知故犯，此外也有一些是过失行为引起的违法犯罪活动，如失火、过失伤害等。

（4）违法犯罪的手法比较隐蔽，违法犯罪分子往往伪装成住店客人，混入酒店之中伺机作案。

因此，酒店安全保卫人员必须随时保持高度警觉，采取切实可行的措施，预防和制止违法犯罪行为的发生。这是酒店安全部门的主要任务之一。

2）非违法犯罪行为

这种行为多数属于在道德上、思想上和习惯上有问题，它并没有违反法律规定，但确实影响了酒店安全。如由于不同地区、不同民族客人之间的风俗习惯不同，他们的某些行为习惯影响了酒店安全，对于这些问题的处理，更需谨慎，更需注意方法的运用；再如由于有关人员过失所造成的事故，如施工人员违反操作规定引起的火灾，餐厅人员违反食品消毒规则而引起大范围的客人中毒等。

2. 自然因素

由于自然作用而直接影响酒店安全的因素，均是自然侵害因素。自然侵害因素具有很大的危险性，会给酒店和客人造成严重损失。按人们对自然侵害因素的认识程度又可分为下列两种。

（1）人们可以预料并能预防的自然侵害因素。这类因素如房屋年久失修，因自然风化作用造成屋顶泥灰脱落而砸伤客人，大风刮倒了门窗，自动电梯被卡，电源线老化而引起火灾，冰箱食物贮藏过久而引起食物中毒等。虽然这种自然侵害因素可以预料并能够预防，但由于它们普遍存在，往往不被重视而经常发生，因此要引起安全部门和酒店各有关部门的注意，尽可能减少和消除这种自然侵害因素。

（2）人们难以预料或不可抗拒的自然灾害。这类因素如台风、洪水等。人们对这些灾害的认识虽然已不是一无所知，但其发生的准确时间、地点、途径和危害程度是难以预料的，人的力量很难与之有效抗衡。这些自然灾害给酒店造成的损失往往是十分惨重的，因此酒店要加倍警惕，千方百计地采取科学手段和切实可行的措施，尽量减少损失。

酒店的安全管理，就是要消除这两类侵害因素，既要预防自然因素对酒店的侵害，又要预防人为因素对酒店的侵害。

12.1.3　酒店安全管理的内容

1. 保障客人的安全

保障客人安全是酒店安全管理的主要任务。要保障客人安全，必须对客人安全有一个全面的认识。一般来说，保障客人的安全主要体现在以下三个方面。

（1）保障客人的人身安全。保障客人的人身安全，就是保障客人的人身不受伤害。这是客人最基本的心理要求。造成客人人身伤害事故的因素主要有社会时局动荡、自然灾害、公共治安混乱、酒店设备设施安装不当以及火灾、食物中毒等。

（2）保障客人的财产安全。财产安全是指客人入住酒店后，随身所带的一切财物的安全，以及委托酒店代为托运、保管的财物的安全。客人的财产损失一般来自火灾事故、盗窃案件和酒店工作中的差错。

（3）保障客人心理上的安全感。客人心理上的安全，实际就是客人入住后对环境、设施、服务的信任感。否则，虽然客人的人身并未受到伤害财产也未损失，但客人却时时感到有不安全的威胁存在，产生一种恐慌心理。客人心理上的不安全感主要表现在：①设施、设备安装不合理或不牢固，如冷热水龙头装反，电器设备漏电，空调噪声过大，餐厅地砖不防滑等。②收费不合理，价格不公道，使客人有被"敲竹杠"之感。③服务人员服务不当，如不敲门进房、随便翻动客人的东西，不恰当的询问，不科学的会客服务方式，不负责的查房等。④酒店气氛过于紧张，如禁止通行、闲人免进、此路不通的标牌随处可见，保安人员表情严肃、态度生硬。⑤酒店缺乏必要的防盗和消防设施。心理上的安全感从某种意义上说，比前两项更为重要，但也最容易被忽视。

2. 保障员工的安全

保障员工的安全是酒店业务活动顺利进行并取得良好效益的基本保证。保障酒店员工安全的内容主要包括以下三个方面。

（1）保障员工的人身安全。保障员工的人身安全，就是保障员工的身体健康，使员工的人身不受伤害。一般来说，影响员工身体健康，造成人身伤亡事故的因素主要有三个方面：①由于设备维护或操作不当造成的工伤事故，如跌伤、扭伤、割破、烧伤、烫伤、触电等。②由于劳动保护措施不当引起的各种疾病。③客人中的个别不法分子无理取闹殴打员工致伤等。

（2）保障员工的合法权益。酒店为了正常运转，提高服务质量和经济效益，必须制定严格具体的规章制度。如有的酒店规定在任何情况下都不能和客人争吵，因此，员工在工作中难免会受到各种委屈和侮辱。所以作为酒店的管理者和安全部门必须坚持依法办事，主持公道，保障员工人身权利不受侵犯，人格不受侮辱。

（3）保障员工的道德情操。涉外酒店是以接待外国人、外籍华人、华侨等为主要对象的酒店。随着这些客人的到来，一些西方社会不良的思想、道德、习惯等不可避免地会对酒店员工的思想和行为产生影响。如不加管理，就可能造成严重的后果，如员工出卖国格、人格等行为。所以，如何采取有效措施，防止员工道德情操扭曲，也是员工安全管理的重要任务。

3. 保障酒店的安全

保障酒店安全首先表现在为了维护酒店的形象不受破坏而进行的一系列工作，如有的客人在公共场所酗酒、大声吵闹、衣冠不整等不雅行为影响酒店的格调，损害酒店的形象，对此酒店的保安人员必须及时加以制止；其次表现为保障酒店的财产不受损失，如讨偿欠款，防止和追查漏账、逃账，预防和打击内偷外盗行为等。

12.1.4　酒店安全管理的基本原则

1. "宾客至上，安全第一"的原则

"宾客至上"是酒店一切工作的基本指导思想和宗旨，也是安全保卫工作的根本出发点。要做到这一点，就必须全心全意地为客人服务，关心客人，方便客人，做到文明接待，文明执勤，文明宣传，提高安全保卫工作质量。"安全第一"，是指酒店安全工作是其他一切工作的前提。如果没有安全做保障，酒店其他工作就无法顺利进行。所以，安全工作是酒店第一位的工作。

2. 预防为主的原则

预防为主就是集中主要精力做好安全防范工作，防止治安案件、刑事案件和自然灾害等事故的发生。预防为主，一是要加强防范，堵塞各种漏洞，不给任何违法犯罪分子以可乘之机；二是要定期进行安全检查，及时发现并消除各种不安全因素和事故苗头，把各类事故消灭在萌芽状态。

3. 外松内紧的原则

外松内紧是涉外保卫工作，包括酒店保卫工作的一条共同原则。所谓外松，是指安全工作在形式上要自然和谐，气氛要和缓轻松；所谓内紧，是指安全保卫人员要有高度警觉，要做好严密的防范工作，要随时注意不安全因素及各种违法犯罪的苗头和线索，保证安全。外松是形式，内紧是实质，外松和内紧是不可分离的统一体。一方面要使客人感到舒适、方便、宁静、安逸；另一方面要高度警惕，防止各种安全侵害事件的发生。

4. 群防群治的原则

群防群治，就是依靠广大员工做好酒店的安全工作和内部治安管理工作。酒店员工是酒店的主人，最熟悉酒店的内部情况，深知酒店的不安全因素和保卫工作的薄弱环节，只有依靠他们，才能采取切实可行的措施，去堵塞漏洞，去消除那些不安全因素。另外，酒店客人与酒店的安全工作也有着直接的利害关系，要发动并依靠客人共同做好安全保卫工作。

5. 落实管理责任的原则

这一原则基本精神是分清层次，各司其职。酒店的安全工作，总经理是总负责，各部门经理也要各负其责。安全部的主要职责是：在总经理的领导下，主管酒店安全保卫，并督促、检查、指导酒店各部门的安全保卫工作，依照法定的职责权限对各类违法犯罪行为和各类事故进行调查和处理，并根据存在的问题提出整改建议，改进安全保卫工作。安全工作是一项复杂的、综合性很强的工作，各部门必须共同努力，才能把酒店安全工作做好。

12.1.5　酒店消防管理系统

酒店消防管理工作意义大、范围广、要求高，要做好这项工作，必须进行系统性全面管理。一般来说，酒店消防管理系统主要由以下几个方面构成。

1. 酒店消防管理的含义

酒店消防管理工作主要包括火灾的预防和火警、火灾事故的处理。因为火灾是酒店安全的最大灾难，由于火灾而造成酒店重大损失和人员伤亡的事件时有发生。现代化酒店内部设施完善，建筑费用高，装饰豪华，流动资金和各类高档消耗品储存较多，一旦发生火灾，其直接经济损失巨大。火灾发生后不仅给人民的生命财产带来损害，还会在国内外造成不良的社会政治影响。所以酒店火灾危害极大，酒店消防管理工作十分重要。

2. 消防的基本知识

1）火灾分类

根据燃烧性质不同，将火灾分为普通火灾、油火灾、电器火灾和特殊火灾四种。

（1）普通火灾是指纸类、木材、纤维等一般可燃物燃烧的火灾，是最普通和常见的火灾，城乡建筑物火灾多属普通火灾。水或含水溶液的冷却作用对普通火灾的抑制效果最佳。

（2）油火灾是指液体及固体油脂类易燃物燃烧发生的火灾。石油制品、易燃性油脂、液体油漆的火灾都属这一类，对待这类火灾，窒息灭火最为有效。

（3）电器火灾是指通电中的电器设备发生的火灾。对于这类火灾的最有效措施是使用电器绝缘性灭火剂。

（4）特殊火灾可分为金属火灾和瓦斯火灾。金属火灾是指钠、钾、镁等活性金属发生的火灾，形成高温，不能用一般的灭火剂，选择特殊的灭火剂才能奏效。瓦斯火灾是指瓦斯燃烧发生的火灾，瓦斯火灾与油火灾灭火方式相似。

2）常见的灭火器

（1）酸碱灭火器。它适用于一般固体物质的火灾，但不可用来扑救油类及带电的电器设备火灾。使用时，只需把筒身颠倒过来，上下摇晃几下，筒内液体就会喷出。

（2）泡沫灭火器。它适用于油类火灾和一般固体火灾及可燃液体火灾，但不适用于忌水物质火灾和带电的电气设备火灾。在扑火时，要让泡沫覆盖到火焰上。

（3）二氧化碳灭火器。它是一种适应性广的灭火器，凡是酸碱、泡沫灭火器能灭的火灾都适用，而且还适用于带电的低压电器设备火灾，但它不适用于钾、钠、镁、铝等金属火灾。

（4）干粉灭火器。适用范围与二氧化碳灭火器相仿。

（5）卤代烷灭火器。灭火效力高，约为二氧化碳灭火器的 5 倍。

上述几种灭火器能灭的火灾都可用卤代烷灭火器，它特别适用于精密仪器、电气设备、文件档案资料的火灾。

3）防火灭火的方法

防火灭火的主要措施是把燃烧三要素（可燃物质、助燃物质和着火源）分隔开来。

（1）防火的办法。减少可燃物质，是指室内装修应当采用非燃或难燃材料，尽可能减少使用可燃材料；预防着火火源，是指严格控制明火的使用，维修、施工动用火，需经有关领导批准，并在防火员监督下进行；建立防火分隔，是指酒店在建造时就要按规定，将建筑物按防火要求用防火墙及防火门等，将建筑物分隔成若干防火防烟分区，每层楼之间也要有防火防烟分隔设施，万一发生火灾，便于控制，防止蔓延。

（2）灭火办法。冷却灭火，是指将燃烧物的温度降到燃点以下，使燃烧停止；窒息灭火，是指采取隔绝空气的办法来阻止燃烧；隔离灭火，是指把正在燃烧的物质同未燃的物质隔离开来，使燃烧停止；抑制灭火，是指用有抑制作用的化学灭火剂喷射到燃烧物上，使之停止燃烧。

酒店火灾往往发生在夜深人静之时，此时客人已入睡，值班人员较少，等到发现时，往往火势蔓延，不可控制，造成的财物损失和人员伤亡也更为严重。酒店中常见的失火部位为客房、餐厅、酒吧等，失火原因大多是因用火不慎、余烬未灭而引起。酒店一旦发生火灾，值班人员要及时报警。报告消防部门和酒店安全部，同时将客梯降到底层，开通消防电梯，电工切断火警地的电线，打开正压风机和水泵等。经领导批准后，向客人通报情况并保证把客人疏散到安全地带。

3. 消防管理的内容

做好酒店消防管理工作，必须做到计划落实、组织落实、措施落实。要切实落实消防安全责任制，制定防火工作措施；并要配备必要的完好的消防设施，群策群力，共同做好消防管理工作。

（1）落实消防安全。落实消防安全具体包括：落实消防安全责任制，制定本单位的消防安全制度、消防安全操作规程，制定灭火和应急疏散预案；按照国家标准、行业标准配置消防设施、器材，设置消防安全标志，并定期组织检验、维修，确保完好有效；对建筑消防设施每年至少进行一次全面检测，确保完好有效，检测记录应当完整准确，存档备查；保障疏散通道、安全出口、消防车通道畅通，保证防火防烟分区、防火间距符合消防技术标准；组织防火检查，及时消除火灾隐患；组织进行有针对性的消防演练；法律、法规规定的其他消防安全职责。单位的主要负责人是本单位的消防安全责任人。

（2）制定防火工作措施。酒店引起火灾的原因较多，但以吸烟、使用明火不当、电器设备故障、厨房起火居多。所以，酒店要做好消防工作，必须制定严格的防火措施。其中包括使用明火规定，煤气运输、贮存、使用规定，电器设备的安装、检修规定，客房安全管理制度，厨房防火制度等，以确保消防工作有标准、有依据。

（3）配备完善的消防设施。为有效地做好防火工作，酒店消防设备必须现代化。目前我国星级酒店的楼高大多在十层以上（超过 30m），有的已高达四五十层（超过 150m），一旦发生火灾，靠楼外的给水是不行的，必须建立自身的消防供水系统。

酒店还必须建设安全疏散通道。安全疏散通道要保证畅通，而且必须有足够的数量，每个安全门要能够容纳一定的人数通过，同时标明出口通向外面的最短线路，并要设有照明装置。每个防火分区的安全出口不应少于两个。在高层建筑的酒店中，电梯是至关重要的输送工具，在发生火灾时，电梯可置人于死地。因为发生火灾时，电梯的升降机井就像毒烟毒气的烟囱，电梯内部温度极高，浓烟弥漫，电梯控制器失灵，电梯突然停止行驶，导致客人遇难。为避免这种情况发生，电梯内应有防火控制的装置，一旦发生火灾，防火系统将电梯送到安全地带。另外，酒店还需配备消防电梯，消防电梯由酒店安全消防部门控制，既可疏散客人，又可运送消防队员、灭火器材等。

报警通信系统要求现代化，应有消防控制中心和报警系统；要配备排烟装置、烟感报警装置、自动喷淋装置等消防设施和器材，并要进行定期检查和启动，保证设施设备的正常运行。

12.2 酒店危机管理

12.2.1 酒店危机的概念

"危机"一般是由客观（社会）或主观（人为）的因素，有时甚至是"不可抗拒力"所引发的意外事件，而使企业产生的紧急或危险状态。企业发生危机，是企业面临危险与机遇的分水岭。国际上对"危机"的权威定文可理解为，在任何组织系统及其子系统中，因其外部环境或内部条件的突变，而导致的对组织系统总体目标和利益构成威胁的一种紧张状态。这种具有不确定性的重大事件，可能对组织及其相关成员、产品服务、资产和声誉造成巨大的损害。

根据这一定义，酒店危机是指由于发生突发性的重大事件而对酒店业造成的重大破坏和后续不良影响的状态。

12.2.2 酒店危机的特点

1. 发生突然

酒店内部因素导致的危机在出现前都会有些表现，但由于人为疏忽，对这些情况可能会视而不见，因此危机的爆发经常出于员工的意料之外，危机爆发的具体时间、实际规模、具体态势和影响深度，都可能在没有防备的状态下发生。

2. 传播迅速

进入信息时代后，危机的信息传播比危机本身发展要快得多。信息传播渠道的多样化、传播的高速化、范围的全球化，使酒店危机信息迅速公开化，成为公众关注的中心，成为各种媒体炒作的素材。而社会公众了解酒店危机的信息来源是各种形式的媒体，而媒体对酒店危机报道的内容和态度将在很大程度上影响着公众对危机的看法和立场。

3. 危害性大

不论什么性质和规模的危机，都必然不同程度地给酒店造成破坏，并造成混乱和恐慌。如果决策的方向或措施有误，则将会给酒店带来无可估量的损失。而且危机往往具有连锁反应，容易引发一系列的矛盾和问题，从而使事态更加严重。对于酒店而言，危机不仅会破坏正常的经营秩序，更严重的是会破坏酒店持续发展的基础和未来。

4. 紧迫性强

对酒店而言，危机一旦爆发，其破坏性将呈快速蔓延之势。如果不加以及时控制，酒店局势将会急剧恶化，使酒店蒙受更大损失。而且由于危机的连锁反应以及各路媒体的快速传播，如果给公众留下处理反应迟缓、漠视公众利益的形象，势必会失去公众的谅解和同情，甚至损害品牌的美誉度和忠诚度。因此对于危机处理，可供做出正确决策的时间是极其有限的，而这也要求酒店决策者必须审时度势，善于处理危机，并能把握住大局。

12.2.3　酒店危机的分类

1. 形象危机

形象危机也称为信誉危急、信任危机。酒店形象是酒店在长期的经营和管理过程中，产品和服务、环境和氛围以及现场管理和企业文化等给消费者带来的整体印象和评价。良好的社会形象是酒店重要的无形资产，是酒店生存和发展的基础，树立良好的社会形象是企业的战略计划和行为。如果酒店发生严重事件，如违法经营、欺骗顾客、食物中毒、安全事故等，都容易成为社会焦点问题，若处理不当，不仅使酒店的社会形象受到损害，还极易使酒店的经营陷入危机，甚至使酒店难以为继。

2. 人事危机

部分酒店为了节约成本，违法招工、违法用工、拒签劳动合同、不给员工参加社会保险，强行收取押金或变相收取押金，处理员工或辞退员工存在随意性和简单化。随着社会的发展和员工法律意识的提高，员工的维权意识在不断增强，一旦员工向社会和劳动保障部门投诉，劳动和社会保障部门必然要对违法违纪酒店进行惩处，从而给酒店造成人事危机，员工对酒店产生信任危机。另外，酒店或对现有管理人员及后备管理人员队伍缺乏培养和储备，或缺乏有效的激励机制，致使骨干管理人员流失和后备管理人员匮乏，使酒店管理队伍断层，也将成为酒店潜在的危机。

3. 财务危机

财务危机产生的原因包括：高层经营决策不当给酒店造成财务危机，如投资新领域、扩大经营规模、增加经营项目等，因缺乏科学论证而盲目投资，致使酒店流动资金短缺，经营难以为继；酒店制度不健全、管理有漏洞，导致流动资金私自被挪用、被挥霍、被贪污等。

4. 财产危机

酒店在经营过程中，都可能遇到不可抗拒的力量和意外事故，如地震、飓风、洪水、火灾以及员工的人身事故等，酒店没有规避自然灾害和意外事故的行为和措施，都可能给酒店造成财产危机，轻则给酒店造成大的损失，重则使酒店经营难以继续。

5. 信息危机

由于对信息保护和利用不力而给酒店造成危机的情况屡见不鲜。有些酒店员工对保护酒店商业秘密认识和重视不够，把酒店的发展规划、投资意向提前泄漏，被其他酒店抢先一步；还有些酒店员工对内部经营控制指标、经济协议内容等不加保护，被其他酒店窃用、模仿等，给酒店工作造成被动，降低了酒店竞争优势。另外，酒店不注意行业经营和管理的发展趋势，不注意借鉴同行以及竞争对手的经验和教训，也会给酒店造成信息危机。

6. 公共危机

酒店经营的特点是对社会依赖性强，且对外部反应极其敏感。如 SARS 和新冠疫情等，作为典型的公共危机，对酒店乃至整个社会的影响都是巨大的。如果应对不力，将会使酒店遭受重创。

12.2.4　酒店危机管理的概念

酒店危机管理是对危机进行控制和管理，以防止和避免危机，使酒店组织和个人在危机中得以生存下来，并将危机所造成的损害限制在最低限度。在管理过程中，根据危机演变的时间过程，危机管理过程可划分为危机预警与准备阶段、识别危机阶段、隔离危机阶段、管理危机阶段及危机后处理阶段。

因此，可以认为，酒店危机管理是指为避免和减轻酒店危机可能带来的严重威胁，通过危机研究、危机预警和危机救治等手段为达到恢复酒店经营环境、恢复酒店消费者信心的目的而进行的非程序化的决策过程。它包括政府（主要指政府主管部门）、酒店、酒店从业人员、公众（消费者）等多个行为主体，以及沟通、宣传、安全保障和市场研究等多个实施途径。

12.2.5　酒店危机管理的对策与措施

1. 扎实做好酒店危机管理预案

酒店危机管理预案至少应包括：防范火灾；防范各类治安性突发事件，如爆炸等；防范各种可能面对的自然灾害；防范食物中毒、服务过失等多种易发性事件；防范各种设施、设备安全隐患；防范媒体恶性炒作等。

2. 危机管理必须坚持统一指挥及科学分工

在危机发生时，各级人员的分工、职责、工作程序必须明确，以确保能在第一时间内果断采取措施，这将是战胜"危机"的关键因素。

【本章小结】

本章主要介绍了酒店安全与危机管理的相关概念，以及酒店安全与危机事件产生的主要原因，此外在酒店安全与危机管理工作中，不同阶段采取的具体针对性措施是重点，学生应该重点掌握。强化酒店安全与危机管理，确保酒店、员工、宾客安全，评估酒店所处环境的危险系数，树立危机意识，从容应对各种复杂的局面是现代酒店管理的重要工作。

【即测即练】

【思考题】

1. 酒店安全管理有何重要性？
2. 酒店安全管理的范畴？
3. 酒店安全管理组织和管理制度？

4. 酒店危机管理的成因和作用机制？

5. 酒店危机管理的战略应对措施有哪些？

【参考文献及资源】

1. 郑向敏. 酒店管理[M]. 3 版. 北京:清华大学出版社,2014.

2. 唐秀丽. 现代酒店管理概论[M]. 重庆:重庆大学出版社,2023.

第13章 酒店业发展趋势

【学习目标】

1. 了解全球酒店业发展的总体趋势;

2. 掌握中国酒店业的发展趋势。

【能力目标】

1. 能根据数据预判酒店行业发展的基本趋势;

2. 能结合中国酒店业的发展趋势对酒店运营实践提出一些合理化建议。

【思维导图】

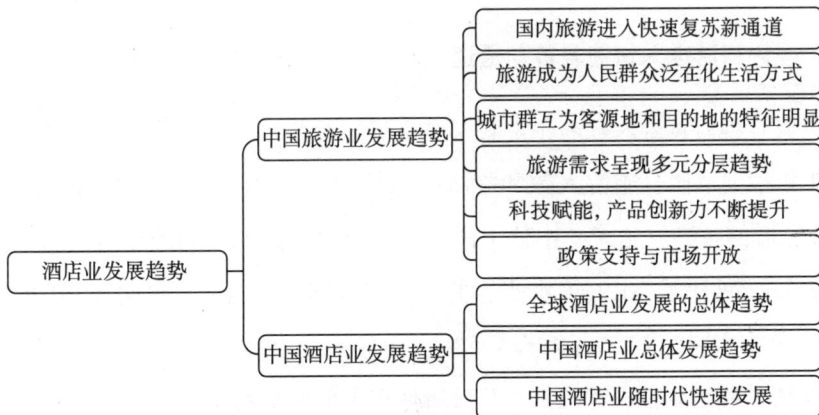

🔍 【导入案例】

"酒店＋"带来的变化

四年一度的足球世界杯开始后，各地带有大屏幕投影的影音房成为在线旅游平台"霸榜"的热销资源。以影音房为代表的"酒店＋"复合业态在近年展现出强劲的市场新动能。根据飞猪平台统计，2022 年卡塔尔世界杯开赛以来，"酒店＋"组合型产品订单量同比去年翻倍增长，酒店在基本住宿需求之外的生活方式场景已经形成了确定性的生意机会，"酒店＋"成为吸引年轻人在酒店消费的新动力。美团数据显示，世界杯影音房预订人群中，男性占比超过七成；有人为了看球，甚至从开幕日一直订到决赛日。飞猪平台显示，在世界杯期间，热门城市的影音酒店、带巨幕的主题酒店预订量同比增长 2.5 倍以上，平均消费金额增长约三成。同程旅行数据显示，早在 2022 年 11 月 20 日世界杯开幕日当晚，全国影音房预订量环比上涨超过 30 倍。预订"影音房"的人群中，超过六成为 25 岁以下的年轻人。

伴随各地对"酒店＋"的深入探索，酒店管理者迫切需要对相关问题进行系统思考。

思考题：

1. 作为酒店经营者，在"酒店＋"领域探索过程中应关注哪些问题？

2. 你认为酒店跨界的"度"应如何把握？

13.1   中国旅游业发展趋势

13.1.1   国内旅游进入快速复苏新通道

1. 节假日期间出游人数和旅游收入实现预期增长

2023 年主要节假日旅游人数和旅游收入均比 2022 年有一定程度增长，全年呈现出高开稳增的态势。尤其"中秋＋国庆"8 天超长假期，国内旅游出游人数和国内旅游收入均恢复至 2019 年水平，并有微小提升，出游人次同比 2019 年增长4.1%，旅游收入同比 2019 年增长 1.5%。

2. 节假日期间游客出游距离和目的地休闲半径明显增长

常态化旅行和相关政策的激励，推动中远程旅游快速复苏，游客出游距离和目的地休闲半径明显增长。尤其在"五一""中秋＋国庆"假期，出游距离和目的地游憩半径均比 2019 年有微小提升。

3. 国内旅游市场恢复至 2019 年的八成以上

2023 年全国国内旅游人数接近 49 亿人次，同比增长约 90%；实现国内旅游收入约 4.9 万亿元，同比增长达到 140%。较 2019 年分别恢复至 81% 和 86%。

13.1.2　旅游成为人民群众泛在化生活方式

1. 低线城市、小机场城市、县城和中心城镇成为国内旅游新的增长点

从空间维度来看，随着大众旅游进入全面发展的新阶段，越来越多的低线城市和乡村居民加入了旅游活动，成为旅游消费新动力，旅游已经成为人民群众泛在化的日常生活方式。数据表明，购买人生第一张机票的主力群体的平均年龄，已经下沉到 20~25 岁，其中近一半游客来自三线及以下城市。中国旅游研究院文化和旅游部数据中心对 2023 年都市游和乡村游出游的分月度监测数据表明，城市和乡村居民出游率的差距呈现逐月收敛的趋势，春节假期，因为大量在外务工农村居民回乡探亲访友，两者差距达到全年最小水平。

2. 近程旅游仍然是国内旅游发展的基础支撑

2020—2022 年，以城市休闲、周边游、乡村游为代表的高频次近程游成为国民旅游的主要出行方式。疫情让人们更加深刻认识到身边的美丽风景，更愿意体验日常的美好生活。近程旅游也因此而夯实了在旅游经济体系中的基础市场地位，并持续影响着旅游经济发展格局。尽管随着国内旅游市场全面复苏，人们的出游距离、目的地游憩半径不断扩大，但近程旅游仍然是国内旅游发展的基础支撑。监测数据显示，2023 年周边游出游人次在季节性波动中呈现加速增长的发展态势。

13.1.3　城市群互为客源地和目的地的特征明显

1. 客源地与目的地向东、中部地区高度聚集

根据中国旅游研究院文化和旅游部数据中心对省域客流全国占比专项数据的测算，2023 年 1—10 月，山东、广东、河南、江苏、四川、河北、湖北、湖南、浙江和安徽等 10 省份游客产出量与接待量均较为领先，其客流输出量与接待量分别占全国总游客量的 56.6% 和 56.4%。可以看出，客源地前 10 与目的地前 10 呈现完全重合的现象，且在东、中部地区高度聚集。

2. 旅游客流规模随客源地与目的地距离扩大而不断递减

近程省内旅游客流占主导，中远程省际客流大幅减少。"本地人游本地"构成了2023年国内旅游市场主力军。2023年1—10月近程省内客流占比2019年增加了24.9个百分点。排名前10省份（广东、山东、四川、河南、江苏、湖北、湖南、河北、浙江、安徽），承载了全国近六成的省内客流，占比为57.1%。省际旅游客流主要集中在相邻省份之间。在2023年1—10月全国前100省际旅游客流中，有74条为相邻省份之间的旅游流动。在占全国七成省际旅游客流量的前200条客流中，相邻省份之间旅游客流有114条。

3. 城市群承载繁荣旅游经济火车头、压舱石的作用得以凸显

城市群互为客源地与目的地的特征显著。城市群间游客往来构成省际旅游流"干线"和"支线"网络。强旅游流主要分布在京津冀、长三角、成渝、中原城市群等城市群内部，形成了旅游客流区域集聚的中心，构成了全国省际旅游流的"干线"。较强旅游流发生在城市群之间，如长三角与京津冀、珠三角、中原城市群、长江中游城市群，成渝与中原城市群、珠三角与长江中游城市群、中原城市群、长三角等城市群之间的旅游客源流动，构成了全国省际旅游流的"支线"，是旅游流网络的核心支撑。无论是城市群内部还是城市群之间的旅游流动，城市始终是客源地和目的地重构的核心载体和旅游业高质量发展的关键。

13.1.4　旅游需求呈现多元分层趋势

游客需求呈现多样化、个性化和品质化的多元分层趋势，这也是大众旅游全面发展阶段的显著特征与长期趋势。旅游新需求和细分市场的不断涌现，推动了旅游场景、产品和服务的创造性提升和创新性发展。研究发现：深受青年人喜爱的特种兵旅游、反向旅游、集章、打卡旅游、"进淄赶烤"美食游、围炉煮茶仪式游、城市漫游（citywalk）、村超村BA、45°躺平、沉浸式、研学旅游、避暑、避冷、康养旅游、自驾出游、旅居结合的休闲度假游，都是2023年的旅游热词。

目前，旅游业已经进入高质量发展通道，怎么去实现旅游产业的高质量发展？如何实现？中国社科院旅游研究中心主任宋瑞研究员表示：经济发展的目标变了——从为发展而发展到为人而发展；发展方式要改变——从粗放型高速增长到集约型增长；发展的内容不仅关注

知识拓展13-1

经济，还要关注民生、社会、安全等方面；这种发展需要依赖于宏观、中观、微观等各个层次；发展所依赖的要素更加广泛，要不断地增加新的生产要素，包括形成新质生产力。

13.1.5 科技赋能，产品创新力不断提升

现代信息技术的快速发展为旅游业的数字化转型提供了重要支撑。智慧旅游、5G、VR/AR 等技术的应用提升了游客体验，优化了资源分配，推动了旅游行业的智能化发展。此外，线上旅游服务的普及也使游客能够更便捷地预订和查询旅游产品。具体表现如下。

1. 5G 技术

5G 技术作为新一代通信技术，被广泛应用于旅游行业，提升了旅游的体验、效率、智能化和沉浸感。例如，5G 技术在景区的应用包括实时传输、无人驾驶、视频监控等，这些技术不仅优化了游客的体验，还提高了景区管理的效率。

2. 数字孪生技术

数字孪生技术在 2024 年得到了广泛应用，通过创建虚拟的景区模型，为游客提供更加智能和安全的服务。例如，数字孪生技术可以模拟景区的实时情况，帮助游客规划行程，提升景区的管理和服务水平。

3. 元宇宙和虚拟现实技术

元宇宙和虚拟现实（VR）技术在旅游行业的应用日益增多。例如，故宫博物院推出了"故宫元宇宙"项目，游客可以通过虚拟现实技术穿越时空，探索故宫的历史和文化。此外，云南元宇宙项目通过数字展示自然风光，让游客在虚拟环境中体验从雪山到草原的自然美景。

4. 增强现实技术

增强现实（AR）技术在旅游中的应用也逐渐普及。例如，通过 AR 技术，游客可以在现实场景中叠加虚拟信息，获得更加丰富的旅游体验。这种技术在博物馆、文化遗址等场所的应用尤为突出。

5. 人工智能

人工智能（AI）技术在旅游行业的应用也在不断深化。例如，携程海外子公司 Trip.com 集团推出的 TripGenie，是一款基于 AI 的旅行助手，能够为用户提供个性化的旅行建议和行程规划服务。这种技术大大提高了旅行的便利性和效率。

6. 物联网

物联网技术在旅游行业中的应用包括无人机拍摄、智能导览系统等。例如，无人机可以拍摄壮丽的航拍照片和视频，为游客提供独特的视角；智能导览系统则可以根据游客的需求提供个性化的导览服务。

7. 智慧旅游

智慧旅游是 2024 年旅游业的重要发展方向。通过 5G、物联网、人工智能等技术的协同创新，智慧旅游不仅提升了游客的体验，还优化了景区的管理和服务质量。

8. 新型文旅融合

2024 年，文旅与科技的融合成为一大趋势。通过元宇宙、人工智能、5G 等技术的应用，文旅产业实现了深度融合，推动了新质生产力的形成。

13.1.6   政策支持与市场开放

1. 政府政策支持

中国政府出台了一系列政策，旨在优化旅游发展环境，推动产业转型升级。例如，"十四五"规划明确提出了促进文化和旅游产业发展的目标，并强调了政策支持的重要性。

2. 国际市场稳步增长

中国不仅是全球最大的出境旅游目的地，也是入境旅游的重要市场。随着国际交流的逐步恢复，入境旅游市场有望进一步增长。同时，"一带一路"倡议和"旅游＋"战略的实施也将为国际旅游合作提供新的机遇。

13.2   中国酒店业发展趋势

13.2.1   全球酒店业发展的总体趋势

1. 千禧一代是新生主力客户

探索、交互、情绪体验是千禧一代人的标志，也是酒店业增速最快的客户群体，预计 2025 年可达到全部游客的 50%。随着千禧一代消费者的增多，酒店业要更透明、更精通科技，重点关注情感共鸣和客户联络。

科技对这类人群至关重要，他们会期望使用科技办理入住、进行支付、吃饭和购物。此外，他们会积极参与到社交媒体中，如：在网络社交平台上抱怨酒店。千禧一代会期望能够在旅游服务商和个人的日程安排之间建立更深层次的联系。

2. 旅行期间管理好自己的健康和养生

在旅途中，个人对健康和养生方面的需求将会扩大。对身体生化指标和健康数据的追踪将使人们更多地参与到个人健康的改善，而远程医疗（远程会诊）将带来更高质量、个性化的护理服务。空气净化、加强照明、瑜伽空间、室内训练设备和含维生素的淋浴水等举措都只是开始。

3. 技术驱动的自给自足型旅行者

手机入住和跨平台、设备无缝连接服务也很受期待。因为地理定位软件极易获取，预计本地销售的重点会放在内容营销上。整合插座、USB 端口、无线技术结合酒店电视系统等是最基本的设施。iPod 对接底座已经过时，但简单的闹钟重新又流行起来。

4. 可持续性发展和控制资源消耗

生态友好已经是酒店业的常态，大多数酒店必须拥有更具吸引力的"绿色政策"，游客们期待酒店拥有某些环境项目可以参与。可再生能源资源和创新项目将打造资源使用的未来。

5. 共享经济和行业颠覆

不断出现的新商业模式包括点对点网络生活、多边平台、免费服务等，这些商业模式将改变行业前景。随着点对点网络的扩大和发展，它们会变得更加专业，对传统旅行服务造成更大的直接竞争威胁。日益普及的中继搜索引擎和迅速发展的科技会改变用户体验，重新定义移动端体验，导致整合并影响在线旅行社与酒店的合作关系。

知识拓展13-2

6. 更少的服务人员和更多的数据

越来越多的旅客偏向于利用科技手段而不是人工服务，数字化酒店服务应用越来越普及，前台、门童等传统酒店岗位将逐渐隐退。对推荐引擎的创造性应用，将使旅客通过网络获得以往只有酒店才能满足的优质旅行服务。

13.2.2　中国酒店业总体发展趋势

随着经济的逐渐复苏，从 2023 年开始酒店业迎来积极的发展。很多人已经开始计划并实施旅行，旅游业将会有所回升，这将带动酒店业的需求，并促使酒店业寻求扩大业务以满足客户的需求。中国酒店业的总体走向如下。

1. 酒店业＋文旅主题

（1）国家级政策扶持。2022年2月18日，国家发展和改革委员会（简称发改委）、文化和旅游部等14个部门联合印发《关于促进服务业领域困难行业恢复发展的若干政策》。该政策针对旅游业，提出暂退旅游服务质量保证金，支持旅行社承接符合规定的机关事业单位工会活动等7项纾困扶持措施，工具种类多、"输血""造血"兼顾，文化和旅游行业翘首以盼的复苏之风已迎面吹来。

（2）提升青少年精神素养需求。文化和旅游部办公厅、教育部办公厅、国家文物局办公室印发通知，利用文化和旅游资源、文物资源提升青少年精神素养。文化和旅游部、发改委发布公告，将全国首批54个街区命名为国家级旅游休闲街区。这是旅游行业标准《旅游休闲街区等级划分》（LB/T 082—2021）实施以来认定的第一批文化特色鲜明的国家级旅游休闲街区。

（3）多地政府布局文旅产业。《山东省黄河流域生态保护和高质量发展规划》提出打造黄河文化旅游长廊，优化文化旅游布局。新疆维吾尔自治区文化和旅游工作会议从文化旅游发展等25个方面部署2022年全区文化和旅游工作，并提出深入开展"文化润疆"工程，大力实施"旅游兴疆"战略。内蒙古赤峰市政府报告提出，赤峰将重点促进文旅产业的全域全季全时发展，加快旅游基础设施和配套服务体系建设，加大旅游策划和整体宣传力度，建设国家特色文化旅游和生态休闲度假基地，激发消费潜力，推动服务业扩体增量、旅游业提档升级。

结上，文旅产业将迎来高速恢复和发展，酒店业也应结合文旅发展相关政策及文化底蕴，打造具有当地文化特色的度假酒店或民宿，以承接大量城市人"轻度假"和文化精神素养熏陶需求。

2. 集中度低的中高端仍是蓝海

我国酒店业结构分散，中高端酒店仍为蓝海市场。当前，我国酒店市场为金字塔型结构（中高端占比32%），随着收入结构变化，未来有望向美国的橄榄型结构（中高端占比75%）逐渐演变。

据马蜂窝报告，2020年Z世代消费力占整体的40%，中产人群规模亦在持续提升。从增量空间看，我国中高端酒店占比有望从32%向美国的75%靠近；从格局看，2020年末我国中端、高端、豪华型酒店市场CR10（前10名最大酒店的市场份额总和）分别为71%、26%、34%，集中度低的中高端仍是蓝海。

3. 酒店业下沉 + 推进乡村振兴

2022 年 2 月 22 日，国务院发布《关于做好 2022 年全面推进乡村振兴重点工作的意见》，其中第十六条提出持续推进农村一、二、三产业融合发展，重点发展乡村休闲旅游等产业。

据悉，国务院表示要实施乡村休闲旅游提升计划；支持农民直接经营或参与经营的乡村民宿、农家乐特色村（点）发展；将符合要求的乡村休闲旅游项目纳入科普基地和中小学学农劳动实践基地范围。针对乡村旅游方面发展，一些旅游企业正在加速规划和布局。目前，携程已经完成了 2 家自营度假农庄的建设和 6 家联营携程度假农庄的上线。按照规划，到 2025 年，携程将累计打造 10 家标杆性质的乡村度假农庄，并规模化赋能 100 家乡村度假农庄。从各集团布局来看，第一梯队的锦江、华住、首旅等集团基本完成各等级城市的全面布局，今年经济型酒店布局总体趋缓。锦江酒店（中国区）品牌矩阵中的简约系以及中端品牌的轻简产品也通过组织优化和产品升级瞄准下沉市场；华住集团"千城万店"的目标，抢滩三四线下沉市场。汉庭、桔子酒店在三四线城市开业稳步推行；首旅如家借"云系列"加速三、四、五线下沉市场布局；尚美生活集团更是一直潜伏在下沉酒店市场，拓展势头更猛，朝着"3 年万店"的目标前行。

13.2.3　中国酒店业随时代迅速发展

21 世纪，人类社会正在发生着巨大的变化，正进入一个崭新的时代——知识经济时代、经济全球化时代、信息时代。酒店直接联系国际市场和国内市场，正随着时代的变化而迅速发展。

1. 酒店管理模式的变化

1）酒店的智能化

2013 年 11 月国家旅游局（现中华人民共和国文化和旅游部）将 2014 年确定为智慧旅游年，2014 年 1 月 15 日中国智慧酒店联盟成立，标志着国内智慧酒店的建设全面展开。2020 年 3 月起实施的《物联网智慧酒店应用 平台接口通用技术要求》（GB/T 37976—2019），标志着我国酒店产业进入物联网应用的新阶段。党的二十大报告明确指出，加快建设"网络强国""数字中国"。日前，文化和旅游部、工业和信息化部等五部门还联合印发《虚拟现实与行业应用融合发展行动计划（2022—2026 年)》，强调在文化旅游、体育健康等虚拟现实重点应用领域实现突破。

物联网技术的成熟让科技与传统酒店相互融合，给入住酒店的宾客带来个性化、智能化体验，宾客从互联网平台预订房间到住进酒店再到退房，实现一站式服务，极大地提高了酒店的运营效率，智能化改造减少了酒店各种成本，让宾客在享受酒店服务的同时感受到智能化带来的超值感受。那么在未来，这趋势将会持续进行。酒店的智能化应用主要体现在以下几个方面。

（1）数字化管理服务平台。在对外开放业务上，酒店开始了智能化的更新，而在对应的可视化工具上，酒店也逐渐向信息化管理、智能化方位奋进。酒店客户一直偏爱便利性、高性价比、人性化、定制化的产品与服务。知名品牌的功效就取决于高效率地帮客户做出准确的挑选，完成商品与需求的无缝拼接连接。为了更好地挑选更为满足本身精准定位的产品与服务去对标顾客人群，就必须获得大量的客户应用数据信息，根据对应用数据信息的深入分析才知道客户的需求究竟是什么，进而在下一步根据需求设计方案、打造产品和服务，使之更有目的性地推进市场销售。知名品牌酒店也因而可以更为坚固地把握住和扩大自身的会员制度，通过大量的数据信息带来更加明确的客户画像，优化管理模式，酒店才有可能在未来的市场竞争中位于领先水平。

（2）智能化入住。如今大多数的酒店早已选用了智能化前台接待来代替传统式的人力申请办理入住。二者相较，智能化前台接待的最大优点是"便捷"，不但可以减少高峰时段顾客入住退房流程的等待时间提升客户体验，还可以协助酒店处理人力资源问题，数据分析表立即连接，缓解会计查账劳动量。除入住和退房流程外，智能化前台接待还能完成自助式续房、补办、补备案、申请办理税票等系列工作。

（3）酒店新零售。伴随着新零售的逐步推进，顾客越来越趋于挑选及时性更强的服务项目。酒店新零售依靠酒店的情景室内空间和真实的线下推广来感受实际效果，建立"目之所及可获得"的新买东西方式；为酒店丰富客房市场销售类目，处理传统式酒店零售问题，进而提高顾客入住感受。酒店线上商城进入酒店后，将主推酒店客房情景电子商务，颠覆式创新酒店小区业主，顾客进入酒店的商城系统服务平台，可以得到酒店网上订餐、连锁便利店、特色产品、酒店用具等商品零售服务项目。酒店小区业主可以向客户带来更为方便快捷周全的服务项目，进而切断酒店的外卖送餐或零售等需求，给酒店产生除房子价格之外的大量升值性收益。

（4）AI智能语音。"整屋"智能语音系统操纵可以让客人无须动手就可以操纵全屋的电视机、中央空调、窗帘布、灯光控制系统等，此外还能够处理询问、通告前台接待等对客服务项目。视频语音控制的快速响应和便捷性比照以前的传统式酒店服务项目，一定程度上符合了大家对智能控制系统和差旅费感受的新需求，进而提升顾客对酒店的友好度。

针对酒店而言，智慧酒店与一般酒店相比，可以提高商品的竞争力。次之，智慧酒店给顾客产生独一无二的感受，顾客会自动在社交网站介绍自身的入住体会，自然会提高酒店的总体形象，让智慧酒店变为"网络红人酒店"，极大提升酒店品牌知名度、入住率和黏性，进而可以更快地创建和累积自身的会员制度，降低在线旅行社（OTA）等途径对酒店的拘束。

（5）酒店和元宇宙。实际上元宇宙这类打造虚幻世界的定义从很早以前就有了，现在仅仅是完成方法在持续演变罢了。在数据内容迅猛发展的今日，创作人更为异想天开的不凡想象能够进一步落地，将来伴随着智能终端的觉醒和普及化，客户将可以随时完成与网络世界的无缝拼接连接。

目前的智能化机器设备，主要是通过 VR 把实际带到虚幻世界，通过 AR 又把虚拟带到现实世界。而在酒店领域，可以依靠现阶段可达到的技术性手段和设备，如"元宇宙全球"，运用高清投影联合酒店服务中心共同打造数据内容，给予智能化乃至定制化、人性化的产品与服务，提高客人在"主题风格"酒店的沉浸体验，增加品牌的黏性和口碑。

知识拓展13-3

2）酒店的数字化

当前，数字化正在成为推动我国经济发展的中坚力量。数据显示，我国数字经济年均增速高达 16.6%，基于数字化对企业、行业、产业的多重塑造，数字化转型正在成为各个产业发展的必由之路。

由于数字经济的崛起，场景化消费需求增长和短视频直播等内容平台的兴起，网红种草、跨界营销等内容营销已成为旅游产业的常见手段，带货直播、云旅游等也成为旅游交易和游览的新模式，带动着旅游行业数字化程度的不断提升。作为与旅游产业息息相关的酒店行业，也在与数字化深化接触，不断碰撞出新的火花。

酒店行业数字化进程已进入高速发展阶段。基于 IOT、5G、AI 等技术手段，移动支付、信用住、智慧硬件服务、会员互通、App 小程序直销等数字化服务和营销手段被广泛使用。酒店数字化转型通常从以下几个方面着手。

（1）数字化营销。在多种数字化转型手段中，酒店最常用是数字化营销。移动互联网存量时代的到来，人们更加关注在线上获取服务和优惠，所以酒店一方面会在旅游 OTA 平台合作，另一方面会通过酒店官方 App/小程序等方式开拓直销渠道。其中，不论是公域平台还是私域平台，酒店的最终目的都是构建私域流量池实现内容营销和跨界营销。为了提升私域流量的价值，通常酒店会打造线上线下通用的会员体系，提供更多的差异性会员权益，鼓励用户不断升值自身价值，持续使用酒店的服务和产品，累积用户数字资产。此外，还会通过收集用户数据和经营数据，来构建酒店的用户图谱数据，用数据做千人千面的个性化营销，驱动精益化成长。而在驱动用户消费方面，除了基本的优惠券营销、抽奖活动营销、秒杀活动营销外，酒店还会开发直播间，生产短视频内容分发到私域公域各个平台进行营销，借助社交平台的优势，形成不断的用户口碑裂变，带来更多的流量与成交。

（2）数字化服务。服务数字化是利用智能设备，在多个酒店服务场景提供无人化便捷化的解决方案。在当下，智能硬件产品设备已经成为酒店的标配，延伸出多种生活场景，为住客提供更个性化的服务。比如在客房场景，实现无人接触的在线预订、自助入住、线上信息咨询、影视服务点播、智能机器人递送物品和远程呼唤上门服务、自助退房等；在本地生活场景，酒店可以提供周边地点的车接车送预订、美食推荐、游玩推荐、娱乐推荐等；在娱乐场景，包括解锁同城活动，旅行交友等模块；而在购物场景，能够实现优惠领券，伴手礼线上购买、线下配送等。围绕入住客户的住宿全生命周期需求，实现服务的闭环，同时还能收集用户底层数据，以实现对酒店会员的精细化服务和管理，提升酒店的复购率。

（3）数字化运营。通过酒店内部管理系统，构建出更多元的运营解决方案。比如通过酒店管理系统等数字系统管理酒店的工作，提高客房预订效率，减少住客等待时间。此外，还能收集酒店运营数据，获取周期性的消费趋势，进行智能挖掘分析，建立分析模式为后续的经营活动提供决策支持和解决方案。在供应链方面，创建数字供应链资源库，执行供应商准入认证流程、查看分析报价成本、一键下单合同签署和费用结算，对供应链实现全生命周期的管理，有效提升酒店运营管理效率，减少资源的浪费。酒店数字化转型，能够合并线上线下的资源优势，对酒店的经营状况进行一站式把控，做到消费渠道的边界融合，重构酒店的经营新生态。

3）酒店的生态化

继续进行绿色酒店的建造以及改造将是未来一段时间内酒店的发展趋势。在国外，实际上有很多酒店已经进行并完成了绿色酒店的改造，国家也会进行相应的政策扶持，如税收的减免、补贴，等等。在未来的 2~3 年内，这一趋势将会持续地进行。我国对于环保越来越重视，所以作为酒店的业主和总经理，在筹建酒店的时候需要考虑相关绿色设施设备的配备及改造。

对酒店业来说，选择节能减排、低碳环保，不仅是迎合宾客的需求，更是主动承担社会责任，为酒店提供一种全新视角来审视行业特征和行业价值，最终实现酒店业的可持续发展。这场以"绿色"为主导的变革，将在酒店业继续深入渗透。

（1）酒店环境绿色规划。酒店的地块规划将充分考虑酒店的位置选择是否适宜、未来的发展是否会对周边环境产生负面影响；酒店景观环境以相关的地质学、水文学、生态学、气候学来分析和研究；场地规划需要对场地内及周围的环境景观进行评价，以确定最适合的用途及其具体区域，同时应计算资源利用的程度和对现有自然系统干扰的程度，尽可能降低酒店对环境的影响。

（2）水资源科学管理。酒店业对于水资源的节约不但有利于提高自身经济效益，也有利于社会自然资源的合理调配，水资源危机管理将成为国际酒店业日常运营的重点之一。利用高新技术建立水资源管理信息平台，由技术进步带动水资源管理的创新，实现水资源效用最大化。

（3）普及新能源。能源需求的不断攀升和自然资源的日益枯竭对能源供应商、酒店及宾客都提出了新的挑战；新能源的不断应用，将使能源市场呈现多元化局面，而酒店业也会有更多新能源选择，如太阳能、风能、潮汐能、地热能以及生物燃气等。

知识拓展13-4

（4）绿色产品与绿色服务的提供。绿色产品一是指具有改善环境条件的产品，如酒店使用的空气净化设备，保健服务等；二是指可以减少对环境实际或潜在影响的产品，如绿色食品等。

2. 酒店经营管理理念的变化

1）酒店用工模式

酒店用工成本提高、服务人员减少，有一个非常值得我们去关注的用工形式就是灵活用工，未来一段时间内灵活用工占比会呈上升趋势。

（1）零工经济的含义。零工经济是指区别于传统的"朝九晚五"，时间短、灵活的工作形式，利用互联网和移动技术快速匹配供需方。零工经济是共享经济的一种重要的组成形式，是人力资源的一种新型分配形式。灵活用工是共享经济发展下的新产物，随着中国进入共享经济时代，"共享用工"及"灵活用工"模式不仅是当前的一种应急措施，也是未来的一种趋势。

（2）灵活用工的优点。业内人士普遍认为，共享员工不仅是一种应急措施，更是未来用工的趋势。共享用工模式使得用人成本被分摊，可解决企业现金流压力，可满足用工方短时间内大量用工需求，解决紧缺人手的问题，可以实现个人、企业与社会的三方共赢。

①对于员工而言，可以提高自身收入，自信心更高，能力也更强，他们在看到并吸收了全新的不同的做事方式后，也提升了自己的专业技能和个人能力，流失率便会降低，还能带来新的技能与工作方法，这两者之间可以形成良性循环。

②对于企业而言，灵活用工能够解决用工接收方企业因订单大幅攀升而出现的用工极度短缺的问题，此外，缓解了借调企业工资方面的压力，保障了现金流的相对稳定。在未来，当灵活用工发展到一定程度，外包公司变得越来越专业的时候，可以通过专业外包公司对客房人员全工作周期的管理，通过信息化技术即时地、真实地呈现客房清洁过程、布草更换流程，并通过后台大数据分析客房各项质量指标，制定针对性的人员培训、服务改进、管理成本优化的方案。

③对于整个社会而言，灵活用工既解决了当下企业的临时用工需求，又帮助企业更好地服务客户，对保障社会的正常运转起到了很大的作用。而在将来，灵活用工能够给酒店企业带来降本增效的作用，促进酒店业发展，推动社会进步。

从国际环境看，西方发达国家的"灵活用工"雇佣模式已经十分成熟，日本"灵活用工"在人力资源行业中占比达40%，美国紧随其后，占比34%，中国的"灵活用工"市场则处于起步阶段。未来我国酒店很有可能采用零工经济的方式，作为用工模式的一个非常有利的补充。

2）聚焦用户体验

近年来，"体验"一词越来越流行于酒店行业——沉浸式体验、客户体验、活动体验，等等，酒店运营的重心正在从"活动"转向"体验"，灵活性引导着旅游住宿的未来。

（1）消费者住宿偏好的变化。互联网时代，消费者生活和工作方式发生了双重转变，需要更多的灵活性，我们的工作习惯发生很大的变化，工作和生活有可能在未来会做一个结合，工作和旅行有可能会做一个结合。以前，如果是出差，我们在酒店逗留的时间是非常短的，但是现在我们在酒店逗留的时长远远要高于在外面逗留的时长。人们仍然喜欢住在豪华房间里，但游客偏好已经发生了某种变化，这与体验有关。客人和商业模式的灵活性以及支持差异化商业模式的专有技术，正在重塑酒店业。所以在酒店内要提供相应的设施设备，以满足这种既有差旅需求、又有旅行需求、休闲需求的客人，要把两者结合在一起。

（2）文旅融合与本地休闲消费的互动将创造出更多新消费潮流。新的生活方式和消费者偏好的变化成为驱动住宿业创新发展的新动能，在供需互动之中不断涌现的住宿新业态是推动行业供给侧改革的关键力量，也是新消费的重要驱动力。国内住宿业的业态创新体现在以下四个方面。

①电竞酒店专业化、精细化趋势得到强化。专业电竞酒店占比达到约 36% 的新高，同时在精细化运营方面不断迭代升级。

②空间改造"微创新"备受推崇。即在不改变住宿空间本来结构和主业方向的前提下，仅在部分房间内增加额外的元素即可获得一个全新的房型，例如影音房等。

③文旅融合逐渐成为"住宿 + X"业态创新的主流。在酒店行业涌现出了"住宿 + 读书""住宿 + 博物馆""住宿 + 艺术"等瞄准文化细分领域的创新业态，带动了住宿及文旅的新消费。

④小众需求催生住宿新业态。例如，可携带宠物酒店、养生民宿、康养旅居酒店、露营及帐篷酒店等，各类小众住宿消费如火如荼，屡屡登上各地的"网红"消费榜，一些原本的小众业态在关键意见领袖的带动下成为细分领域的大市场。

（3）基于新消费需求的"酒店 +"体验设计。伴随各地对"酒店 +"的深入探索，酒店管理者迫切需要对相关问题进行系统思考，包括酒店跨界新产品开发与酒店调性的契合问题、酒店跨界"度"的把握，以及酒店跨界开发的业态和产品潜力大小问题。酒店行业发展不妨结合本地消费特点，在"酒店 +"体验设计方面应注意以下几点。

首先，紧跟消费需求，把握时代潮流。以"90 后"和"00 后"为主的新消费人群正成为市场消费主体，他们对品质、体验和社交的要求更高，更愿意为优质产品付费，酒店跨界而生的新内容更能契合其消费需求。"酒店 +"融合而生的新业态、新产品，应能精确找到游客的兴奋点，提升消费体验，增强归属感、体验感，同时提升社交性，激发内在的消费热情和认同度。

其次，探索多业融合，坚持创新引领。受疫情等突发事件和市场竞争更激烈的影响，酒店业发展面临巨大压力，酒店企业应结合自身定位、资源情况，寻找最契合的业态，提升空间价值，实现业态融合赋能。同时，要做好流量互引，实现新旧业务间的流量共享和业务互促。

最后，深耕本地消费，做活本地娱乐。酒店不仅是外来游客的食宿地，也应成为本地居民社交、娱乐的休闲地。可结合本地居民需求，着力开发影音房、电竞房、主题房等特色体验房型，同时结合企业实际，探索酒店与书店，与零售、艺术等领域的融合，为本地居民的精神生活和社交活动提供全新空间。

知识拓展13-6

3）酒店的设计

随着生活条件的不断改善，任何行业的理念都在不断更新，酒店设计也不例外。

（1）酒店设计理念的变化。

①更加重视人性化空间的打造。酒店设计应站在消费者的角度去体会种种细节，舒适、温馨的空间更容易让消费者接受，选择装饰材料时，应在理性中顾及人性化的层面，比如休息区域的地面多采用木地板等。

②融入民族的、地方的文化。将民族特色加入到酒店设计中，结合全新的设计理念，为酒店增添不一样的风采，设计上要把握好酒店的文化内涵，让酒店具有深厚的文化底蕴和无穷的魅力，从而带给客人生理、情绪、心灵上的享受。

③更加突出个性化。酒店讲究不同风格下的人情味、趣味化、品质化的设计，根据消费人群的多样化来定位酒店的风格，不仅美化了酒店，还能突出酒店个性化生活格调的营造。

（2）酒店设计趋势。酒店设计始终要了解市场和客人，每个酒店的品牌定位、面对的人群都有所不同，不同的品牌关注的重点也不一样，随着酒店越来越多元化，也要注重不同的细分客户。

①大堂设计。大堂是多用途的动态空间。许多酒店大堂的设计给人们留下了深刻印象，越来越多的社交活动在此展开，大堂入口的重要性越加突出。为了适应商业旅游新趋势，酒店大堂变身成一个多用途的动态空间，可以进行正式的商务谈判，也可随意地聊天；不仅可以用笔记本处理工作，还支持各式各样的设备。这意味着一个简单的沙发搭配咖啡桌可不够，创造性的空间细分势在必行。既有私密的场所，也有更为公开的社交区域，家具的舒适感和功能性也因此而有所不同。

②反思客房的配置。"床＋书桌＋衣柜"的客房标配已不再经典，也不再能让旅客感到更多温馨。当今世界，离家在外的顾客们期待着不寻常的惊喜。这大概就是每一家酒店的内部装饰都要与别家全然不同的原因。为商旅者量身定做的创造性

办公室里有好玩的电视面板，特大号的床边放置着特别的沙发等，这些都是构成一个时尚酒店客房的关键"元素"。我们还见过利用冲击力很强的色彩和装饰混搭，这绝对满足旅客的猎奇心。

③像 spa 一样的浴室。过去，浴室被视为辅助空间，所以为了尽可能地扩大客房生活领域，浴室的空间常常被最小化。然而，现代的旅行者更期待在旅行中收获在家无法获得的享受。度假酒店里配上带有 spa 功能的浴室，对于那些憧憬着一场短暂的奢华的游客而言，是一个充满诱惑的邀请。想象一下：在套房内有瀑布流水式的蓬蓬头、超大的浴缸、男女两用的洗脸台、大大的毛巾、齐全的美容用品以及足够大的空间是多么令人惬意。

④餐厅功能多样化。现在很少有酒店餐厅仍然将自己定位为"实用性"的吃饭场所。烹饪是一门精妙的艺术，餐厅就是烹饪的"展厅"。我们看到越来越多的餐厅通过巧妙的设计，变成了一个令人难忘的空间。用创意将餐厅想传达出的主题推上一个新的高度，让每一个场所变成游客的目的地。

⑤模糊室内与室外的界限。感官体验是一条很长的路，这是数以千计现代酒店经营者们共行的"准则"，酒店设计者试图通过模糊室内与室外界限的办法尽可能地让室内外看上去没有距离。他们不仅扩大了客房的落地窗和阳台的空间，还想尽办法将自然引入室内。木制的镶嵌、装饰用的石头、郁郁葱葱的绿色植物以及室内瀑布等都是让旅客放松心情的办法。

⑥绿色之路。对酒店经营者而言，可持续是个棘手的问题。他们想尽办法减少短期成本，然而在可持续的"游戏"中最为重要的却是那些创新的念头。超大尺寸的天窗以便更多地利用自然光、纯自然的建筑材料、绿色屋顶、针对旅客的回收箱、电子水龙头、当地种植的食材以及废水再利用等都只是酒店环保趋势的其中几个方面。

⑦聚焦当地艺术。现代建筑艺术通常都偏离当地的建筑传统，这确实是个遗憾。不过，幸运的是，有越来越多的酒店经营者们意识到，在室内设计主题中加入当地元素可以让酒店更有辨识度也更受游客欢迎。从小摆件、风光照片到大规模的装饰，将当地艺术融入酒店视觉再简单不过。

⑧避免过量的科技。并不是所有人在离开家的时候都寻求一个高科技的酒店，恰恰相反，人们更倾向于与世隔绝的度假形式。但越来越多的酒店把关注点放在了不计代价地让旅客"紧跟时代"上。在科技化的同时，要关注人性化设计，如一间

人性化的科技型客房极大地方便了商旅旅客的工作，从长远看这也有利于增加用户黏性。新建的酒店为客人提供一个可以调节光亮、空调温度甚至是百叶窗的智能手机，不得不说，这的确是一个高明的商业手段。流行的趋势则是在前台提供平板电脑为旅客办理入住，打印登机牌或者其他需要在线连接的自助流程。

⑨少一些图案，多一点颜色和纹理。外出时，人们会有比平时更多的时间和机会去探索自我的感官。这大概是酒店客房少有扰乱视觉的图案，而更注重纹理和质地的原因所在。给客人们某些他们能够感觉到甚至迷失其中的东西，在一次难忘的经历之后他们或许还会想重温一遍。空间中增添的鲜艳色彩可以创造欢乐的舒缓气氛。

⑩个性化空间。如果酒店带给旅客独一无二的住宿体验，关于酒店的住宿记忆将在客人的记忆中停留很长一段时间。有鉴于此，酒店经营者对客房个性化空间有着前所未有的重视。快捷酒店和临时旅馆作为全新的概念逐渐在行业中兴起。主题客房对旅客也有强烈的吸引力，尤其是游客只能尝试一次的时候。

对酒店而言，最重要的始终是为旅客带去舒适，让他们在远离家的地方同样过得温馨惬意。无论多么奢华，多么高科技，有着多么怪异的主题，安逸自始至终都是最首要考虑的因素。木质装饰、创意搭配，地毯、窗帘、壁炉、大电视和旅客可能会喜欢的音乐，一切加起来就等于一次难忘的旅程。

知识拓展13-7

3. 酒店商业模式的变化

品牌向消费者传递一种生活方式，在依靠品牌战略实现市场扩张的同时，以市场为基础，保证品牌影响力进而达到酒店营收才是根本目的。

（1）国内品牌市场占有率不断提高。现在酒店行业当中出现了几个非常明显的变化：国内的酒店开始扩张，加速布局；国际酒店品牌开始下沉，从一、二线城市开始下沉到三、四线，甚至是五线城市。我们的区域品牌面临着一个前所未有的机遇和挑战。同时，大家会发现，现在每个集团手中的品牌数量都远远高于过去，有的集团下面甚至有几十个品牌，这种品牌的爆炸性增长，将会成为2023年以及未来酒店行业发展的一个趋势，原因在于客户的成熟度和客户市场的进一步的细分。

（2）国际品牌越来越本土化。国际品牌越来越本土化，国内的品牌不断地去学习国际品牌的优势，不断地去完善自己，向国际品牌靠拢。未来，当这两种融合不断结合的时候，会带来什么样的可能性，本土酒店会不会在这当中完成超越？也许有可能，也许还有很长的时间需要我们共同来努力。特别是随着现在国潮文化的推动之下，本土品牌借势扎根本土并创造更多的品牌，这也许是我们可以关注的一个方向。另外，我们国家现在有很多酒店集团进入了全球前 10，规模也不断扩大。未来做大之后会不会变得更强？也许会有这样的可能性，但是在这一过程中需要所有的从业人员共同努力，共同完善。

（3）连锁化成行业发展趋势。作为进入壁垒低、竞争激烈的产业，酒店业在未来的发展中有可能出现一个新的动向，即不管是国内品牌还是国际集团，都会形成开发联盟品牌，地区品牌以及大的品牌之间形成共同设计品牌，这也许是酒店行业一个新的前景。

当前酒店市场在中国正处于一个快速成长阶段，且已经出现少数优势企业，虽然酒店行业的扩张速度受疫情等方面的影响而有所放缓，但是我国经济型酒店和中端酒店的市场发展空间依然巨大，一些行业重点企业仍在艰难形势下逆市开店，实施较大规模的扩张，率先抢占了部分竞争赛道，为未来更广泛的业务布局打下基础。而中小单体酒店由于缺乏品牌影响力和专业化运营能力，面临较大的经营挑战，由于酒店业本身具有较敏感的特性，容易受重大的国内外政治、经济形势、自然灾害、流行性疾病等因素影响而产生波动。因而综合实力较强的重点企业发展优势明显，随着头部企业未来市场份额持续扩大，酒店行业的集中度将不断提升。同时，未来连锁化将成为酒店行业的发展趋势。根据中国饭店协会发布的《2024 年中国酒店业发展报告》显示，我国酒店行业连锁化率为 39%，相比发达国家的连锁化率，未来我国酒店行业进一步连锁化空间较大。

知识拓展13-8

【本章小结】

21 世纪，人类社会正在发生着巨大的变化，正进入一个崭新的时代——知识经济时代、经济全球化时代、信息时代，酒店直接联系国际市场和国内市场，正随着时代的变化而迅速发展。纵观全球酒店业的发展，千禧一代是新生主力客户、旅行期间管理好自己的健康和养生、技术驱动的自给自足型旅行者、可持续性发展和控制资源消耗、共享经济和行业颠覆、更少的服务人员和更多的数据成为整体趋势。中国酒店业正迎来积极的发展，结合文旅发展相关政策及文化底蕴打造具有当地文化特色的度假酒店或民宿、集中度低的中高端仍是蓝海、"酒店业下沉＋推进乡村振兴"是中国酒店业的走向。基于此,中国酒店业在未来的一段时间内在酒店的业务模式、经营管理理念以及商业模式上也会发生比较大的变化。

【即测即练】

【思考题】

1. 全球酒店业发展的总体趋势有哪些?

2. 什么是零工经济? 对于企业而言,灵活用工有什么益处?

3. 酒店数字化转型通常从以下几个方面着手?

4. 酒店设计理念的变化体现在哪些方面?

5. 国内品牌爆炸性增长的原因是什么?

【参考文献及资源】

1. 潘俊. 国际酒店品牌文化[M]. 上海:上海交通大学出版社,2019.

2. 游上,梁海燕. 酒店管理概论[M]. 北京:高等教育出版社,2017.

3. 陈江伟. 现代酒店经营管理实务[M]. 北京:中国人民大学出版社,2020.

4. 迈点网 https://www.meadin.com/jd.

5. 酒店焦点资讯 https://www.wxkol.com/show/3091537648.html.

6. 酒店圈儿 https://www.wxkol.com/show/3092247703.html.

教师服务

　　感谢您选用清华大学出版社的教材！为了更好地服务教学，我们为授课教师提供本书的教学辅助资源，以及本学科重点教材信息。请您扫码获取。

》》 教辅获取

本书教辅资源，授课教师扫码获取

》》 样书赠送

旅游管理类重点教材，教师扫码获取样书

清华大学出版社

E-mail: tupfuwu@163.com
电话：010-83470332 / 83470142
地址：北京市海淀区双清路学研大厦 B 座 509

网址：https://www.tup.com.cn/
传真：8610-83470107
邮编：100084